FIGURES DE MARTYRS

Henri **CHÉROT**
de la Compagnie de Jésus

Figures de Martyrs

LES SEIZE BIENHEUREUSES CARMÉLITES DE COMPIÈGNE
LES MARTYRS DE LA FOI AU TEMPS DE LA RÉVOLUTION
TROIS BIENHEUREUX MARTYRS DE HONGRIE, 1619

DEUXIÈME ÉDITION

Revue d'après les corrections de l'auteur et augmentée
de nombreux documents nouveaux

Avec un fac-similé inédit des signatures des Carmélites

PAR

Eugène GRISELLE

Docteur ès-lettres

PARIS

GABRIEL BEAUCHESNE & Cie, ÉDITEURS

ANCIENNE LIBRAIRIE DELHOMME & BRIGUET

Rue de Rennes, 117

1907

Tous droits réservés

DÉPÔT A LYON : *3, Avenue de l'Archevêché*

EXTRAIT D'UNE LETTRE

DE

Mgr DE CABRIÈRES, *Evêque de Montpellier*

A L'AUTEUR

Le 12 décembre 1904.

MONSIEUR L'ABBÉ,

..... Que dire de vos articles si intéressants et si pieux sur les Carmélites de Compiègne martyrisées en 1794, presque au même jour que deux de mes très proches parents ?

J'ai lu ces pages si palpitantes des plus nobles sentiments, comme j'aurais lu les Actes de quelques martyrs du second et du troisième siècle. Et j'espère que l'émotion profonde que cette lecture m'a causée, ne tombera pas de sitôt.

Vous avez réussi à faire revivre toutes ces physionomies si diverses, mais si attachantes, et dont l'ensemble forme un tableau dans lequel on peut étudier les formes différentes que prend la piété dans les âmes, animées au fond par des sentiments identiques, mais dont les caractères sont opposés, autant que les qualités naturelles et l'éducation. J'attends avec impatience la suite et la fin de ce beau récit, si digne de nous servir de méditation dans un temps où tout est possible, même l'occasion de confesser notre foi..... et ce jusqu'à la mort !

Agréez donc, Monsieur l'Abbé, la respectueuse expression de ma profonde gratitude et de mes plus vives félicitations.

† Fr. MARIE-ANATOLE DE C.,
Evêque de Montpellier.

a

PRÉFACE

Cette réédition posthume d'une des dernières œuvres du regretté Père Henri Chérot vient tardivement répondre à des espérances plusieurs fois exprimées. A Beauvais, le 28 juin, trois jours après sa mort, dont la nouvelle ne nous était pas encore connue, M. le Supérieur du grand séminaire me chargeait de l'inviter à venir achever, aux Archives départementales de l'Oise, sa riche collecte de documents. On attendait de lui une histoire complète de ces Carmélites de Compiègne qu'il avait mieux que personne contribué à révéler, tant le charme de son livre avait séduit. L'entreprise — je l'ignorais alors — n'était plus possible, et la prétention serait trop haute de se substituer à lui pour ce travail, que seul il pouvait conduire à bon terme. Toutefois, à l'aide des documents rassemblés par ses soins, des indications précises, des corrections exécutées en marge de son exemplaire de travail, une seconde édition de son essai sur les Carmélites martyres demeurait une tâche accessible.

C'est donc avoir égard à la fois aux demandes adressées depuis peu de divers côtés et au respect bien dû à sa mémoire, que reproduire, en tenant compte des observations par lui notées, le texte épuisé de cette histoire des seize Carmélites de Compiègne.

A ces articles des *Etudes* déjà remaniés et complétés, il a paru opportun de joindre les nombreuses pièces justificatives

si pleines d'intérêt qu'il avait accumulées, mais résolûment
sacrifiées, soit à la brièveté requise dans une Revue, soit aussi
à la nécessité de « prendre date ». Tous ceux qui l'ont lu
d'ailleurs lui rendent cette justice qu'il travaillait de première
main et recourait à des sources souvent inexplorées. Le fruit
d'un long séjour aux archives du Carmel de Compiègne, qui a
valu à son livre un aspect si original, méritait de n'être pas
perdu. Aussi trouvera-t-on en appendice de cette réimpression
bon nombre de documents originaux qu'il avait ramassés et
contrôlés. Ce que sa modestie n'eût pas revendiqué de son
vivant, en fait de trouvailles personnelles, il importe à sa
mémoire de le souligner avec précision. *Cuique suum.*

À lui aussi doit revenir, quoiqu'on ait insinué le contraire (1),
l'honneur des découvertes qu'il a provoquées à Beauvais et qui
ont fourni les *extraits baptistaires* des Carmélites martyres.
On les rencontrera, ainsi que les nombreux documents com-
plémentaires tirés de ses cartons, dans les divers appendices
qui ont doublé le volume paru en 1904. Bien plus, outre les
découvertes nouvelles provoquées par cette réédition, l'étendue de la Correspondance inédite dont il avait donné de si
intéressants extraits et qu'il souhaitait tant voir publier tout
entière, a obligé d'en faire une publication distincte qui for-
mera la suite naturelle de cet ouvrage.

Une seconde série de travaux sur les victimes de la Révolution française méritait également d'être remise en lumière.
C'est un souhait déjà ancien en date. On lisait en effet dans
la *Semaine religieuse* de Paris, le 18 novembre 1905 :
« M. l'abbé Chérot vient d'achever, dans le dernier numéro
des *Études* (V. Retaux, éd.), son travail sur « Quelques martyrs de la foi au temps de la Révolution, d'après les publications récentes ». J'aurais voulu attendre, pour en parler, que
ces articles fussent réunis et publiés en librairie. Mais quand

____
(1) Voir plus bas, p. 210, n. 2, 291 et 298.

cela se fera-t-il? Et il y a trop lieu de craindre que M. Chérot, qui est un modeste, ne se résigne pas à le faire, ce qui
serait vraiment dommage ! On éprouve, à lire ces brèves notices, une impression bienfaisante et très propre à nous communiquer cet héroïsme dans la foi dont nous avons vraiment
besoin, à l'époque où nous vivons. On est heureux de savoir
que les *Seize Carmélites de Compiègne* ont eu de dignes
émules dans les trente-deux religieuses de Bollène mises
à mort, à Orange : vingt-huit Sacramentines et quatre Ursulines (1). Quelle belle figure, encore, que celle de cet ancien
officier, de Villette, qui eut l'honneur d'être confondu,
aux massacres de l'Abbaye, avec les prêtres dont il s'était
montré le digne émule par l'excellence de sa vie chrétienne et
l'intrépidité de son zèle ! Je ne les nomme pas tous. Mais je
sais gré à M. Chérot d'avoir réuni toutes ces héroïques figures
de martyrs pour en former une aussi riche galerie, où il sera
bon de se donner rendez-vous, pour apprendre comment
vivent et meurent, aux époques troublées, ceux qui ont vraiment la foi. Un grand nombre de ces héros appartiennent à
l'histoire du diocèse de Paris. C'était une raison de plus pour
leur consacrer ici un bref souvenir, en regrettant de ne pouvoir, du moins pour l'instant, faire davantage. »

Enfin, comme complément de cette galerie de martyrs, pendant inachevé de ses *Figures de soldats*, nous avons voulu,
pour obéir à des sollicitations pressantes, reprendre un de ses
articles les plus remarqués, écrit à l'occasion d'une béatification récente, celle des martyrs jésuites hongrois. Là encore,
au travail forcément abrégé auquel il s'est réduit, nous avons
le devoir de joindre une partie des matériaux qu'il avait dû
laisser dans l'ombre.

Cet ensemble témoignera de la conscience et de la précision

(1) Le texte de la *Semaine religieuse* portait : « mises à mort, à Orange, en
même temps que vingt-huit Sacramentines. » — Mais, comme porte une note de
sa main : « il n'y a qu'une « fournée » de victimes 28+4=32 et c'est déjà trop. »

de ses recherches, et s'il faut, comme pour toute chose humaine, accrocher à son œuvre le triste écriteau :

Pendent opera interrupta,

nous corrigerons cette impression trop païenne par la sentence de l'Ecriture :

Opera eorum sequuntur illos.

Ouvrier infatigable, il a employé son labeur à glorifier les martyrs. Les vierges du Carmel, sœurs de sa sœur, Carmélite à Saint-Germain-en-Laye, les prêtres massacrés pour la foi qu'il a confessée dans son exil à l'intérieur, les martyrs de Hongrie, ses frères, l'ont reconnu et salué dans le repos si vaillamment conquis.

Eugène GRISELLE.

Paris, le 7 septembre 1906,
fête des Bienheureux Martyrs Marc Crisin,
Etienne Pongracz et Melchior Grodecz.

TÉMOIGNAGES DE LA PRESSE

Dans *Notes d'art et d'archéologie*, juin 1905, on lit, après une copieuse analyse des *Seize Carmélites de Compiègne*, du P. Chérot :

« L'étude de M. l'abbé Chérot est exacte sans sécheresse : elle a le secret de la tragédie des dates, des textes, des commentaires qui rehaussent le prestige de leurs héros sans que l'historien y ambitionne une place trop prépondérante. Le fait est assez rare, à l'époque présente, pour être signalé » (p. 142).

Extrait du Polybiblion, sept. 1906, pp. 247-8.

Au milieu de ses tristesses et de ses alarmes, en cette année 1906, la grande joie religieuse de l'Eglise de France aura été la béatification des Carmélites de Compiègne. Leur glorieux martyre pendant la Terreur est un modèle d'héroïsme et aussi un exemple; leur histoire a donc naturellement attiré les biographes.

— Le P. Chérot, en érudit, a compulsé tous les documents originaux de cette tragédie, et il décrit successivement : le Carmel de Compiègne sous l'ancien régime, — la Tourmente révolutionnaire, — la Dispersion et le Serment, — l'Arrestation et l'Emprisonnement, — le Jugement et l'Exécution. Son travail abonde en détails précis, en rapprochements et discussions de textes, quand il en est besoin. Ses notes nombreuses, ses références bibliographiques très étendues apportent une grande sécurité au lecteur. Il donne (pp. 23-24) des seize Carmélites une liste nominative qui était exacte au moment où il a publié son travail (*Etudes religieuses*, des 5, 20 novembre, 20 décembre 1904, et 5 février 1905) et que des découvertes postérieures ont rectifiée. Son récit a le seul tort de tourner un peu court et de finir un peu brusquement sur la scène de l'échafaud. Mais le temps a manqué au P. Chérot pour terminer son œuvre; il avait poursuivi ses études en même temps que M. Victor Pierre achevait les siennes; on sait que ce dernier a été rappelé à Dieu au lendemain du jour où il devait terminer son charmant petit volume sur les Carmélites de Compiègne. Egalement la mort vient d'enlever à l'improviste le P. Chérot et ce sont nos regrets qu'il faut exprimer aujourd'hui de la disparition soudaine d'un des hommes qui connaissait le mieux l'histoire ecclésiastique des xviie et xviiie siècles en France et qui mêlait tant de bonne grâce à sa science, tant de complaisance à son érudition.

GEOFFROY DE GRANDMAISON.

LES SEIZE CARMÉLITES DE COMPIÈGNE

MARTYRES SOUS LA RÉVOLUTION

D'APRÈS LES DOCUMENTS ORIGINAUX

C'est le 18 octobre 1904 que tombait le trois centième anniversaire de l'introduction du Carmel en France. L'événement, auquel contribuèrent les plus vénérés personnages, avait joui, à l'époque, d'un grand retentissement. En des temps plus heureux que les nôtres, ces souvenirs eussent sans doute mérité, comme tant d'autres, les honneurs d'un centenaire. L'Eglise de France eût pris à cœur d'acquitter tout entière par des hommages solennels sa dette séculaire de reconnaissance (1).

Mais aux heures troublées que nous traversons, au milieu des voix bruyantes qui réclament contre les catholiques la reprise du programme révolutionnaire intégral, il nous a semblé que la plus opportune des commémorations était celle des seize saintes femmes, des seize religieuses françaises, victimes de la tyrannie jacobine.

Rome elle-même semble nous y inviter. S'il ne nous appartient en aucune manière de saluer officiellement du titre de martyres les Carmélites de Compiègne guillotinées à Paris, le 17 juillet 1794 (29 messidor an II), nous ne pouvons ignorer que leur glorification est impatiemment attendue des nom-

---

(1) Voir les Lettres de LL. EEm. les cardinaux Richard et Langénieux, des 9 et 11 septembre, ainsi que le bref de Rome accordant aux carmels français, même exilés, la célébration d'un *triduum*.

breux fidèles qui ont les yeux fixés sur le Vatican (1). A Pie X
paraît destiné l'honneur de les proclamer bienheureuses. Ainsi
seront confirmés les jugements des historiens et les vœux de
la France chrétienne. Déjà, dans ses *Confesseurs de la foi*,
l'abbé Carron avait salué la généreuse phalange des seize Carmélites allant recevoir auprès du Christ « la palme du martyre et la couronne de virginité (2) ». Une de leurs sœurs en
religion, providentiellement échappée à la mort pour être leur
témoin devant la postérité, s'écriait vers la même époque :
« Combien de fois, Seigneur, en parlant de vos pieuses épouses, n'ai-je pas été tentée de leur donner les qualités de saintes
et de martyres. Je les crois telles en effet (3). » « Mais ces
sœurs-là, disait un jour le cardinal Richard, il faut les cano-
niser (4). » Depuis lors ce vœu est entré en bonne voie de réa-
lisation. Le 16 décembre 1902, a été signé par Léon XIII le
décret rendu, le 2 décembre, par la congrégation des Rites
pour l'introduction de la cause de béatification de la Mère
Thérèse de Saint-Augustin et de ses quinze compagnes, dites
les Martyres de Compiègne. Désormais elles avaient droit au
titre de Vénérables.

Le 19 juin de l'année suivante, le procès mené déjà si
rapidement (5) entrait dans la période décisive, par la nomination du tribunal, chargé, au nom du Souverain Pontife, des
dernières enquêtes. De la fin de juin 1903 au 27 janvier 1904,
trois procès apostoliques de miracles ainsi que le grand procès sur le martyre et la cause du martyre étaient terminés. Les
documents déposés à Rome sont maintenant à l'étude (6). Pour
nous, profondément respectueux des décrets d'Urbain VIII,
nous nous garderons d'ajouter à ces informations aucun com-

(1) Afin de respecter le texte de l'auteur, nous n'avons rien voulu changer à ces
phrases qui, depuis le décret de béatification du 27 mai 1906, expriment des espérances réalisées. (E. G.)
(2) Abbé Carron, *Confesseurs de la foi*, t. II, p. 80.
(3) Marie de l'Incarnation, *Histoire*, p. 115.
(4) *Souvenir du premier centenaire du martyre des carmélites de Compiègne*,
p. 36.
(5) La demande officielle en vue de la constitution du tribunal pour le procès
d'information de l'ordinaire n'avait été remise à l'archevêque de Paris que le
19 mars 1896. Ce premier procès fut terminé en moins de deux ans.
(6) *Décret et circulaire sur la cause des martyres de Compiègne.*

mentaire ; notre tâche est ailleurs, dans le pur domaine de l'histoire, sur le terrain accessible à tous des témoignages publics et des faits avérés.

La question des sources est fort peu complexe. Encore que la bibliographie des travaux parus soit assez considérable (1), les informations de première main ne sont pas très abondantes. Plusieurs religieuses du Carmel étaient, pour des raisons diverses, absentes lors de l'arrestation de la communauté. L'une d'elles, sœur Joséphine-Marie de l'Incarnation, après avoir séjourné à Paris au couvent de la rue Cassini, devenue pensionnaire au Carmel de Sens, passa les dernières années de sa vie à rédiger ses souvenirs (2). Mais il ne faudrait pas croire qu'elle ait attendu la dernière période de son existence pour veiller sur la mémoire de ses héroïques compagnes. Femme de tête et de cœur, ainsi que le prouvera sa rétractation officielle du serment, sitôt revenue à Compiègne après la barbare exécution qui avait exterminé sa famille religieuse, elle se mit à errer comme une ombre autour des bâtiments déserts. Avec

(1) Pour la bibliographie, nous renvoyons à la table des principaux noms propres que le P. Chérot avait annexée à son exemplaire de travail. Nous n'avons fait qu'y joindre les noms cités dans les autres articles ajoutés à l'essai sur les Carmélites. De plus un Appendice bibliographique, dressé d'après le Recueil des pièces rassemblées par ses soins jusqu'au dernier jour, fournira la « littérature » d'un sujet qu'il a travaillé *con amore*. — Quelques notes manuscrites renfermant des renseignements notés par lui, parfois certaines appréciations ou corrections, enrichiront cette bibliographie. Voir Appendice L. (E. G.)

(2) La sœur Joséphine-Marie de l'Incarnation, dite dans le monde Françoise-Geneviève *Philippe*, était née à Paris, le 23 novembre 1761 (Voir son acte de baptême à l'Appendice A. n° 9. *Extraits baptistaires recueillis aux Archives de l'Oise*), d'une famille en relation « avec tout ce qu'il y avait de plus grand et de plus illustre ». Une brillante éducation avait développé ses talents ; mais à vingt-trois ans, elle fit une maladie grave et recouvra la santé au tombeau de la Bienheureuse Marie de l'Incarnation à Pontoise. Entrée par reconnaissance au Carmel de Compiègne, le 23 septembre 1786, elle y prit l'habit le 23 mars 1787, et prononça ses vœux, le 22 juillet 1788, presque à la veille de la Révolution. Retirée en Franche-Comté après la Terreur, elle y souffrit toutes les privations et toutes les détresses. — Le texte des *Études*, p. 313, porte : « Retirée en Suisse... elle y souffrit... toutes les détresses de l'émigration... ». Suit cette note : « V. *Summarium*. p. 122, qui explique comment « la pauvre sœur voulut passer en Suisse ; elle fut même jusqu'aux frontières, mais les passages étaient gardés, elle ne réussit pas, et elle eut à souffrir terriblement en errant dans les montagnes que le cardinal Villecourt (p. 24) appelle « de la Suisse ». Elle se rendit à Besançon. » — Finalement elle se réunit aux Carmélites de Sens le 30 septembre 1823 et mourut le 10 janvier 1836, âgée de soixante-quatorze ans et dix mois. Voir sa notice (avec erreur sur son âge) dans la Préface de l'*Histoire des religieuses Carmélites de Compiègne*, par Villecourt (pp. 18-29), et Victor Delaporte, *le Monastère des Oiseaux*, p. 76. Retaux, 1899. In-8 et plus bas, appendice J.

un soin pieux elle cherchait à recueillir les moindres vestiges
de tant de saintes existences disparues. Un petit trait consi-
gné de sa propre main en tête d'un manuscrit inédit nous la
révèle tout entière dans sa passion d'en retrouver les plus petites parcelles. Écoutons-la nous raconter elle-même ces minces
particularités, qui nous la montreront au naturel.

Ce papier d'*Exaction* (1), écrit-elle, n'est point de cette maison (2).
Il a été envoié par moi, Sr J. Marie de l'Incarnation R[se] profcsse de
notre Ste Maison des Carmélites de Compiègne. Ledit papier a été
retiré des ordures où il est resté exposé aux injures de l'air, pluie,
etc., pendant l'espace de quinze mois, c'est-à-dire le temps que les
scellés sont restés apposés sur les effets mobilliers des S[tes] Martires ;
et c'est lors de la levée desdits scellés, après la vente qui eut lieu, des
enfans s'amusant à ramasser le plus qu'ils pouvaient des choses
qu'ils voiaient sur le tas d'ordure, le présent papier d'Exaction et les
deux pattes d'un scapulaire travaillé des propres mains de Marie-
Thérèse femme de Louis XIV et apporté par elle d'Espagne(3), les deux
pattes tenues par un ruban de moir blanc, que les révolutionnaires
prirent soin de mettre au feu, se trouvèrent dans la robe d'un enfant
de 4 à 5 ans, que je ne pus faire lâcher ce qu'elle y avait qu'à force
de présens entr'aute *(sic)* d'une grande boîte de cartons remplie de
grosses perles de toutes couleurs qu'une personne de la ville qui
l'avait en dépôt, fut comme inspirée du ciel pour me la faire passer,
au même moment que l'enfant persistait à ne rien vouloir céder. Le
désir d'avoir la boîte lui fit jeter aussitôt à terre tout ce que la robe
renfermait. Il s'y trouvait des ossements provenant des châsses bri-
sées, les riches étoffes et les pierreries (4)... (*Mot illisible.*)

C'est évidemment en cette même occasion que la sœur de
l'Incarnation découvrit les trois strophes composées par la
Mère Henriette de Jésus, l'avant-dernière prieure, et remise
par celle-ci aux membres du Directoire du district de Com-

---

(1) On appelle ainsi au Carmel des règlements d'ordre intérieur. C'est l'équivalent du *Coutumier* dans d'autres ordres. Le *Trésor du Carmel* contient, pp. 493-
523, la teneur de ce coutumier, sous ce titre : « *Ave Maria*. Papier d'exaction
qui doit demeurer aux noviciats semblable à celui que nos premières mères ont
apporté en venant d'Espagne fonder en France. Les âmes que Dieu appelle à le servir... etc... »
(2) C'est-à-dire du Carmel de Sens.
(3) Voir plus bas. p. 17.
(4) *Le Papier d'exaction à l'usage du Carmel, ayant appartenu à nos Mères
martyres. Ms.* 5. Collection du carmel de Compiègne.

piègne, dans leur visite au couvent, du 5 août 1790 (1) :

> Qu'ils sont faux les jugemens
> Que de nous porte le monde...

puisqu'elle déclare que ce papier « a été trouvé dans les ordures après la levée des scellés et qu'on procédait à la vente de nos effets mobiliers (2) ».

Elle n'était pas toujours aussi heureuse dans ses recherches; mais les documents qu'elle ne pouvait pas acquérir, elle les copiait. C'est ainsi qu'elle manqua le cantique écrit à la Conciergerie par la sœur Julie :

> Livrons nos cœurs à l'allégresse,
> Le jour de gloire est arrivé...

J'atteste, écrit la sœur de l'Incarnation, avoir transcrit ce cantique sur l'original, écrit avec du charbon ou brins de bois brûlé, j'ai eu beau prier, solliciter la pieuse demoiselle qui l'avait entre les mains et me dit le tenir d'une personne renfermée à la Conciergerie qui en était sortie... Tous mes efforts pour avoir l'original ont été inutiles, la D^lle regardant cette pièce comme une vraie relique (3).

Nous sommes suffisamment édifiés sur le zèle de la sœur Joséphine-Marie de l'Incarnation et sur sa passion de collectionner les autographes des martyres. Mais il n'y a pas lieu de la féliciter de l'édition posthume donnée de ses travaux, en 1836, par l'abbé Villecourt, vicaire général du diocèse de Sens, futur évêque de La Rochelle et cardinal (4). Malheu-

(1) Sur l'objet de cette visite, qui était d'inviter les religieuses à déclarer si, conformément au décret des 13 février et 20 mars 1790, leur intention était de sortir de leur monastère, voir Marie de l'Incarnation, *Histoire*, p. 95, et A. Sorel, *les Carmélites de Compiègne devant le tribunal révolutionnaire et infra*, pp. 41 et suiv.

(2) *Ms.* 3 (appelé le *grand cahier*), p. 37. Collection de Compiègne. Le texte imprimé, moins précis, porte : « Cette feuille a été retrouvée dans un amas de rebuts, lors de la vente de nos effets mobiliers. » (Marie de l'Incarnation, *Histoire*, p. 96.)

(3) *Ms.* 3, p. 59. Collection de Compiègne. Elle insistait encore davantage dans la première rédaction manuscrite de sa *Relation de la mort des Carmélites de Compiègne* : « J'ai eu dans les mains l'original ; je n'ai pu obtenir... le vénérant comme une relique que j'aurais bien voulu. J'ai fait mille efforts pour me procurer l'original, mais la... qui l'avait entre les mains n'a jamais voulu s'en dessaisir et ne m'a donné que la permission d'en tirer copie sous ses yeux. » (*Ms.* 2, p. 58. Collection de Compiègne.) Le texte imprimé (*Histoire*, p. 61) est moins riche en détails.

(4) Clément Villecourt, né à Lyon, le 9 octobre 1787, vicaire général de Mgr de

reusement le célèbre orateur appartenait encore, en matière de
publication, à l'école du dix-huitième siècle, celle à qui nous
devons les *Sermons* de Bossuet édités par Deforis et les *Lettres*
de Mme de Sévigné arrangées par le chevalier Perrin. Il retouchait, retouchait, retouchait. Encore ce perpétuel procédé
aurait pu ne faire tort qu'à la fidélité du texte et l'améliorer
au point de vue littéraire; mais le malheur est que le trop zélé
correcteur, au lieu de changer quoi que ce soit en mieux,
transforme plutôt en pire. Sous prétexte de noblesse de style,
il remplace habituellement le mot propre par de prétentieuses
périphrases, coupant avec ses impitoyables ciseaux de censeur
toute fleur de naturel, toute expression vive et ingénue. Qu'il
ait été, par exemple, jusqu'à retrancher, dans la notice de la
sœur Euphrasie, l'anecdote familière de la ronde dansée par
Marie Leczinska au Carmel, et la plaisanterie d'un goût douteux échappée à l'esprit caustique de la religieuse, on le comprend facilement ; mais que dire de ses libertés jusque dans
les citations ! Il les fait passer sous le même impitoyable niveau
de banalité et d'emphase que les propres récits de l'historienne. Marie de l'Incarnation raconte que, se trouvant à Paris,
en avril 1794, elle reçut un billet de la sœur Euphrasie dont
l'état moral lui avait inspiré des inquiétudes. Villecourt met
en scène les adieux, puis retravaille la lettre à sa manière.

On en jugera par les deux textes mis en regard :

MANUSCRIT (1)	HISTOIRE IMPRIMÉE (p. 85).
Comme nous nous trouvions elle (sœur Euphrasie) et moi réunies dans la même maison qu'occupait notre révérende Mère Prieure, *j'eus bien de la peine à la quitter* (2), au mois d'avril 1794, pour aller à Paris où ma	Lorsqu'au mois d'avril 1794 j'allais à Paris, où ma présence était nécessaire, *les larmes que je versai en l'embrassant lui peignirent les sentiments que j'avais pour elle.*
	J'en reçus, quinze jours après,

Cosnac et supérieur de toutes les maisons religieuses du diocèse de Sens, nommé
évêque de La Rochelle en 1835, fait cardinal le 17 décembre 1855, mort le 19 janvier 1867.

(1) *Ms.* 3, p. 24. Collection de Compiègne.

(2) C'est nous qui soulignons, ici et *passim*.

présence était nécessaire, la sachant dans des dispositions que j'avais essayé inutilement de détruire : mais quelle fut ma joie lorsque je trouvai, dans le pli d'une tunique qu'elle me fit passer un billet renfermant ces mots :

« Unissez-vous à moi, ma chère Bonne petite sœur, pour rendre grâce au Seigneur de ce que par son infinie bonté il a daigné faire tomber de dessus mes yeux les énormes écailles qui les couvraient et me dérobait *(sic)* la vue de l'affreux précipice préparé à cet infernal esprit d'orgueil, d'envie, de jalousie, par lequel j'ai eu le malheur de me laisser toujours conduire. Je ne devais pas craindre de m'humilier, et je puis vous dire l'avoir fait dans toute la sincérité de mon cœur... J'espère que le Seigneur, touché de mon repentir, me pardonnera mes fautes... *La guillotine, depuis que j'ai recouvré le calme de la conscience, ne m'effrait (sic) plus autant, et je regarderai comme un bienfait de la miséricorde de mon Dieu qu'il m'accorde la grâce, toute (sic) indigne que j'en suis, d'être associé (sic) à la gloire du martyre !* »

une tunique que j'avais prié notre Mère de m'envoyer, et je trouvai, dans un de ses plis, la lettre suivante de ma chère sœur Euphrasie :

« ... Unissez-vous à moi, ma bonne petite sœur, pour louer le Seigneur et sa miséricorde, qui a daigné faire tomber de mes yeux les écailles qui les couvraient et me dérobaient la vue de l'affreux précipice où devait me conduire cette funeste disposition à l'orgueil et à la jalousie que vous avez remarquée en moi. Je ne devais pas craindre de m'humilier : et je puis vous dire l'avoir fait dans toute la sincérité de mon cœur. J'espère que le Seigneur, touché de mon repentir, me pardonnera mes fautes, *depuis que j'ai tâché de me remettre en grâce avec lui. Loin de craindre de périr par la faulx révolutionnaire, il me semble désirer cette mort, tant je m'estimerais heureuse de cesser de vivre, pour ne plus offenser mon Dieu !* »

Cette *faux révolutionnaire*, aussi banale que la faux allégorique de la Mort ou du Temps, substituée au terme crû la *guillotine*, ne serait après tout qu'une fâcheuse correction ; mais que dire de la pensée finale si différente de fond et de forme ! Le désir de la mort provoqué par la crainte d'offenser Dieu a été mis au lieu et place de l'aspiration, malgré l'indignité ressentie, *à la gloire du martyre.* Un sentiment de tous les temps a recouvert, comme un vulgaire badigeon, un trait particulier à l'époque et qui peint un état d'âme caractéristique : la préparation consciente au martyre entrevu et souhaité. On n'en prend pas plus à son aise avec la couleur historique et l'analyse exacte d'une situation morale.

Depuis 1891, les manuscrits doublement précieux de la sœur de l'Incarnation se trouvent, grâce au généreux désintéressement des Carmélites de Sens, au couvent de leurs sœurs de Compiègne ; c'est là que la parfaite obligeance de la révérende Mère Marie de Saint-Joseph, prieure actuelle, nous a permis de les consulter librement. Ils constituent le principal fonds des renseignements contemporains de provenance monastique (1).

La seconde source d'information conventuelle est la relation des Bénédictines anglaises, de Stanbrook (Worcester). Ignorée en France jusqu'en 1894, date du premier centenaire du martyre, leur tradition, restée très vivante par delà le détroit, vint apporter brusquement la plus inespérée des contributions. L'on savait bien que dans la prison des Carmélites à Compiègne se trouvaient « les Bénédictines anglaises de Cambray, arrêtées à Calais, au moment où elles allaient s'embarquer pour rentrer dans leur patrie (2) ». Mais la sœur de l'Incarnation à qui l'on devait ce détail, ayant ajouté que les Carmélites avaient été empêchées de communiquer « avec ces saintes dames », que les murs de séparation et les croisées bouchées exprès les privaient même de s'entendre, personne n'avait songé à s'enquérir de ce qu'avaient pu devenir des voisines si peu en état de correspondre et de parler. Quelles ne furent pas la surprise et la joie, lorsque, en 1894, la nouvelle du centenaire ayant franchi la Manche sur les ailes des *Annales catholiques*, les descendantes des Bénédictines incarcérées à Compiègne apprirent aux descendantes des Carmélites leurs coprisonnières qu'elles possédaient des reliques des martyres

(1) Voir la description détaillée, Appendice L.
(2) *Histoire*, p. 43. Les documents originaux cités dans le *Summarium*. pp. 208-209, disent au contraire qu'elles furent arrêtées à Cambrai, pour avoir fait des provisions, à l'occasion de la menace du siège par les Autrichiens.

consistant en effets leur ayant appartenu (1). Au carmel de Darlington, on rencontrait non seulement des fragments d'étoffe, mais une lettre de la révérende Mère Mary Blyde, abbesse des bénédictines de Woolton (aujourd'hui Stanbroock), rendant témoignage à la mémoire de ses compagnes de captivité : « Les Carmélites étaient, dit-elle, dans une chambre vis-à-vis de nous, et nous les avons vu conduire jusqu'à la porte par les gardiens, lors de leur départ pour Paris. J'ai eu la satisfaction de causer deux fois avec elles, mais avec grand' peur (2). » Si timides qu'elles fussent, les dames anglaises avaient souffert aussi pour la foi. Quatre d'entre elles moururent en prison (3) et les autres ne furent sauvées que par la chute de Robespierre.

A ces documents de première main qu'on ajoute les dossiers originaux conservés à l'hôtel de ville de Compiègne, aux Archives départementales de l'Oise, enfin aux Archives nationales, la plupart exploités déjà avec talent par M. Sorel, on aura épuisé à peu près la liste des sources.

Le plan de cette étude qui, loin d'avoir aucune prétention à augmenter la somme des données traditionnelles, tendra plutôt à en restreindre le nombre par un choix critique et sévère, est calqué sur la succession des faits. Nous traiterons du carmel de Compiègne et de ses futures martyres jusqu'en 1789, ensuite de leurs premières épreuves durant la tourmente révolutionnaire, finalement de leur arrestation, de leur emprisonnement et de leur supplice. La simplicité de cette division est le seul mérite auquel nous visions au milieu des multiples productions bien renseignées, mais souvent touffues, qui constituent la bibliothèque de la cause.

(1) Ce sont évidemment les restes des effets laissés par les carmélites dans la prison de Compiègne, lors de leur départ pour Paris (34 bonnets, 34 fichus, 17 déshabillés et fourreaux) et qu'un arrêté du comité de surveillance de Compiègne, du 28 messidor, leur attribua pour les faire changer de costume, vu qu'elles étaient encore « embéguinées, guimpées et revêtues d'habits dont la bigarrure ne peut qu'offenser des regards républicains ». Sorel, p. 55. Voir un récit complet et curieux dans le *Summarium*, pp. 207-208. Cf. plus bas, p. 111, n. 4.

(2) Abbé Odon, *les Carmélites de Compiègne mortes pour la foi sur l'échafaud révolutionnaire*. p. 46, n. 1.

(3) *Ibid.*, p. 86.

I

Carmel et Carmélites de Compiègne

SOUS L'ANCIEN RÉGIME

Lorsqu'on visite le musée Vivenel installé dans le merveilleux hôtel de ville de Compiègne, on aperçoit, parmi les sculptures, trois inscriptions funéraires attribuées par le catalogue à l'ancien carmel. Deux seulement paraissent authentiques. La plus ancienne se lit sur une dalle carrée : GY GIST IEANNE VAILLANT, TOURIERE DES CARMÈLITTES (*sic*), ELLE EST DECEDÉE LE 31 IULLET 1716. *Priez pour elle* (1). Par son laconisme, cette épitaphe rappelle les modestes plaques de Saint-Paul-Saint-Louis, à Paris (2); mais la suivante, qui a presque les dimensions d'une pierre tombale, offre une rédaction plus développée : †. J. M. J. GY GIST SŒUR LOUISE MAGDELEINE DE SAINT JOSEPH RELIGIEUSE DE CET ORDRE DE N. D. DU MONT CARMEL : ELLE EN A PRIS L'HABIT ET FAIT PROFESSION LE 6 JANVIER 1695 AGÉE DE 18 ANS 9 MOIS EN CÉ MONAS^er DE L'ANNONCIATION DE COMPIEGNE : ELLE EST DECEDÉE LE 29 MARS 1748 AGEE DE 72 ANS : DE RELIGION 55 ANS NEUF MOIS. *Requiescat in pace* (3).

L'aspect usé de ces deux dalles prouve qu'elles étaient fou-

(1) J. Bru, *Musée Vivenel, Catalogue illustré des peintures, dessins, sculptures*, n° 376, p. 70. Compiègne. In-12. Nous pensons qu'on doit rejeter, comme faussement attribuée par le catalogue (n° 378, p. 72), l'inscription de la « Mère Mne Paiot *assistante* », la fonction d'assistante n'existant pas chez les Carmélites.

(2) Le P. Chérot pouvait parler en connaissance de cause de ces plaques funéraires de l'ancienne Maison professe des Jésuites de Paris qu'il avait si patiemment étudiées et minutieusement décrites dans son *Pèlerinage à la tombe de Bourdaloue*, publié par la *Revue Bourdaloue* du 1er avril 1904, pp. 283-336. (E. G.)

(3) Bru, *Musée Vivenel*, n° 382, p. 73. Nous avons corrigé *de visu* les fautes de lecture. — Il est évident que M. l'abbé Blond, le biographe si fidèle à énumérer les cérémonies d'entrée et les décès de l'ancien carmel, n'a pas connu cette inscription; autrement il n'eût pas mentionné la mort, dans ¡Sœur Charlotte de la Résurrection, p. 60, à l'année 1738.

lées aux pieds et que les religieuses avaient leurs sépultures dans leur chapelle ou dans leur cloître (1).

Une troisième épitaphe conservée au carmel actuel (rue Saint-Lazare, n° 37 *bis*) est loin de compléter ce nécrologe. Mais elle est doublement intéressante, et par le nom de la reine qui y figure, et parce que nous la croyons inédite :

... ANS ÈT DEMIE, ELLE REÇUT LE VOILE DES MAINS DE LA REINE MARIE LECZINSKI QUI A BIEN VOULU AUSSI LUI DONNER UN DE SES NOMS EN CE MONASTERE DE L'ANNONCIATION DE COMPIEGNE ELLE Y EST DÉCÉDÉE LE 26 IANVIER 1782. AGÉE DE 67 ANS UN MOIS, ET DE RELIGION 44 ANS MOINS 7 JOURS. REQUIESCAT IN PACE (2).

Enfin, encore au musée de Vivenel, trois premières pierres ou pierres de fondation portent les noms de Claude de Rouville, marquise d'Hanneveux, de la Mère Elisabeth de Jésus, prieure en 1663, et de Jean de Geoffroy, curé de Saint-Antoine, avec les marguilliers Cl. Picard et Hier. de Croijs (3). Ces dernières inscriptions proviennent, paraît-il, des fouilles pratiquées pour la construction de la nouvelle salle de spectacle du Palais. Ainsi donc un théâtre prolongé par un quartier de cavalerie (4) recouvre aujourd'hui sanctuaire et caveaux, cloître et monastère.

La dernière église, construite en 1737, à l'instigation du comte de Toulouse, et dépositaire de son cœur (5), était, paraît-il, un bijou d'architecture. A la Révolution, le monastère fut converti en hôpital militaire, placé sous le vocable civil de Jean-Jacques Rousseau ; puis un maçon l'acquit et s'en fit le démolisseur (6).

(1) Au carmel de Saint-Denis, les tombes étaient dans le cloître, mais sans épitaphe, une simple croix marquant la place.
(2) La partie inférieure de la dernière ligne est brisée. — H : 0,45 ; L : 0,57. C'est la sœur de la Présentation. Voir l'abbé Blond, *op. cit.*, p. 94.
(3) Bru, *Musée Vivenel*, n°ˢ 371-373, pp. 68-69. S'agit-il de la famille de Crouy? Voir Auger. *Notice sur les Carmélites de Compiègne*, p. 17. Paris, 1835, in-16.
(4) Le quartier de cavalerie *Bourcier*. Les Carmélites, à la veille de la Révolution, occupaient le rectangle compris actuellement entre les rues d'Ulm, Othenin, du Four, et le boulevard du Cours. Voir dans l'abbé Blond, *op. cit.*, p. 50, le *Plan pour servir à l'histoire du Carmel*. Ce plan prolonge d'ailleurs inexactement jusqu'au quai la rue du Four qui est coupée par la caserne.
(5) Auger, p. 24.
(6) Blond, *op. cit.*, pp. 149-150 Cependant tout ne dut pas être rasé à l'époque, puisque sous la Restauration il fut question de rachat. Voir Auger, p. 13.

Fin violente et prématurée pour un couvent comptant un siècle et demi d'existence seulement ! Les premiers murs ne dataient que de 1646 ; la communauté remontait à 1641. Mais leur histoire mérite d'être esquissée.

*
* *

Durant la première moitié du dix-septième siècle, les progrès du Carmel dans le royaume très chrétien avaient été rapides. C'était l'aube resplendissante de la réforme catholique qui se levait sur la France. La fondation du couvent de Compiègne venait la cinquante-troisième. Pourquoi le choix de cette ville? Il semble que la présence de la cour n'y ait été pour rien ; la Providence seule régla tout.

Dans les appartements extérieurs du carmel d'Amiens vivait une pensionnaire de haute distinction et d'éminente piété. Veuve de messire Antoine Trudaine, seigneur de Choisy, trésorier de France et général des finances en Picardie, Mme de Louvancourt avait formé le dessein d'établir un nouveau monastère de la réforme thérésienne. Naturellement, les carmélites amiénoises s'y intéressèrent, et elles voulurent contribuer pour moitié aux frais de premier établissement. Après avoir consulté Dieu dans la prière, on s'arrêta à trois villes : Senlis, Soissons et Compiègne, entre lesquelles on tira au sort. Le sort désigna Compiègne (1).

Restait à composer la colonie et à lui trouver un premier gîte. Amiens s'était empressé de fournir six religieuses ; le second monastère de Paris en ajoutait deux. C'étaient des âmes d'élite, désignées conformément au conseil de Mme Acarie (plus tard la bienheureuse Marie de l'Incarnation) qui ne recom-

---

(1) *Chroniques de l'ordre des Carmélites de la réforme de sainte Thérèse depuis leur introduction en France*, t. V, pp. 85-100. Troyes, 1864. In-8. Cf. t. I, p. 250.

mandait rien tant, au milieu de ses fondations en France, que de choisir avec un soin extrême les religieuses destinées à établir les monastères.

Le 17 avril 1641, le double essaim quittait Paris et Amiens pour se rencontrer auprès de Compiègne dans la magnifique abbaye de Royallieu, aujourd'hui en ruine, alors dans sa splendeur. L'abbesse était Mme de l'Aubespine, sœur du chancelier de France si fameux par ses diverses fortunes, Charles de l'Aubespine, marquis de Châteauneuf. L'Église et l'État représentés par le diocèse et la municipalité de la ville s'associèrent à leur réception. Mgr Simon Le Gras, évêque de Soissons et abbé de Saint-Corneille, autre abbaye compiégnoise, perpétuée comme la première par de curieux vestiges, alla les prendre à Royallieu ; les échevins leur offrirent une magnifique collation avec des présents, tous les habitants de la cité étaient accourus sur leur passage.

Simon Le Gras avait une sœur prieure des religieuses de Saint-Nicolas, à Compiègne ; il fallut faire halte dans ce couvent au milieu de toutes les personnes de qualité de la ville et des environs ; après quoi l'on inaugura solennellement le modeste logis provisoire, berceau de la nouvelle communauté. Il était situé rue des Minimes, vis-à-vis la rue de l'Ardoise, et portait le nom de la *Toison d'or* (1).

Dès le début, la régularité parfaite qui devait être un siècle et plus la caractéristique du carmel de Compiègne, comme l'esprit de silence et d'oraison est l'essence de l'Ordre, commença d'y régner. Mais cette régularité même était impraticable en un local étroit et incommode. Anne d'Autriche vint à leur aide. La fille de Philippe III ne pouvait se désintéresser de la réforme de sainte Thérèse son illustre compatriote. Elle fit les choses royalement et offrit aux Carmélites un appartement au château. Se souvenait-elle que saint Louis avait jadis abandonné aux Dominicains le vieux palais de Charles le Chauve ? Au bout de quatre années la première pierre du nou-

(1) Voir Appendice B. *Extraits de l'Histoire manuscrite de Saint-Corneille.*

veau monastère construit à proximité de la demeure royale fut
posée, en la fête de saint Joseph, le 19 mars 1646. Il s'élevait
sous le double patronage des échevins de la ville et de *M*^me *la
princesse*, Charlotte-Marguerite de Montmorency, mère du duc
d'Enghien, le futur Grand Condé. La princesse ne contribua
toutefois que par son nom à la fondation et ne versa jamais
les vingt mille livres promises, ses affaires, disent les *Chroniques*, ne le lui ayant pas permis.

Les Carmélites n'attendirent même pas pour quitter le château que leurs bâtiments fussent achevés. Elles n'avaient pu
souffrir de voir que le jeune roi venu à Compiègne avait été
logé, par égard pour elles, à l'abbaye de Saint-Corneille, Anne
d'Autriche ayant craint que le tapage de la cour ne troublât le
recueillement des religieuses (1). Le 8 juin, elles s'étaient retirées dans une maison particulière, disant adieu à la chapelle et
à la grande salle construites par le pieux roi Louis IX. Bien
leur en avait pris. A peine quittaient-elles la pièce, témoin de
leur dernière réunion, qu'un plancher s'effondra qui eût causé
leur mort.

Une nouvelle prieure, sœur du duc de Biron, arrivée le
9 juillet 1647, hâta si bien les travaux que les dix-huit Carmélites entrèrent dans leur troisième et définitive habitation, le
23 mars 1648. Il fut appelé le monastère de *l'Annonciation*,
nom glorieux qui sera au vingtième siècle célèbre par le monde
chrétien.

Déjà les relations les plus cordiales s'étaient établies pour ne
plus cesser entre la cour et le Carmel. Un jour de l'année
1646, le petit roi, âgé de huit ans, y avait accompagné sa mère
Anne d'Autriche ; entre ses mains destinées au sceptre il portait
un calice et un ostensoir pour l'humble chapelle des religieuses. Tandis que la communauté témoignait sa reconnaissance,
la sœur Geneviève de Tous-les-Saints (2) exprimait son naïf

---

(1) Voir appendice B. *Ibid*.
(2) Le texte primitif ajoutait « qui prophétisa, dit-on, le martyre de 1794 », avec
cette référence. « L'abbé Guillon (*les Martyrs de la foi*, t. II, p. 303 ; 1821, in-8)
se trompe de tout un siècle en moins ». — En effet, Guillon, qui est loin d'être une
autorité historique et dont les sources sont assez troubles, écrivait : « C'était avec

désir de voir « ce bon roi avec son petit manteau royal ». La reine de faire aussitôt apporter le manteau qu'on jette sur les épaules du jeune Louis XIV.

Il y a là, égarées en ces *Chroniques* peu connues, des scènes charmantes qui mériteraient d'entrer dans l'histoire du duc d'Orléans. On y retrouve une preuve des goûts enfantins et bizarres qui, à la cour d'Anne d'Autriche, portaient déjà le futur *Monsieur* à faire le dameret (1).

Anne d'Autriche était attirée au couvent de Compiègne par cet attrait qui la conduisait si souvent, seule ou accompagnée de son fils, aux cérémonies des Carmélites et des Carmes de la capitale (2).

Mais de plus, à Compiègne, elle aimait à retrouver une de ses dames d'honneur les plus chères. C'était Mme de Lincourt. Devenue veuve à quarante-trois ans, la brillante mondaine

délices qu'elles se rappelaient cette révélation qu'immédiatement après la fondation de la communauté de Compiègne au milieu du dix-huitième (*sic*) siècle, une religieuse avait eue en songe... La fervente religieuse avait vu près de cinquante ans (*sic*) auparavant ses sœurs de Compiègne monter au ciel tenant en main la palme du martyre ; et sa vision était consignée dans les procès-verbaux de la fondation, conservés encore maintenant (1821) chez les Carmélites qui vivent en communauté à Versailles (t. II, p. 3o3, col. 1, au mot BRART). Le P. Chérot a barré la note relative à la prétendue prophétie, et ajouté cette parenthèse : « D'ailleurs son autorité est nulle, puisqu'il a été démontré qu'il ne fait que reproduire un des Mss de la sœur de l'Incarnation, et quant au nom même de la sœur Geneviève-de-Tous-les-Saints, c'est une pure conjecture faite depuis ». Cf. Blond, p. 53. (E. G.)

(1) Le duc d'Orléans, frère de Louis XIV, éprouvait aussi une vive satisfaction à entrer chez les Carmélites. Il s'y trouvait alors deux postulantes, Mlles de Condren qu'une vocation précoce et des circonstances particulières avaient fait recevoir, l'une âgée seulement de douze ans et l'autre de quinze. Le jeune prince prenait un plaisir tout particulier à faire avec elles des processions ; mais son séjour préféré était la cuisine, où il aidait la sœur cuisinière à préparer le repas de la communauté. Il fallait consentir à lui mettre un tablier et à le laisser battre les œufs. Il aurait bien voulu entraîner la bonne sœur à goûter sa cuisine ou à aller acheter ce qu'il désirait. Lorsqu'elle lui répondait qu'elle n'en avait pas la permission : « Je vous la donne », répondait-il, et au besoin il ajoutait un louis d'or pour que l'on pût avoir ce qu'il souhaitait. La permission du prince ne remplaçait pas celle de la prieure, et la cuisinière demeurait inflexible. Plus tard le duc d'Orléans aimait à rappeler ces souvenirs de son enfance et quand il rencontrait quelqu'une des anciennes Mères qu'il avait vues alors : « Vous souvenez-vous, lui disait-il, des belles processions que nous faisions ensemble, et des bonnes omelettes que je faisais moi-même avec la bonne cuisinière ?... » (*Chroniques*, t. V, p. 96, et *Notes manuscrites*. Voir Appendice L. Extraits d'un manuscrit intitulé *Notes historiques sur le Carmel de Compiègne*.)

(2) Le 19 mars 1646, elle fait ses dévotions chez les Carmélites et chez les Carmes (*Gazette*, p. 204). — Le 3o avril 1647, la reine se rend encore chez les Carmélites, pour la fête de saint Joseph, et y entend un sermon du P. Faure, le futur évêque d'Amiens (*Ibid.*, p. 248); elle y retourne avec le roi, le 3o avril (*Ibid.*, p. 36o). Voir Appendice B. *Hist. mss. de Saint-Corneille.*

s'estimait heureuse d'expier, par les plus durs travaux des sœurs converses, ses vanités passées (1).

La pieuse épouse de Louis XIV, la reine Marie-Thérèse, y vint à son tour, mais, semble-t-il, sans empressement. C'est en 1683 seulement, l'année même de sa mort (30 juin), qu'on mentionne sa visite aux Carmélites (2). Soit désir de réparer son retard, soit pressentiment de sa fin prochaine, elle alla voir les religieuses trois fois en huit jours. Est-ce dans cette circonstance qu'elle leur donna le magnifique scapulaire brodé par elle en Espagne et qui, à demi brûlé par les révolutionnaires, fut recueilli par la sœur Marie de l'Incarnation (3)?

En même temps Louis XIV avait présenté la *Dauphine de Bavière*.

Sept ans après, en 1690, l'année même où mourait cette dernière princesse (20 avril), le duc d'Orléans, de séjour à Compiègne avec le roi, entrait dans le Carmel, et, l'année suivante, il y amenait avec son fils, le futur régent, appelé alors le duc de Chartres, celle qu'on pouvait nommer la nouvelle reine de France, Mme de Maintenon. Un fragment de lettre adressée par elle de Saint-Cyr à la prieure reflète bien ses sentiments divers : « Je voudrois, ma chère mère, vous dire la bonté que le roi a pour vous. Il a dit à M. de Chamillard, en lui parlant de votre affaire, que vous étiez des filles qu'il aimoit fort, que vous étiez régulières, pauvres, cachées, vous contentant d'une petite maison, sans penser à bâtir comme les autres, et ne songeant qu'à servir Dieu. J'entendis ce discours avec une grande joie, vous aimant toujours tendrement. Redoublez donc vos prières pour le roi, et ne vous lassez point de demander la paix (4). »

---

(1) Voir sa notice, sous le nom de sœur Louise de Sainte-Thérèse, dans les *Chroniques*, t. V, p. 102. Anne d'Autriche s'apitoyait souvent sur la blancheur de ses mains condamnées à faire la cuisine et elle lui envoya une batterie de cuivre rouge pour cent personnes.

(2) Elle était venue à Compiègne en 1667 et 1672-73. Voir Appendice B.

(3) Voir plus haut, p. 4.

(4) Elle vit la communauté « qu'elle entretint longtemps et à laquelle elle donna de grands témoignages d'amitié; elle promit aux Sœurs de venir les voir toutes les fois qu'elle serait du voyage de Compiègne ». (*Chroniques*, t. V, p. 97). Cf. Appendice B.

Louis XIV, dont il serait superflu de compter les visites aux religieuses du Carmel de Compiègne, ne se contenta point de professer pour elles, jusqu'à la fin de sa vie, une sincère estime ; il savait proportionner ses bienfaits en conséquence. Chaque année il leur faisait un présent de cent louis, auquel se joignaient le *franc salé* (1) et le chauffage donné par le duc d'Orléans, libéralités d'autant plus appréciables qu'à la suite des guerres les années étaient devenues dures pour les finances publiques et privées. On en était alors partout réduit à porter à la Monnaie toute l'orfèvrerie du royaume et même l'argenterie des églises. Apercevant un jour un parement d'autel d'une grande beauté : « Quoi, dit-il, un parement tout d'argent, en ce temps-ci ? » Sire, lui répondit-on, ce n'est que du geai (*sic*). « Il faut avouer, reprit-il, que cela est bien fait ; on y est trompé (2). »

La dernière visite du roi qui ait laissé souvenir fut celle de l'année 1699, qui suivit le fameux camp de Compiègne formé pour l'instruction du duc de Bourgogne (3). On eût dit une apparition suprême de la monarchie absolue encore à son apogée et de la famille royale à la veille d'être décimée par la mort. Ce jour-là, le 20 janvier, anniversaire du décès d'Anne d'Autriche, le vieux monarque se fit un honneur de présenter ses trois petits-fils, les ducs de Bourgogne, d'Anjou et de Berry ; il entretint avec bonté les anciennes religieuses qui avaient connu sa mère, et, au souvenir de son épouse Marie-Thérèse, il laissa tomber cette phrase : « C'est une sainte, priez pour elle et pour toute ma maison (4). » Ce cri du cœur était sincère ; mais il ne saurait faire oublier à l'histoire, comme Louis XIV peut-être se le rappelait lui-même, que là-bas dans sa capitale, au fond du Carmel du faubourg Saint-Jacques, vivait, livrée à la pénitence et aux expiations, cette Louise de

----

(1) On appelait ainsi la distribution gratuite du sel.
(2) *Chroniques*, t. V, p. 97.
(3) Le camp de Compiègne eut lieu en effet en 1698, et non en 1699. Lefebvre Saint-Ogan se trompe sans doute d'autre part, quand il dit que le séjour de Louis XIV au camp en 1698 fut son dernier séjour. Lefebvre Saint-Ogan, *Compiègne*, Paris, Quantin, 1887, in-16, p. 49. Voir cependant à l'Appendice B.
(4) *Chroniques*, t. V, p. 100. Cf. aussi Appendice B.

la Baume Le Blanc, duchesse de La Vallière, devenue sœur Louise de la Miséricorde, dont trop longtemps il avait fait la rivale de la pieuse reine. Et le temps allait venir où, sous les coups de la Providence frappant son royaume et sa famille, il payerait à son tour sa dette à la justice divine si longtemps offensée.

Combien de fois des rapprochements analogues s'offrent à l'esprit, lorsqu'on lit dans les souvenirs de la sœur Marie de l'Incarnation mainte anecdote où revivent la bienveillance royale d'une part et la pieuse fidélité de ces *orantes* de la monarchie française à Compiègne !

C'est Marie Leczinska, la reine si éprouvée dans son honneur conjugal, qui, durant trente années, vient chercher au Carmel des consolations à la hauteur de ses épreuves (1). Les voyages de la cour à Compiègne étaient alors longs et fréquents. La reine ne manquait point à chaque séjour d'aller visiter la prieure et ses filles ; elle faisait au couvent des retraites, y prenait volontiers son repas et se complaisait singulièrement dans ce milieu de sainteté. Elle y passa ses jours de deuil les plus pénibles, en 1766, après la mort de son père, le roi Stanislas.

Ce sont les filles de Louis XV, Mesdames de France, Adélaïde, Victoire, Sophie et Louise (2). Souvent elles accompagnaient leur mère. Leur bonheur était de se livrer librement au Carmel à l'attrait de leur piété. Fréquemment, le dimanche surtout, elles assistaient aux vêpres de la communauté, se plaçant dans les stalles avec les religieuses, n'osant pas — sauf Louise — traverser le chœur, quand elles arrivaient en retard. Les jours de communauté, elles remplissaient au réfectoire les fonctions de *lectrice* et de *serveuse*, vêtues de vêtements fort simples qu'elles avaient troqués pour la circonstance contre leurs toilettes de cour, et elles s'en acquittaient avec tant d'aisance que les bonnes sœurs n'en étaient pas même distraites. C'était là leur Trianon avant la lettre ; ou plutôt ce spectacle n'évoque-t-il point la lointaine image de leur saint aïeul

(1) Voir appendice I : *Marie Leczinska et le Carmel de Compiègne.*
(2) Voir appendice B. *Hist. ms. de Saint-Corneille.*

Louis IX, qui lui aussi aimait à servir à table les moines, à l'abbaye de Royaumont? Volontiers également elles prenaient part avec la reine aux récréations de la communauté, y montrant tant d'affabilité et de bonté que toutes les religieuses se sentaient à l'aise en leur présence.

Mais parmi ces quatre princesses regardées comme des anges dans une cour en proie à une dissolution effrénée, il en était une à qui ces dévotions, pareilles à des jeux d'enfant, ne devaient pas suffire. Louise de France avait au cœur une ambition plus haute. En face des hontes qui montaient comme une inondation de boue sur les marches du trône de saint Louis, la pensée lui était venue que seule une princesse du sang pourrait devant Dieu expier ces turpitudes. Et elle s'était offerte en victime. Qui sait si Louis XV, touché de son sacrifice, n'arrêterait pas le cours de ses scandales; qui sait du moins si la grâce d'une suprême miséricorde ne serait pas accordée au père en considération de sa fille à la fois innocente et repentante (1)?

C'était encore la pieuse et charmante dauphine Marie-Josèphe de Saxe qui se mêlait aux autres princesses, pour aller coudre chez les Carmélites chemises et layettes destinées aux pauvres.

Une des sœurs, raconte Marie de l'Incarnation, l'ayant vu un jour ôter son gant qui étoit marqué de sang et s'envelopper le doigt de son mouchoir qui de suite parut lui-même ensanglanté, lui dit : « Oh! Mᵉ, il faut que V[otre] A[ltesse] R[oyale] se soit faite une rude picure! — Je vous remercie, dit la P[rincesse], mais la chose ne vaut pas la peine que l'on y fasse attention. » Comme néanmoins le sang continuoit à couler, la Mère prieure lui ayant demandé à voir sa main s'aperçut que le sang sortoit d'une coupure assez profonde que la princesse avoit au doigt, et qui n'étoit causé que par la grosseur et rudesse du fil dont elle se servoit pour coudre dans une toile de même calibre : « Est-il possible, Mme, lui dit la mère, qu'avec

(1) C'est après avoir assisté à une vêture au couvent de Compiègne, que Madame Louise écrivit à la prieure, pour lui demander la tunique de serge que portait la novice. Tel fut le premier acte de son essai de vie monastique à la cour. Voir *la Vénérable Louise de France*, par l'abbé Gillet, p. 138. Paris, 1880, in-8. Si plus tard la princesse entra au monastère de Saint-Denis, ce fut pour plaire au roi son père et parce que ce Carmel était le plus pauvre de France. Voir la *Vie de la vénérable Mère Thérèse de Saint-Augustin, Madame Louise de France*, t. I, pp. 68, 72 et 102. 4ᵉ édition, 1879, in-12. « Excepté à Compiègne », avait dit finalement Louis XV. Il n'est que trop facile de deviner le motif de cette interdiction.

des mains aussi délicates V. A. R. entreprenne de semblables
ouvrages ? De grâces, Mmes, reprit la [Princesse], veuillez ne me
témoignez aucune sensibilité de ce petit beaubeau (*sic*)... qui n'est
rien... absolument rien en comparaison de ce que je mériterois d'a-
voir, en punition de ce que j'ai trop longtemps écouté mon aversion
pour le travail de l'aiguille. Je ne me suis même corrigé de ce def-
faut que depuis une très forte remontrance qui me fut faite jadis à
ce sujet par une religieuse d'un couvent où j'allois quelquefois (les
Dames du Saint-Sacrement à Varsovie). — Oui, reprit la Reine, la
leçon est restée si bien gravée dans l'esprit et le cœur de Mme la Dauphine qu'elle s'est imposée la loi de cinq heures de travail par jour,
et de trois, les jours des voiages de Compiègne et de Fontainebleau,
et vous saurez de plus, ajouta la reine, que si Madame est empêchée
de remplir de jour sa tâche, c'est sur son sommeil qu'elle prend pour
la finir, en exigeant toutefois des personnes de son service qu'elles
se couchent et ne l'attendent pas. » Et puis la Reine, se tournant du
côté de Mme la Dauphine, lui dit du ton de la plaisanterie la plus
aimable : « Ma fille voudra bien, j'espère, me pardonner de révéler
ainsi le secret de l'école ?... Au reste nous sommes ici en société
d'amies (1). »

Ce dernier mot peint au vif les relations simples et cordiales
qui unissaient les excellentes princesses aux religieuses du
Carmel. Si nous ne craignions d'allonger ce récit, nous don-
nerions encore la parole à la sœur de l'Incarnation, pour nous
raconter les propos à la fois graves et plaisants qui furent
échangés à l'occasion de la bague de la dauphine examinée un
jour de près. En guise de bijou apparut une tête de mort en-
châssée dans un double rang de diamants. Or la dauphine avait
annoncé son portrait ! Mieux vaut citer le jugement d'ensemble porté par la carmélite sur Marie-Josèphe de Saxe :

« La piété de la princesse répondoit à ses connoissances, et
une personne qui a partagé les soins de son éducation et l'a
suivie en France, à son mariage, écrivoit qu'elle étoit née vertueuse et que depuis qu'elle eut le premier usage de la raison
jusqu'à sa mort on ne s'étoit point aperçu que sa ferveur se
fût ralentie un seul jour. Sa piété fut toujours également vive,
sincère et active (2). »

(1) *Ms.* 2, p. 15. Collection de Compiègne.
(2) *Ms.* 2, p. 16. Collection de Compiègne.

Quant au roi Louis XV, il rebâtissait le palais de Compiègne (1753) sans épargner le souvenir de son plus illustre aïeul, le roi saint Louis; puis il y installait dans un somptueux appartement la comtesse du Barry. En 1769, on vit l'insolente favorite se promener, comme le monarque lui-même, dans un carrosse à six chevaux et, quelques jours après, assister à une fête militaire dans la plaine de Royallieu. Le brevet qui lui conférait l'usufruit de Louveciennes fut signé à Compiègne même, le 14 juillet 1769, vingt ans, jour pour jour, avant la prise de la Bastille. M. Sorel suppose que des fenêtres du château la frivole créature « avait pu tourner plus d'une fois ses regards vers l'humble monastère des Carmélites, à qui la *bonté* du roi accordait chaque année quelques centaines de livres pour le chauffage, alors qu'elle-même arrachait à la faiblesse de Louis XV des millions qu'elle jetait aux caprices de la mode la plus extravagante (1) ».

Telles quelles, les sept cent vingt livres annuelles que le Carmel recevait du roi pour le chauffage lui étaient encore servies en 1790 (2). Jusqu'à la fin, la cour avait été représentée par des princesses sympathiques aux religieuses. Les sœurs de Louis XVI y continueront les traditions de leur mère, de leur aïeule et de leurs tantes. L'infortunée Marie-Antoinette, dont les souvenirs ont été remis en honneur dans le château, fournit encore sur sa cassette la dot d'une des dernières religieuses destinées comme elle à l'échafaud.

Mais le moment est venu de présenter à nos lecteurs ces simples et vaillantes filles à qui le contact avec la cour n'avait jamais rien enlevé de leurs vertus cachées. Nous suivons l'ordre des noms adopté par le postulateur dans les Articles (3) produits au procès de béatification.

1. — Madelaine-Claudine Lidoine, en religion sœur Marie-Thérèse de Saint-Augustin, prieure, née à Paris, le 22 septembre 1752, entrée au monastère des Carmélites de Compiègne, au mois d'août 1773 (4).

(1) Sorel, *op. cit.*, pp. 70 *sqq*.
(2) *Ibid.*, p. 14. Cf. Appendice G, la lettre du 20 juin 1787 où apparaît l'intervention de Madame Louise.
(3) Voir Appendice L.— L'annotation de cette liste est tout entière nouvelle. (E. G.)
(4) Voir Appendice A, n° 8.

2. — Marie-Anne Françoise Brideau, en religion sœur de Saint-Louis, sous-prieure, née à Belfort, le 7 décembre 1752 (1), entrée au Carmel de Compiègne, le 4 mai 1770.

3. — Marie-Anne Piedcourt (2), en religion sœur de Jésus Crucifié, née à Paris, le 9 décembre 1715, entrée au Carmel de Compiègne, le 3 septembre 1734.

4. — Magdeleine-Anne-Marie Thouret (3), en religion sœur Charlotte de la Résurrection, née à Mouy (3), le 16 septembre 1715, entrée au Carmel de Compiègne, le 18 mars 1736.

5. — Marie-Claude-Cyprienne Brard, en religion sœur Euphrasie de l'Immaculée-Conception, née à Bourth (Eure) (4), le 12 mai 1736, entrée au Carmel de Compiègne, juin 1756.

6. — Marie-Françoise de Croissy (5), en religion sœur Gabrielle-Henriette de Jésus, née à Paris, le 18 juin 1745, entrée au Carmel de Compiègne, le 21 octobre 1762.

7. — Marie-Anne Hanisset (6), en religion sœur Thérèse du Saint-Cœur de Marie, née à Reims, le 18 janvier 1752, entrée au Carmel de Compiègne, le 10 février 1763.

8. — Marie-Gabrielle Trezel (7), en religion sœur Thérèse de Saint-Ignace, née à Compiègne, le 4 avril 1743, entrée au Carmel de Compiègne, le 15 juillet 1770.

9. — Rose Crétien (8), en religion sœur Julie-Louise de Jésus, née

(1) Voir Appendice A, n° 15. Malgré l'orthographe de l'extrait baptistaire *Bridaux* adoptée par la rédaction des *Questions actuelles*, n° du 19 mai 1906, p. 249, il est préférable de garder la forme *Brideau*. Elle-même a signé, au procès-verbal du 5 août 1790 : « Sr Marie Anne Brideau, en Religion Sr St-Louis. » Cet extrait baptistaire est du reste fautif, puisqu'il porte *quinquagesimi primi* au lieu de 1752.

(2) L'acte de baptême qui sera publié plus bas, Appendice A, n° 1, porte *Piecourd*, et on y a même rayé comme nul le mot *Piedcourt*, mais elle-même, le 5 août 1790, a signé « Piedcourt, Sr de Jésus Crucifié ».

(3) Et non à Meaux, comme dit Guillon (IV, p. 647), qui la nomme aussi Thourat (t. II, p. 305), et comme portent les Articles, d'après J. Marie de l'Incarnation, p. 73. Cf. Appendice A, n° 13. Elle signa au procès-verbal, le 4 août 1790, « Sr Marie-Madelaine de la Resurrection, 3e Depositaire », le 5, après sa déclaration : « Thouret, Sr de la Resurrection » et à la fin : « Sr de la Resurrection ».

(4) Cf. Appendice A, n° 2. Guillon, t. II, p. 300, la fait naître (après J.-M. de l'Incarnation, p. 84) à Broué, dans le diocèse de Chartres.

(5) Cf. Appendice A, n° 14. Elle signe au procès-verbal, le 4 août 1790 : « Sr Marie-Henriette de Jesus, Depositaire », le 5, après sa déclaration : « Sr de Croissy, en Religion Henriette de Jésus », et à la fin : « Sr Henriette de Jesus, pre Dépositaire. »

(6) Cf. Appendice A, n° 16. Elle signe le 5 août 1790 : « Hanisset, sœur du Cœur de Marie. » Cf. Guillon, t. III, p. 274, col. 2.

(7) Cf. Appendice A, n° 12. Elle signe, le 5 août 1790 : « Trezel, sœur de St Ignace ». Guillon qui la nomme *Tréselle* (t. IV, p. 662) écrit : « Elle avait la charge de dépositaire à l'époque de la Révolution. » On verra plus loin cependant, p. 41, n. 3, que la 1re et la 3e dépositaire, lors des visites domiciliaires de 1790, étaient Mmes de Croissy et Thouret.

(8) Cf. Appendice A, n° 3. Elle signe au procès-verbal du 5 août 1790 : « Crétien, Sr Julie-Louise de Jesus », et à la fin : Sr Julie de Jesus. » Guillon l'appelle (t. II, p. 501) Rosalie Crétien de la Neuville, et au mot *Neuville* (t. IV, p. 157) il renvoie à Rosalie Chrétien (*sic*). Il la nomme sœur *Sainte-Julie*. D'ail-

à Evreux, le 3o décembre 1741, entrée au Carmel de Compiègne le 14 juin 1776.

10. — Anne Pelras (1), en religion sœur Marie-Henriette de la Providence, née à Cajarc (Lot), le 16 juin 1760, entrée au Carmel de Compiègne, le 26 mars 1785.

11. — Marie-Geneviève Meunier (2), en religion sœur Constance de Jésus, née à Saint-Denis, près Paris, le 28 mai 1765, entrée au Carmel de Compiègne le 29 mai 1788. Novice.

12. — Angélique Roussel (3), en religion sœur Marie du Saint-Esprit, née à Fresne (4), le 4 août 1742, entrée le 25 août 1767. Converse.

13. — Marie Dufour, en religion sœur de Sainte-Marthe, née à Banne (5), le 2 octobre 1741, entrée le 7 avril 1772. Converse.

14. — Elisabeth-Juliette Vérollot, en religion sœur de Saint-François-Xavier, née à Lignières (6), le 13 janvier 1764, entrée le 17 février 1787. Converse.

15. — Marie-Anne-Catherine Soiron (7), née à Compiègne, le 2 février 1742. Tourière.

leurs *Crétien*, et non pas *Chrétien*, est l'orthographe constante des actes officiels, confirmée par les signatures.

(1) Cf. Appendice A, n° 7. Si l'on ne connaissait son nom par ailleurs, sa signature ferait lire *Pelsas* ou mieux *Pelzas*. Elle signe : Pelsas Sr Marie-Henriette. » Le procès-verbal porte : « Madame Pelleras, en religion Henriette de la Providence. » La signature finale est « Sr *Marie henriette* ». Guillon la nomme (t. IV, p. 220) *Antoinette Pellerat* et la fait naître à Cuzac (*sic*) le 17 juin. A propos d'une pièce de l'Evêque de Nevers relevant de ses vœux Sœur Rosalie-Gertrude Pelras (21 avril 1785) (Cf. Appendice G), le rédacteur des *Questions actuelles* (19 mai 1906, p. 257, note 1) insinue que, « malgré la *dissemblance des prénoms* », la coïncidence des dates invite à appliquer cette pièce à la Sœur Marie-Henriette de la Providence. Ce n'est pas impossible, et les prénoms *Rosalie-Gertrude* seraient en ce cas les noms de religion que Anne Pelras aurait pris chez les Filles de la Charité de Nevers. Il est prudent toutefois de ne pas trop en prendre à l'aise avec les « dissemblances de prénoms » lorsqu'il s'agit d'une famille aussi nombreuse. Voir plus bas, p. 60. La critique historique ne subsisterait guère si l'on tenait si peu de compte des prénoms. Voir toutefois *Positio super martyrio*, p. 82.

(2) Cf. Appendice A, n°s 17 et 17 *bis*. En qualité de novice, elle ne fut pas interrogée le 5 août 1790. Voir Guillon (t. IV, p. 66).

(3) Cf. Appendice A, n° 5. Guillon (t. IV, p. 534) dit : *Antoinette Roussel*, et indique à tort, mal guidé par Joséphine-Marie de l'Incarnation (p. 110) : « Fresne, près Claye, au diocèse de Meaux. »

(4) Aujourd'hui Fresne-Mazancourt (Somme), canton de Chaulnes, au diocèse d'Amiens.

(5) Cf. Appendice A, n° 11. Banne « dans l'élection de la Flèche », Sarthe, diocèse du Mans, et non Beaune, en Bourgogne, comme l'écrit à tort J. Marie de l'Incarnation, p. 111.

(6) Cf. Appendice A, n° 10. « Lignières, diocèse de Langres, aujourd'hui Lignières, canton de Chaource (Aube), diocèse de Troyes » (*Bulletin religieux de Beauvais*, 7 avril 1906, p. 239). Guillon (t. II, p. 305) l'appelle *Vezolat*, et, au tome IV, p. 704, *Vezotal* (Etiennette-Jeanne). Après J. Marie de l'Incarnation (p. 112) il place Lignières au diocèse d'Autun.

(7) Cf. Appendice A, n° 18.

16. — Marie-Thérèse Soiron (1), née à Compiègne, le 23 janvier 1748. Tourière (2).

Aux épreuves de révéler le caractère. L'attitude de chacune des futures martyres à travers les événements révolutionnaires nous fera connaître ses vertus personnelles.

(1) Cf. Appendice A, n° 19.
(2) Voici les noms de religion de chacune des martyres tels que les énumère le décret *super tuto* du 29 décembre 1905 : « On peut en toute sécurité procéder à la béatification solennelle des Vénérables Servantes de Dieu : Thérèse de Saint-Augustin, Marie-Françoise de Saint-Louis, Marie de Jésus-Crucifié, Marie de la Résurrection, Euphrasie de l'Immaculée-Conception, Gabrielle-Henriette de Jésus, Thérèse du Très-Saint-Cœur de Marie, Marie-Gabrielle de Saint-Ignace, Julie-Louise de Jésus, Marie-Henriette de la Providence, Marie du Saint-Esprit, Marie de Sainte-Marthe, Stéphanie-Jeanne de Saint-François-Xavier, Constance Meunier et les deux Sœurs Catherine et Thérèse Soiron ». Voir *Bulletin religieux du Diocèse de Beauvais*, 31 mars 1906, pp. 226-229.

II

La tourmente révolutionnaire.

Depuis la suppression de la Compagniè de Jésus, en 1772, presque partout dans l'Europe s'amoncelait l'orage qui allait fondre sur les ordres religieux, ruiner de fond en comble d'innombrables couvents, disperser au loin leurs habitants ou les frapper à mort. Certains esprits s'illusionnaient encore en France : mais on se tromperait en s'imaginant qu'aucune communauté n'y ait vu monter les nuages ni entendu les grondements de plus en plus rapprochés de la foudre.

Quoique mortes au monde et comme ensevelies derrière leurs grilles, les Carmélites de Compiègne étaient loin de vivre dans une complète ignorance du cataclysme qui se préparait. Dès 1780, un prêtre distingué, depuis près de vingt ans déjà visiteur du Carmel, n'avait pas laissé de soulever à leurs yeux un coin du voile qui cachait un horizon de plus en plus assombri. Leur faisant une exhortation au chapitre, il avait jugé inutile de leur imposer de nouveaux règlements, les anciens étant d'ailleurs parfaitement observés (1), et tout ce qu'il avait vu l'ayant profondément édifié ; mais portant ses regards au-delà des questions de discipline intérieure, l'abbé Rigaud

(1) « Si ma visite à Compiègne, ma chère fille, n'a mécontenté personne, c'est que, par la grâce de Dieu, *tout le monde y veut le bien*. Je m'estimeray heureux si j'ay contribué en quelque chose à le procurer ou plus tôt à l'y *maintenir*. » (Lettre inédite de l'abbé Rigaud « à la très chère sœur Euphrasie, religieuse carmélite à Compiègne ». Chaume-en-Brie, le 26 septembre 1780. (Archives départementales de l'Oise, FFI, pièce 7. Cf Appendice G.) A rapprocher de ce témoignage original son *Exhortation* du 13 septembre 1780, rapportée par Marie de l'Incarnation, *Histoire*, pp. 174 *sqq*.,d'après le manuscrit autographe de la mère Thérèse de Saint-Augustin, dernière prieure. (*Ibid.*, p. 85, n. 1.) Voir appendice L, manuscrits.

n'avait pas craint de signaler aux religieuses les symptômes de la tourmente sociale et politique (1).

Voici en quels termes il leur peignit la situation générale du royaume. Il y a dans ce tableau, poussé au noir peut-être, quelques traits singulièrement révélateurs sur l'état de la religion en France et notamment sur la fréquentation ou plutôt l'abandon des sacrements. N'est-ce pas comme le reflet des éclairs prophétiques qui jaillissaient, en chaire de Notre-Dame, des lèvres inspirées du P. Bauregard?

Ah! de quelle douleur ne serait pas pénétrée votre sainte mère Thérèse, si elle vivait dans ce siècle malheureux, où l'irréligion et l'impiété sont, pour ainsi dire, à leur comble et où on s'efforce d'anéantir le peu de religion qui reste encore! Car (le croiriez-vous, mes filles?), dans les campagnes, il se débite des catéchismes d'incrédulité, qui enseignent que tout périt avec nous, qu'il n'y a pas d'enfer... et mille autres choses qui font frémir.

Sur cent mille âmes dans Paris, il n'y en a pas douze mille qui fassent leurs pâques. Je ne finirais pas, si je voulais vous dire tout ce que je sais de déplorable à ce sujet. Je vous dis cela, mes filles, afin que vous soyez comme Moïse, que vous éleviez les bras pour détourner la colère de Dieu, qui nous menace de l'entière ruine de la religion!

Et imitant le mouvement de Fénelon, dans son discours sur sur *la Vocation des gentils*, il se demandait à son tour si le flambeau de l'Evangile n'allait pas s'éteindre parmi les vieilles nations chrétiennes, pour aller briller d'un éclat nouveau au milieu des peuples jusque-là assis à l'ombre de la mort:

Il y a, à présent, continuait-il, des missionnaires qui travaillent avec succès à l'établir (la religion) dans la Grande-Tartarie, dans l'empire de la Russie et celui de la Chine. Dieu veuille qu'elle ne s'abolisse pas entièrement parmi nous!... Nous n'avons que trop

---

(1) L'abbé Rigaud (ou *de* Rigaud), après avoir fait ses études au séminaire de Saint-Sulpice, où il reçut les ordres sacrés, devint dans la suite vicaire général du diocèse de Cambrai, abbé de Chaume-en-Brie et visiteur des Carmels de France durant près de quarante ans. Au lendemain de la Révolution, il allait être appelé à de hautes fonctions dans le diocèse de Paris, quand il mourut, le 20 septembre 1800. Il laissa la réputation d'un prêtre plein de zèle apostolique et de charité pour les âmes. Voir sa notice (citée plus bas, appendice J,) dans *le Trésor du Carmel, contenant les avis, exhortations, règlements de MM. les visiteurs*, etc., p. 235. Tours, Mame, 1842. In-8. Ce recueil contient notamment ses *Règlements propres pour toutes les maisons de l'ordre*, datés de Tours, 22 août 1765, pp. 239 *sqq.*

d'exemples qui doivent nous faire craindre ce malheur. Vous savez, mes filles, que l'état des musulmans était le centre de la religion chrétienne, et qu'actuellement il y a bien encore quelques chrétiens, mais la religion qui domine est celle de Mahomet. Prions Dieu qu'il n'en soit pas ainsi de la France qui était le centre de la religion catholique. A présent, je vous assure que le nombre des catholiques y est bien petit; je suis certain qu'il y en a moins qu'en Angleterre; oui, dans l'Angleterre, en y comprenant l'Irlande, je suis persuadé qu'il y a actuellement plus de catholiques qu'en France. Le nombre en diminue tous les jours; il n'y a presque plus de prêtres; on manque de prêtres (1)!

Ce clergé, si réduit en nombre, mais encore riche en vertus sacerdotales, fut, contrairement à ce qui se passe de nos jours, attaqué le premier par les ennemis de la religion parvenus au pouvoir. Le 2 novembre 1789, ses biens séculaires avaient été confisqués par l'Assemblée constituante. Les politiciens d'alors, donnant le plus cynique exemple des hypocrisies légales si souvent renouvelées depuis, ne devaient déclarer l'odieux abus de la confiscation à jamais supprimé dans nos institutions que le jour où il ne leur resterait plus rien à prendre. Ils possédaient aussi déjà à fond l'art des termes équivoques et des euphémismes ingénieux. Pour masquer la brutalité du coup, ils déclarèrent que les biens du clergé étaient « mis à la disposition de la nation ».

Le tour des Ordres religieux, atteints également par la confiscation générale des biens ecclésiastiques, ne pouvait tarder à venir. Comme il arrive fatalement en temps de révolution, les démolisseurs, enivrés de leur facile succès, se grisaient à détruire. Aucune résistance ne leur faisant obstacle, le sentiment de leur omnipotence leur montait au cerveau et frébrilement ils se livraient au féroce plaisir d'accumuler ruines sur ruines. Le prétexte mis en avant, car il en faut toujours un, fut emprunté à la niaise sensiblerie qui constituait l'une des maladies mentales de cette époque sceptique et légère, bientôt cruelle jusqu'au sang. N'est-ce pas un devoir d'humanité pour

(1) *Histoire*, pp. 176-178. Cf. Appendice L.

la société de déliver les victimes cloîtrées, de briser leurs chaînes rivées par les vœux et de ne plus les décréter de mort civile ?

Le 29 octobre 1789, l'Assemblée constituante avait suspendu provisoirement les vœux dans les monastères. Le 13 février 1790, elle statue comme article constitutionnel que « la loi ne reconnaîtra plus les vœux monastiques et solennels » et qu'en conséquence « les ordres et congrégations » dans lesquels on fait de pareils vœux « *sont et demeureront supprimés*, sans qu'on puisse à l'avenir en établir d'autres ». Les religieux de l'un et l'autre sexe pouvaient sortir des monastères, en faisant leur déclaration à la municipalité du lieu. Pour les rassurer sur les craintes d'un avenir nécessairement précaire, la nation, toujours grande et généreuse, leur assurait qu'il serait « pourvu *incessamment* à leur sort par une pension convenable ». Quant à ceux qui ne voudraient profiter ni de la liberté ni de la pension, il devait leur être indiqué des maisons où ils seraient tenus de se retirer. Mais les religieuses, par une attention délicate, étaient autorisées, en vertu de l'article IV, à rester chez elles ; une exception expresse les dispensait de l'obligation faite aux religieux de se réunir « en un petit nombre de maisons ».

Les premiers résultats de cette loi se firent péniblement sentir au Carmel de Compiègne. Une des religieuses les plus distinguées de la communauté en conçut « une impression si violente que l'on craignit pour ses jours ; mais le Seigneur, qui avait déjà opéré un miracle en sa faveur, écrit la sœur de l'Incarnation, et qui lui réservait une fin plus glorieuse, ne permit pas qu'elle succombât (1) ».

(1) *Histoire*, p. 78.

***

La sœur si vivement frappée se nommait en religion Charlotte de la Résurrection. C'est une des seize martyres sur qui l'on possède le plus de détails. Arrêtons-nous donc quelques instants devant cette figure de carmélite plus originale et plus vivante que la plupart de ses compagnes. Née à Mouy (1), comme nous l'avons dit plus haut, en septembre 1715, elle descendait, par son père, François Thouret, d'une honorable famille originaire de Clermont, et, par sa mère Marie-Anne Le Rat, elle appartenait à la meilleure bourgeoisie de Senlis. Mais l'épreuve la frappa de bonne heure. Vers l'âge de neuf ans, elle perdit son père; lorsqu'elle atteignit sa seizième année, sa mère se remaria. Dès lors, se regardant comme entièrement orpheline, elle ne songea plus qu'à jouir de son indépendance et à se livrer aux plaisirs du monde. Elle aimait, racontait-elle plus tard elle-même, « à la passion » particulièrement celui de la danse (2). Volontiers elle acceptait tous les bals qui lui étaient proposés.

Mais la Providence avait des desseins sur elle et l'attendait là. Un jour la fête tourna au tragique. Magdeleine-Anne-Marie Thouret n'en sortit pas la même qu'elle y était entrée. Elle en emportait, avec la résolution de ne plus remettre les pieds au bal, la détermination irrévocable de dire au monde un éternel adieu. C'est « ce qu'avec l'aide et la grâce du Seigneur, ajoutait-elle en terminant son récit, je suis parvenue à faire coûte que coûte, car le bon Dieu n'attire pas toujours ses

(1) Petite ville manufacturière entre Creil et Beauvais; chef-lieu de canton de l'arrondissement de Clermont. Voir la savante monographie de M. l'abbé Blond, *Sœur Charlotte de la Résurrection*, pp. 11 et 56. Paris, Desclée, 1898. In-8.

(2) *Ms.* 3, p. 19, Collection de Compiègne, et l'abbé Blond, *op. cit.*, p. 49. — Voir aussi Villecourt, *Histoire*, p. 74, malgré ses retouches de style. L'abbé Blond ne paraît pas avoir connu le texte du manuscrit, ce qui est ici particulièrement regrettable.

colombes avec du sucre » ; mais de l'amertume que sa jeunesse avait brusquement trouvée au fond des joies du siècle elle ne paraît avoir livré le secret à personne.

Le 18 mars 1736, en sa vingt et unième année, elle était entrée au monastère de l'Annonciation ; la douleur et la déception plutôt que la suavité d'un attrait l'y avait portée. Avant de quitter à jamais sa famille, elle lui avait laissé son portrait, — le seul que l'on possède d'une martyre de Compiègne. Une énigme semble errer encore dans ses yeux gris presque mi-clos, sur ses fines lèvres pensives et relevées aux coins. Le front élevé trahit une intelligence peu commune et les traits, plutôt anguleux qu'arrondis, décèlent un caractère énergique. L'ensemble de la physionomie respire la vague tristesse de toutes ces jeunes filles de l'époque que le pinceau de Greuze a immortalisées (1).

Il semble que chacune des étapes de la vie religieuse ait traîné singulièrement en longueur pour la nouvelle venue. Son postulat, au lieu de six mois, en dura dix; son noviciat se prolongea jusqu'à trois années et plus, au lieu d'une (2). Il y eut évidemment des retours en arrière ou des piétinements sur place. Mais la grâce avait finalement triomphé des hésitations ou des rébellions de la nature, et Mlle Thouret, devenue, au jour de son entrée, sœur Charlotte de la Résurrection, s'était montrée désormais une religieuse d'une vertu supérieure. La sœur de l'Incarnation admire « les victoires qu'elle a remportées sur elle-même et sa constante fidélité à pratiquer tous les points de la règle et des constitutions ». Elle nous la montre remplissant, avec un zèle et une ardeur toujours les mêmes, les divers emplois dont elle fut chargée : successivement sacristine, tourière du dedans, infirmière, trois fois dépositaire ou économe et deux fois sous-prieure (3).

(1) Le portrait de Mlle Thouret appartient aujourd'hui à M. le comte d'Elbée.

(2) Entrée au Carmel le 18 mars 1736, elle prit l'habit le 27 juillet 1737 et fit profession le 19 août 1740. — Mme la vicomtesse d'Hérouville, son arrière-petite-nièce, a bien voulu mettre sous mes yeux un ancien livre d'oraison qui mentionne indirectement son entrée en religion.

(3) Ici le texte primitif portait : « Elle exerça même les fonctions de prieure. » On doit supprimer cette phrase, comme il a fallu corriger plus bas, p. 34, le texte du

C'est surtout, raconte sa compagne, dans l'emploi d'infirmière que son amour pour Dieu et sa charité pour le prochain ont éclaté davantage, supportant avec courage et sans jamais témoigner le moindre dégoût, la moindre répugnance, l'odeur infecte qu'exhalloit le corps d'une sœur qui étoit rongé d'un chancre de la tête aux piés et qu'il falloit penser presque à chaque heure du jour et de la nuit, indépendamment des soins du chirurgien de la maison qui avouoit avoir peine à soutenir lui-même le hideux spectacle d'un corps vivant dépouillé de ses chairs. Mais le dévouement généreux de notre chère sœur Résurrection ne put empêcher que la position contrainte où elle étoit forcée à se mettre pour les pansemens de sa malade ne lui procurât un effort de reins et qu'on ne s'apperçut (*sic*) que sa taille, naturellement bien faite, devenoit de travers (Ms. cité).

Qui sait si par ces actes véritablement héroïques Madeleine-Anne-Marie Thouret ne cherchait pas à expier son goût d'autrefois pour les jouissances mondaines ? Ce qui donnerait à le croire, c'est que, la Mère prieure ayant remarqué son infirmité naissante et lui ayant aussitôt exprimé le désir qu'elle quittât un office si dangereux, la bonne infirmière demanda au contraire comme une grâce de demeurer fidèle à son poste. La raison, d'une exquise délicatesse, qu'elle en donna, fut que sa pauvre malade, habituée à ses soins, éprouverait sans doute quelque chagrin de son remplacement. Celle-ci vécut encore deux jours, et, jusqu'à son dernier moment, elle eut la consolation d'être assistée par celle qui lui avait immolé sans retour sa santé et ses forces. Désormais sœur de la Résurrection ne marcha plus qu'avec difficulté et en s'appuyant sur une béquille. Quand viendront plus tard pour elle les horreurs de la prison et du dernier supplice, elle sera peut-être plus entraînée que d'autres à la souffrance ; mais nous verrons quel surcroît de douleurs lui occasionna son pénible état (1).

A peine avait-elle été retirée de l'infirmerie qu'elle faillit

paragraphe commençant par *Zèle et prudence*, etc... d'après cette note transcrite par l'auteur en marge de son exemplaire de travail : « Nous croyons que la Sœur de la Résurrection n'a jamais été prieure ; lorsqu'elle a fait la circulaire de sa Mère, elle était *sous-prieure* et c'est une autre religieuse qui, quelques jours après, a été élue prieure. » (*Lettre de la R. Mère Thérèse de Jésus, prieure du Çarmel d'Orléans*, au P. Henri Chérot, 12 septembre 1905.) Cf. p. 34. (E. G.)

(1) Voir plus bas, p. 113.

être victime d'une maladie cérébrale contractée en travaillant, par les plus fortes chaleurs, dans un réduit étroit, à des ouvrages qui exigeaient l'emploi du vernis. Ce fut alors que se produisit en sa faveur cette première intervention visible du ciel à laquelle faisait allusion tout à l'heure la sœur de l'Incarnation.

Toutes les ressources de la médecine, continue son historienne, ayant été inutilement employées pour sa guérison, il vint en pensée à nos mères de faire un vœu en l'honneur de Marie, qui est le canal de toutes les grâces que nous recevons du ciel, afin d'obtenir de son cher Fils, par son intercession, qu'il voulût bien manifester sa puissance en rendant à notre chère sœur l'usage de la raison. Leur vœu fut pleinement exaucé (1).

Zèle et prudence, telles furent ses deux qualités dominantes dans l'exercice de la supériorité. Après le décès de la prieure Catherine de la Miséricorde (5 février 1779), elle envoya, en qualité de sous-prieure, à tous les Carmels de France, une circulaire nécrologique qui témoigne d'une remarquable netteté de pensée et d'une rare élégance d'expression. C'est un modèle du genre. Et comme on peut croire qu'en parlant de la supérieure elle a fait à son insu son propre portrait, n'est-ce pas elle-même qu'il faut reconnaître dans cette peinture touchante de la défunte ?

Tant de vertus avaient préparé notre révérende mère à la charge de prieure, qu'elle exerçait actuellement pour la seconde fois. La douceur, la bonté, l'attention réglaient ses discours et ses démarches qui, dans toutes les rencontres, étaient conformes à l'esprit de notre état. Ce n'était qu'à ses prévenances et qu'à ses soins que nous reconnaissions l'empire qu'elle avait sur nous. La bonté de son cœur lui faisait partager tous les sentiments que nous éprouvions, soit de joie, soit de peine, rien ne lui était étranger. Aussi recevait-elle nos parents avec un accueil qui les charmait et leur donnait la douce consolation de nous laisser entre les mains d'une mère qui les remplaçait par sa tendresse. Quelles furent nos alarmes, ma révérende mère, quand nous nous vîmes menacées de perdre une si digne prieure (2) !

(1) Marie de l'Incarnation, *Histoire*, p. 77. Cf. plus haut, p. 30.
(2) Le document a été reproduit tout entier par l'abbé Blond, *op. cit.*, pp. 88-93.

A ce dernier cri du cœur, à ces accents émus, on sent une âme profondément affectueuse et bonne. On comprend mieux dès lors et l'attachement passionné qu'elle avait jadis éprouvé pour le monde et son dévouement plus que maternel sous le cloître, autour des maladies les plus répugnantes. Aussi sœur Charlotte de la Résurrection était-elle aimée dans sa communauté autant qu'elle était aimante (1). Lorsque, en 1786, on fêta ses noces d'or, « elle put s'apercevoir, par l'empressement et le plaisir qu'on fit éclater en célébrant sa cinquantième année de religion, combien elle était aimée, chérie et respectée (2). »

La Révolution l'avait donc trouvée *jubilaire*, en attendant qu'elle lui donnât la couronne du martyre.

**

***

Un autre contre-coup des tyranniques décrets édictés par l'Assemblée constituante à partir du 29 octobre 1789 avait été l'impossibilité, pour la Mère-Thérèse de Saint-Augustin, alors prieure depuis deux ans, d'admettre à la profession une jeune novice, nommée Marie-Geneviève Meunier (3). Née à

Il est daté du 6 février 1779 et signé « Sœur Anne-Marie-Magdeleine-Charlotte de la Résurrection, R. C. I. ». — Ailleurs on la nomme tantôt Magdeleine-Anne-Marie, tantôt Marie. En 1790, elle signe : Marie-Madelaine. Cf. plus haut p. 23, n. 3. Plus tard (1792) elle signe : *Madelaine*.

(1) « Ma sœur Résurrection, écrivait sa prieure, le 15 décembre 1789, à une ex-novice, le dispute à vos Mères en *tendresse*, c'est beaucoup dire. » (*Histoire*, p. 135. Voir aussi p. 74.)

(2) *Histoire*, p. 78.

(3) Les prénoms de *Marie-Jeanne*, sous lesquels elle est parfois désignée, ne sont conformes ni à l'*Extrait du registre des professions et prises d'habit des cid. religieuses carmélites de Compiègne*, conservé aux Archives départementales de l'Oise (district de Compiègne, série L2v), où on lit : « appelée dans le monde *Marie-Geneviève Meunier*, fille de Noël Meunier, laboureur, et de Marie-Geneviève Boursier, son épouse », ni à son extrait baptistaire (appendice A, n° 17 *bis*). Ces mêmes prénoms Marie-Geneviève sont répétés dans un *Mémoire* adressé par elle au district le 10 janvier 1793 et dont nous aurons à reparler (p. 78, n. 4). Le jugement rendu sur cette affaire ne la qualifie plus que « *Marie* Meunier » ou « la citoyenne Meunier ».

Saint-Denis, le 28 mai 1765, elle avait pris l'habit au Carmel de Compiègne le 13 décembre 1788 (1). La règle de sainte Thérèse prescrivant l'intervalle d'un an et un jour entre cette dernière cérémonie et celle des vœux solennels, le 15 décembre 1789 s'était trouvé le premier jour possible, selon les constitutions en usage ; mais l'interdiction légale était venue apporter un obstacle inopiné et presque invincible à la profession de sœur Constance. « Priez beaucoup pour votre petite compagne sœur Constance, écrivait la prieure, ce jour-là même, jour de joie transformé en jour de deuil ; hélas ! je devrais avoir la consolation de recevoir ses vœux aujourd'hui sans le décret qui m'a été signifié légalement, il y a trois semaines (2). Cette pauvre enfant a bien du chagrin, sa mère veut la rappeler ; nous nous y opposons ; mais je crains qu'elle ne l'emporte. Ce sera une terrible épreuve pour cette enfant ! *Fiat ! fiat !* Adieu, ma chère fille (3). »

La jeune fille à qui ces lignes étaient destinées partageait à sa manière l'épreuve de sœur Constance. Sa déception était même plus grande encore. Mlle de Grand-Rut avait dû quitter le Carmel, pour faiblesse de complexion, quelques semaines *avant* le décret. Or, s'il était possible à une supérieure de conserver toutes les présentes, elle ne pouvait plus songer du moins à reprendre une absente. C'est pourquoi la Mère Thérèse de Saint-Augustin, avec son tact admirable et son esprit de discernement, détournait celle-ci de la même main qui avait retenu celle-là. Mlle de Grand-Rut (sœur Louise de Jésus) n'avait fait qu'entrevoir, durant ses onze mois d'essai courageux, cette profession religieuse qui était sa terre promise à elle, et voici qu'on lui disait de renoncer pour toujours à y revenir.

---

(1) C'est la date de l'*Extrait* précité et aussi de l'*Histoire*, p. 108. Mais dans le *Mémoire* on lit : *le vingt-troisième*, erreur évidente. Quant à son âge, on lui donne alors près de *vingt-trois ans* et demi. Donc l'*Histoire* la fait naître à tort en *1766*. Cf. plus bas, p. 39, n. 1.

(2) La notification légale avait donc été faite vers le 21 novembre 1789.

(3) Mère Thérèse de Saint-Augustin à Mlle de Grand-Rut. « Des Carmélites de Compiègne, le 15 décembre 1789. » (Lettre publiée dans l'*Histoire*, pp. 132-136). Entrée, vers le 10 novembre 1788, Mlle de Grand-Rut était sortie au commencement d'octobre 1789. Voir les lettres de la même à la même, des 10 novembre 1788 et 9 octobre 1789 (*Ibid.*, pp. 124 et 127).

Si, comme les circonstances actuelles me le font craindre, lui écrit quelques mois plus tard la Mère Thérèse de Saint-Augustin, la Providence vous contraint de passer dans le monde une vie que vous désirez si ardemment consacrer à Dieu dans la retraite, consentez humblement à ce sacrifice dont je sens tout le prix ; immolez-vous joyeusement à cette volonté souverainement adorable de notre bon maître : partout, en tous lieux et en tous temps, on peut le servir, l'aimer, etc... Vous avez dévotion à la sainte Enfance, hé bien ! je pense quelquefois que si vous vous trouviez bien chez vous Mme votre mère pourrait vous représenter la très sainte Vierge, et M. votre père, notre père saint Joseph, et vous, ma chère enfant, vous vous uniriez en esprit à l'adorable Jésus dont il est dit dans le saint Evangile : *Il leur était soumis*. Vous que je prêche toujours, ne vous en prenez qu'à mon zèle pour votre perfection et à mon sincère et tendre attachement : car n'allez pas conclure d'après ma morale que j'ai pris aisément mon parti sur notre séparation et qu'à l'amitié a succédé l'indifférence. Oh non (1) !...

L'abbé Rigaud, également consulté par l'ex-novice inconsolable, n'était guère moins bienveillant, mais pas plus encougeant que la prieure. Nous connaissons de longue date son pessimisme. Ce n'est pas après avoir vu les événements confirmer ses sombres pronostics de 1780, qu'il pouvait, en plein désastre, songer à des jours meilleurs. D'autres, tout à l'optimisme, s'obstinaient à espérer contre toute espérance. Mais on peut croire que c'est à son corps défendant qu'il avait signé, en qualité de l'un des quatre visiteurs apostoliques de l'ordre des Carmélites de France, cette lettre collective, du 12 mars 1790, qui a été appelée « leur testament », où on lisait : « Déjà le père des miséricordes et le Dieu de toute consolation a daigné jeter sur vous quelque regard favorable ! Déjà le soleil de justice a fait luire dans vos déserts quelques rayons de clémence et de bonté qui annoncent l'espérance et le calme après l'effroi le plus accablant et les plus vives alarmes. Oui, nos très chères sœurs, vous aurez la consolation et l'inestimable bonheur de vivre et de mourir dans votre saint état, de vivre et de mourir dans les différentes maisons où vous avez

____

(1) Thérèse de Saint-Augustin à Grand-Rut. Compiègne, Jeudi saint (1er avril) 1790. (*Histoire*, pp. 138-139).

formé, avec le Seigneur votre Dieu, ces saints engagements qui vous sont plus précieux que la vie... Continuez de prier avec plus de ferveur, avec plus de confiance que jamais (1). »

Lorsqu'il écrit seul et en son propre nom, le ton du clairvoyant abbé est tout autre, témoin cette réponse à Mlle de Grand-Rut :

Paris, le 24 septembre 1790.

Je désirerais fort, mademoiselle et très chère fille en Notre Seigneur, qu'il fût en mon pouvoir de répondre favorablement à la demande que vous me faites. Mais votre entrée au Carmel devient plus impraticable qu'elle n'a jamais été. L'Assemblée va pensionner toutes les religieuses, et bien mincement (2), en s'emparant de leurs biens : elles auront bien de la peine à se soutenir. Dans une pareille position, je ne saurais, à mon grand regret, vous donner des espérances qu'il ne serait pas en mon pouvoir de réaliser. Dès lors que vous trouvez ces obstacles à votre entrée au Carmel, c'est une preuve que Dieu ne vous y veut pas. Il ne tiendra qu'à vous de mener une vie sainte et retirée chez vos parents ; d'y édifier, en y vivant en carmélite, en vous y prêtant néanmoins, avec une charité complaisante, à tout ce qui ne serait pas contraire aux devoirs que la religion vous impose... Evitez avec vos parents une humeur sombre et triste qui ne pourrait que leur déplaire. Vous aurez sans doute des chagrins dans le monde ; et où n'y en a-t-il pas ? mais en les prenant en esprit de pénitence et les supportant patiamment (*sic*) pour plaire à Dieu, toutes ces peines vous paraîtront légères, et contribueront plus que les consolations à vous rendre bien sainte.

L'abbé RIGAUD (3).

Si sainte qu'elle ait pu devenir dans le monde, Mlle de Grand-Rut venait pourtant de manquer la voie royale du martyre. En avait-elle le pressentiment ?

Plus heureuse, sœur Constance, soutenue jusqu'au bout par la Mère Thérèse de Saint-Augustin, ne se laissait pas rejeter ni entraîner hors du chemin qui menait à la couronne. Plus qu'aucune de ses compagnes, semble-t-il, elle avait pleuré sur le départ de sœur Louise de Jésus (Mlle de Grand-Rut) : « Je puis vous garantir, écrivait à celle-ci la Mère prieure, la sincé-

---

(1) *Le Trésor du Carmel*, p. 267.
(2) Décret du 14 octobre 1790.
(3) Rigaud à Grand-Rut. Paris, 24 septembre 1790. (*Histoire*, pp. 151-152.)

rité des regrets continuels de ma Sœur Constance, que je n'eusse jamais cru susceptible d'une telle sensibilité ; je suis même obligée de l'en gronder ; dernièrement encore, quelque violence qu'elle se fît à la messe, elle éclatait en sanglots ; elle dit à notre mère Henriette (1) et à nous ensuite qu'elle avait fait la Sainte communion pour vous et qu'elle vous recommandait si instamment à Notre Seigneur, afin qu'il ne vous laissât pas dans le monde où elle-même craint souverainement de retourner, qu'elle fondait en larmes (2)... A côté d'elle, ma Sœur Marie de l'Incarnation (3) en faisait autant, en s'étouffant tant qu'elle pouvait ; je vous assure, de leur part, une union constante dans toutes les saintes pratiques du Carmel, où nous les voyons avec consolation se renouveler avec une ferveur que cet événement a bien ranimée (4). »

Pour sœur Constance, l'interdiction légale des vœux se compliquait de sa situation fort tendue vis-à-vis de sa famille. Bien qu'elle fût entrée en religion à un âge qui garantissait sa pleine connaissance de la portée de son acte (5), ce n'avait été qu'après avoir arraché pour ainsi dire le consentement de ses parents (6). Mais maintenant que les Meunier se sentaient forts de l'appui de la loi, ils cherchaient à retirer leur fille et à revenir sur leur parole.

Sœur Constance est toujours ici novice, écrit la Mère Thérèse de Saint-Augustin, le 14 août 1790 ; les épreuves du côté de sa famille ne lui ont pas manqué ; actuellement ils ne veulent plus ni de ses let-

(1) La maîtresse des novices, Mme de Croissy.

(2) Les mêmes faits sont confirmés par une lettre de la Mère Henriette de Jésus, maîtresse des novices, adressée également à Mlle de Grand-Rut, et, bien que non datée, partie évidemment le même jour : « Je me suis acquittée de vos commissions pour vos compagnes ; toutes sont bien touchées de cette séparation ; elle fait encore couler des larmes, *je ne pouvais tarir celle de ma sœur Constance*, qui vient de me donner la nouvelle assurance qu'elle ne vous oubliera jamais, mais particulièrement à la Sainte-Communion. » (Henriette de Jésus à Grand-Rut (s. d.). [Compiègne]. (*Histoire*, p. 172.)

(3) La future historienne des martyres. Il est intéressant de retrouver ici sa sensibilité (puisque sensibilité il y avait partout), mais aussi son dévouement ; elle avait voulu prendre en supplément l'office de la novice partie, sans être déchargée du sien.

(4) Thérèse de Saint-Augustin à Grand-Rut. Compiègne, 9 octobre 1789. (*Histoire*, pp. 128 *sqq.*)

(5) Née le 28 mai 1765, elle avait été reçue au Carmel le 29 mai 1788, au lendemain de ses vingt-trois ans accomplis. Voir plus haut, p. 36, n. 1.

(6) *Ms.* 3. Collection de Compiègne.

tres, ni en entendre parler ; le Seigneur le permet ainsi pour s'assurer de sa fidélité ; elle s'estime, au reste, bien heureuse encore de ce qu'ils la laissent ici tranquille à présent ; elle espère que le bon Dieu touchera enfin leurs cœurs, et qu'ils verront sans peine sa persévérance (1).

Un mois après, la situation ne semblait pas avoir encore empiré (2). Mais avec la tournure de plus en plus critique prise par les événements, les parents s'enhardirent et ils ne craignirent pas de faire appel à la violence. Un des frères de Marie-Jeanne Meunier fut envoyé par eux à Compiègne, muni de leur autorisation, avec mission, si la novice se refusait à sortir de gré, de recourir contre elle à la force publique. Résistance de la novice et descente de justice. A la vue du procureur du roi accompagné d'un commissaire, la jeune carmélite ne se laissa point troubler. Ayant posément écouté la sommation qui lui était faite au nom de la loi de réintégrer le domicile paternel, elle fit cette magnifique réponse :

Messieurs, je ne suis entrée ici qu'avec le consentement de mes parents. S'ils ne veulent m'en faire sortir que parce que leur tendresse s'allarme des dangers que je puis courir, en y voulant rester, je les en remercie ; mais rien, rien sinon la mort, ne pourra me séparer de la société de mes mères et sœurs ; et vous mon frère, que probablement j'ai le plaisir de voir pour la dernière fois, témoignez bien à nos chers parents que l'indifférence n'entre pour rien dans le refus que je fais de céder à leurs désirs ; qu'il en coûte même beaucoup à mon cœur de les chagriner ; mais qu'ils ne peuvent trouver mauvais que je suive le mouvement de ma conscience. Priez-les, suppliez-les de ma part, de ne point se mettre en peine de moi, parce qu'il ne peut m'arriver que ce qu'il plaira à Dieu de permettre ; et que je [suis] à cet égard parfaitement tranquille (3).

Frappés d'admiration devant tant de courage et de fermeté, les officiers de justice se retirèrent. Toutes les tentatives de la famille étaient demeurées inutiles et sœur Constance avait prouvé une fois de plus qu'elle était digne de porter son nom.

(1) Thérèse de Saint-Augustin à Grand-Rut. Compiègne, veille de la fête de l'Assomption 1790. (*Histoire*, p. 144.)
(2) Même à la même. Compiègne, 24 septembre 1790. (*Ibid.*, p. 150.)
(3) *Ms.* 3, pp. 49-50. Collection de Compiègne.

***

Tandis que s'étaient déroulées les péripéties de ce conflit familial, les rapports de la communauté avec les administrations publiques étaient devenus de jour en jour plus difficiles.

Le 20 avril 1790, les assemblées de district avaient reçu l'injonction de faire procéder à l'inventaire et à la description sommaire des meubles, titres et papiers, dépendant de tous les bénéfices, corps, maisons et communautés de l'un et l'autre sexe.

A Compiègne, le président du directoire du district était un ancien religieux de l'ordre de Cluny, et s'appelait Antoine-Gilles-Claude de Pronnay (1). Il est à croire que la besogne confiée à son autorité dans l'intérieur des couvents ne lui déplaisait pas. N'est-ce pas une joie naturelle à tout défroqué de reparaître en seigneur et maître là où il a vécu naguère soumis et obéissant, petit et humble? D'autre part, pouvait-il ne point se souvenir qu'il était membre d'une de ces vieilles et chrétiennes familles de Compiègne, les Seroux, les Le Féron, les Charmolue et les Crouy, qui avaient soutenu le Carmel par leurs abondantes aumônes et leurs filles religieuses (2)? Quoi qu'il en fût des sentiments particuliers de l'ex-clunisien, il se présenta flanqué des nommés Joly, Scellier fils, le futur maire de Compiègne, Bertrand, secrétaire du directoire, et Poulain, procureur-syndic, le 4 août 1790, au monastère de l'Annonciation. En vertu de leur mandat, ils procédèrent à l'inventaire du mobilier et constatèrent en même temps la présence de quinze religieuses de chœur et de trois converses. Tous les titres et papiers furent examinés sommairement (3).

(1) Voir Sorel, *op. cit.*, p. 10, n. 1.
(2) Auger, Note préliminaire.
(3) Le procès-verbal (Archives de l'Oise FFI. Pièce 11) est intitulé : « Procès-Verbal d'Inventaire chez les Dames Carmélites de Compiègne, 4 août 1790 (Envoyé le

Le lendemain, jeudi 5 août, nouvelle visite domiciliaire. Cette fois les membres du directoire du district de Compiègne invitèrent chacune des sœurs à déclarer si, conformément aux décrets des 13 février et 20 mars 1790, son intention était de sortir du monastère. On a le récit de la sœur de l'Incarnation; mais, faute de dates, il n'est pas facile de faire coïncider ses assertions avec les indications précises puisées par le docte et érudit magistrat qu'était M. Sorel, uniquement dans les pièces d'archives, puis soumises par lui à une critique à la fois juridique et historique (1). Il est probable donc que cette visite du 5 août, appelée par la bonne religieuse écrivant de mémoire la *troisième visite*, avait été précédée, la veille sans doute (2), de quelque interrogation officieuse et d'une sorte d'essai (3). Sur la mise en scène de la seconde visite (5 août), nous pouvons, par contre, nous fier à ses souvenirs :

Ils (les inquisiteurs républicains), dit-elle, se présentèrent comme étant autorisés à faire comparaître toutes les religieuses, les unes après les autres, à la grille du parloir, pour les interroger, chacune

vingt août 1792). — On voit que les lenteurs administratives ne datent pas d'hier. — Il débute ainsi : « L'an mil sept cent quatre-vingt-dix, le Mercredi quatre août trois heures de relevée, nous membres du directoire du district... étant entrés dans la chambre de la Communauté en laquelle nous avons trouvé Madame Madeleine Lidoine *en religion* Thérèse de St-Augustin, Prieure dudit Monastere, Madame Marie Anne Françoise Bridaut *en religion* St-Louis, sous-Prieure, Marie Françoise de Croissy, *en religion* Gabrielle Henriette de Jésus, premiere Depositaire, Anne Marie Madeleine Thouret, *en religion* Charlotte de la Resurrection troisième dépositaire, auxquelles nous avons donné à entendre, etc... » — Suit le procès-verbal sommaire des biens, sous neuf cotes (fol. 2 à 4 v°). « Et attendu l'heure de six heures nous avons remis la continuation des présentes opérations à demain à deux heures de relevée, et ont les dames sus-nommées et le procureur syndic signé avec nous.

    Sr Therese de St Augustin, Prieure,
    Sr Marie Anne de St Louis, souprieure,
    Sr Marie Henriette de Jesus, Depositaire,
    Sr Marie Madelaine de la Resurrection, 3ème Depositaire.
De Pronnay   Scellier fils   Bertrand   Poulain
  président   Joly   secretaire   pr. syndic. » (E. G.)

(1) Sorel, *op. cit.*, pp. 10 et 93.

(2) Les mots pour *la troisième fois* peuvent même s'entendre en rigueur d'après le procès-verbal même, complété par le récit de la sœur Joséphine-Marie de l'Incarnation. Car les commissaires, le 4, rencontrent, « dans la chambre de la Communauté », les quatre religieuses énumérées ci-dessus, puis procèdent à l'inventaire : peut-être, suivant le récit de la carmélite historienne, mandent-ils en outre à la grille du parloir les religieuses tour à tour... La *troisième* tentative près de la communauté serait celle qui motiva la déclaration écrite et enregistrée de chacune des religieuses, le jeudi 5 août. (E. G.)

(3) Elle se trompe évidemment en plaçant comme première visite celle qui eut lieu pour l'élection de la supérieure et que nous aurons à raconter ensuite.

en particulier, sur les motifs de leur vocation, et offrir leur liberté à celles qui voudraient l'accepter. Mais comme les religieuses furent toutes unanimes pour dédaigner une pareille proposition, ils supposèrent qu'elles avaient été gênées dans l'expression de leurs sentiments, par les sœurs tierces qui avaient pu les entendre.

A la visite du jeudi, la seule dont il reste quelque trace d'interrogatoire dans les documents officiels, la mise en scène devient plus pathétique. Voici la relation de notre religieuse :

On les vit donc reparaître une troisième fois. Mais alors ils ordonnèrent que les portes du monastère leur fussent ouvertes. On obéit à la nécessité. Lorsqu'ils furent entrés, ils visitèrent toute la maison ; puis ils désignèrent notre grande salle de communauté comme l'endroit le plus sûr pour n'être pas entendus. Quatre soldats furent placés à la porte de chacun des dortoirs et des cloîtres. Après cela, ils nous firent venir l'une après l'autre, dans la grande salle de communauté. Ils s'offraient à chacune de nous, et voulaient que nous les regardassions comme des libérateurs qui venaient briser nos chaînes et mettre fin à notre dure captivité. *Nous vous apportons*, nous disaient-ils, *l'heureuse nouvelle de votre délivrance ; vous pouvez maintenant, sans crainte, rentrer dans le sein de vos familles, et jouir enfin du bonheur que l'on a voulu ravir en vous renfermant dans ce triste séjour* (1).

« Il est facile de juger, continue la sœur de l'Incarnation, comment nous accueillîmes *toutes* cette injurieuse proposition. » S'il n'était pas difficile en effet de le prévoir, il est encore plus aisé aujourd'hui, après un siècle, de s'en rendre compte avec certitude. Le registre officiel dans lequel toutes les réponses furent consignées l'une après l'autre est venu jusqu'à nous, et le contenu en a été publié par M. Sorel. Nous allons les reproduire à notre tour ; mais, pour interrompre la monotonie des déclarations, toutes plus ou moins ressemblantes, nous nous efforcerons de faire connaître les religieuses au fur et à mesure qu'elles parleront. N'oublions pas qu'elles préludaient à leur martyre par ces actes de fidélité publique à leurs engagements les plus sacrés. L'heure solennelle était

(1) *Histoire*, p. 35.

venue pour elles de les tenir, comme elles les avaient pris, devant Dieu et devant les hommes.

La première interrogée fut la prieure. Elle « declare vouloir vivre et mourir dans cette sainte maison et a signé : Sr Madelaine Lidoine, *Thérèse de St-Augustin, Prieure* (1) ».

Madeleine-Claudine *Lidoine* (2) était une Parisienne, de la paroisse de Saint-Sulpice, et, dès son enfance, on avait remarqué en elle beaucoup d'esprit uni à une grande pitié. Son éducation avait été des plus soignée ; mais ses parents y avaient laissé le plus clair de leur modeste fortune, si bien que l'aspirante au Carmel avait dû quérir sa dot en haut lieu. Madame Louise de France, carmélite à Saint-Denis, avait voulu voir la jeune fille, et, ravie de son rare mérite, elle avait prié sa nièce Marie-Antoinette, alors dauphine, de se charger des frais de l'entrée au couvent (1773). Par reconnaissance, la nouvelle novice prit les noms de Thérèse de Saint-Augustin, portés déjà en religion par la fille de Louis XV. Vingt ans plus tard, sa seconde protectrice, l'ex-dauphine, maintenant reine et reine malheureuse, précédait de quelques mois sous la guillotine la petite postulante devenue prieure de Compiègne.

C'est au bout de onze ans seulement de profession que la Mère Thérèse de Saint-Augustin avait été élue supérieure par sa communauté. Entrée en charge en 1787, après la Mère Henriette de Jésus, dont elle avait hérité la douceur, la sagesse et la prudence, elle n'avait pas encore achevé son premier triennat, quand éclatait la Révolution. Si redoutable que fût la tournure prise par les événements, la prieure s'était trouvée capable de faire face à l'orage et de veiller utilement sur son troupeau. Femme de tête et de cœur, mais surtout religieuse accomplie, elle savait à la fois traiter avec les gens du

---

(1) Procès-verbal, f° 7.
(2) Nous adoptons ses prénoms, tels qu'ils figurent dans la première liste des *Articles*, par Mgr Hertzog, postulateur, p. 3 [Paris, 1895]. Brochure autographiée, in-8. Dans sa seconde liste (p. 25) il suit la sœur de l'Incarnation qui lui donne ceux de *Marie-Charlotte* (*Histoire*, p. 65). Il est probable qu'elle aura mal complété les initiales : *M. C.* L'abbé Guillon, qui lui consacre une intéressante notice, dans ses *Martyrs de la Foi* (t. III, pp. 569-576), commet la même erreur, puisée sans doute à une source commune, étant due aux renseignements que lui avait fournis la future historienne. Cf. plus haut, p. 22, et appendice A, n° 8.

dehors et, à l'intérieur, édifier et sanctifier ses religieuses. « Très dure à elle-même, écrit Marie de l'Incarnation, mortifiée jusqu'à outrance, son attention se portoit tout entière sur les besoins des sœurs, ayant le secret de faire passer les privations qu'elle s'imposoit comme étant affaire de régime (1). »

Avec cela, poète à ses heures, mais poète médiocre, elle rimait sur des airs de chansons des strophes où elle enchâssait les sentiments les plus sublimes de l'ascétisme chrétien, le *Souffrir ou mourir* de sainte Thérèse, l'*Ama nesciri* de l'auteur de l'*Imitation*. Retenons-en ce beau vers qui donne peut-être le secret des grandes choses accomplies par elle :

On peut tout quand on aime (2).

Mais sa prose est infiniment supérieure. Nous la connaissons déjà par le résumé des *Avis* de l'abbé Rigaud que nous avons cité (3). Ses six ou sept lettres à Mlle de Grand-Rut, cette jeune fille de plus de courage que de force, à qui sa santé n'avait point permis de supporter les travaux et les austérités du Carmel, sont admirables d'esprit de foi, de connaissance du cœur humain, de solidité et de souplesse de direction. L'abbé Villecourt, le futur cardinal, a consacré trois pages à leur éloge, et finalement il les donne pour « modèle aux personnes que Dieu appelle à gouverner les maisons religieuses »; il aurait pu ajouter : et à guérir les âmes, tant est légère et douce la main qui panse ici avec une patience toujours nouvelle la blessure à jamais ouverte (4). Ailleurs il appelle la prieure l'« incomparable Thérèse (5) ». Mais donnons encore une fois la parole à sœur Marie de l'Incarnation : « Je n'ose entreprendre, dit-elle, de la dépeindre, telle que j'ai eu le bonheur de la connaître, car tout ce que je pourrais en dire ne ferait qu'affaiblir ses qualités. Qu'on se figure une

(1) *Ms.* 3, p. 3. Collection de Compiègne.
(2) Voir ses trois *Cantiques*, ou fragments de cantiques, parmi les pièces justificatives de l'*Histoire* de Marie de l'Incarnation, pp. 119-122. Sur leur authenticité, voir aussi la note 1 de la page 72.
(3) Voir plus haut, p. 28.
(4) *Histoire*, pp. 122-124.
(5) *Ibid.*, p. 74.

personne qui, à toute la dignité et à toutes les grâces naturelles, réunit toutes les qualités de l'esprit et du cœur, toute la
prudence du serpent à toute la simplicité de la colombe, toute
l'énergie des plus grandes âmes à cette douce amabilité et à
ce ton persuasif qui agissent victorieusement sur tous les esprits
et sur tous les caractères; voilà ce que fut notre mère (1). »

Après la prieure, fut interrogée la sous-prieure.

Celle-ci, qui se nomme, dans le monde, Marie-Anne-Fran-
çoise Brideau et, en religion, sœur Saint-Louis, « declare que
tout [son] desir est de vivre et mourir Carmelite ».

C'était une religieuse douce et modeste, que « son application à bien connoître les rubriques, son exactitude à se rendre
à toutes les heures de chœur et de communauté avoient fait
élire sous-prieure, en octobre 1786 (2) ». Elle devait garder
cette charge jusqu'au pied de l'échafaud.

Le troisième interrogatoire visa la sœur de Jésus-Crucifié
(Marie-Anne-Piedcourt).

Parisienne comme la Mère prieure, originaire de l'ancienne
paroisse des Saints-Innocents, et née, comme la sœur de la
Résurrection, en 1715, l'année de la mort de Louis XIV,
elle comptait près de soixante-quinze ans d'âge, dont cinquante-six de vie religieuse. Après ce demi-siècle et plus d'observances monastiques, elle n'est lasse ni de l'existence ni de
la règle. Elle répond « que, Carmelite depuis cinquante-six ans,
elle voudroit, pour tout au monde, avoir encore le meme nombre d'années à consacrer au Seigneur ». Sa réplique dut faire
sourire les interrogateurs, à moins que le président de Pronnay n'y ait vu une allusion personnelle à son apostasie. Cet
état d'éternel contentement lui avait valu un jour une aimable
plaisanterie de la sœur Charlotte de la Résurrection. « Ma
compagne, disait celle-ci en parlant de sa contemporaine, n'a
été jusqu'à présent nourrie que de lait; et son attrait pour la
vie religieuse avait des charmes si puissans qu'elle se fit carmélite par le seul plaisir de porter notre habit qui lui ravissait

(1) *Hist.*, p. 71.
(2) *Ms.* 3, p. 31. Collection de Compiègne.

l'âme de joie (1). » On vantait dans la sœur de Jésus-Crucifié, son humilité, son esprit de dépendance, digne d'une simple novice, et surtout son indulgence miséricordieuse envers le prochain.

Sœur Charlotte de la Résurrection, interrogée la quatrième, « veut vivre et mourir dans son état ». Sa physionomie nous est trop familière pour que nous ayons ici à en retracer les traits (2).

Sœur Euphrasie de l'Immaculée-Conception (Marie-Claude-Cyprienne Brard) (3) comparaît la cinquième. Nous avons déjà cité ailleurs son admirable lettre de 1794, qu'elle termine en demandant à Dieu d'être associée à la gloire du *martyre*. Sans être encore aussi explicite, on croirait volontiers qu'elle entrevoit déjà la même perspective. Elle déclare donc que, « religieuse de plein gré et de sa propre volonté, elle est dans la ferme résolution de conserver son habit, dût-elle acheter ce bonheur *au prix de son sang* ». Son caractère, à en juger par son fameux billet à Marie de l'Incarnation, ne paraît pas avoir été facile. Elle y prononce en effet les gros mots d'« infernal esprit d'orgueil, d'envie, de jalousie » par lequel elle aurait « eu le malheur de *se* laisser toujours conduire (4) ». La vérité c'est qu'elle avait l'esprit fort caustique et qu'elle en avait pâti. Il en était résulté qu'avec une capacité supérieure et même toutes les vertus requises pour le gouvernement d'une maison reli-gieuse, elle avait toujours été reléguée aux moindres offices et systématiquement écartée des charges mettant en relation avec le dehors. Mais en conversation, son esprit plein de viva-cité, qui contrastait singulièrement avec son air sérieux et grave, la rendait, écrit sa biographe, « l'âme de nos récréa-tions (5) ».

Aussi, ajoute Marie de l'Incarnation, la pieuse Reine Marie Lec-zinska, femme de Louis XV, qui affectionoit singulièrement la com-munauté et se plaisoit à y venir souvent (6) lors des voiages de la

(1) *Histoire*, pp. 74-75.
(2) Voir plus haut, pp. 31-35.
(3) Les *Articles* la nomment *Claudie* (p. 4) et *Claudine* (p. 30). Elle signait : *Claude*. Elle signe Marie Claudine Cyprienne, le 19 sept. 1792. Voir plus haut, p. 23, n° 5.
(4) Voir plus haut, p. 7.
(5) Sur sa bonté de cœur, voir *Histoire*, p. 134.
(6) L'auteur avait écrit d'abord : « à s'y retirer le plus longtemps possible ».

cour à Compiègne, aimoit-elle à entendre notre chère Sr Euphrasie qu'elle nommoit *sa toute aimable et religieuse Philosophe*.

Suit un trait inédit, auquel nos lecteurs trouveront sans doute une saveur assez piquante pour un propos de récréation au Carmel. Mais il peint tellement au vif la bonhomie polonaise de la reine, avec ce mélange d'abandon et de dignité qui la caractérisait, qu'il a nécessairement sa place en ces souvenirs du royal couvent. On y verra aussi que la clôture n'engendrait pas nécessairement une noire mélancolie.

Il se présenta cependant, continue la sœur de l'Incarnation, une occasion où notre bonne sœur (Euphrasie) penseat (*sic*) perdre cette flatteuse renommée par une petite espièglerie qu'elle fit à sa souveraine et dont voici le sujet : un jour la Reine éprouvat un très grand froid aux piés ; elle demandat à la Mère Prieure si elle voudroit bien permettre à ses filles de danser une ronde. « Je me mettrois de la partie, et il me semble que cela me feroit du bien. » Et puis en regardant sa montre : « Oh ! quel plaisir ! Il n'est que onze heures et demie, et nous avons encore une bonne demie heure jusques à la fin de la récréation. » Alors de se mettre en branle, lequel branle fini, ma sœur Euphrasie s'approche de la Reine et lui dit tout bas à l'oreile : « Madame, V[otre] M[ajesté] sçait-elle à qui elle tenoit la main pendant la ronde ?... Eh bien, M[adame], l'avouerai-je à Votre M[ajesté], cette sœur n'est ni plus ni moins qu'une *danseuse sur la corde*. — Une danseuse sur la corde, s'écriat la bonne Reine d'un ton tout ému ; comment, vous recevez dans votre maison des personnes d'une profession si basse et si vile... Et vous avez souffert que ce fût moi qui lui donnât le voile ! Ah ! quel mal vous me faites !... » A ces mots, ma sœur Euphrasie, qui sentit bientôt l'inconvenance de la plaisanterie, s'empressat de faire remarquer à la Reine « que la semelle de la chaussure des Carmélites étant faite de chanvre patté (1), l'idée lui étoit venue de voir si S[a] M[ajesté] saisiroit le sens [de] la qualification donnée à la sœur de denseuse sur la corde ». La reine se remit et reprit son air de bonté et d'affabilité ordinaire, et, quant à notre chère sœur, nos mères remarquèrent qu'elle seu bien profiter de la leçon pour être moins facile à donner cours aux saillies d'une

---

Nous avons dû rétablir un mot effacé, pour donner un sens à la variante mise en interligne que nous avons adoptée.
(1) Cette chaussure, d'origine espagnole, se nomme *alpargate*.

imagination ardente qui, de son propre aveu, étoit son plus cruel ennemi (1).

Telle fut la morale édifiante de cette plaisante anecdote qui jette un jour si aimable sur les distractions innocentes de la communauté.

Mais pour connaître sœur Euphrasie, nous avons mieux encore que les souvenirs de Marie de l'Incarnation rapportant soit ce qu'elle a vu, soit ce qu'elle a entendu raconter, comme ce dernier trait. La bonne sœur Euphrasie écrivait heureusement beaucoup. Si nous n'avons plus ses propres lettres, nous possédons du moins quinze réponses à elle adressées par trois des ecclésiastiques distingués qui remplirent les fonctions de visiteurs apostoliques du Carmel de France : les abbés Rigaud, de Brassac (2) et de Floirac (3). On peut suivre durant une période de treize années (1779-1792) toutes les vicissitudes de sa vie intérieure, à travers ces lettres de direction (4). Au premier abord, on éprouve quelque étonnement à trouver sous la bure thérésienne une religieuse en apparence si imparfaite. Et cependant, à mesure que l'on pénètre mieux dans l'intimité de cette âme tourmentée, on se sent pris d'estime et presque de sympathie pour cette nature exubérante, d'une débordante activité, passionnée d'austérités extraordinaires et en même temps inquiète, curieuse, ambitieuse, susceptible ; au demeurant, la meilleure personne du monde.

Pour calmer son exubérance de mouvement et de vie, l'abbé Rigaud lui recommande le travail des mains, et surtout les ouvrages utiles et lucratifs : « Vous en avès besoin, ajoute-t-il, pour servir d'aliment à vostre activité naturelle. Ecrivés peu (5) ». Plus souvent encore il lui recommande de veiller en

---

(1) *Ms.* 3, pp. 23-24. Collection de Compiègne.

(2) Les deux abbés de Brassac, neveux de l'abbé Rigaud, ont leur notice dans *le Trésor du Carmel*, p. 247. Cf. appendice J.

(3) L'abbé de Floirac est un des quatre signataires de la lettre du 12 mars 1790. Cf. *Ibid.* et appendice G.

(4) Archives départementales de l'Oise, FFI. Voir appendice G.

(5) Rigaud à Euphrasie. Paris, 9 mars 1787. Lettre inédite. (Archives départementales de l'Oise, FFI, pièce 32.) Pour ces lettres et les suivantes, voir l'appendice G, où elles sont reproduites intégralement.

récréation sur ses saillies humoristiques, qui avaient déconcerté un jour la reine de France.

Tachés, lui écrit-il, de profiter de mes avis, et d'estre d'une grande attention sur vos propos ; évités avec soin tous ceux qui vous rapprocheroient des gens du monde dont une carmélite doit éviter les gouts, les propos et tout ce qui pourroit en exprimer l'esprit et la façon de penser, qui n'est pas communément celle qu'on trouve chés les carmélites. Je fais profession de franchise (1)...

D'autres fois, il lui suggère de pieuses industries afin de passer plus religieusement ce temps de la récréation si difficile pour elle (2), ou bien il lui renouvelle ses conseils, mais en la prémunissant contre une attitude contrainte ou taciturne, où pourrait l'entraîner son excès de bonne volonté.

Quelques-unes de vos sœurs auroient bien pu avoir pris de travers ce que vous auriés dit avec simplicité et sans y entendre malice ; il faut sans doute veiller sur ses propos pour ne rien dire que de convenable à un état si saint que le vostre ; évités cependant une sorte de gesne d'esprit et une attention trop scrupuleuse dont les effets ne seroient pas avantageux (3)...

Pour refréner son goût immodéré des austérités surérogatoires, trois de ses directeurs successifs, les abbés Rigaud, de Brassac et de Floirac ne cessent de lui rappeler qu'avant tout elle doit obtenir l'autorisation de la Mère prieure. « Je veux, lui écrit l'un d'eux, que vous vous contentiés d'une discipline de fil ou de ficelle, à moins que vous n'eussiez la facilité de vous en procurer une en parchemain (4). » Il lui rappelle que mieux vaut suivre en tout la communauté que de risquer d'interrompre le train commun pour avoir dépassé la limite de ses forces par des pénitences qui ne sont point de règle. « En général, la vie commune, la pratique exacte de vos saintes

(1) Même à la même. Paris, 18 mai 1779. Lettre inédite. (FFI, pièce 15.)
(2) Même à la même. Chaume-en-Brie, 26 septembre 1780. Lettre inédite (FFI, pièce 7.)
(3) Même à la même. Chaume-en-Brie, 10 octobre 1785. Lettre inédite. (FFI, pièce 3.)
(4) Brassac à la même (S. I.), 4 mars 1786. Lettre inédite. (Même fonds, pièce 18.)

observances est le moyen le plus sûr de plaire à Dieu et de parvenir à la fin que vous vous proposez, la sanctification de votre âme (1). » Et encore : « La discrétion doit régler l'usage des pénitences que vous me commandez (2). » Mais la bonne sœur n'avait plus, semble-t-il, devant les yeux que saint Jérôme, le rude solitaire, dans sa grotte de Bethléem, si bien qu'elle voulait en prendre le nom dans les adresses de sa correspondancece, qui « désoriente » l'abbé de Brassac.

Les idées d'élévation qui hantaient parfois sœur Euphrasie étaient réprimées par ses directeurs avec la même sagesse. La période électorale, ouverte en 1787, avait laissé des mécomptes à l'excellente sœur. Il fallut la réconforter par l'*Ama nesciri* (3). « Je puis vous assurer, malgré tout ce qui s'est passé, que la communauté vous est attachée (4) », lui écrit l'abbé de Floirac, écho ici de la sympathie générale.

Pour l'aider à se punir de sa curiosité, on lui suggère de se condamner elle-même « à passer un quart d'heure dans sa cellule, après Complies, avec les yeux bandés », en méditant sur Notre Seigneur livré aux outrages de ses bourreaux qui lui voilèrent la face.

Au sixième interrogatoire, ce fut à la sœur Henriette-Emmanuel-Stanislas de la Providence (Mme *Legros*) (5) de répondre. Ainsi que la sœur de la Résurrection, s'inspirant de la formule solennelle des vœux terminée par la clausule si expressive *et ce jusqu'à la mort* : « Elle ne trouve pas, dit-elle, de plus grand bonheur que de vivre carmélite et son plus ardent désir est de vivre et mourir telle. »

Sœur Pierre de Jésus, dans le monde Marie-Joseph d'Hangest (6), interrogée en septième lieu, déclare « que si elle avoit

(1) Brassac à Euphrasie. Chartres, 6 décembre 1785. Lettre inédite. (FFI, pièce 20.)
(2) L'abbé de Floirac qui, par la suavité et le bon sens de ses avis, fait penser à saint François de Sales, lui développe cette théorie que « la patience, l'humilité, les bas sentiments de soi-même, le support de ses sœurs sont bien plus agréables au Seigneur que toutes ces pénitences extérieures ». Floirac à la même. Paris, 20 février 1787. (FFI, pièce 4.)
(3) Rigaud à Euphrasie. Paris, 26 février 1787. (FFI, pièce 11.)
(4) Floirac à la même (lettre citée.)
(5) Pour l'acte de Baptême de Marie-Louise Legros, originaire de Rozières (Somme), âgée alors de 55 ans, voir Appendice A. n° 4.
(6) Son acte de baptême n'a pas été retrouvé. Elle mourut le 31 octobre 1792.

mille vies elles les consacreroient (*sic*) à l'état qu'elle a embrassé, et que rien ne pourroit la déterminer à quitter la maison qu'elle habite et où elle a trouvé le bonheur (1) ».

Malgré ces vibrantes protestations, ni l'une ni l'autre de ces deux sœurs ne sera appelée à la gloire du martyre.

La huitième qui eut à répondre fut la maîtresse des novices, une des religieuses les plus importantes à tous égards du Carmel compiégnois. Encore une Parisienne. *Gabrielle-Henriette de Jésus*, née Marie-Françoise de Croissy, était venue au monde, paroisse Saint-Roch, le 18 juin 1745. Par son père, elle était petite-nièce de Colbert (2). Présentée au Carmel de Compiègne, dès l'âge de seize ans, par le saint et illustre évêque d'Amiens, Mgr de la Motte d'Orléans, elle s'en était vu d'abord refuser impitoyablement l'entrée. Outre la délicatesse de son tempérament, son extrême jeunesse inspirait quelque incertitude sur sa vocation, En vain, le prélat « qui connaissoit à fond, disait-il, les dispositions intérieures de Mlle de Croissy dont il était le directeur », insista auprès de la prieure en lui disant : « Recevez-la, ma Mère, recevez-la. C'est un ange que je vous présente, dans un corps terrestre, et vous comblerez ma mémoire un jour de bénédictions, pour vous avoir fait un si riche présent (3). » La supérieure se montra inflexible et exigea que Françoise retournât au moins six mois chez sa mère, qui, devenue veuve, s'était fixée à Amiens, sa ville natale. L'année révolue, Monseigneur voulut lui-même en personne « ramener la colombe dans l'arche » et il eut la satisfac-

---

(Voir plus bas, pp. 75 et 90.) Le procès-verbal des 4 et 5 août 1790 l'appelle par deux fois Marie-Joseph Dangert (*sic*) et la donne comme âgée de 48 ans. Elle signe le 5 août 1790 : « D'Hangest Sœur Pierre de Jésus » et 19 septembre 1792 (Voir plus bas, p. 90) « Marie-Josephe D'hangest. » La lettre du 15 déc. 1789 de la Prieure à Mlle de Grand-Rut (*Histoire*, p. 134) où est nommé M. D'Augerts insinue qu'elle était de Reims, ce que confirme Sorel, p. 76. (E. G.)

(1) Les signatures seules sont de la main des religieuses, et la déclaration prise sous leur dictée est écrite par le secrétaire, Bertrand. Cf. plus haut, p. 41, n. 3. (E.G.)

(2) D'après son acte de baptême, elle fut déclarée « fille de François-Ignace Le Sieurre, écuyer, *Seigneur de Croissy*, et de dame Françoise-Apollonie Robichon de la Guérinière, son épouse. Archives départementales de l'Oise, FF, pièce 12. — Les Croissy étaient une branche des Colbert.

(3) Nous empruntons ce détail et les suivants aux rédactions I et II de Marie de l'Incarnation qui se complètent l'une l'autre. (*Ms.* 2 et 3, pp. 31-39. Collection de Compiègne.)

tion d'y obtenir son entrée, le 21 octobre 1762 (1). Elle prit l'habit le 12 février 1763, et prononça ses vœux le 22 février 1764. Mais la cérémonie du *voile* fut remise au mois de juillet, époque du séjour de la cour, afin de permettre à la reine d'y assister (2). Marie Leczinska désirait en effet le donner à la jeune professe de ses propres mains. La cérémonie eut lieu en sa présence, et voici le petit discours que la jeune princesse adressa ensuite à la descendante des Colbert : « Ma sœur, lui dit-elle, le manteau que vous sortez de recevoir n'a ni la légèreté ni le brillant de celui de Colbert votre grand-oncle; mais vous en donneriez mille, n'est-il pas vrai, comme celui du ministre en y joignant même *son esprit*, pour conserver le manteau et l'esprit de votre bon Père, le saint prophète Élie. Vous avez choisi, en embrassant une vie de retraite et de pénitence, la voie du salut qui applanit toutes les difficultés que nous trouvons dans le séjour bruyant et mensonger de la cour. »

La nouvelle carmélite charmait ses compagnes par son esprit et par l'aménité de son caractère. Aussi fut-elle élue d'une commune voix à la charge de prieure, en 1779, n'étant encore que dans sa trente-cinquième année. Elle succédait à la sœur Charlotte de la Résurrection, qui remplissait l'intérim depuis la mort de la Mère Catherine de la Miséricorde (5 février même année) (3).

Son premier triennat expiré (1779-1782), la communauté qui, de plus en plus, appréciait avec ses talents naturels ses connaissances acquises dans le gouvernement, n'eut « qu'une voix et qu'un désir » pour la maintenir de nouveau à sa tête durant trois ans (1782-1785). On s'accommodait même si bien de ce régime qu'on eût fort souhaité, « si les règlemens ne s'y opposaient, écrit la sœur Joséphine-Marie de l'Incarnation, la pouvoir toujours conserver ». Une circonstance fortuite la maintint de fait encore à son poste durant dix-huit mois,

---

(1) Sur le grand renom de sainteté de Mgr de la Motte d'Orléans, voir trois lettres d'une carmélite d'Amiens adressées à deux sœurs de la rue de Grenelle, à Paris, quelques jours après la mort du prélat (15 juin 1774) dans l'*Histoire*, pp. 154 *sqq.*

(2) L'abbé Blond (*op. cit.*, p. 94) a confondu à tort les deux cérémonies.
(3) Voir plus haut, p. 32, n. 3.

l'évêque de Séez, Mgr du Plessis d'Argentré, supérieur de la maison, ayant été empêché de venir présider les élections. Enfin, après ce délai qui lui parut un siècle, elle fut remplacée dans la supériorité (1787) par la Mère Thérèse de Saint-Augustin. On l'élut alors maîtresse des novices. La sœur de l'Incarnation, qui fut une des cinq religieuses formées par elle (1), est qualifiée pour attester qu'elles lui gardèrent toutes jusqu'au dernier moment « la même tendresse et la même reconnaissance que si elle eût été leur mère naturelle ».

De ces sentiments affectueux et presque maternels nous avons une preuve écrite dans les deux lettres que nous possédons d'elle, adressées toutes deux à cette demoiselle de Grand-Rut qu'elle avait eue plusieurs mois sous sa conduite spirituelle : « Ma chère petite amie et toujours fille, lui écrivait-elle, oui, vous regardant constamment comme carmélite, puisque de cœur vous habiterez le Carmel, je conserverai pour vous ce nom si doux de *Mère* (2), et j'en aurai le cœur et la tendresse (3). » Et elle prie son ancienne enfant de lui garder toujours une amitié qu'elle croit sincère, comme elle-même lui donnera éternellement devant Dieu ces preuves de son affection. « Ma très chère petite sœur et constamment fille, lui écrit-elle une autre fois, vous pouvez être persuadée que je n'oublierai pas ce nom de *Mère*. Je vois avec plaisir que vous me le conservez. Pour moi, j'en conserverai les sentimens, surtout l'intérêt à votre bonheur et la tendresse (4). »

La direction de la Mère Henriette de Jésus se trahit pourtant, dans cette trop courte correspondance (5), forte et virile

(1) Entrée le 23 septembre 1786, elle prit l'habit le 23 mars 1787. (*Histoire*, p. 22.)
(2) C'est elle qui soulligne.
(3) Henriette de Jésus à Grand-Rut (s.l.n.d.). (*Histoire*, p. 170.)
(4) Même à la même (s.l.n.d.). (*Histoire*, p. 167.)
(5) Deux lettres en tout. (*Histoire*, pp. 167 et 170.) Leur origine est la même que pour celles de la Mère Thérèse, et l'abbé Villecourt assure y retrouver « la même prudence, la même charité et le même zèle ». La seconde, comme nous l'avons dit (p. 39, n. 2), est du 9 octobre 1789. Outre qu'on y trouve rapporté le même fait que dans la lettre de la Mère Thérèse de cette date, celle-ci dit expressément : « Comme vous le marque votre respectable Mère maîtresse, *qui m'apporte un mot* pour sa chère et bien-aimée fille, *vous ne devez pas vous faire de reproches* de n'avoir pas répondu à ce que le Seigneur exigeait de vous. » Or, dans sa seconde lettre, la Mère Henriette écrit : ... *Vous vous en faites un reproche* que vous ne méritez pas. (*His-

en même temps que suave et onctueuse. Mais si l'on y rencontre une parfaite conformité de vues et de principes avec la prieure, il s'en faut que le style offre les mêmes qualités littéraires. Il n'y a eu qu'une grande prieure de Compiègne : la Mère Thérèse de Saint-Augustin, la prieure du martyre. D'ailleurs, toutes deux si unies que Thérèse pouvait dire d'Henriette : « Vous savez que nous n'avons qu'un cœur (1). »

Dans l'interrogatoire du 5 août 1790, il semble, à en juger par l'impression produite sur la future historienne, qu'Henriette de Jésus se soit distinguée entre toutes ses sœurs. « Elle occupoit encore cette place (de maîtresse des novices), écrit Marie de l'Incarnation, lorsque l'infernal décret de la suppression des ordres religieux arrivat. Pleine de zèle et d'atachement pour son saint état, elle entendit avec horreur l'offre faite aux religieuses de recouvrer la liberté de quitter le cloître pour retourner dans le monde. »

Son indignation tourna même à la fureur poétique.

« Tout à l'heure, dit-elle aux autorités, vous allés avoir ma réponse ; elle sort et demie-heure après, rentre et leur présente l'écrit, emblême des vrais sentimens dont son esprit, son cœur, son âme étoient pénétrés. »

C'étaient trois strophes, ni pires ni meilleures que les cantiques de la Mère Thérèse, mais qui avaient le mérite de l'à-propos :

> Qu'ils sont faux les jugemens
> Que de nous porte le monde !
> Son ignorance profonde
> Blâme nos engagemens ;
> Tout ce dont il se décore
> N'est que pure vanité .
> Il n'a de réalité
> Que les chagrins qu'il dévore.
> Il n'a (2)... (*Bis*).

toire, pp. 128 et 171.) La première lettre, que nous ne croyon spas rangée à sa vraie place, ne devrait venir qu'en deuxième lieu, car on a plus d'une raison de la croire datée du 15 décembre 1789. Les allusions à une sœur Louise de Jésus, carmélite récemment décédée, et dont Mlle de Grand-Rut, sa nièce, avait repris le nom de religion, ne laissent guère de doute, sans parler d'autres indices.

(1) Thérèse de Saint-Augustin à Grand-Rut, 9 octobre 1789. (*Histoire*, p. 131).

(2) Voici les deux dernières strophes : « Je méprise sa fierté, — Je m'honore

A ceux qui trouveraient cette poésie un peu faible, nous répondrions avec Marie de l'Incarnation, laquelle s'était rappelé sans doute ses classiques et le sonnet d'Oronte, que la bonne carmélite n'avait pas mis beaucoup plus d'un quart d'heure à les faire.

« Ces Messieurs » prirent-ils la peine de lire la pièce jusqu'au bout ? Ce qu'il y a de probable, c'est qu'ils rendirent les vers à l'auteur, ce qui permit à Marie de l'Incarnation de les retrouver plus tard dans l'amas de rebuts, au jour de la vente du mobilier ; et ce qu'il y a de certain, c'est que, sur leur registre, les officiers du directoire écrivirent : « Madame de Croissy, en religion sœur Gabrielle de Jésus, déclare que ses engagemens elle les a pris pour la vie, et qu'elle saisit avec empressement cette occasion de renouveller ses promesses. »

La neuvième carmélite mise en demeure de répondre n'avait de commun avec le grand Colbert que d'être aussi originaire de Reims. Marie-Anne Hanisset, née dans cette ville, sur la paroisse de Saint-Symphorien, le 18 janvier 1742, introduite au Carmel, vingt ans après, par Henri Hachette des Portes, vicaire général de Reims, visiteur général des Carmélites, abbé de Vermand, évêque de Cydon (1) (Crète) *in partibus*, puis évêque de Glandève (2), enfin propagateur en France de la dévotion au Saint Cœur de Marie, avait pris, sans doute sur le conseil de ce prélat, le nom de sœur Thérèse du Cœur de Marie (3). Sage, prudente et discrète, première tourière de

de sa haine, — Et je préfère ma chaîne — A sa fausse liberté. — Jour d'une éternelle fête, — Jour à jamais solennel, — Où me vouant au Carmel — De Dieu je fus la conquête, — Où me vouant... » *(Bis.)*

« Nœuds chéris et précieux, — Chaque jour je vous resserre : — Tout ce que m'offre la terre, — N'est d'aucun prix à mes yeux, — Vos sarcasmes, par ma joie, — Mondains, sont bien démentis : — Qu'elle vaut bien les soucis — Auxquels votre âme est en proie. — Qu'elle vaut... » *(Bis.)*

(1) Et non *Sidon* ou *Sydon*, comme on l'écrit souvent.

(2) Mort à Bologne, en 1799.

(3) Il avait réussi à introduire cette dévotion à Compiègne et il continuait à la répandre dans les autres Carmels, même en pleine Révolution française : « J'ay vu en passant, écrit-il à la prieure, vos sœurs de Lyon. Elles sont toutes dévouées au cœur de Marie, notre auguste et tendre Mère ; mais elles voudroient bien luy dedier un hermitage, et je leur ay promis de leur donner le tableau. Pour cela, je désirerois, ma très chère Mère, d'avoir *une copie de celuy que je vous ai donné*, parce qu'il me paroît remplir les deux dévotions du Cœur de Jésus et de Marie, objets inséparables de notre culte. Je vous seroy très obligé de m'en envoyer une

l'intérieur et seconde dépositaire (1) (économe), elle s'était jusqu'ici contentée de satisfaire et d'édifier tout le monde. Elle avait mérité notamment « plus d'une fois les éloges des grands de la cour (2) ». Le 5 août 1790 sera sa première occasion de paraître. Elle répond que « si elle pouvoit doubler les liens qui l'attachent à Dieu, elle le feroit avec toute la force et le zele qui dependent d'elle (3) ».

La dixième interrogée fut Marie-Gabrielle Trézel, nommée en religion sœur Thérèse de Saint-Ignace et surnommée le *Trésor caché*, Compiégnoise. Ame mystique, éprise de pure oraison et de silence absolu. Marie de l'Incarnation voudrait « la plume d'un ange », pour parler dignement d'une religieuse qui semblait, dit-elle, représenter la Sainte Vierge. Toujours recueillie en Dieu, elle n'aimait pas lire et se refusait à écrire (4). Cette contemplative répond simplement aux

peinture en petit que je feray exécuter par un bon peintre... Vous voudrés bien me l'adresser le plus tôt possible chez les Carmélites, à Trévoux en Dombes. Assurez toutes mes cheres filles de Compiègne de mes sentimens. J'avois quelque espérance de les revoir en allant à mon Abbaye ; mais bientôt elle n'existera plus, et peut-être l'évêché de Glandève subira le même sort, *fiat voluntas.* » Hachette des Portes à Thérèse de Saint-Augustin. Trévoux, 8 juin 1790. Voir Appendice C. Lettre inédite. (Archives départementales de l'Oise, FFI, pièce 83.)

(1) On a vu plus haut (p. 41, n. 3) que le procès-verbal du 4 août 1790 énumère parmi les Carmélites mandées au parloir, dès le début de la perquisition, une 1re et une 3e dépositaire, sans rien mentionner de la fonction de la sœur Hanisset. Le procès-verbal l'appelle Marie-Anne Hannisette, mais elle signe «Hanisset Sœur du Cœur de Marie.» On lisait dans *le Journal de la Marne* (1er juin 1902) : « La famille Hanisset est encore représentée dans nos régions. Un des neveux de Marie-Anne Hannisset fut greffier de paix à Epernay, à Vertus et à Châlons. Un autre Nicolas Hannisset, frère du précédent, se fixa à Pierry et eut plusieurs enfants. Une de ses petites filles, Mme Veuve Pargny, habite Aventry. Mme Pargny possède deux reliquaires et un petit calvaire (*sic*) qui ont appartenu à la sœur Thérèse, la martyre Carmélite, son arrière-grand'tante. » (Reproduit dans *le Courrier du Nord-Est* (3 juin 1906) de *la Croix de Reims* (4 juin 1906) (E. G.).

(2) *Histoire*, p. 83.

(3) Voir *Glorieux souvenir. Marie-Anne Hannisset, née à Reims le 18 janvier 1742, carmélite à Compiègne, martyrisée avec ses compagnes à Paris, le 17 juillet 1794,* par le chanoine Cerf. Reims, 1897. In-8.

(4) « Marquant mon étonnement de ce que je ne lui voiois *jamais de livre en mains,* au chœur et particulièrement les fêtes et dimanches, et comment elle pouvoit faire pour s'en passer : « Ah ! c'est, me dit-elle, que le bon Dieu découvre en « moi une ignorance si profonde qu'il pense que tout autre maître que lui ne « seroit en état de m'instruire et voilà pourquoi *il veut bien prendre la peine de le faire lui-même.* » (*Ms.* 2, pp. 26 et 27. Collection de Compiègne.) — « Votre officière, ma sœur St-Ignace... elle m'a assuré, en ne pouvant retenir ses larmes, qu'en voyant que plusieurs de nos Sœurs vous avaient écrit, elle se serait jointe à elles *sans son extrême difficulté pour écrire.* » Thérèse de Saint-Augustin à Grand-Rut. Compiègne, 15 décembre 1789. *Histoire*, p. 134.) On le voit à sa signature manquée du 18 sept. 1792. Voir Appendice C.

hommes de loi, en revenant à la formule des vœux, qu'elle est
« contente de son etat et qu'elle veut y vivre et mourir ».

La sœur Thérèse de Jésus, Marie-Elisabeth Jourdain, née à
Paris, sur la paroisse Sainte-Marguerite (1), onzième interrogée, dit « que son intention est de mourir carmelite ». Peut-être
son vœu sera-t-il réalisé ; mais elle ne mourra point martyre.

La douzième, sœur Julie-Louise de Jésus, « déclare qu'elle
veut rester toute sa vie dans cette S^{te} maison ».

Cette future martyre, sœur Julie-Louise de Jésus, appelée,
dans le monde, des jolis noms de Rose Crétien, était née à
Evreux, le 3o décembre 1747.

Ses compagnes, qui la voyaient depuis le jour de ses vœux
douce et affable, toujours prête à obliger et faisant le charme
des fêtes intimes de la communauté par ses compositions poé-
tiques ou ses artistiques décorations, n'avaient cependant pas
oublié, même après quatorze ans passés, l'avoir connue, à
son entrée, froide, renfrognée, dédaigneuse. Sa gêne et sa
morgue d'alors contrastaient même si étrangement avec la
gaieté franche et naturelle des novices que celles-ci lui avaient
donné le surnom de *Grande sœur*.

> Tant de fiel entre-t-il dans l'âme des *novices* !

« Oh ma chère Mère, disaient-elles à la prieure, que nous
souhaiterions donc que le bon Dieu permît qu'elle se dégoutât
ou qu'elle ne fût pas reçue au chapitre ! » Ces propos prouvent
simplement que la jeunesse, même au fond des cloîtres, est
sans pitié. Les espiègles petites sœurs ignoraient que, dans le
passé de la *Grande sœur*, il y avait un douloureux roman.

Il datait de l'époque de sa première communion, où des
voix intérieures lui avaient fait entendre l'appel de Dieu vers
une vie plus parfaite. Mais volontairement sourde à ces inspi-
rations, elle avait cru se délivrer de leur importunité, en épou-
sant, vers l'âge de dix-neuf ans, son cousin germain, M. Crétien de La Neuville, pour qui, depuis sa plus tendre enfance,
elle ressentait un vif penchant. Au bout de cinq ou six ans, la

______
(1) Voir son acte de baptême, Appendice A, n° 6.

mort brisa leur union. Alors elle eût voulu rejoindre dans la tombe celui qu'elle avait tant chéri. Désormais enfermée dans ses appartements tendus de noir, elle s'interdit toute communication, même avec sa famille, ne parlant plus qu'à ses domestiques pour leur donner ses ordres. En vain, au nom de ses parents désolés, son oncle, M. l'abbé de Vaux, grand chantre de l'église d'Evreux, lieu de retraite de la désespérée, employa-t-il, durant deux années, lettres, prières et instances pour la ramener. Enfin sa nièce se laissa vaincre et l'accueillit avec des torrents de larmes. « Emus par une sensibilité réciproque », ils furent d'abord longtemps sans se parler. Puis l'oncle obtint la disparition des tentures noires, la reprise des relations de famille, le retour aux principes de piété et même, au prix de beaucoup d'efforts, l'aveu du secret de la première communion. Il félicita la jeune veuve de ce qu'elle était résolue de renoncer aux spectacles, ainsi qu'à la lecture des romans et des pièces de théâtre, lui conseilla de reprendre la musique qu'elle aimait fort et de lire les grands prédicateurs. Mais, sur la question de la vocation, Mme de La Neuville, qui avait « de l'horreur naturelle pour les cloîtres », hésitait toujours. Elle eut alors une idée heureuse : c'était d'aller consulter la plus célèbre des religieuses, Mme Louise de France. La princesse l'accueillit avec bonté, au parloir de Saint-Denis, fit faire une neuvaine pour elle, et lui offrit de la recevoir dans son Carmel. Mais ayant appris que sa dot était considérable, elle l'envoya de préférence à celui de Compiègne, auquel elle portait intérêt. Ici encore le combat avait été dur ; la victoire n'en fut que plus éclatante. On se disait que, sous le drap mortuaire de ses vœux, sœur Julie avait laissé le « vieil homme (1). »

Pour la treizième fois M. de Pronnay pose l'interrogation accoutumée. Sœur Marie-Henriette de la Providence (Mme *Pelras*) (2) lui répond « qu'elle veut rester dans cette maison, que tel est le vœu de son cœur ».

Cette religieuse n'avait pas toujours été carmélite. Ses

(1) *Ms.* 3, p. 41. Collection de Compiègne.
(2) Dans les *Articles*, on lit *Perbras* (p. 4) et *Pelras* (p. 36). Cette dernière

parents, sur leurs douze enfants, couronne de bénédiction « d'une famille toute composée de saints et de saintes », en avaient perdu quatre, moissonnés dans la première fleur de la jeunesse. Des huit autres, trois garçons et cinq filles, l'aîné des frères était entré dans les ordres, et même, dit-on, chez les Jésuites de Cahors (1), et trois des sœurs dans la congrégation de Nevers (2). Anne Pelras n'avait, lors de sa réception, que quinze à seize ans. « Mais, ajoute Marie de l'Incarnation, comme la nature l'avait douée de tous les agréments dont une femme est susceptible, sa beauté peu commune lui fit courir des dangers qui alarmèrent sa pudeur ; elle crut devoir renoncer tout à fait au monde pour la mettre en sûreté, et dans son goût dès lors très décidé pour le cloître, elle se présenta à nos mères à l'âge de vingt-cinq ans, le 26 mars 1785. » Elle était donc une des dernières venues parmi les carmélites de Compiègne. On lui avait confié la charge dévouée de sous-infirmière, qu'elle remplira jusqu'au dernier moment avec zèle et charité.

Mme Philippe (sœur Joséphine-Marie de l'Incarnation), notre historienne, ne parla que la quatorzième. Elle déclare « qu'elle veut vivre et mourir dans son état, que son bonheur est aussi constant que les motifs de sa vocation ».

On a ici une preuve en passant de l'exactitude de son récit, car, sans se mettre personnellement en scène, c'est sa propre réponse qu'elle a rapportée et prêtée aux autres dans sa relation : « Nous ne répondîmes, écrit-elle, à la prétendue bienveillance qu'on nous témoignait, qu'en publiant hautement que le monastère avait été une maison de notre choix, et que toute notre ambition était d'y vivre et d'y mourir ; qu'il n'y avait rien eu que de libre dans notre vocation (2). »

En quinzième lieu, paraît une religieuse infirme, Mme Elisabeth

forme paraît la plus exacte. Au registre des *Déclarations*, son nom est orthographié *Pelleras*, mais elle signe Pelras (Cf. plus haut, p. 24, n. 1), comme elle fera encore le 10 septembre 1792. Voir plus bas, p. 90, et Appendice C.

(1) L'ancien texte signalait 18 enfants, 8 morts en bas âge, et des 4 garçons survivants, 3 prêtres, les 6 filles entrées dans la Congrégation de Nevers. Voir les notes fournies par cette Congrégation (*Positio*, p. 81.)

(2) Les Catalogues de la province de Toulouse ne mentionnent qu'un père *Pelleprat* (Bertrand), à Cahors, en 1758 ; mais né en 1693, il serait l'oncle plutôt que le frère.

(3) *Ms.* 3, p. 46.

Boitel (1) (sœur de Jesus-Maria) qui déclare « qu'elle veut vivre et mourir vraie carmélite ; qu'après la céleste patrie il n'y a pas de plus parfait bonheur ». Ses infirmités l'empêchèrent d'apposer sa signature (2).

Tel fut aussi le cas des trois sœurs converses ; elles déclarèrent ne savoir pas signer. Mais ces braves filles avaient fait des déclarations aussi dignes que les religieuses de chœur. Voici la teneur du procès-verbal : « Mad. Roussel, sœur Marie du Saint-Esprit, déclare qu'elle veut vivre et mourir dans son état et a déclaré ne savoir signer. Mad. Dufour, sœur Sainte-Marthe, déclare qu'elle est très contente, qu'elle veut vivre et mourir dans son saint état et a déclaré ne savoir signer. »

La troisième converse martyre, sœur Saint-François-Xavier (Mme Julie Vérolot) (3), ferme le long défilé en disant « qu'une épouse bien née reste avec son époux et que rien ne peut lui faire abandonner son divin Époux Notre Seigneur Jésus-Christ ». Cette réponse ingénue peint bien le caractère de la plus jeune des converses. Née à Lignières (ancien diocèse de Langres), le 13 janvier 1764, la sœur Saint-François n'avait fait profession, après moins de deux ans de séjour au Carmel, que le 11 janvier 1789 (4). L'heure était déjà inquiétante pour les ordres religieux ; mais cette simple fille des campagnes de Bourgogne, qui « portait sur son front un caractère de franchise et de gaieté », ne se préoccupait de rien.

(1) C'est par une distraction évidente que M. Sorel (*op. cit.*, p. 14) rapporte ce fait au procès-verbal du 4 *août* (pour le 5), puisque lui-même a reproduit la pièce justificative *in extenso*, page 92. Même erreur, page 15. — Le procès-verbal du 5 août 1790 porte explicitement : « Madame Boitel, en religion sœur de Jésus-Maria », et après la déclaration ajoute « et a déclaré que ses infirmités ne lui permettent pas de signer ». En outre, en marge on lit : « *Décédée* le 20 février à une heure du matin, 1791. » Son nom figure dans l'*État des religieuses* au 11e rang, aussitôt après Marie-Anne Piedcourt, âgée comme elle, de 74 ans. Son acte de baptême n'a pas été retrouvé : nous ignorons son pays d'origine, mais peut-être était-elle parente de la sœur Legros, de Rozières (Somme), dont la mère, d'après l'acte de baptême (Appendice A, n° 4), était Marie-Madeleine Boitel et la marraine Hélène Boitel. Ce nom se retrouve aussi dans la parenté de Mulot de la Ménardière, qui épousa « Marie Magdeleine-Eléonore Boitel, née le 29 mars 1738, à Agnetz, près Clermont (Oise) (Sorel, p. 25) (E. G.)

(2) *Histoire*, p. 36.

(3) Marie de l'Incarnation (*Histoire*, p. 112) lui donne pour prénoms : *Etiennette-Jeanne* et change son nom de *Vérolot* en *Vésolat*. Dans les *Articles*, elle est appelée *Julie* (p. 5) et *Juliette* (p. 39). Cf. plus haut, p. 24, n. 14.

(4) C'est la date des manuscrits, préférable à celle du 1er janvier, qu'on trouve dans l'*Histoire*, *loc. cit.*

La Mère Thérèse ayant cru, avant de recevoir son engagement définitif, lui mettre sous les yeux les menaces de l'avenir : « Ah, ma chère *bonne* Mère, lui dit-elle avec sa *naïveté ordinaire*, vous pouvez être bien tranquille, car, pourvu que j'aie le bonheur d'être consacrée à mon Dieu, voilà tout ce que je *désirons* (sic)... Ainsi, ma chère *bonne* Mère (c'étoit son terme) ne vous mettez pas du tout en peine de moi, parce que, allez, le bon Dieu en prendra soin (1). » Elle égalait d'ailleurs en sensibilité les personnes de la ville : « Tout à l'heure encore, écrivait la prieure après le départ de Mlle de Grand-Rut, je recueillais les larmes de cette bonne petite Saint-François dont je crois les prières bien agréables au bon Dieu, *à cause de la candeur de son âme* : « Ma bonne chère Mère, me dit-elle, si « j'osais vous prier de dire à notre bonne petite Sœur Louise « de Jésus que, tous les jours de ma vie, je prierai pour elle, « et lui serai toujours unie et son bon Ange, etc. » (2).

Des deux tourières du dehors, les deux sœurs Catherine et Thérèse Soiron, il ne fut et ne pouvait être question, tant il est vrai, ce qui est à retenir pour la suite, qu'elles n'étaient pas aux yeux de la loi regardées comme religieuses. La sœur Constance, qui n'avait point prononcé de vœux, n'eut pas davantage à paraître devant les prétendus libérateurs.

« Voyant, conclut Marie de l'Incarnation, que tous leurs efforts étaient inutiles pour nous faire accepter une liberté ridicule, ils se retirèrent. » Mais, en se retirant, ils laissèrent à la garde des religieuses, « effets, argenterie, argent monnayé, livres et papiers », dont elles s'étaient spontanément chargées.

Le rideau de la clôture retombait sur le premier acte de la grande tragédie. Dans cette mémorable journée du 5 août 1790, les caractères des héroïques filles de sainte Thérèse s'étaient révélés, en pleine lumière et à la face des autorités publiques. Aujourd'hui, devant les promesses et la séduction, comme demain, devant la persécution sanglante, les carmélites de Compiègne avaient fait bloc. Pas une défection n'était à déplorer.

(1) *Ms.* 3, p. 52. Collection de Compiègne.
(2) Thérèse de Saint-Augustin à Grand-Rut. Compiègne, 9 octobre 1789. (*Histoire*, p. 129.)

III

La dispersion et le serment

Quelques mois de répit se produisirent après la journée si troublée du 5 août. Ce fut le calme qui suit la tempête. Aucune nouvelle visite de la municipalité compiègnoise n'eut lieu au monastère de l'Annonciation, avant la fin de 1790. Les religieuses ayant préféré demeurer religieuses et rester chez elles, on ne songeait point à leur rendre la liberté obligatoire et l'on ne parlait pas encore de les jeter à la rue. Chaque chose devait venir en son temps.

On se contenta pour lors de s'ingérer dans le gouvernement intérieur de leur couvent. L'article V du décret de la Constituante, en date du 8 octobre 1790, sanctionné le 14 par le roi, qui signait à peu près tout, avait ordonné que les religieuses ayant choisi la vie commune nommeraient entre elles, au scrutin et à la pluralité absolue des suffrages, en une assemblée présidée par un officier municipal, et à tenir dans les premiers jours de janvier 1791, une supérieure et une économe dont les fonctions ne dureraient normalement que deux années, mais pourraient être continuées tant qu'il plairait à la communauté.

C'était une ridicule intrusion du pouvoir laïque dans une question de discipline purement religieuse; mais ne vivait-on pas au siècle du joséphisme, et les législateurs souverains en veine d'universelle réglementation ne se plaisaient-ils pas à toucher à tout, dans l'Eglise comme dans l'Etat?

Susceptible d'ailleurs de généreux élans, l'Assemblée était mieux inspirée en déclarant, quelques jours après (14 octobre 1790), que les religieux seraient pensionnés.

Ces deux décrets allaient recevoir leur exécution à Compiègne. En vertu du premier, le 11 janvier 1791, deux officiers municipaux, Le Cornier et Mouton, se transportaient au « couvent des dames Carmélites », à l'effet d'assister à leurs élections. Mme Lidoine (Mère Marie-Thérèse de Saint-Augustin) fut réélue prieure à l'unanimité des voix, — moins la sienne, — soit seize sur dix-sept, et la maîtresse des novices, Mme de Croissy (Mère Henriette de Jésus), fut nommée économe, à la majorité de quatorze voix contre trois. On remarquera que le nombre des religieuses présentes n'était plus que de dix-sept (1) (au lieu des dix-huit interrogées le 5 août 1790). Mme Boitel (sœur de Jesus-Maria), celle qui naguère n'avait pu signer, avait été empêchée d'assister au chapitre à cause de ses infirmités. Les jours de la pauvre sœur étaient comptés ; elle s'éteignit peu après, le 20 février 1791.

A un autre point de vue, ces élections avaient présenté une stricte application du nouveau principe d'égalité civile, qui accordait le droit de vote aux sœurs converses. En tout cas, si les révolutionnaires avaient escompté, comme l'assure sœur Marie de l'Incarnation, qu'ils auraient « une prieure de leur choix (2) », ils avaient eu à subir ce jour-là une forte désillusion. La communauté tout entière, y compris les trois sœurs converses illettrées, avait senti d'instinct quel appui était pour elle, en ces temps difficiles, une prieure telle que la Mère Thérèse, et les brebis s'étaient serrées plus unies que jamais sous sa vaillante houlette.

Le deuxième décret occasionna, en mars 1791, d'autres formalités. Les religieuses eurent à fournir l'état des revenus et charges de leur maison, en vue de la fixation de la quotité de leurs pensions (3). Le directoire du département de l'Oise accorda, par tête, aux sœurs de chœur, 478 livres 19 sols 4 deniers ; aux converses, 239 livres 9 sols 8 deniers. Elles devaient en être payées, à partir du 1er janvier 1791. C'était à peu près l'équivalent de leur ancien revenu.

(1) Voir le fac-similé des signatures dans Sorel, planche à la fin du volume.
(2) *Histoire*, p. 34.
(3) Voir Sorel, p. 27.

Mais, avec l'année 1792, la situation s'aggrava. Il semble qu'en l'ouvrant plus d'une religieuse ait eu comme un vague pressentiment qu'elle finirait mal. C'était une raison pour se ranimer dans la ferveur d'une manière exceptionnelle. Nous savons qu'il en fut ainsi de la terrible sœur Euphrasie. Elle imagina, à l'occasion du nouvel an, de solliciter des prières auprès de l'Ordre que son goût pour la vie austère lui faisait sans doute apprécier davantage et obtint son association aux Trappistes de Cîteaux (1). Elle songea surtout avec raison à s'examiner plus à fond que jamais sur des défauts grossis peut-être par son humilité, puis elle envoya ce portrait peu flatté à un nouveau directeur ; celui-ci eut la franchise de la féliciter sur la ressemblance, et la bonté de lui indiquer de durs mais sûrs moyens de triompher enfin de sa manie de grandeurs. Au commencement de janvier 1792, il lui adressait la réponse suivante, qui, par prudence, n'est point signée. Ce prêtre énergique était bien fait pour conduire les âmes en temps de persécution (2).

Vous vous connoissez, et vous dépeignez trés bien, ma c[hère] f[ille]; c'est une premiere grace qu'il ne faut pas négliger ; elle sera pleine de fruits si vous continuez à bien sentir votre cœur avec ses défauts et ses dangers. Voyez le souvent, tous les jours, à tout moment, dans la priére, vos travaux, à la récréation, qu'il soit dans vos mains et vous viendrez à bout de le corriger.

1° Pour réussir dans cet important ouvrage, il faut convenir que sa vivacité est souvent excessive, sa sensibilité peu modérée, son gout trop suivi.

2° De la ces revoltes contre ce qui contrarie la volonté dominante, altière et rebelle, par défaut de résistance à la tentation contre l'obéissance qui devroit toujours l'emporter.

3° De la ces raisonnements continuels, et dangereux sur la conduite qu'on tient à votre égard, sur les places refusées, sur l'oubli où on vous laisse, sur le prétendu mépris qu'on vous marque, sur les désagréments que vous croyez faits exprès pour vous humilier.

4° C'est là, soyez-en sure, un orgueil caractérisé, qui ne vous laisse aucun repos ; c'est un amour-propre blessé qui ne veut point pardon-

---

(1) Ce diplôme d'affiliation est daté du 7 janvier 1792. (Archives départementales de l'Oise, FFI, pièce 16.) Cf. *Correspondance*.

(2) Ce serait peut-être l'abbé de Juge de Brassac. (E. G.)

ner aux autres, et suppose souvent ce qui n'est pas, c'est le désir de paroitre, de s'occuper d'avantage, de n'être pas reduite si long temps à soi-meme et cachée à l'écart : c'est, en un mot, le propre esprit qui s'agite, se tourmente, s'aigrit et s'irrite, tantôt pour une raison, tantôt pour une autre.

Et voilà ce qui a fait votre malheur, voila ce qui le feroit jusqu'à la mort, voila ce qui vous rendroit singulière, affectée, désagréable à vos superieures, à charge à vos sœurs et à vous-même, voilà ce qui vous empecheroit de jamais pratiquer la perfection, de gouter quelque repos dans votre saint état, de trouver une paix constante dans l'oraison, dans la fréquentation des sacrements, etc... (*sic*).

Ayant ainsi porté le fer dans la plaie, le directeur n'y mettra d'autre baume que cette sèche énumération :

MOYENS A EMPLOYER

Le 1er est d'oublier absolument le passé, ce qu'ont dit, fait ou voulu les supérieurs pour les charges et toute autre chose.

Le 2e est de ne désirer ni employ, ni changement de place, ni aucune charge qui plaise ; en rejetter toute pensée comme vne tentation, et n'avoir d'autre vue que de bien remplir sa charge ; c'est le plus parfait, le seul permis.

Le 3e c'est d'obéir exactement, le plus promptement sans observation, sans parole, à tout ce qui est dit ou prescrit, et de ne se permettre aucun raisonnement intérieur volontaire, ni reflexion dans quelque temps que ce soit.

Le 4e est d'être douce envers vos sœurs, de vous taire sur ce qui les regarde, de ne vouloir ni dominer, ni juger, ni réfléchir sur leurs esprits ou leurs actions ; c'est de ne penser qu'à vous, de ne vous meler que de vous.

Le 5e c'est de vous abandonner en toute simplicité. 1° A la conduite du confesseur. 2° A celle de Dieu dans l'oraison et tous vos exercices. 3° Vous vous livrerez paisiblement aux transports d'amour et toujours en vous humiliant. 4° Vous serez très courageuse dans les tentations et dégouts, toujours exacte à tout malgré vos peines et répugnances.

Enfin l'examen particulier sera sur *le détachement de vous-même* et *l'humilité*... tout à Dieu seul...

11 janvier 1792 (1).

L'effet de ces austères conseils fut aussi prompt que radi-

---

(1) Anonyme à Euphrasie (s. l.). Lettre inédite. (Même fonds, pièce 27.) 4 pages de petit format, sans adresse. « Vérifié le 18 novembre 1904. Ce n'est pas l'écriture de l'abbé Rigaud, ni certainement non plus celle de Brassac, encore moins celle de l'abbé de Floirac. Je ne l'ai pas rencontrée ailleurs (H. C.). » C'est l'écriture de a lettre attribuée à tort à la prieure (16 juin 1792). Voir plus bas, p. 71. (E. G.)

cal, mais non encore, semble-t-il, immédiat. Aussi, un mois après, l'impitoyable « père en Dieu », comme il s'appelle, bien qu'il s'intéresse de plus en plus vivement à engendrer cette âme à une vie nouvelle, ne lui prêche encore que les vérités les plus effrayantes pour la nature :

> … Je ne doute pas que vous n'ayez assez de zèle et de courage pour ne rien négliger de ce qui tendra à votre salut. *l'éternité est proche, et la vie ne peut être un grand bien que quand elle prépare des courones.* Pour les obtenir il faut porter celle de Jesus-Christ : elle étoit d'épines : en la supportant il n'a point murmuré et il seroit honteux de ne pas l'imiter. Renoncer à tout, étoit un de ses préceptes : renoncer à son propre esprit, à ses gouts, à ses raisonnements, à ses desirs, est un devoir, et l'un des plus indispensables, on ne vit bien de Dieu que quand on ne vit plus de soi : n'en plus vivre, c'est mourir à soi ; ô (*sic*) la brillante la précieuse mort ! tout ce que je vous ai dit et écrit, ne tend qu'à cette vraie perfection : si nous n'y travaillons pas, nous n'aurons rien ; et nous ne l'aurons que par une totale et invariable obéissance. Qu'elle soit votre pratique continuelle, universelle. Par là que de misères passées seront expiées ! que de mérites vous pourrez amasser ! Dieu soit avec nous !
>
> 13 février 1792 (1).

Ce langage sans fausse complaisance fut enfin entendu. Un mois plus tard, le même directeur applaudissait aux « premiers miracles de la grâce » opérés dans l'âme naguère encore si fermée à ses fortes influences. C'était comme une « vocation » nouvelle qu'il voyait se déclarer chez la religieuse presque sexagénaire. « Il s'agit d'y être fidèle, continue-t-il. Vous en avez formé la résolution ; qu'elle doit être grande et admirable la pratique de ces excellens desseins ! » Puis d'un ton que l'événement devait rendre un jour prophétique, il ajoute : « O le beau spectacle *à la mort,* si vous pouvez l'offrir au souverain juge ! Mais si tout ce qu'il y a de merveilleux devenait inutile, quel compte ! *Vous ne pouvez qu'être sainte :* Dieu le veut, ne le voudriez-vous pas ? Que dis-je, vous ne voulez que ce bonheur : vous ne pouvez donc chercher qu'à le mériter. Tout souffrir, tout sanctifier, et mourir à tout, par-

---

(1) Anonyme à Euphrasie (s. l.). Lettre inédite. (Même fonds, pièce 30.)

ticulierement à soi, voilà ce que doit annoncer votre vie. » Et
il lui répète encore : « Toujours Dieu seul (1)! »

Incapable désormais de reculer devant aucun sacrifice, la
sœur Euphrasie sentait en retour succéder à son ancien état
d'inquiétude et de malaise la satisfaction profonde du devoir
accompli, et accompli par amour, non plus par contrainte.
C'était une transformation totale. Elle en vint à s'effrayer des
faveurs divines qui inondaient son âme livrée maintenant sans
obstacle à l'action puissante et consolante de la grâce. Son
directeur dut la rassurer :

> Tout ce qui porte à l'amour de Dieu sans exposer à l'orgueil, lui
> écrit-il quelques jours après, est bon à contempler, ses dons et ses
> faveurs ne peuvent être trop pesés en sa sainte présence, ne pas les
> voir où on les voit, ne pas s'en réjouir quand on les sent, c'est aveu-
> glement et ingratitude. Quel mal de regarder le soleil, lorsqu'il luit,
> ou l'abondance, lorsqu'elle existe?
>
> Les conséquences à déduire sont plus de fidélité, plus de vigilance.
> Quiconque les renferme, est digne de tous les dons, digne de Dieu.
> L'application est facile : faites-la ; et soyez sainte avec joye (2).

Cette joie n'était-elle pas déjà le bonheur de ceux qui ont
été jugés dignes de souffrir pour le Christ?

Pourtant les yeux de deux religieuses semblaient encore
fermés à ces perspectives à la fois douloureuses et glorieuses.
Mais un mémorable incident allait révéler combien ceux de la
prieure étaient plus ouverts et plus perspicaces. Pâques tombait cette année le 8 avril. Cette fête ouvre dans les Carmels
une série de récréations nommées les *licences*. Or, aux licences
de 1792, les religieuses, qui n'avaient guère le cœur aux diver-
tissements, devisaient entre elles sur le sens de la prophétie
rappelée plus haut (3). Une religieuse converse avait vu jadis
en songe « la communauté monter au ciel revêtue d'un manteau blanc ». Et quelqu'un murmura le nom de la sœur Julie
(Rose Crétien) qui, ayant été mariée (Mme de La Neuville), se

---

(1) Anonyme à Euphrasie (s. l.). Lettre inédite 13 mars 1792. (Même fonds,
pièce 9.)

(2) Même à la même (s. l.), 17 mars 1792. (Même fonds, pièce 10.)

(3) *Ms*. 3, p. 45. Collection de Compiègne. Voir *supra*, p. 15, n. 2.

verrait exclue, en sa qualité de veuve, des récompenses promises aux seules vierges. Mais l'on était d'accord pour s'écrier : « Le ciel nous réserverait-il donc la gloire du martyre? Quoi! Toutes en un jour? Oh ! quel bonheur, si nous pouvions nous trouver ainsi toutes réunies! » Vers la même époque et non, ainsi qu'on l'a écrit souvent à tort, en 1794, la Mère Thérèse de Saint-Augustin, comme directement inspirée du ciel, invita les religieuses à accepter d'avance leur futur sacrifice.

Elle nous avoua un jour, dit Marie de l'Incarnation, qu'ayant fait sa méditation sur le but que s'était proposé notre sainte Mère Thérèse dans sa réforme, il lui était venu à la pensée de faire un *acte de consécration*, par lequel la communauté s'offrait en *holocauste* pour apaiser la colère de Dieu, et que cette divine paix, que son cher Fils était venu apporter au monde, fût rendue à l'Église et à l'État. « Il me semble, ajouta-t-elle, que puisque nous ne sommes entrées dans la sainte religion que pour y opérer l'œuvre de notre sanctification, cette immolation de nous-mêmes doit nous être moins coûteuse (1). »

Mais la courageuse prieure avait compté sans la faiblesse de l'âge. Elle oubliait que les sœurs de Jésus-Crucifié (Mme Piedcourt) et Charlotte de la Résurrection (Mme Thouret), presque octogénaires, étaient particulièrement impressionnables, la seconde surtout, éprouvée de longue date par la maladie et l'infirmité.

Deux sœurs anciennes cependant, sœur de Jésus Crucifié et sœur de la Résurrection, ne purent s'empêcher de lui exprimer la crainte et le frémissement que leur causait l'idée seule de la guillotine. « Ah! ma chère Mère, s'écrièrent-elles, est-ce que vous pensez?... » Et elles ne purent achever, tant l'impression était forte chez elles. « Mes sœurs, leur dit notre Mère, je ne sçais le sort qui nous attend, et quoique j'aie la confiance que Dieu nous donnera grâce à toutes pour lui faire le sacrifice de notre vie, ne croyez pas que je prétende vous faire une obligation de vous unir à moi, et que je sois le moins du monde mal édifiée que vous vous refusiez à le faire. » Alors nos bonnes sœurs se retirèrent; mais dès le soir même, elles vinrent se jeter aux pieds de notre Mère...lui demandant pardon de la pusillani-

(1) *Ms.* 3, p. 3. Collection de Compiègne. Le *Ms.* 2, p. 3, ne précise pas davantage le jour. Dans l'*Histoire*, p. 78, on dit positivement que la prieure proposa cet acte « deux ans avant l'arrêt de sa mort ».

mité et faiblesse qu'elles avoient fait paraître, disant « qu'elles qui
étoient, par le déclin de l'âge, sur le bord de la tombe, combien elles
devoient être honteuses et avoient à rougir de cette faute », et elles
demandèrent comme une grâce que notre Mère leur permît de s'as-
socier à l'acte de consécration, pratique à laquelle elles furent fidèles
jusques au dernier jour (1).

Ce récit a une double portée; il prouve d'abord que les âmes
les plus détachées du monde et les plus foncièrement courageuses éprouvent parfois les affres de la mort et aussi que le
sacrifice de la vie peut être difficile jusque dans l'extrême vieil-
lesse; mais il a de plus l'avantage de démontrer combien l'auteur de cette relation est un témoin digne de foi, sachant dire
la vérité et toute la vérité, sans déguiser les faiblesses de personne.

La tenacité de sa mémoire, qui n'oubliait rien, et où tout se classait
avec ordre, a pu écrire de la sœur de l'Incarnation son éditeur l'abbé
Villecourt, la pénétration de son esprit, à qui les moindres circonstances intéressantes n'échappaient jamais; sa véracité, qui ne lui
aurait pas permis d'avancer comme certain un fait quelconque qui
lui aurait paru douteux; *l'attention scrupuleuse qu'elle a de ne
pas plus dissimuler les défauts que les bonnes qualités des personnes dont elle parle*, sont autant de motifs qui devraient nous
faire accueillir son récit avec une pleine confiance, quand nous n'au-
rions pas d'ailleurs, une garantie de sa sincérité dans la foi qui
l'animait et dans sa qualité de religieuse (2).

Cette confiance, nous sommes heureux de le proclamer après
contrôle, nous paraît pleinement justifiée. Aussi n'hésiterons-
nous pas, lorsque nous aurons prochainement l'occasion de
trancher le débat entre le témoignage de la carmélite et certains documents révolutionnaires, de nous prononcer nette-
ment en sa faveur.

Plus d'un indice semblait déjà présager que la béatitude promise à ceux qui endurent la persécution pour la justice allait
être accordée prochainement aux généreuses filles qui avaient

(1) *Ms.* 3, p. 4. Collection de Compiègne. Le *Ms.* 2 ne nomme pas les deux
sœurs.
(2) *Histoire*, préface, p. 19.

devancé l'heure pour s'offrir au ciel en victimes (1). Une lettre adressée de Paris à l'une des religieuses du monastère de l'Annonciation contient trop d'allusions personnelles pour que nous cherchions à tout expliquer. Mais comment n'en point citer ce début qui atteste, à la fois, et l'élévation de sentiments de ce directeur, et la hauteur des âmes qui lui étaient confiées ?

D'heureuses impressions prouvent la bonté d'une ame, et la votre à cet égard a tout à espérer de la grace dont je vous promettois la sainte et continuelle influence. Dieu vous a parlé avec moi, et qu'il parle bien ! Écoutez-le avec la même docilité, et vous puiserez abondamment dans ses trésors. Ne craignez pas, allez avec toute assurance ; qu'un cœur qui ne met point de bornes à ces élans d'amour divin a vne force invincible sur son Dieu ! point de faiblesse, point de crainte ; oui, pur amour, *désirez d'en mourir, et pour cela ne cessez d'en vivre* (2).

Ne croirait-on point, dans ces dernières paroles, entendre un écho des magnifiques élans de sainte Thérèse vers le ciel, lorsqu'elle déclarait préférer vivre et mourir en travaillant pour la vie éternelle plutôt que de posséder tous les biens d'ici-bas et qu'elle s'écriait : « O mon Dieu, je vous en conjure, faites croître de plus en plus le martyre de mon âme en la blessant de votre amour, ou faites-le cesser en vous donnant à elle dans le ciel (3) » ?

(1) Il a fallu remanier ici profondément l'ancien texte. Le P. Chérot, trompé par une attribution trop gratuite de Sorel, qu'il n'a ici rectifié qu'en partie, a cru que la lettre du 16 émanait de la Prieure, et a supposé par suite un voyage à Paris qui n'a aucune raison d'être. L'auteur de la lettre, le directeur anonyme, qui écrivait si vigoureusement à la sœur Euphrasie (Voir plus haut, p. 67), est l'auteur de la lettre qui commence par les mots : ô mon Dieu, j'oublie, etc., et de celle du 11 mai 1792, adressées à la Mère Thérèse de Saint-Augustin. Cf. plus haut, p. 65, n. 2.

(2) Inconnu à carmélite anonyme. (Les sœurs Elisabeth [Mme Jourdain ?), Saint-Ignace et Constance, étant mentionnées, doivent être écartées comme destinataires.) S. l., 16 mai 1792, ce qu'on lit dans Sorel, *op. cit.*, p. 30, n. 2, ainsi que p. 40, n. 1, et non pas le *26*. (*Ibid.*, pièces justificatives, p. 97.) — Archives nationales, W. 421, pièce 86. Le passage que nous citons ici est inédit, ayant été omis par le consciencieux historien qui a oublié d'en prévenir et a malheureusement laissé échapper plus d'une faute de lecture ; *pour* au lieu *peu* ; *Madame* au lieu de *Mlle*, *saint* au lieu de *sœur*. Voir la *Correspondance.*

(3) *Histoire de sainte Thérèse, d'après les Bollandistes*, t. II, p. 390. Nouvelle édition, Paris, 1892. In-12.

Par une autre analogie frappante avec la fondatrice du Carmel, proclamée par l'Eglise la mère de la spiritualité, *mater spiritualium*, la prieure de Compiègne s'entendait à merveille à l'administration et savait faire valoir les intérêts de sa communauté au mieux des circonstances les plus difficiles. On la vit donc peu après faire acte de civisme et patriotiquement souscrire, le 13 juillet 1792, 24 livres de contribution volontaire. Les Carmélites témoignaient par là ne pas se désintéresser du bien public, quelle que fût la main qui dirigeât le timon des affaires; mais, comme mesure de salut, cette libéralité était tardive et insuffisante. Des événements supérieurs s'accomplissaient dans les sphères élevées de la politique, qui devaient déchaîner de nouveaux orages et précipiter la ruine définitive.

Le 10 août marquait la chute de la royauté. Avec le trône, les autels allaient s'effondrer. Dès le 7 août, l'Assemblée législative avait prescrit aux municipalités de procéder à la vérification de l'existence des effets précédemment inventoriés dans les monastères. En apparence, c'était une mesure conservatrice; mais, au fond, on ne préservait que pour mieux détruire.

Quelques jours après, un autre décret voté le 14 août par l'Assemblée législative, promulgué le 15, ordonnait la prestation du serment de *liberté* et d'*égalité* à tout Français recevant de l'Etat un traitement ou une pension. On était censé avoir renoncé irrévocablement à les toucher, si, dans la huitaine de la publication, l'on ne s'acquittait pas de cette obligation « devant la municipalité du lieu de son domicile », en ces termes : « Je jure d'être fidèle à la Nation et de maintenir la liberté et l'égalité ou de mourir en les défendant. » Nous verrons bientôt dans quels cruels embarras ce serment devait mettre les Carmélites.

Les décrets succédaient aux décrets à des intervalles de plus en plus rapprochés. « Faire vite » est un des principes des politiciens d'aventure arrivés au gouvernement. Le 17 août, parut donc le décret d'*évacuation* des maisons encore occupées par des religieux ou des religieuses, sauf les hôpitaux. Ces maisons, ajoutait le décret, devaient « être vendues à la diligence des corps administratifs ». Prendre et dissiper le bien d'autrui a toujours été l'un des préceptes du décalogue révolutionnaire.

Le lendemain, 18 août, le brigandage légal commençait et déjà aussi flottait dans l'air un souffle avant-coureur des massacres de Septembre. Cette fois, le but des jacobins était atteint. Les congrégations y passaient toutes : Eudistes, Sulpiciens, Lazaristes, Saint-Esprit « et généralement toutes les congrégations religieuses et congrégations séculières d'hommes et de femmes, ecclésiastiques ou laïques, même celles uniquement vouées au service des hôpitaux et au soulagement des malades ». Le départ sonnait donc inéluctable pour les carmélites de l'Annonciation, à Compiègne.

*
* *

Pénible pour tout religieux, la sortie forcée de son couvent est cruelle pour le religieux cloîtré. C'est que ce coin de terre recouvert d'arceaux, cette chapelle qui l'entend psalmodier, ce préau où il dormira du dernier sommeil sont à ses yeux un petit univers. C'est l'asile inviolable qui, sur lui, referma à jamais ses portes, la paisible oasis dans laquelle, fugitif aux chemins de ce monde, il a fixé sa tente sans espoir de retour, le lieu de son exil du siècle dans l'espoir de l'éternelle patrie. On comprend dès lors quelle barbarie il y a, de la part du législateur, à poursuivre ces réfugiés jusqu'au fond de leurs étroites cellules, à enfoncer l'entrée de leur mystérieux sanctuaire, à les arracher à tout ce qui forme le cadre naturel et nécessaire de leur pieuse existence. Mais au-dessus de ces innocentes retraites, — et c'est là le crime impardonnable, — se dresse l'étendard de la croix. Dès lors, ceux qui vivent à son

ombre n'ont plus droit, aux heures des révolutions triomphan-
tes, de demeurer unis pour prier en commun. Grande victoire,
pour des sectaires de passage au pouvoir, d'expulser les moines et de démolir les monastères! Une fois que des habitations
rasées il ne restera plus pierre sur pierre, bandes rouges et
bandes noires espèrent bien que les solitudes dévastées ne se
repeupleront pas et que les déserts ne refleuriront plus.

C'est pourquoi, le mercredi 12 septembre 1792, les trois
citoyens, Wacquant, architecte et sous-inspecteur des bâtiments de la République à Compiègne, Bigault et Bertrand, se
présentaient, au nom de la municipalité, chez les Carmélites.
Ils procédèrent au recolement des objets écrits le 4 août 1790,
transportèrent leur butin au dépôt de l'abbaye Saint-Corneille
et enjoignirent aux sœurs d'avoir à quitter au plus tôt leur
maison.

Le surlendemain, vendredi 14, en la fête de l'Exaltation de
la sainte Croix, les religieuses abandonnèrent leur « chère
solitude (1) ». Pour toute plainte, elles se dirent que « le Seigneur, par le sacrifice qu'il exigeait ou permettait, les enrichis-
sait d'une très forte portion de sa croix (2) ».

Mais autant qu'il était en elles, et sans contrevenir à la loi
qui les frappait brutalement, elles cherchèrent, en ce naufrage
de la vie conventuelle, à sauver quelques épaves de leurs
observances monastiques. Leur premier acte fut de se disperser. Elles se divisèrent en quatre groupes.

Le premier se composait de la prieure, Thérèse de Saint-
Augustin (Mme Lidoine), d'une des deux sœurs les plus âgées,
Charlotte de la Résurrection (Mme Thouret), avec la sœur
Euphrasie (Mme Brard), devenue un modèle de ferveur, et la
converse Sainte-Marthe (Mme Dufour). On sous-loua, pour
deux ans et demi, à 150 livres par an, chez une honorable
veuve, Mme Saiget, une partie de sa maison, située rue Dampierre (aujourd'hui rue Saint-Antoine) (3).

(1) *Ms.* 3, p. 69. Collection de Compiègne.
(2) *Ms.* 2, p. 69. Même collection.
(3) Sorel, *op. cit.*, p. 17.

Le second groupe était formé par la sous-prieure, sœur Saint-Louis (Mme Brideau), la vieille sœur de Jésus-Crucifié (Mme Piedcourt) (1), la deuxième des trembleuses raffermies, la sœur du Cœur de Marie (Mme Hanisset) et la première tourière Catherine Soiron. Elles s'en étaient allées occuper une grande chambre, un grenier et un fournil, au fond d'une cour de la rue des Cordeliers, alors de la Liberté, chez M. Delavallée (2).

Le troisième groupe — celui des jeunes — s'établit dans une maison de la rue Neuve appartenant à M. Chevalier. Sous la douce autorité de la maîtresse des novices, Henriette de Jésus (Mme de Croissy), s'y trouvaient réunies, avec l'unique mais fidèle novice, sœur Constance (Mme Meunier), les trois récentes professes des années 1786, 1788 et 1789, sœurs Henriette de la Providence (Mme Pelras) et Joséphine-Marie de l'Incarnation (Mme Philippe), enfin la converse Saint-François-Xavier (Mme Vérolot).

Un quatrième groupe, dont on a vainement contesté l'existence (3), comprenait, sans doute sous la supériorité déléguée de la sœur Saint-Ignace (Mme Trézel), les sœurs Julie-Louise de Jésus (Mme Crétien), Pierre de Jésus (Mme d'Hangest), Stanislas (Mme Legros), Thérèse de Jésus (Mme Jourdain), la converse sœur Saint-Esprit (Mme Roussel) et la seconde tourière, Thérèse Soiron. Au total, elles étaient vingt en ces premiers jours de la dispersion ; mais la mort ne tarda pas à visiter le dernier groupe. Mme d'Hangest (nous les appellerons ainsi le plus souvent désormais, par leur nom de famille, le seul officiellement reconnu) s'éteignit, le 31 octobre 1792. Puis

---

(1) La sœur de l'Incarnation, dans une de ses rédactions, la range avec le premier groupe. (*Ms.* 2, p. 36. Collection de Compiègne.)

(2) Sorel, p. 30, n. 1.

(3) Ici encore nous adoptons l'énumération de M. Sorel, sans parvenir à l'identifier avec celle de Marie de l'Incarnation (*Ms.* cité). Nous supposons que chacune de ces listes représente un *moment* différent.

(4) M. Sorel, qui réduit les groupes à *trois*, ne s'appuie que sur des documents de juillet 1794 et juin 1795, lesquels ne prouvent rien pour la première période. Une pièce de juin 1794 mentionne d'ailleurs la division des anciennes religieuses « en *trois ou quatre* sections ». (Sorel, p. 27.) Voir, sur cette controverse, l'abbé Blond, *op. cit.*, pp. 105 *sqq.* Pour nous, les multiples témoignages manuscrits de la sœur de l'Incarnation, ignorés de M. l'abbé Blond, ne laissent aucun doute. Voir notamment (Appendice L) l'extrait du *premier manuscrit* de Marie de l'Incarnation : « Le fatal décret ayant eu son exécution, etc. »

divers départs se produisirent, qui portèrent, comme ce décès, sur le dernier groupe. Mme Legros et Mme Elisabeth Jourdain durent aller séjourner à Rozières, dans le Santerre ; Mme Philippe se rendit, pour affaires, à Paris et à Gisors.

Les ci-devant Carmélites formaient ainsi « *quatre* associations particulières ; chaque maison, située en divers quartiers de la ville, continue la sœur de l'Incarnation, conservant l'unité d'obéissance en notre sainte règle et à notre Révérende Mère prieure ; nous tenant toutes, par la grâce de Dieu, en une parfaite harmonie de principes, de sentiments et de conduite ». Bien que contraintes, à leur vif regret, de se mettre en *laïques* (1), elles avaient dû emporter avec elles, comme un précieux trésor, leur costume religieux, puisque des reliques en subsistent encore qui proviennent de leur prison (2), et qu'elles se revêtirent, dit-on, de leur manteau de chœur pour marcher au supplice.

Mentionnons avec honneur, parmi ces vingt fidèles de la première heure, les deux tourières du dehors, Anne-Catherine et Thérèse Soiron, dont il convient enfin d'esquisser la courte biographie. Toutes deux, filles d'un tourneur de Compiègne, étaient nées dans cette ville, Catherine, le 2 février 1742, et Thérèse, le 23 janvier 1748 (3). Aucun détail ne nous est parvenu sur l'aînée. Mais on racontait de la plus jeune comment elle avait eu quelque mérité à préférer le service de Dieu à celui de ces grands de la terre qui avaient, en ce temps-là, leurs entrées au Carmel.

Elle étoit d'une si rare beauté, rapporte la sœur de l'Incarnation, et avoir le cœur si bon, si excellement (*sic*), qu'elle fixoit tous les yeux et se gagneoit tous les cœurs des personnes qui la connoissoient. La princesse de Lamballe ayant eu occasion de la voir, en accompa-

---

(1) « Nous fûmes *forcées* à nous dépouiller de nos saintes livrées pour endosser l'habit séculier. » (Marie de l'Incarnation, *Ms.* 2, p. 69. Collection de Compiègne. Voir appendice C.)

(2) Nous avons vu, au Carmel de Compiègne, une demi-alpargate et une tunique de serge conservées durant un siècle à Stanbroock. (Voir *supra*, p. 9, n. 1, et plus bas, p. 111, n. 4.)

(3) Nous adoptons les dates fournies par M. Sorel, *op. cit.*, p. 15, n. 1, bien que partiellement en désaccord avec celles portées plus tard aux certificats de résidence. Cf. Appendice E.

gnant le pieux duc de Penthièvre, son beau-père, un des protecteurs
et bienfaiteurs de notre maison (1), fut si éprise de la beauté et
ensemble des grâces naturelles de cette fille qu'il n'y eut sorte d'instances qu'elle ne lui fît, pour se l'attacher : « Venez, venez avec moi,
lui disoit cette princesse, soyez'sûre que je vous rendrai la vie autant
heureuse que possible. — Madame, répondit Thérèse, Votre Altesse
a bien de la bonté ; mais elle me permettra de lui dire que quand
elle m'offriroit la couronne de France, et qui plus est l'univers entier,
je n'en voudrois pas, parce que je préfère rester dans la place où le
bon Dieu m'a mise et où je trouve des moiens de salut que je ne
trouverois pas dans la maison de Votre Altesse. » La P[rincesse],
quoique fâchée de ce refus, ne put s'empêcher, de même que le
prince, son beau-père, et la duchesse de Chartres, sa belle-sœur (2),
d'admirer l'esprit de foi et de religion qui rendoit cette âme mille fois
plus belle encore que le paroissoit l'enveloppe (3).

Non seulement ces deux excellentes filles ne voulurent pas
abandonner les religieuses expulsées de leur monastère, mais
elles ne cessèrent de leur rendre, pendant les deux années que
devait durer la dispersion, les plus importants services. C'étaient
elles qui faisaient la navette entre les « bandes », évitant
ainsi aux ex-carmélites de trop fréquentes sorties. Continuant
leur office, elles étaient toujours en course, s'acquittant des
« différents messages », achetant les provisions et transportant
« dans les trois maisons les vivres qui s'apprêtoient au domicile de la Mère prieure (4) ».

Cette peinture *vécue* des détails de ménage d'un carmel dispersé nous inviterait à retracer, d'une façon plus précise
encore, l'existence anormale de religieuses cloîtrées improvi-
sant des installations séculières, des « semi-communautés »,
pour employer un terme du temps, dans cette même ville où

(1) A la Révolution, le duc de Bourbon-Penthièvre réclama le cœur du comte de
Toulouse, inhumé à la chapelle de Compiègne, et l'obtint, « considérant que la municipalité de Paris (lui) a déjà rendu le cœur de M. Dumaine (*sic*), déposé dans
l'Eglise des ci-devant Grands Jésuites de Paris, ainsi qu'il appert par son procès-
verbal du 16 décembre 1790 ». (Archives départementales de l'Oise, Qh.)

(2) Par Philippe-Egalité, appelé duc de Chartres jusqu'en 1785, et qui avait épousé,
le 5 avril 1769, Mlle de Penthièvre, Louise-Marie-Adélaïde de Bourbon, fille du duc
de Penthièvre.

(3) *Ms.* 3, p. 53 *sqq.* Collection de Compiègne.

(4) *Ms.* 2, p. 36, et *Ms.* 1, moins complet. Collection de Compiègne. Ce texte
suffirait à lui seul à établir l'existence distincte des *quatre* groupes.

naguère princes et princesses étaient seuls à franchir leur clôture. Les éléments qui n'ont pas encore été exploités à fond existent abondamment, soit aux Archives nationales, soit à celles de Beauvais. Les correspondances, revêtues de leurs adresses et munies de leurs cachets ainsi que des estampilles postales, contiennent par le menu la relation sinon journalière, du moins fréquente, de la vie morale et matérielle des dispersées. On y voit parfois figurer tout au long leurs rapports avec leurs familles. Celles-ci offrent inutilement, comme les parents de Mme Brard, de les reprendre sans les laisser manquer de rien (1) ; ou, gorgées de biens nationaux comme ceux de Mme Meunier (2), leur refusent le pain quotidien. Il serait édifiant de suivre les pas des laïcisées se rendant toutes chaque jour à leur commune paroisse, l'église Saint-Antoine, pour y entendre — jusqu'à son expulsion prochaine — la messe de leur directeur, l'abbé Courouble(3), avec la tolérance du curé jureur(4). Un écrivain local, armé de patience, ne perdrait point sa peine à chercher la clef de ces lettres énigmatiques qui nous livreraient le secret de l'Association du Sacré-Cœur, devenue

(1) Archives départementales de l'Oise, FFI, pièce 25. Voir toutes ces pièces in extenso dans la *Correspondance*.

(2) Les Meunier avaient acheté notamment un couvent d'Annonciades. Ils invitaient sœur Constance à venir voir sa mère. (*Ibid.*, FFI, pièce 39.) Mais elle, plutôt que de quitter les carmélites, préféra s'adresser « aux citoyens administrateurs composant le directoire du district de Compiègne », recourant à leur « équité et justice », afin d'obtenir le traitement annuel de 363 livres 6 sols 8 deniers, faisant les deux tiers de 500 livres, fixées par l'article 1er de la loi du 16 août 1792 pour les religieuses âgées de quarante ans et au-dessous. Elle représente que, depuis le 1er janvier 1791, elle n'avait vécu qu'en faisant des dettes. On lut son mémoire et l'on noircit du papier pour lui répondre : mais la conclusion, légale d'ailleurs, fut que « la prise d'habit n'est point une affiliation » et que, par conséquent, il n'y avait pas lieu « à délibérer sur sa demande ». (Arch. dép. de l'Oise, L² V.) Plus tard, quand les deux tourières Soiron seront défendues beaucoup plus justement encore par la prieure comme n'étant pas religieuses, on les guillotinera quand même.

(3) L'abbé Courouble, né à Bondues, aux environs de Lille, le 12 février 1730, comptait alors soixante ans. Après avoir fait ses études littéraires au collège des Jésuites de Lille et sa philosophie à celui de Douai, il était entré dans la Compagnie de Jésus, à Tournai, le 29 septembre 1748. Professeur à Douai, puis à Saint-Omer, avant sa théologie, il avait prononcé ses derniers vœux, le 2 février 1764. On le retrouve encore, en juin 1770, à Liège, où il est préfet des classes, comme déjà il l'avait été au séminaire de Mons. Lors de la suppression de son ordre, il dirigeait diverses congrégations. Il avait été ordonné prêtre à Arras, le 5 avril 1760. Doué d'un jugement solide et droit, il faisait espérer un bon ouvrier apostolique. Il se retira ensuite à Trèves. Voir appendice D.

(4) Il y aurait encore une bonne moisson à faire aux archives de l'Oise dans la liasse FF, n° 19 : *Papiers des différentes ex-carmélites trouvés dans la maison du citoyen Chevalier rue Neuve desquels ont été retiré (sic) ceux qui ont été envoyé (sic) au Comité de Sûreté générale et ont donné lieu à leur jugement.*

plus tard celle des Bons catholiques (1). Mais c'est la vie intérieure de ces saintes religieuses que nous aspirons à mettre ici en relief, et aucun document ne nous a paru plus caractéristique de leur régularité qu'une certaine lettre anonyme adressée à Mme Hanisset par l'ex-prieure, Mme Lidoine.

Très peu de jours après la rentrée dans le monde, les expulsées s'étaient remises à suivre leurs anciens usages d'aussi près que possible. Le 3o septembre 1792, Mme Brideau, l'ex-sous-prieure, ce type incarné de l'exactitude, mise à la tête du deuxième groupe, était allée faire visite à Mme Lidoine, supérieure du premier. Celle-ci, plus sévère encore dans son observance, paraît ne l'avoir pas reçue, non point par prudence humaine, mais par amour de la régularité. Le lendemain 1er octobre, Mme Lidoine profitait de la fête de saint Remi pour adresser à une des sœurs de la rue des Cordeliers cette direction admirable sur la vie idéale de la religieuse en dispersion.

J. M. J. T.

1er octobre, fête de saint Remi.

Si notre petite M[ère Soup[rieure] a été contrariée de sa visite hier, je ne l'ai pas été moins de tous les obstacles qui se sont opposés à la satisfaction que j'aurois eu de répondre à une fille tendrement chérie en Notre-Seigneur, mais nous ne sommes ni dans le tems ni dans le lieu de prendre des satisfactions ; y renoncer perpétuellement et ne s'attacher qu'à un support charitable du prochain pour l'amour de Dieu que nous devons toujours envisager dans tout, doit être notre exercice quotidien. Il suppléera pour vous, ma très chère sœur et bien-aimée fille, à toutes les autres pratiques extérieures de mortifications, que vous laisserez absolument pendant ce mois, pour le cours du quel j'approuve et je bénis de tout mon cœur la résolution prise de mettre plus d'ordre dans la conduite qui nécessairement a dû, dans ces premiers tems, s'en éloigner, et bien surement sans

---

(1) Est-ce la même que l'Association du Verbe incarné ? Un autographe de la sœur Julie-Louise de Jésus, conservé au carmel de Sens, porte que « l'intention primordiale de cette association est d'honorer l'adorable Cœur de Jésus et celui de Marie, pour obtenir la cessation des maux qui affligent l'Eglise catholique, la religion que la conservation de la foi dans les Etats attachés à l'Eglise catholique, apostolique et romaine, et obtenir que l'éducation de la jeunesse se rétablisse dans sa pureté ». Suit la traduction d'un bref de Pie VI du 16 février 1789. Fac-similé dans la collection de Compiègne. *Ms.* 7.

deplaire à celui dont la volonté toujours adorable et sainte a permis les circonstances qui ont occasionné ce derangement... Reprenons donc pour le recueillement, l'oraison, le silence, autant qu'il nous sera possible, aux heures où nous l'observions, ainsi que les lectures; plusieurs personnes ne doutent pas que nous ne continuons ces sortes d'exercices et aux mêmes heures, elles m'ont frappée par leur attention à ne nous pas déranger alors, et d'autres m'ont paru surprises devoir travailler à cinq heures (1) et de ne nous pas trouver en quelqu'exercice... Faisons donc notre possible, tant pour l'édification que pour notre propre avantage... ; mais tout cela, autant que nous pourrons et sans scrupule, car il est certain que notre position actuelle porte des exceptions qu'un cœur droit doit avouer, mais dont un cœur fidèle n'abuse pas... Adieu donc, ma très chère fille, fidélité et tranquillité. Vous trouverez dans le cœur de Jesus celui d'une tendre mère.

Adresse : *Pour ma sœur du Cœur de Marie.*

et au-dessous de l'adresse :

> Qu'il est aimable
> Mon Dieu je n'aime que vous
> Pour mon Dieu et mon époux (2).

Parmi les *exceptions* que nécessitait la position nouvelle faite aux anciennes recluses, venaient en première ligne les sorties, dans le but de se revoir et de parler à la Mère qu'elles regardaient toujours comme leur prieure. Un petit billet (3) va nous les montrer se donnant rendez-vous à cette double fin, dans la forêt de Compiègne. C'est en même temps un témoignage de leur prudence sans cesse éveillée.

Vous demandés une reponse nette... Pour ne pas faire des pas inutiles, vous pourriés vous acheminer du coté de l'hopital ; car il y en a qui iront jusqu'a Roialieu, rejoindre les D^mes qui y demeurent. Je les ai engagées (nos S^rs) a revenir avec ces dames sur leurs pas, pour ne pas faire descendre notre Mere (*la prieure*) si

---

(1) Temps de la seconde oraison.
(2) Archives nationales, W, 421, pièce 117. Lettré autographe inédite. — Les lettres de Mme Lidoine (la prieure) sont tellement supérieures aux autres que je me reproche de n'avoir pas signalé son unique circulaire. Cette pièce imprimée, retrouvée en 1888, et cotée aujourd'hui n° 8 dans la collection de Compiègne, est datée du 18 août 1788. C'est la notice de la Mère Marie-Anne-Victoire-Saint-François de Paule de la Providence. Le style, simple et grave, marque un esprit très religieux et une réelle pénétration des âmes monastiques.
(3) Ce billet semble bien être de la main de Mme Brideau. (E. G.)

loin ; elle doit etre assés fatiguée. Ainsi vous pouvés aller par la, en se distribuant par Bandes, les unes moins loin que les autres, On pourroit se ceder le plaisir de posséder chacune n[otre] m[ère] tour à tour, sans qu'on puisse dire : voilà un rassemblement. Vous pouvés toujours diriger votre marche de ce coté, Je crois qu'il est inutile de laisser conduire n. m. au lion d'argent, pour qu'elle ait la peine de traverser la ville. j'irai cet apres-midy chés vous et je pourrai rester avec ma Sr Resur[rection] (1) ou faire quelques pas avec elle.

Telles étaient les rares échappées. Il y avait même parfois de petites fêtes intimes destinées à resserrer l'union fraternelle. L'une d'elles, célébrée le 15 juillet 1793, le jour même de l'exécution de Charlotte Corday, semble avoir frappé plus vivement l'imagination et des futures martyres et de leur historienne. La novice perpétuelle, Mme Meunier, avec Mmes Pelras, Philippe et Vérollot, s'efforcèrent de célébrer dignement la fête de leur supérieure de bande, Mme de Croissy. Celle-ci, en sa qualité de maîtresse des novices, avait fait de sa maison de la rue Neuve la maison exemplaire. « Le bel accord, écrit la sœur de l'Incarnation (Mme Philippe), qui régnoit entre toutes les sœurs, faisoit qu'aucune d'elles ne devioit de ses devoirs : et on pourroit dire que l'obéissance se pratiquoit avec toute l'exactitude du cloître : en quoi la Mère Henriette (Mme de Croissy) ne le cedoit pas à la dernière de toutes à qui elle servoit en tout du plus parfait modele (2). »

On conserve encore aujourd'hui au Carmel de Compiègne le charmant pastel emblématique qui lui fut offert en ce jour de sa fête par ses filles reconnaissantes. Mme Philippe l'a décrit ainsi :

Le sujet est un cœur percé d'une épée : d'un côté sont des pensées

(1) Depuis longtemps, la sœur Charlotte de la Résurrection (Mme Thouret) ne marchait plus que difficilement. Il est souvent question de son fâcheux état de santé dans les correspondances : « Nous sommes en peine, chere Mere, de vos santés, mais singulierement de ma sœur de la Résurrection que vous m'avés dite *être malade* ; donnés nous de ses nouvelles, ainsi que de celles de toutes nos cheres sœurs, à qui nous disons plus de cœur que de bouche mille choses tendres et gracieuses. » Mme Legros à Mme Lidoine (s. l.), 6 avril 1794. Lettre inédite. (Archives départementales de l'Oise, FFI, pièce 78.)

(2) *Ms.* 2, p. 37. Collection de Compiègne. Cf. plus bas, appendice L. Ms. de Marie de l'Incarnation : *Extraits* (fin).

et de l'autre une branche de rosier toute hérissée d'épines ; au-dessous du cœur est un médaillon fond azuré, surmonté du croissant de la lune et renfermant un pélican sur ses œufs, dans une corbeille transpercée d'un serpent.

Le médaillon est hérissé d'épées. Au bas, à la droite et à la gauche, sont quatre colombes portant chacune un rameau au bec, simbole des quatre novices.

La description est exacte autant que l'allégorie est ingénieuse, surtout si l'on y ajoute qu'une silhouette de grotesque domine le pélican et sa couvée, menaçant de tout dévorer, tandis qu'une hydre non moins symbolique s'enfuit en rampant honteusement. Au milieu on lit ces vers :

> Henriette, après tant d'alarmes
> Que le calme sera doux !
> Dieu même essuiera tes larmes,
> Et nous consolera tous.
> Oui, plus féconde et plus belle
> Du sein même du malheur,
> Tu renaîtras immortelle,
> Pour combler notre bonheur.

Le sens des derniers mots était trop clair. Novices et jeunes professes s'excusèrent de leur hardiesse.

« Ah ! ma chère Mère, dit Constance, leur porte-parole, qu'il en coûte à mon cœur de vous faire ce présent ! — Et d'où vient cela, ma bonne petite ? — C'est en vérité que je m'imagine vous pronostiquer… » Elle n'osait pas achever ; la Mère reprit : « La mort, ma chère enfant ? Ah! quelle grâce ce seroit pour moi, si le ciel me trouvoit jamais digne de repandre mon sang pour la cause de notre sainte religion ! Est-il rien au monde que nous puissions envier de plus heureux que de mourir dans le sein de Dieu ! — Mais, ma chère Mère, repliqua la novice, dans l'état de débilité où vous êtes, croyez-vous que vous auriez la force pour supporter la *renfermerie* d'un cachot et l'effrayant spectacle d'un échafaud ? — Comme ma confiance, répondit-elle, repose toute entière uniquement sur les promesses de Notre-Seigneur Jésus-Christ, j'espère que son secours ne me manquera pas et qu'étant aidée par un si puissant bras, je ne pourrai faillir (1). »

Ce 15 juillet 1793 était le digne pendant des *licences* de

(1) *Ms.* 2, p. 38. Collection de Compiègne. Voir appendice L, manuscrits.

Pâques 1792. On eût dit qu'il n'y avait plus de joie sans les palmes et la couronne du martyre se mêlant aux fleurs des bouquets de fête, sans la vision de la mort sanglante planant au-dessus des sourires et des chants.

Mais il nous faut retourner en arrière pour apprécier l'acte le plus grave de la vie publique auquel aient pris part les ci-devant religieuses entre leur sortie du cloître et leur entrée en prison. Un mois jour pour jour avant leur dispersion (14 août-14 septembre 1792) avait été porté, nous l'avons dit, le décret prescrivant le serment de liberté et d'égalité. Le 30 août le registre fut ouvert à Compiègne et un décoré militaire l'étrenna. Quelle serait l'attitude des ex-carmélites?

Leur état d'âme dut être complexe, à en juger par celui d'une de nos correspondantes de Senlis. Celle-ci, placée, semble-t-il, dans le même cas, soit alors, soit plus tard, leur faisait part de ses angoisses dans les termes suivants :

> Je suis, je vous l'avoue, dans le plus grand chagrin. On a exigé ma prestation de serment de la municipalité de Senlis qui à la paresse de ne la point chercher. Mon papa prétend que je le prete ; mais il ne sera pas mon maitre jusqu'à ce point. Vous jugez combien je souffre d'etre obligée de lui resister en face. je trouverois bien plus doux d'etre mise a la porte de sa maison. Priez dieu pour moi, je vous en conjure (1).

Mais toutes les religieuses, et encore moins les membres du clergé, n'éprouvaient pas ces douloureuses incertitudes ou ces sentiments de révolte peut-être mal justifiés. Autant de personnes, presque autant d'opinions.

Des prêtres, au péril de leur vie, avaient refusé le serment à la constitution civile du clergé, serment impérativement exigé par le décret du 27 novembre et approuvé par la loi du 27 décembre 1790 (2). Et l'on vit ensuite ces mêmes prêtres

---

(1) Lettre signée « Victoire » (s. l. n. d.). Lettre inédite. (Archives départementales de l'Oise, FFI, pièce 60.)

(2) Les Carmélites de Compiègne avaient été tenues au courant de la polémique soulevée par ce premier serment. Parmi les pièces saisies chez elles et conservées dans le dossier de leur procès, aux Archives nationales (W, 421), figure un mémoire intitulé *Mon apologie*, par un prêtre réfractaire, M. François, lazariste,

soutenir que le serment de liberté et d'égalité, selon le sens naturel des mots, ne contenait aucun engagement opposé à la religion (1). « Quatre points, écrivait l'abbé Meilloc, l'un des ecclésiastiques les plus éclairés du temps, sont tout l'objet de ce serment: la fidélité à la Nation, la liberté, l'égalité, l'obligation de mourir en les défendant. Or, en tout cela bien entendu, rien de contraire à la foi de l'Eglise (2). » Il allait même plus loin et déclarait que les personnes à qui on le demandait pouvaient se trouver et se trouvaient en effet la plupart dans des circonstances où non seulement « elles pouvaient, mais encore devaient prêter ce serment. Le motif de ne pas rendre la religion odieuse et de ne pas la faire regarder comme inconciliable avec le nouvel ordre de choses, et par là de la faire proscrire avec tous ceux qui la professent, suffirait tout seul, ajoutait-il, pour leur en faire une obligation. La crainte de s'exposer témérairement et sans être assuré de la volonté de Dieu à la persécution et autres maux est encore un motif puissant (3) ».

Meilloc, supérieur du grand séminaire d'Angers, parlait ainsi après la constitution du 24 juin 1793, alors que lui-même, le 24 septembre 1792, avait, en compagnie de plus de cent vingt prêtres détenus, refusé le serment (4). Or, il n'était, dans sa province éloignée, que l'écho des personnages en vue, honneur du clergé de France, les Emery, les Bausset, les La Luzerne. Consulté par quantité d'ecclésiastiques, M. Emery (5)

m'a dit Mgr de Teil, le lundi 2 janvier 1904. Celui-ci se prononce très énergiquement contre le serment à la constitution civile, qu'il déclare « le plus horrible et le plus monstrueux des sacrilèges ». « Je n'ai pas prêté le serment civique, écrit-il : par honneur et par religion, je dois compte de ma conduite à tous mes confrères dans le sacerdoce qui ne penseraient pas comme moi ; je le dois aux fidèles pour écarter de tous les esprits jusqu'à l'ombre du scandale. » Il conclut : « Plutôt la mort. » Voir appendice L. Cf. aussi Correspondance, copie de la loi du 14 août 1792.

(1) Il y en eut une seconde formule le 29 déc. 1791. Voir Misermont, *les Filles de la charité d'Arras dernières victimes de Lebon à Cambrai.* Cambrai 1901, in-8, p. 39.

(2) J. Meilloc, *les Serments pendant la Révolution*, publié par l'abbé Uzureau, p. 67. Paris, 1904. In-12.

(3) *Ibid.*, p. 79.

(4) *Ibid.*, p. 59.

(5) Abbé Delarc, *l'Eglise de Paris pendant la Révolution française*, t. II, p. 333, et Gosselin, *Vie de M. Emery*, t. I, p. 307 (Paris 1862 ; 2 volumes in-8). — Voir aussi *l'Abbé Bottex, député aux états généraux, massacré aux journées de Sep-*

allait répondre après examen que « le serment, considéré en
lui-même, ne présentait rien de mauvais ; et que, dans l'intention de l'Assemblée qui le prescrivait, il était purement politique ».

D'autre part, beaucoup de prêtres éclairés et vertueux ne
pouvaient se défendre de doutes sérieux sur la licéité d'une
formule qui leur paraissait captieuse. Nation, liberté, égalité,
ces termes, dans le langage d'une assemblée révolutionnaire,
ne signifiaient-ils pas ouvertement la destruction du gouvernement légitime et de la religion catholique ? Si le style du
décret était obscur et ambigu, ne recevait-il pas une singulière clarté des nombreuses mesures de la législation, subver-
sives des principes de l'ordre public et condamnées par le
bref doctrinal de Pie VI, du 10 mars 1791 (1)? Dès lors jurer
de maintenir pareille liberté et pareille égalité, n'était-ce pas
promettre de maintenir la révolution en France, à moins de
tromper ceux qui demandaient ce serment? N'était-ce pas
commettre une supercherie dont on prenait Dieu à témoin ?
Quelques-uns allaient jusqu'à déclarer le serment de liberté et
d'égalité comme plus perfide et plus exécrable que celui du
1er novembre 1790.

Rome était trop loin pour qu'une réponse en arrivât avant
les termes d'urgence assignés par le décret du 14 août. D'ailleurs le pape procéda, suivant la tradition pontificale, avec
une sage lenteur. Avant de porter un jugement, il s'enquérait,
en octobre 1792, du sens exact attribué aux mots liberté
et égalité. En mai 1792, son ministre le cardinal Zelada,
répondait que Sa Sainteté « n'avait rien prononcé sur le
serment en question et que, s'il était purement civique, on
pouvait le prêter ».

Dans un bref, adressé le 5 octobre à l'évêque de Genève,
Pie VI n'était guère plus explicite, il se contentait « de recommander aux curés et clercs, tant séculiers que réguliers,

____

tembre 1792. Notice biographique, par l'abbé Dementhon, pp. 319 *sqq.* Paris, 1903.
In-8.

(1) Sur ce bref complété par celui du 13 avril, voir encore l'abbé Dementhon, *op.
cit.*, pp. 205 *sqq.*

exempts ou non exempts, qui l'avaient prêté, de pourvoir à leur conscience, n'étant pas permis de jurer là où il y a du doute ». Durant les deux années suivantes (1794-1795), ses réponses ne varièrent pas et continuèrent à s'inspirer de la même réserve (1).

Dans le camp des évêques, il y avait partage, les uns tenant pour l'affirmative, les autres pour la négative. Les quinze restés en France se prononcèrent pour; même parmi les émigrés, en général hostiles, des prélats en vue, Boisgelin, Barral et Cicé, se montraient partisans de la conciliation.

De fait, à Paris, la presque unanimité du clergé, y compris les docteurs de Sorbonne et de Navarre, ainsi que les congrégations religieuses, se regarda comme autorisée à prêter le serment et le prêta. Dans les départements, plutôt moins disposés à jurer, on vit tous les ecclésiastiques de Tours, de Cambrai, de Troyes, de Nancy, de Langres s'y résoudre, non par faiblesse, mais bien après mûre réflexion.

A Compiègne, dès le 3 septembre 1792, jour même où la loi, de plus en plus impérieuse, d'abord étendue aux fonctionnaires, était appliquée à tous les citoyens sans exception, plus de trente religieuses de l'abbaye de Royallieu prêtaient le serment; tous les prêtres en faisaient bientôt autant ; l'abbé Courouble, ex-jésuite (2), directeur des Carmélites, bien que réfractaire à la constitution civile du clergé, s'exécutait comme les autres, le 19 septembre. Il n'en fut pas moins dénoncé d'ailleurs par un groupe de plusieurs citoyens, le 20 novembre; ces délateurs avaient demandé son éloignement de la ville, « afin de faire cesser les troubles qu'ils pourraient (lui et le directeur des Visitandines) occasionner par leur conduite ». Les dénonciateurs ayant invoqué « la loi du 26 août relative

(1) La réponse du Saint-Siège, en avril 1794, sur le serment de Liberté-Egalité ne le condamnait pas, et n'atteignait point les Carmélites qui avaient signé de bonne foi. *Summarium*, p. 120.— D'après Uzureau, *Gaulois du dimanche* (13-14 août 1904), ces réponses de Pie VI sont des 1er avril et 26 juillet 1794, et 22 avril 1795. — D'après le *Summarium*, p. 32, le 1er avril 1794, la congrégation chargée des affaires de France répondit que « le jugement de Sa Sainteté sur ce serment n'avait point encore était porté », et cette réponse fut renouvelée (26 juillet 1794) pour exempter d'une rétractation ceux qui avaient prêté ce serment.
(2) Voir plus haut, p. 78, n. 3.

aux ecclésiastiques qui n'ont point prêté le serment », M. Sorel en conclut que l'abbé Courouble avait probablement rétracté le sien (1).

Encore une fois qu'allaient faire et dire les ci-devant Carmélites ?

Devant une question aussi complexe que le serment de liberté et d'égalité, il n'appartenait pas à des religieuses de se prononcer de leur autorité privée. L'abbé Rigaud avait dirigé quarante ans les Carmels de France ; il était encore leur visiteur général honoraire, et Compiègne continuait à le regarder comme son supérieur. Ce fut à lui que les ex-Carmélites s'adressèrent. Sa réponse fut prompte, nette et affirmative. Il s'empressa de leur mander qu'elles pouvaient prêter le serment « sans intéresser leur conscience ». Mais tant s'en fallait qu'il eût ainsi levé tous leurs scrupules. Les sœurs se rappelaient que Pie VII, dans son bref du 13 avril 1791 (2), avait traité sévèrement la liberté et l'égalité révolutionnaires ; elles attendaient qu'il eût tranché le nouveau cas et parlé en chef de l'Eglise.

. Nous en étions là, continue Marie de l'Incarnation, lorsque, peut-être deux mois après avoir été chassées de notre monastère, les autorités de la ville se présentèrent chez notre Mère, demandant à nous voir toutes. « Citoyennes, nous dit le Maire, ne vous effrayés pas de notre visite nocturne » (à huit heures en novembre) et ouvrant un registre que lui remit l'adjoint : « Nous ne venons pas ici avec des vues hostiles ; c'est tout bonnement pour assurer votre tranquilité autant que la nôtre que nous requerrons votre signature au bas de cette page. — Mais, citoyen, dit la Mère P[rieure], je ne vois qu'il y ait rien d'écrit... L'usage n'est pas de signer ce que l'on ne connoît pas. Auriez-vous dessein de nous faire apposer notre signature au bas d'une page dont vous rempliriez le haut de la formule du serment de Liberté et Eg[alité]... Vous me permettrez de vous dire que, si telle est votre intention, je suis autorisée à vous déclarer, au nom de toutes mes sœurs, que nous ne sommes nullement en volonté de nous prêter à votre subterfuge. — Vous avez grand tort de vous tant tourmenter... Il n'est point question de serment et entendez donc bien que la signature qu'on vous demande est pour assurance que

(1) Sorel, *op. cit.*, p. 23. Cf. plus bas, l'Appendice D.
(2) Marie de l'Incarnation écrit à tort le 11.

vous ne ferez rien qui puisse troubler la tranquilité publique et [que] vous vous prêterez au contraire à faire tout le bien qui sera en votre pouvoir... De bonne foi trouvez-vous qu'il y ait là de quoi alarmer la conscience ? Tranquilisez-vous donc... et venez signer parce que le tems me presse. »

Nous signâmes. Mais nous fûmes trois qui ne tardèrent pas à apprendre la supercherie du maire. Ayant entendu dire peu après, la Mère prieure, Mère Henriette et moi, que le Maire se vantait d'avoir trompé notre bonne foi, nous serions allées sur le champ protester contre cette supercherie à la mairie ; mais les personnes de qui nous tenions l'avertissement, ayant representé à notre Mère les graves inconvéniens qui pourroient resulter d'une démarche aussi inopportune dans les affreux et terribles momens où on se trouvoit, que nos Mères se déciderent à la retarder.

Ce franc et simple récit porte en soi-même toutes les marques d'une parfaite sincérité. L'auteur est un contemporain, un témoin, un acteur qui parle de ce qu'il a vu et entendu. C'est de plus une religieuse, d'une conscience et d'une probité notoires. Sa véracité frappait le futur cardinal Villecourt, qui nous en a déjà fait le plus bel éloge (1); son courage nous étonnera bientôt.

Cependant son témoignage irrécusable a rencontré la contradiction, et l'on a été jusqu'à écrire qu'il « *s'évanouit* complètement »devant les documents, une véritable confusion ayant dû se produire ici « dans les souvenirs de la digne Sœur (2) ». Tel n'est point notre sentiment. Qu'il y ait une erreur de date, aisément nous l'accordons, la sœur ayant elle-même varié sur ce point dans ses diverses rédactions manuscrites (3). Mais, en bonne critique, il nous paraît inadmissible que le fait principal puisse être contesté. Le registre, longtemps égaré, enfin retrouvé, qui contient l'attestation de la municipalité compiè-

(1) Voir *supra*, p. 70.
(2) Sorel, *op. cit.*, p. 22.
(3) Le texte que nous avons emprunté au *Manuscrit* avertit loyalement le lecteur : « *Peut-être* deux mois après avoir été chassées de notre monastère. » Or, l'expulsion avait eu lieu le 14 septembre, ce qui reporte en *novembre*, comme il est dit un peu plus loin. Mais cette date est évidemment impossible, puisque l'une des signataires est Mᵐᵉ d'Hangest (sœur Pierre de Jésus) décédée le *31 octobre 1792*. Un autre manuscrit porte : « *Un mois ou six semaines* après notre sortie. » C'est encore un délai trop considérable ; il n'y eut en réalité que cinq jours d'intervalle : 14-19 septembre 1792.

gnoise, nous semble confirmer plutôt qu'infirmer la relation de la carmélite. Le calque de la page où figure le procès-verbal de la prestation de serment est sous nos yeux. Le feuillet mesure en hauteur 347 millimètres. La première signature, celle de *Madelaine Lidoine*, commence à 17 centimètres, soit à moitié. Cette disposition s'accorde parfaitement avec le propos tenu par la prieure et rapporté plus haut : « Auriez-vous dessein de nous faire apposer notre signature *au bas* (c'est-à-dire dans la seconde partie) d'une page dont vous rempliriez *le haut* de la formule... » La crainte de la clairvoyante religieuse n'était que trop fondée. Au-dessus des signatures figure l'acte que ses pressentiments l'avertissaient devoir être ajouté après coup. Il commence au septième centimètre à partir du sommet. M. Sorel ne prouve donc rien, quand il écrit que « la prestation est rédigée non pas au bas d'une page, mais, au contraire, presque en haut du feuillet où elle se trouve » ; ou plutôt il prouve que Marie de l'Incarnation a été fidèlement servie par ses souvenirs et que la vision matérielle du registre était restée gravée exactement, trente ou quarante ans après, dans sa mémoire. Voici ce qu'on lit au registre :

Le mercredi 19 7bre 1792, se sont présentées les Dames Magdeleine Lidoine, Marie-Anne Brideau, Marie-Anne Piedcourt, Magdeleine Thouret, Marie-Claudine-Cyprienne Brard, Marie-Louise le Gros, Marie-Joseph d'hangest, Marie-Françoise de Croissy, Marie-Anne hanisset, Marie-Gabriel Trézel, Marie-Elisabeth Jourdain, Rose Crétien, Anne Pelras, Françoise-Geneviève Philippe, Angélique Roussel, Marie Dufour, Juliette Vérolot, ci-devant Religieuses Carmelites, et la Dame Marie-Placide Langlois, ci-devant Religieuse Bénédictine à Royal-lieu, toutes citoyennes de cette ville, à l'effet de prêter le serment prescrit par la loi ; et en conséquence, le Sr Monier, Procureur de la Commune, a lu le serment d'être fidèle à la Nation, de maintenir la liberté et l'Egalité, ou de mourir en la défendant ; les d. Dames susnommées, la main levée, ont toutes prononcé individuellement *Je le jure*, et ont signé excepté Marie Dufour, laquelle a déclaré ne savoir écrire (1).

(1) Dans cette question si embrouillée du serment, où le *registre officiel* a été opposé — à tort selon moi — comme une réponse péremptoire aux souvenirs de Marie de l'Incarnation, une contradiction formelle existe entre ces signatures du 19 sept.

Madelaine Lidoine. Marine-anne Brideau.
Marie piedcourt. Madelaine Thouret. Marie Claudine Cyprienne
Brard. Marie-Louise Le Gros, Marie Josephe D'hangest.
Marie-françoise de Croissy. Marie Anne hanisset.
Marie gabrielle trezel Marie Elisabeth Jourdain.
Rose Cretien, anne pelras. françoise Genevieve Philippe
angelique rousselle julitte vérolot
Marie placide Langlois.   Mosnier.
                            Pr. de la C.

En quoi, nous le demandons, la teneur de cette pièce détruit-
elle l'accusation de subterfuge portée par l'historienne des
Carmélites, cette *Françoise-Geneviève Philippe*, l'une des
dernières signataires ? Et à qui fera-t-on prendre pour des
réalités ces banales énonciations : que les religieuses se seraient
présentées devant le procureur de la commune, à l'hôtel de
ville, auraient *levé* chacune la main et chacune aussi *prononcé*
la formule ? Ce sont là pures clauses de style, qu'on rencontre
à nouveau dès le bas de la page pour la prestation de Geneviève
Guilbert, sœur converse à Royallieu, et de trois religieuses
de la Visitation : Marie Duthézaque, Anne-Marie de Sachit,
Aimée-Claire de Sachit, autres « citoyennes de cette ville ».

D'ailleurs, le serment des Carmélites aurait-il été prêté
librement, et non extorqué ou plutôt imaginé, personne ne
serait en droit de leur en faire le moindre reproche; leur
supérieur hiérarchique, seul compétent dans l'espèce, ne leur
avait-il pas permis de le signer en conscience ?

Nous oserons aller plus loin et nous solliciterons la même
indulgence pour le maire de Compiègne, M. de Cayrol. Depuis
deux années, il remplissait dans un esprit de tolérance des

1792 et le procès-verbal officiel du 5 août 1790. Le P. Chérot l'avait relevée dans
une pièce publiée plus bas, appendice H, sur l'âge des martyres. Après l'inventaire
et l'interrogatoire individuel rappelés plus haut, pp. 39-57, les sœurs converses
Angélique Roussel et Juliette Verollot ont déclaré, comme Marie Dufour, « ne savoir signer ». Toutefois le registre du mercredi 19 sept. 1792 contient leurs deux
signatures, et Marie Dufour est ici seule désignée comme ne sachant pas écrire. Le
P. Ory, S. J. (*Positio*, p. 227) avait aussi essayé de tirer parti de ce détail pour
infirmer la valeur de la pièce invoquée par M. Sorel. Il n'y a pas cependant à faire
fonds sur ces divergences, car les signatures de la requête du 18 septembre 1792,
publiée plus bas (Appendice C), montrant que ces deux religieuses signaient eur
nom. Celle de Marie Dufour, qui ne figure pas sur la pièce du 18, est apposée à a
pièce du 11 janvier 1791 reproduite en fac-similé par M. Sorel. (E. G.)

fonctions difficiles et qui devaient bientôt prendre fin. « Le temps me presse », avait-il dit en terminant sa harangue. Il n'était que trop vrai. Un misérable, appelé Alexandre Scellier, fut nommé maire peu de temps après, le 26 décembre (1). Cayrol, homme bienveillant et modéré, dont la protection avait permis aux religieuses de vivre dans une tranquillité relative de de 1790 à 1792, voulut, par intérêt pour elles, enlever aux personnages violents, qui incessamment le remplaceraient, un prétexte de persécuter les Carmélites dispersées. Il crut pouvoir demander à ces religieuses un blanc-seing et il en usa. Ce fut à tort ou à raison, et malgré elles, mais pour elles. Combien de vénérables ecclésiastiques ne durent leur salut qu'à des *fictions légales* analogues, eux réfractaires, refusant les serments ou ne les prêtant qu'avec des réserves expresses, et les greffiers complaisants écrivant à leur insu qu'ils avaient juré sans restriction.

(1) Le *Summarium*, p. 118, donne le 26 septembre. Mais Sorel (p. 10) indique le 26 décembre. (E. G.)

IV

Arrestation et emprisonnement.

Les années 1793 et 1794 firent planer sur la France comme
un nuage de sang. Mais, habituées à vivre par la pensée dans un
monde supérieur, les Carmélites continuaient à garder, en leurs
humbles retraites, leur insensibilité apparente aux choses du
dehors. Leurs lettres deviennent seulement plus énigmatiques,
sinon indéchiffrables. On sent que la discrétion absolue est de
rigueur. L'atmosphère ambiante est tellement saturée d'espion-
nage et de délation ! Elles ne communiquent guère qu'avec
leurs sœurs envoyées en Picardie, leurs propres parents,
d'anciennes religieuses et des amis très sûrs. En échange, il
leur arrive des renseignements privés, des nouvelles de famille,
ou des commandes d'ouvrage appréciables en ce temps d'universelle détresse.

Nous sommes ici fort tranquilles, leur écrit Mme Jourdain (sœur
Thérèse de Jésus), l'une des deux réfugiées de Rozières. Je voudrois
bien que vous fussiés de même, mais il s'en faut bien, Quand je pense
à toutes les alertes que vous éprouvés depuis si long-tems, je ne sais
comment vous pouvés resister ; le bon Dieu vous soutient toutes et
j'ai la confiance qu'Il le fera jusqu'a la fin (1).

Comment ne pas trembler en effet, — on dirait aujourd'hui :
s'énerver, — quand les dénonciations et les perquisitions, les
arrestations et les exécutions sont devenues l'état normal du
pays, quand les comités de surveillance organisés sur toute la
surface de la France pourvoient les prisons de la province

(1) Mme Jourdain à Mme Lidoine (s. l.), 6 mai 1794. (Archives départementales
de l'Oise, FFI, pièce 99.)

et de la capitale de milliers de suspects. A Paris, il y a plus de quatre mille détenus, au 1er décembre 1793 ; en février 1794, on en comptera six mille, et ce nombre sera bientôt doublé.

Et comment nos recluses dispersées n'auraient-elles pas observé tout particulièrement la prudence, en matière de correspondance, dans la ville de Compiègne ? Le bureau de poste faisant face à l'un des deux groupes de Carmélites de la rue Neuve y était dirigé par Claude-René Chambon, un révolutionnaire des plus actifs. Fonction, opinion, voisinage, tout l'invitait à guetter les anciennes religieuses comme une proie facile et promise. Une tradition veut, en effet, qu'il ait causé leur perte.

Incapable d'avoir peur de la mort, elle qui avait inspiré à ses filles l'acte de consécration de 1792, Mme Lidoine n'ignorait pas cependant qu'une supérieure est tenue à veiller sur les existences qui lui sont confiées, et elle savait agir en conséquence. Aussi peut-on s'étonner à bon droit que l'accusation d'imprudence ait pu, à propos d'une lettre mal comprise, effleurer son inattaquable mémoire (1).

(1) M. Sorel, si équitable d'ordinaire, a relevé dans ce sens le passage, qu'il a malheureusement tronqué, d'une lettre adressée à Mme Lidoine par une certaine sœur Saint-Jean-l'Évangéliste : « J'interrompt ma retraite ou plutot je la continue, puisque je parle à des Stes qui marche sur les traces de leur Ste Mere (Thérèse)... Si vous saviez combien j'ai besoin de recueillement interieur, etc., votre bon cœur en seroit touché. Ne vous genez jamais quand vous avez besoin d'ecrire à mon pere, je lui ferez remettre exactement ; mais entre nous deux, ma bonne Mere, recommandez la prudence : *on parle trop à Compiegne*, et on m'en a parlé à Senlis, quelqu'un de poid qui m'a dit que l'on manquoit de circonspection et que cela pouvoit avoir des suite ; on m'a prié de l'en avertir *lui-meme* afin qu'il recommande le silence, vertu si nécessaire ! dites-le, je vous prie, *à toute sa famille*. Sa femme est toujours bien affligée de la maladie en question, vous savez sans doute la mort de son fils aîné. » (Archives nationales, W, 421, dossier 956, pièce 98.) « Il n'est pas sans intérêt, écrit le sévère magistrat, de voir combien les carmélites avaient été imprudentes de conserver chez elles de pareils papiers, surtout à une époque où le moindre mot, la moindre ligne suffisaient à envoyer une victime de plus à l'échafaud » ; et il cite à l'appui une partie de la lettre ci-dessus (p. 33 *pour* 34, n. 1). Mais cette affaire spéciale, connue aujourd'hui dans ses détails, ne prête aucunement au blâme. La sœur Saint-Jean-l'Évangéliste était une ursuline de Senlis, appelée dans le monde Marie-Magdeleine Prévost, encore novice et qui ne songeait guère à envoyer des admonestations, mais uniquement à demander des prières aux « saintes » de Compiègne, d'autant plus qu'elle était affiliée à la confrérie du Scapulaire et connaissait les habitudes de discrétion des religieuses. Sa recommandation ne vise pas les ex-carmélites, mais un Compiègnois marié et sa famille. (*Summarium*, p. 123, et Archives nationales, même dossier, pièce 96.)

L'abbé Auger, curé de Saint-Antoine de Compiègne, cette paroisse où demeurèrent les quatre groupes de Carmélites, était bien placé sans doute pour recueillir les traditions du quartier, vivantes encore à l'époque où il écrivait; or, il a fait précisément ressortir l'extrême circonspection des religieuses :

Une observation très remarquable, c'est que pas un mot, pas la moindre allusion à l'état des affaires publiques, ne se trouve dans les circulaires, quoique fort longues et fort bien écrites, publiées en 1790 et même en 1791, par la mère *Thérèse de Saint-Augustin*. Il semble que Dieu voulût ainsi faire voir combien gratuites et éternelles seraient, quelques années après, les accusations portées contre les Carmélites. Il est resté évident que c'est leur état et leur fidélité à la loi de Dieu qui les ont conduites à la mort.

Et encore :

Leur retraite ne fut pas moins qu'au monastère consacrée par le recueillement, et, comme alors on supposait que les amis de la religion étaient nécessairement ennemis de l'État, comme il suffisait d'être suspect pour être accusé, d'être accusé pour être condamné, la malice de quelques hommes qui haïssaient la religion, la lâcheté de quelques autres qui voulaient faire leur cour au pouvoir par les dénonciations, devinrent, pour les Carmélites, des causes de proscription et de mort (1).

Oserons-nous ajouter que cette impression a été personnellement la nôtre? En dépouillant, sans aucune idée préconçue, les lettres ou billets, non des carmélites, — elles sont la plupart disparues, — mais celles de leurs correspondants, nous rencontrions sans cesse la preuve indirecte de leur constante circonspection. Marie de l'Incarnation recommande à Mme Lidoine, comme un devoir d'état qu'elle semble ignorer la lecture des journaux, pour y trouver les nouvelles du jour et les décrets de l'Assemblée (2). Point davantage l'ex-prieure ne s'aventure à quitter Compiègne, pour se rendre à Paris, où toute sa famille ne cesse cependant de l'appeler de la façon

(1) Auger, *Notice sur les Carmélites de Compiègne*, p. 28. Paris, 1835.
(2) Décadi, 1er préréal (sic). (Archiv. départ. de l'Oise, FFI, pièce 39.)

la plus pressante (1). Ses vieux parents étaient, en effet, sur le point de quitter la capitale et de se retirer à Ornans, en Franche-Comté (2). Elle tarda si bien que le père, « qui croyait déjà être dans son pays par la joie qu'il en avait (3) », eut le temps de mourir avant d'avoir réalisé son rêve et même de revoir sa fille. Alors, ce fut à la mère, devenue veuve, de renouveler ses instances. Elle écrit, un an après, le 23 mai 1794 :

Je ne peu terminer (mes affaires) sans votre présence... Vous étes rappelez à la succession de votre pere, et... si vous persistez à ne pas venir, cela moccasionnera encore plus de frais ; voicy la St-Jean (4) qui saproche, et tout me dit qu'il 'n'y a pas de tems à perdre — je ne vous presseroit pas tant si le terme étoit plus éloigner ; vous me connoissez assez pour être de ces jens qui ne désirent que la tranquiliter de chaqun. D'apres cela, je vous laisse à penser ce qu'il en peut étre à votre sujet. Consuleez votre cœur sensible qui ne poura sans doute voir paretir ûne mere chargez dannées à plus de quatre-vingt lieûs, sans luy donner la consolàtion qu'elle attend de vous, n'aiyant aûqun espoir de vous revoir jamais. Jai confiance que Notre-Seigneur ne s'oppôse pas à mon désir, car je ne cesse de lui demander l'accomplissement de sa sainte volonté (5).

Mais la voix de la nature semble entièrement dominée, — non point certes étouffée, — dans l'âme de la nouvelle Thérèse, par la voix de la grâce. Sans doute elle craint que, elle absente, son troupeau, déjà dispersé, ne soit dévoré par les loups qui rôdent. De là des lenteurs sans fin qui, à la longue, fatiguent et dépitent sa bonne vieille mère, malgré un tempérament fort placide.

(1) Il faudrait citer ici la correspondance entière. On la trouvera au second volume Voir, aux archives départementales de l'Oise, FFI, les lettres de ses père, mère, cousine, etc., pièces, 13, 34, 35, 36, 38, 40, 41, 53, 55, 58, 64, 69, 72, 76, 81, des 1er janvier, 16 février, 12 et 26 mars 1793, etc., à « la citoyenne Lidoine » ; tantôt rue Neuve des Cordeliers, *vis-à-vis la poste*, chez le citoyen Chevalier, n° 224 » ; tantôt « maison de veuve Seuget (*sic*) ou Seigel (*sic*), rue Dampierre » ; ou encore : « maison de M. Seiget(*sic*), rue Saint-Antoine vis-à-vis la paroisse à Compiègne » ; aux Archives nationales, la pièce 104, du 15 août 1793.

(2) « Vous voyez, ma chere fille, combien nous sommes engagées à quitter notre infortunée ville[Paris]pour aller nous domicilier dans la famille de votre pere»,etc. (Mme Lidoine, la mère, à sa fille l'ex-prieure. [Paris], 26 mars 1793. [Archives départementales de l'Oise, FFI, pièce 35.])

(3) Même lettre.

(4) 24 juin.

(5) Mme veuve Lidoine « à la citoyenne Lidoine, maison de la Citoyenne Veuve Seiget, rûe denpierre (*sic*), à Compiègne Cloître de l'horloge ». [Paris], s. d. (Archives départementales de l'Oise, FFI, pièce 40.)

Je suis surprise, Ma chere fille, que votre cousine ne vous ait pas trouvez hier a la voiture, après vous avoir mandez que je vous atendois sitot ma derniere reçû. Nimaginez pas que votre voyage ne sois que pour la satisfaction de vous voir seulement, il est absolument des plus prêssant et par consequand (*sic*) tres nècessaire ne pouvant rien decider dans mes affaires que vous ne soyez présente; on m'en a encore assurez, lorsque je fûs chez le notaire. Les tems aproche, congez donnez, et toute prete pour ainsi dire a partir pour près de cent lieûs, *âgée comme vous savez de 79.* En voila bien assez pour vous décider, Je vous atens donc vendredy prochain (1). Adieu, ma très chere enfant; le tems et la faiblesse de ma vûe ne me permettent pas de vous en dire davantage (2)...

Sensible, l'ex-prieure l'était autant que la respectable septuagénaire; mais quitter sa communauté pour sa famille en un pareil moment lui paraissait sans doute une défaillance. Ni les conjurations de l'amour maternel, ni l'écho de sa tendresse filiale n'eussent fait taire en son âme les prescriptions du devoir, si l'abbé Rigaud, son supérieur, ne lui eût expressément intimé « l'*ordre* de se rendre à Paris, pour y voir Mme sa mère et en recevoir les derniers adieux (3) ». Elle était partie le jour même où ces suprêmes instances lui étaient adressées (4), le jour aussi où la terrible loi du 22 prairial attribuait à la compétence du tribunal révolutionnaire les délits dont elle serait bientôt prévenue. Son second et futur voyage, celui du martyre, était ainsi décrété d'avance par les hommes à cette même heure, comme si le présent et premier déplacement n'était, dans les conseils de la Providence, qu'un essai et un apprentissage du dernier départ.

Nous ne sommes pas ici dans la pure conjecture. Que la Mère Thérèse de Saint-Augustin songeât au martyre, nous le savons formellement. Deux ou trois mois plus tôt, le 7 germi-

---

(1) 13 juin 1794.

(2) Mme veuve Lidoine « à la citoyenne Lidoine », etc. Lettre inédite. [Paris], 22 prairial [an II] (mardi 10 juin 1794). Voir appendice G.

(3) Marie de l'Incarnation, *Ms.* 2, p. 5. Collection de Compiègne. Elle se trompe de date, dans ce récit, en rapportant cet ordre au mois d'*avril*. Dans un autre endroit de sa relation, elle se rapproche davantage de l'exactitude en plaçant son propre départ pour Paris « à la fin ou vers le milieu de mai 1794 ». (*Ms.* 3, p. 63. Même collection.) Voir ses lettres, au tome II.

(4) *Summarium*, p. 130.

nal an II (27 mars 1794) avait été jugée et exécutée la même journée, à Paris, une carmélite de Saint-Denis, Marie-Catherine-Gabrielle de Chamboran. « Cette religieuse, écrit l'abbé Guillon, étoit restée liée d'amitié et d'inclination avec la prieure des Carmélites de Compiègne, Marie-Charlotte (*sic*) Lidoine. Celle-ci, apprenant que la sœur de Chamboran, malgré la faiblesse inséparable de son grand âge, étoit allée à la mort avec tout le courage des anciens Martyrs, en témoigna sa joie à ses filles par un discours propre à les exciter de plus en plus à la gloire du martyre (1). »

Mais, à peine arrivée à Paris, elle donnait une preuve, plus significative encore, de ses sentiments. Une de ses religieuses, Mme Philippe, femme d'un caractère inégal, tantôt décidé, tantôt craintif, mais que les voyages n'effrayaient point comme elle, l'avait précédée dans la capitale où l'appelait « la liquidation d'une rente sur l'Etat ». Sitôt que Mme Philippe apprit la présence de sa supérieure (2), elle s'empressa d'aller la rejoindre.

Toutes deux, nées à Paris en ces temps de l'ancien régime qui laissaient goûter pleinement « la joie de vivre », suivant le mot de Talleyrand, retrouvaient la capitale bien différente de ce qu'elles l'avaient connue. La Terreur atteignait à son apogée. En six semaines, elle allait faire périr treize cents victimes. Jamais la guillotine n'avait travaillé avec plus de rapidité. La machine, prétendue humanitaire, avait de la peine à se fixer, l'infection des mares de sang ou la vue des charrettes dégoûtant successivement les divers quartiers. Jusqu'au vendredi 25 prairial, après avoir erré de la Grève au Carroussel, et d'un côté à l'autre de la place de la Révolution (aujourd'hui, de la Concorde), elle fonctionnait sur celle de la Bastille, avant d'être transférée à l'extrémité de Paris, barrière du Trône-Renversé (3). Une triste rencontre attendait, dans ce quartier révolutionnaire, les deux carmélites venues de la province.

(1) Guillon, *Les Martyrs de la foi*, t. II, p. 403.
(2) Marie de l'Incarnation, *Ms.* 3, p. 63. Collection de Compiègne.
(3) Voir *les Emplacements de l'échafaud*, dans Lenotre, *Histoire de la guillotine*, pp. 248 *sqq.* et 271, 4e édition, 1904. In-12.

Laissons la parole à celle des deux qui, seule, fut à même de relater ses souvenirs :

Il arrivât qu'en conduisant la mère Prieure chez une dame qui demeuroit faubourg Saint-Antoine, nous rencontrons un attroupement tumultueux qui precedoit un cortege de soldats par lesquels les victimes de la Révolution étoient conduites au supplice, à l'emplacement qu'avoit occupé la Bastille. C'étoit à cette place, nommé la barrière du Trône (1), place qui a succédé à celle de la Révolution ou autrement place Louis XV, que se faisoient alors les exécutions. La religieuse (c'était elle-même) qui accompagnoit la mere prieure vouloit la détourner de ce spectacle : « Ma chère Mère, ma bonne Mère, lui dit-elle, au nom de Dieu, rebroussons chemin. Je ne me sens pas le courage de demeurer pour voir (2). »

L'esprit de foi qui animoit notre Mère la fit me prier, me solliciter à rester. « Ah, ne me refusez pas, me disoit-elle, la triste consolation de voir comment les saints alloient à la mort. » Force me fut de me rendre à ses désirs, me tenant serrée et pressée du bras et de la main. Nous nous trouvâmes, sans l'avoir cherché, très près des fatales charettes ou tombereaux, au moment où elles passoient devant nous. Notre Mère (étoit) extasiée de l'air de sérénité qui paroissoit sur leur visage. Deux des victimes, ayant les yeux fixés sur nous, je (lui) dis : « Ne remarquez-vous pas comme ces hommes nous regardent ; ils semblent nous dire : bientôt vous suivrez la même route... Oh ! quel bonheur ce seroit pour nous, si Dieu daignoit nous en faire la grâce... Cette pensée la combloit de joie (3).

C'est bien le martyre qu'elle avait entrevu dans sa pensée, la mort des premiers chrétiens, indifférents aux clameurs de la plèbe, les yeux tournés en haut ou abaissés encore sur la terre pour encourager un frère dans la foi.

Le lendemain, une occasion toute différente permettait à la prieure de manifester avec une égale vivacité cette soif d'offrir sa vie en sacrifice qui de plus en plus dévorait son âme. Il y avait alors, à Passy, un vertueux évêque, Mgr de Maillé de La

(1) L'auteur confond ici deux places distinctes, celle de la Bastille, au bout de la rue Saint-Antoine, et celle du Trône, à l'extrémité du faubourg du même nom. Comme, dans une seconde rédaction, elle parle de la rue et non du faubourg, il semble bien qu'il s'agisse ici de la première place.

2) Marie de l'Incarnation (Mme Philippe), *Ms.* 2, p. 5. Collection de Compiègne.

(3) *Ms.* 3, p. 5. Nous avons dû passer ici à ce *Manuscrit*, le précédant offrant des lacunes, et rétablir des mots effacés. Voir, à l'appendice L, les extraits parallèles du 1er manuscrit de Joséphine-Marie de l'Incarnation.

Tour-Landry. Lors de la suppression de son diocèse de Saint-Papoul, il s'était retiré à Paris, et, jusqu'en mai 1794, il y y avait conféré secrètement les saints ordres, tout en se prêtant avec libéralisme aux exigences civiques. Réfugié ensuite dans la banlieue, il ne cessait pas d'y exercer en cachette le ministère ecclésiastique (1). Un chrétien, l'ayant accompagné dans la visite d'une malade, venait d'être témoin d'un spectacle bien fait pour toucher et attendrir. Ce brave homme en était même resté si frappé que Mme Philippe lui demanda avec un accent de reproche pourquoi lui, dont la figure annonçait toujours le calme et la joie du Seigneur, paraissait si triste et si rêveur. Alors il révéla aux deux carmélites la scène des derniers sacrements administrés, la veille, par Mgr de Maillé « à une jeune personne de quinze à seize ans, belle et vertueuse comme un ange ». Il poursuivit :

Il arriveat... que comme nous étions à la fin des prières de la recommandation de l'âme et que nous croiyons (*sic*) la malade expirante, nous la vîmes sortir tout à coup les bras du lit, joindre ses mains et dire, en portant son regard vers le ciel : « Ah ! que vois-je? Oh mon Dieu ! Eh quoi, Seigneur, le sang de vos confesseurs ne vous suffit donc pas, que vous voulez encore le sang de vierges vos épouses? » De grosses larmes tombaient de ses yeux en proférant ces paroles. Mgr l'évêque de Saint-Papoul lui ayant demandé ce qu'elle voyait, elle répondit : « Je vois un grand nombre de religieuses et en particulier *une communauté* moissonnée par la faulx révolutionnaire... je la vois revêtue d'un manteau blanc, une palme à la main, et le ciel s'ouvre pour les recevoir. » Ces mots achevés, elle rendit elle-même sa belle âme à son créateur (2).

Il ne fallait pas tant qu'un tel récit pour raviver les impressions de l'ardente prieure : « Mon Dieu, mon Dieu, s'écriait-elle devant Mme Philippe, oserions-nous nous flatter, pourrions-nous espérer que ce fût *la nôtre* (3) que le ciel ait eu en vue ? Ah ! quelle grâce, quelle faveur insigne il nous accorderoit, si

---

(1) Voir le beau livre de M. Victor Pierre, *la Terreur sous le Directoire*, pp. 194 *sqq*.

(2) Marie de l'Incarnation, *Ms*. 3, p. 7. Collection de Compiègne.

(3) C'est-à-dire *notre communauté*.

par sa bonté et miséricorde infinie il pouvoit nous trouver dignes d'un tel bonheur ! » Puis, se souvenant que ses sentiments personnels ne devaient pourtant pas prévaloir sur les obligations impérieuses de sa charge : « Dieu me garde, reprit-elle, que ce désir que j'ai de mourir pour son amour, me fasse commettre la plus légère imprudence (1). »

Aussi était-elle préoccupée de ses sœurs demeurées seules à Compiègne et livrées à elles-mêmes en des circonstances plus difficiles que jamais. Pressée de s'en retourner, elle ne prolongea point son séjour au delà d'une semaine. Elle eût bien préféré emmener avec elle Mme Philippe, celle-ci dût-elle au besoin revenir à Paris une seconde fois. « Mais lui ayant représenté que cette récidive de voyage pourroit paraître *suspecte*, elle adhéra à mes raisons et repartit seule pour Compiègne (2). » Celle qui restait était loin de prévoir, en faisant ses adieux à celle qui s'en allait, que ces adieux devaient être éternels (3). Regardant, elle aussi, la capitale comme un « lieu d'horreur et d'abomination », la future historienne prit la route de Gisors, afin d'y passer le loisir que lui imposaient les lenteurs de ses affaires.

Cependant il n'était que temps pour la prieure de rejoindre ses filles dispersées. En arrivant à Compiègne, elle trouva au-devant d'elle une sœur venue la prévenir « que si elle étoit porteuse de quelques objets *suspects*, elle eut à s'en démunir sur le champ, parce qu'une nouvelle visite se faisoit dans leurs quatre maisons (4) ».

Le 3 messidor an II (21 juin 1794), le comité de surveillance de Compiègne avait pris l'arrêt suivant, première pièce de l'engrenage qui aboutirait au couperet de la guillotine :

Sur l'avis reçu que les ci-devant Carmélites dispersées en trois ou quatre sections de cette commune se réunissent le soir; que depuis l'arrestation de la fameuse *Théot*, se disant *Mère de Dieu* (5), il

----

(1) *Ms.* 3. Collection de Compiègne.
(2) *Ibid.*
(3) *Ibid.*, p. 63.
(4) *Ms.* 2, p. 7.
(5) Le 27 prairial an II (15 juin 1794), la célèbre visionnaire venait d'être dénon-

paraît plus de mouvement, il s'aperçoit plus d'empressement de la part des ci-devant religieuses et de certaines dévotes de la commune.

Le Comité, considérant que déjà il existe dans ses registres une dénonciation qui atteste que ces filles existent toujours en communauté ; qu'elles vivent toujours soumises au régime *fanatique* de leur ci-devant cloître ; qu'il peut exister entre ces ci-devant religieuses et les *fanatiques* de Paris, une correspondance criminelle ; qu'il y a lieu de *soupçonner* chez elles des rassemblements dirigés par le *fanatisme :*

Arrête qu'il sera, par les membres divisés en plusieurs sections, fait une visite dans les différentes maisons par elles occupées et que chaque section se fera accompagner d'un nombre suffisant de dragons (1).

A travers tout ce jargon il est aisé de démêler deux faits : dénonciation et suspicion. La dénonciation n'était que trop réelle, bien que l'auteur en soit resté inconnu. La suspicion n'était qu'un vain prétexte mis en avant pour faire expier aux anciennes Carmélites la persistance de leur prétendu *fanatisme*, c'est-à-dire de leur fidélité à leurs règles et de leur attachement à la foi chrétienne. « Cette qualification de *fanatique*, écrit l'abbé Guillon, exprimée dans l'accusation ou la sentence, suffit pour faire déclarer martyr de la religion (2). » Or, si parfois il est difficile de distinguer le mobile qui a dirigé les persécuteurs, il apparaît ici clairement qu'un grief religieux intervint à l'origine. C'est parce que Carmélites, et non point comme royalistes, que les réfugiées de la paroisse Saint-Antoine furent lâchement et méchamment signalées par un délateur, puis soumises à des perquisitions vexatoires par un comité franchement hostile. Dès lors une des circonstances du martyre énumérées au nombre de six par Benoît XIV, étant d'avoir « fait un acte religieux quelconque, sans être retenu par une injuste loi qui le défendoit (3) », ce cas n'est-il point le leur ?

cée à la Convention. Elle fut ensuite envoyée au tribunal révolutionnaire et mise en liberté après Thermidor. Voir Guillon, t. I, pp. 240 *sqq.*

(1) Dans Sorel, *op. cit.*, pp. 27-28.
(2) *Les Martyrs de la foi*, t. I, p. 56.
(3) *Ibid.*, t. I, p. 53.

Les membres du comité procédèrent le jour même aux perquisitions décrétées et opérèrent la saisie de plusieurs pièces qui leur parurent compromettantes. Il ressort de l'arrêté pris par eux le lendemain, 4 messidor (22 juin), dès neuf heures du matin, que le prétexte politique cherché contre les religieuses avait été trouvé ; car, après examen fait de ces papiers, ils déclaraient reconnaître « qu'il existait entre les ci-devant Carmélites une correspondance criminelle, tendant au rétablissement de la royauté, annonçant le désir de la contre-révolution, l'avilissement et même la dissolution de la Convention nationale, et l'anéantissement de la République (1) ».

Les gens du comité présidé par Mosnier s'entendaient, on le voit, à jouer du spectre noir et à se poser en sauveurs de la République. Ces terroristes feignent hypocritement d'être en proie à la terreur. Aussi siègent-ils en permanence. C'est peu pour ces gens soi-disant apeurés de décréter la mise en arrestation immédiate des « ci-devant religieuses carmélites logées dans la maison de la citoyenne Saiget et Chevalier », ainsi que leur transfert à la maison de réclusion et leur mise au secret. Séance tenante, ils ordonnent « une seconde visite *très rigoureuse* pour s'assurer *entièrement* des papiers qui existent dans *les maisons*, et deux commissaires, les nommés Valansart et Rogée, sont désignés pour s'y transporter « *à l'instant* accompagnés de la force armée ».

Il est visible que le comité ne se séparera point avant d'en avoir fini avec les suspectes. Il attend donc le résultat des nouvelles perquisitions. Les premières avaient compromis les locataires de la veuve Saiget (rue Dampierre), c'est-à-dire les dames Lidoine, Thouret, Brard et Dufour, avec celles logées rue Neuve, dans la maison de l'ancien aubergiste Chevalier, Mmes de Croissy, Pelras, Meunier et Vérollot. La seconde recherche ne fut pas moins fructueuse ; les commissaires, de retour, déposèrent sur le bureau leurs trouvailles provenant des « deux maisons », et les papiers apportés furent examinés.

(1) Dans Sorel, *op. cit.*, p. 29, n. 1.

Les membres du comité en conclurent: 1° « que les cy-devant religieuses, au mépris des lois, quoique séparées dans différentes maisons, vivaient encore en communauté ; qu'elles observaient les mêmes règles que leur ci-devant monastère » ; 2° que, d'après leur correspondance, « elles tramaient en secret contre la liberté ; que leurs conspirations avaient des ramifications très étendues ». Ils arrêtaient donc « que les ci-devant religieuses carmélites logées chez le citoyen Lavallée, rue de la Liberté (1) » (c'étaient les dames Brideau, Piedcourt et Hanisset, ainsi que la tourière Catherine Soiron), seraient comme les réfugiées des deux groupes précédents « mises sur le champ en arrestation et transférées à la maison de réclusion ». Puisque le quatrième groupe n'est point mentionné, il est naturel de supposer qu'à l'occasion de l'absence momentanée de Mme Lidoine et de Mme Philippe, peut-être même avant la délivrance des certificats de résidence datés du 4 juin, il s'était fondu avec les trois autres. Nous ne savons pas si cette hypothèse a été émise; mais elle nous paraît vraisemblable. Ce serait le va-et-vient occasionné par ces divers changements de local qui aurait constitué cette recrudescence de *mouvement* et d'*empressement*, soit de la part des ex-religieuses, soit de la part de leurs visiteuses, que l'arrêté du 21 juin interprète malignement, mais n'a peut-être pas inventé de toutes pièces. Quoi qu'il en soit, Mmes Trézel, Crétien et Roussel, ainsi que Thérèse Soiron, portèrent à seize le nombre des religieuses à arrêter (2). Un laïque nommé Mulot de la Ménardière, vrai personnage de comédie, destiné à finir tragiquement, était compris dans les mêmes mesures auxquelles on ajoutait la mise de ses papiers sous scellés (3). Le sort de cet infortuné, qui avait déjà tâté de la prison en 1793, pour avoir été « *suspecté* d'indiscrétion dans les pro-

(1) Actuellement ditc « des Cordeliers ». (*Ibid.*, p. 30, n. 1.)

(2) Voir Marie de l'Incarnation. Elle maintient jusqu'à la fin les *quatre* maisons et entre en de curieux détails sur les perquisitions ; mais elle n'est pas ici témoin oculaire.

(3) Dans Sorel, *op. cit.*, p. 29, n. 1.

pos (1) », devient inséparable, moins la cause, de celui des religieuses.

Comme si tant de précautions ne suffisaient pas au comité de surveillance de Compiègne, le lendemain, 5 messidor, il prescrit des visites domiciliaires, à Monchy-Humières, « tendant à suivre la trace de la correspondance *fanatique* et contre-révolutionnaire et royaliste desdites ex-religieuses carmélites ». Notons en passant que l'accusation de *fanatisme* précède celle de contre-révolution et de royalisme.

Enfin le surlendemain, 6 messidor, l'infatigable comité faisait perquisitionner encore une fois à Compiègne, et chez diverses citoyennes et chez les anciennes sœurs de la charité de Saint-Jacques. Mais on n'y découvrit rien.

La battue terminée, le comité révolutionnaire décida, le 7 messidor (25 juin), d'écrire aux Comités de salut public et de sûreté générale de la Convention, pour leur faire part des mesures prises contre les ex-Carmélites et Mulot de La Ménardière. Trente et une pièces parafées par le président Mosnier, avec la liste des noms, furent jointes à la lettre du président Dubret et expédiées à Paris. Arrêté et lettre étaient rédigés en ce style emphatique et grotesque spécial aux autorités révolutionnaires (2). Retenons seulement, dans le second document, outre l'accusation de reconstitution de communauté que nous avons déjà vue et revue, la constatation d'une « correspondance des plus criminelles », saisie grâce à « plusieurs visites rigoureuses ». Non seulement « les cy-devant religieuses carmélites de cette commune *fanatisaient* les personnes qu'elles admettaient chez elles à une confrairie dite du *Scapulaire*, mais elles faisaient des vœux pour la contre-révolution, la des-

(1) Arrêté du 27 août 1793. (*Ibid.*, p. 27.)

(2) Dans l'arrêté, il est question en général des écrits « contre-révolutionnaires ou insidieux », des « machinations et intelligences obliques et tortueuses de l'aristocratie et du *fanatisme* ». (Sorel, *op. cit.*, p. 33.) Dans la lettre, les membres du comité se vantent d'être « toujours à la poursuite des traîtres » et de porter sans cesse leurs regards « sur les perfides qui osent tramer contre la République ou qui forment des vœux pour l'anéantissement de la liberté ». « Comptez, citoyens représentants, disent-ils en terminant, sur notre zèle et notre surveillance, nous saurons démasquer tous les scélérats, sous quelque couleur qu'ils se présentent. » (*Ibid.*, p. 38.)

truction de la république et le rétablissement de la tyrannie. »

Malheureusement pour les rhéteurs qui ont composé ces factums boursouflés, le dossier expédié par eux à Paris s'y trouve encore et l'on peut le consulter aux Archives nationales. La haine seule — *odium fidei?* — a pu convertir en corps de délit ces misérables paperasses.

La lettre attire l'attention des représentants du peuple sur ce fait que « la nommée Lidoine avait dans sa poche le portrait du *Tyran* et venait de rapporter de Paris une relique avec un certificat de croyance ». Il est surprenant qu'on se soit ainsi vanté d'avoir osé pratiquer des fouilles jusque dans les poches de l'ex-prieure et il est assez paradoxal d'entendre qualifier de tyran, non tel ou tel membre des comités terroristes, mais une gravure représentant le bon roi Louis XVI, avec ce quatrain :

> De notre liberté, c'est le Restaurateur,
> De Nestor, des Titus auguste imitateur...
> Que dis-je? ô Peuple heureux, par son amour extrême
> Tu ne peux comparer ce grand Roi qu'à lui-même.

On insiste également sur une lettre (1) et une pièce de vers écrites de la main du « nommé Mulot dit La Ménardère ». Ce rimeur incorrigible était cousin de Mme Brard (sœur Euphrasie), et celle-ci, habituée à garder comme un trésor des correspondances qui remontaient jusqu'au début de sa vie religieuse (2), ne s'était pas doutée qu'on lui imputerait prose ou poésie du médiocre littérateur son parent. Autrement elle n'eût point conservé ses strophes sur le *veto* providentiel mis par un récent hiver au progrès de la végétation :

> Le froid détruira les insectes...,
> S'il détruisait tous les méchans,
> Des jacobins, toutes les sectes,
> Et *nombre de représentans* (3).

---

(1) Cotée aujourd'hui aux Archives nationales : W, 421, pièce 84, et commençant par « Je vous préviens ». Reproduite en fac-similé dans Sorel, *op. cit.*, pl. 2.

(2) Voir une lettre du temps de son noviciat, aux Archives départementales de l'Oise (FFI, pièce 31), d'autres de 1760 (FFI, pièces 6 et 13), et de plus récentes (FFI, pièces 17, 24, 25, 29.)

(3) Archives nationales, W, 421, pièce 85. Voir la poésie complète dans Sorel, *op. cit.*, p. 37, et le fac-similé du quatrain, pl. 2.

On ne prête qu'aux riches. La pièce intitulée *Mon apologie* (1), copie qui n'est pas de la main de ce pauvre Mulot et encore moins de sa composition, puisqu'elle a été reconnue par Mgr de Teil pour être le mémoire du lazariste M. François, et imprimée vers 1790, porte en tête : « Par Mullot. » Cette apostille écrite par une plume étrangère constituait dans l'espèce une fausse imputation et une absurdité, l'auteur se disant prêtre ; mais cette calomnie devait suivre Mulot jusqu'à l'échafaud, sans qu'il pût se justifier. Incapable d'ailleurs, comme tant de victimes de la Révolution, de prendre au sérieux les plus graves événements, il demandera, dans quelques jours, au comité de surveillance la levée des scellés apposés sur sa cave, par crainte de perdre son vin collé, et il obtiendra un arrêté de mise en bouteilles (2).

Tout autre, on le devine, était l'attitude des seize Carmélites incarcérées le 4 messidor (22 juin). Elles avaient été conduites dans l'ancien couvent de la Visitation, transformé en logement pour les troupes de passage, puis en maison de réclusion (3).

Leur premier acte avait été de rétracter le serment de liberté et d'égalité. L'ex-prieure avait été en effet informée, lors de son départ de Paris, par Mme Philippe, que Mgr de Bourdeilles, dont dépendait Compiègne (4), avait condamné ce serment (5). Déjà elle l'eût rétracté plus tôt, si des personnes amies ne lui eussent représenté les sérieux inconvénients qui pouvaient en résulter (6). Maintenant qu'elle n'avait plus rien à ménager, elle n'hésita point.

Dès que mes sœurs, écrit Marie de l'Incarnation, furent dans la maison d'arrêt de Compiègne, elles firent demander le maire, l'adjoint

(1) Nous en avons déjà parlé. (*Supra*, p. 83, n. 2.)
(2) Sorel, *op. cit.*, p. 47.
(3) La maison « ci-devant Sainte-Marie » fut vendue comme bien national le 4 ventôse an IV (23 février 1796) et démolie. Son emplacement est couvert par l'îlot de maisons compris aujourd'hui entre les rues Sauvage, Vivenel, Solférino, Eugène Floquet et Sainte-Marie.
(4) L'intrus Marolles avait envahi son siège de Soissons.
(5) « Je lui dis que ma conscience m'imposait la loi de renoncer à la pension. « Je vous approuve », me dit-elle. » (Marie de l'Incarnation, *Ms.* 3, p. 63. Collection de Compiègne.)
(6) *Ibid.* Cf. plus haut, p. 88.

et le greffier, qui s'étant rendus, elles déclarèrent en la présence des trois qu'on ne pouvoit leur refuser de coucher sur les registres la formule de la retractation qu'elles montrèrent, et que volontiers elles seroient prêtes à signer de leur sang s'il le fallait. *Je tiens cette anecdote du maire lui-même* qui un an après me fit voir sur le registre leur retractation en me disant : « J'ai cherché par tous les moïens possible à les détourner de faire cet acte que ma fonction de maire m'obligeait à rendre notoire : « Il en pourrait, leur dis-je, « résulter pour elles un très grand mal. — Notre conscience, me « répondirent-elles, est au-dessus de tout, et nous préférons mille « fois mourir, plutôt que rester coupables d'un tel serment. » Il nous fallut donc, ajoutat le maire Scellier (1), en recevoir le désaveu solennel (2). »

Ce registre manque malheureusement aujourd'hui dans les Archives; mais il est une autre rétractation qu'on peut encore y lire. Elle figure en marge de la prestation du 19 septembre 1792; c'est celle de la narratrice elle-même dont la véracité nous est singulièrement garantie par ce fait (3).

Leur conscience ainsi tranquillisée, les prisonnières n'avaient plus qu'à souffrir patiemment et à transformer leur nouvelle demeure cellulaire en noviciat de la mort. Peu de jours avant leur incarcération, l'abbé de Lamarche, leur confesseur depuis l'expulsion de l'abbé Courouble, les avait encore fortifiées contre les pires éventualités. Devenu plus tard aumônier du Sacré-Cœur de Beauvais (1816), il racontait ceci à la supérieure :

Ces ferventes Carmélites de Compiègne s'entretenant, en récréation, du bonheur de monter sur l'échafaud, pour confesser leur foi et prouver leur fidélité aux saints engagements qui les unissaient à Jésus-Christ, une des plus jeunes se sentait glacée d'effroi à ce dis-

---

(1) Alexandre-Pierre-Gabriel Scellier, mort le 13 décembre 1821, juge à Compiègne. Voir sa notice, dans Sorel, *op. cit.*, p. 59, n. 2, et plus bas, appendice C.
(2) *Ms. 2*, p. 62. Collection de Compiègne.
(3) « Le onze germinal de l'an 3ᵉ, la citoyenne françoise Genevieve Philippe cy-devant religieuse carmelite, a déclaré qu'elle retractait le serment de la liberté et de l'égalité par elle prêté et souscrit le 17 septembre 1792, comme contraire à sa conscience et a signé. Ajoutant lad. citoyenne qu'elle faisait cette démarche par attachement pour la religion catholique, apostolique et romaine dans laquelle elle veut vivre et mourir; et a signé *françoise Genevieve Philippe*. » Nous regrettons que l'intéressant épisode de cette rétractation nous reporte au 31 mars 1795, période qui n'est plus la nôtre.

cours; les seuls mots de prison, d'échafaud et de mort la faisaient trembler. Elle avoua son anxiété à son directeur qui lui répondit tranquillement :

— Ma fille, quand vos sœurs parlent de guillotine, en avez-vous l'oreille blessée?

— Non, mon père.

— Maintenant, je suppose qu'on vienne vous chercher pour vous mener en prison...

— Ah! mon père!

— Mais enfin, en souffrez-vous?

— Non, mon père.

— Ensuite on vous conduit au tribunal révolutionnaire, où vous êtes condamnée à mort, éprouvez-vous quelque douleur?

— Non.

— On vous ordonne de monter les marches de l'échafaud. Souffrez-vous?

— Non, mon père.

— Enfin on vous place au-dessous du couteau et l'on vous dit de baisser la tête, est-ce une torture?

— Pas encore.

— Le bourreau laisse tomber le tranchant de la lame; vous sentez à peine votre tête séparée du corps, puis vous entrez en paradis. Etes-vous contente?

— Oui, mon père, et je n'ai plus peur (1).

Telles étaient, sous la direction de l'homme de Dieu, ce qu'on pourrait appeler les répétitions du martyre.

Sur les souffrances que les détenus eurent d'abord à éprouver durant leurs trois semaines de captivité, nous possédons un témoignage également contemporain. Il vient d'être remis en lumière par les Bénédictines de Stanbroock, héritières des souvenirs des Bénédictines anglaises de Cambrai, incarcérées à Compiègne. Elles étaient au nombre de vingt et avaient leur chapelain (2). Compiègne avait été choisi pour lieu d'emprisonnement, écrit Anna Teresa Partington, l'une d'elles devenue leur historienne, « parce qu'il était plus à portée des assassins

---

(1) *Histoire de la fondation de la maison des Dames du Sacré-Cœur de Cuignères transférée à Beauvais en 1816.* Manuscrit. Sur l'abbé de Lamarche, voir l'abbé Blond, *op. cit.*, p. 121.

(2) Vingt à leur arrivée, plus deux chapelains; mais quelques décès avaient éclairci leurs rangs.

de Paris (1) ». Quelle que fût l'intention des persécuteurs, voyons-y un trait de la Providence, qui avait ménagé des témoins dignes d'elles aux Carmélites leurs coprisonnières. Celles-ci pouvaient se consoler d'être enfermées avec une femme perdue, la Girard, en pensant que de pieuses filles de Saint-Benoît sanctifiaient déjà depuis neuf mois ce triste local. Leurs peines y étaient grandes; leur privation la plus sensible consistait dans le manque de feu et de nourriture. Le combustible ne leur arrivait qu'en très petite quantité, et le pain, qui ne leur était pas plus largement distribué, était « de la plus dégoûtante qualité (2) ». Le régime des Carmélites dut être aussi dur. Mais habituées depuis longtemps au jeûne, elles ne virent dans le vieux couvent transformé en prison qu'un nouveau cloître favorable à la pratique de leur ancien genre de vie.

Elles s'estimoient heureuses, écrit l'abbé Guillon, d'avoir pu reprendre en commun les exercices de leur règle que précédemment elles ne pouvoient faire que par compagnies séparées. Toutes ayant à leur tête la supérieure, vaquoient ensemble à l'exercice de l'oraison mentale, chantoient leurs matines, disoient aux heures prescrites les autres parties de leur office et récitoient leurs prières accoutumées (3).

On assure même que leur confesseur, l'abbé de Lamarche, avait été autorisé à pénétrer dans leur prison et qu'il leur distribuait ses secours spirituels.

Tels, en des temps plus rapprochés de nous, certains martyrs de la Commune consacrèrent leurs loisirs forcés de Mazas ou de la Roquette aux *Exercices* de saint Ignace de Loyola et se firent, au milieu des convulsions de Paris, une solitude

(1) *A brief narrative of the seizure of the Benedictine Dames of Cambray of their sufferings while in the hands of the French Republicans, and of their arrival in England, by one of the religious who was an eye witness to the events she relates.* Cette relation paraît avoir été rédigée, en 1795 ou 1796 au plus tard, par Anna Teresa Partington, moniale et célerière du monastère. Nous avons déjà signalé la lettre de l'abbesse Mary Blyde. (*Supra*, p. 9.) Voir aussi *The Laityrs directory*, 1796, p. 1128.
(2) Anna Teresa Partington, citée dans le *Summarium*,
(3) *Les Martyrs de la foi*, t. II, p. 303, article Brard. Il est à remarquer que cette description du séjour si édifiant des carmélites dans la prison de Compiègne est faite à propos de la sœur Euphrasie.

intérieure remplie par la méditation des choses éternelles.

La détention des Carmélites ne dura guère que trois semaines.Le 22 messidor an II (10 juillet 1794), le Comité de sûreté générale et de surveillance de la Convention avait ordonné la mise en jugement des prisonnières, et arrêté qu'elles seraient « traduites au Tribunal révolutionnaire pour y être jugées conformément aux lois (1) ». Cet ordre parvint à Compiègne deux jours après, 24 messidor (12 juillet) (2). Le comité révolutionnaire, chargé de faire conduire les coupables ou prévenus à la Conciergerie, requit aussitôt un gendarme national et dix dragons, invitant les municipalités de passage à fournir nouvelles voitures, escorte suffisante et l'étape à la force armée.

Au moment où les autorités se présentèrent à la maison de réclusion, les détenues, qui n'avaient pu obtenir encore de changer de linge, venaient de recevoir l'autorisation nécessaire pour blanchir elles-mêmes leurs effets. Toutes, vieilles et jeunes, s'étaient mises allègrement à la besogne. L'apparition des membres du comité, du maire, de l'adjoint, de l'agent du district, suivis de quatre gendarmes et d'autant de dragons venant leur signifier le transfert à Paris, les surprit en pleine lessive. Mmes Lidoine et de Croissy, inquiètes de voir les sœurs les plus âgées avec une partie de leurs vêtements non seulement mouillés mais trempés, — il était dix heures du matin, — demandèrent quelque répit pour elles et la permission d'achever de prendre un potage. Le maire, Alexandre Scellier, ancien protégé de la maison, répondit brutalement à la prieure : « Vas, vas, tu n'as besoin de rien, ni toi, ni tes compagnes, et dépêchés vous de descendre, parce que les voitures sont là qui vous attendent (3). » Les détenues reprirent leurs vêtements tels quels, abandonnant une partie de leur linge désormais inutile (4). Puis elles se mirent aux

(1) Dans Sorel, *op. cit.*, p. 100.
(2) Et non 6, comme on le lit dans Sorel, *op. cit.*, p. 48, ni le 10, comme l'écrit Marie de l'Incarnation, *Ms.* 3, p. 9. Collection de Compiègne.
(3) *Ms.* 3, p. 10. Collection de Compiègne.
(4) Elles laissèrent trente-quatre bonnets, trente-quatre fichus, seize déshabillés

fenêtres, pour adresser le salut de ceux qui vont mourir aux Bénédictines anglaises, logées en face dans l'infirmerie convertie en cachot. « Nous les vîmes, écrit Anna Teresa Partington, s'embrasser mutuellement avant de partir, et elles nous firent leurs adieux affectueux par des signes de mains et autres marques d'amitié. »

Sur le seuil, elles recueillirent une nouvelle marque de sympathie. Pour la seconde et dernière fois, l'abbesse anglaise, Mary Blyde, leur adressa quelques paroles, « quoique avec une grande crainte (1) ».

Au dehors même l'émotion était considérable et des voix courageuses dominant le tumulte s'écriaient : « C'est dommage de faire mourir des femmes comme celles-là (2) ! » Ceux qui jetaient cette protestation aux gens attroupés étaient pourtant « des plus ardens révolutionnaires ». Mais la populace, surtout grand nombre de femmes, de celles, hélas ! que la communauté assistait en toute manière, entourait les charrettes, injuriant les religieuses, battant des mains en disant « que l'on faisoit très bien de les détruire, parce que c'étoit des bouches inutiles ». Semblable ingratitude est un peu de tous les temps. En celui-là, où la bête humaine démuselée se livrait cyniquement à ses instincts, le fait était fréquent (3).

Les Carmélites et Mulot de La Ménardière prirent place dans les deux charrettes garnies de paille, rangés comme des bestiaux. Leurs mains, serrées derrière le dos par des cordes, ajoutaient aux souffrances des habits mouillés, du jeûne et du

et fourreaux. Le 28 messidor (16 juillet), veille de leur mort, le comité révolutionnaire de Compiègne s'empressa d'arrêter que lesdits effets seraient délivrés à titre d'emprunt aux Bénédictines anglaises, celles-ci « étant encore embéguinées, guimpées et revêtues d'habits dont la bigarrure ne peut qu'offenser des regards républicains ». (Dans Sorel, *op. cit.*, p. 55, n. 1.) « Un tel cadeau, écrit Anna Teresa Partington, en parlant de ses sœurs, si vil qu'il fût aux yeux des mondains, était pour elles plus précieux que des robes royales ; elles reçurent ces pauvres habits à genoux, les baisant et les arrosant de leurs larmes, et ces habits formaient part des tristes hardes dont elles étaient vêtues à leur retour dans leur pays natal. » (Cité dans le *Summarium*, p. 209.) Telle est l'origine des reliques, revenues partiellement au Carmel de Compiègne et auxquelles nous avons fait allusion. (*Supra,* pp. 9, n. 1, et 76, n. 2.)

(1) Lettre de Mary Blyde.
(2) Guillon, *op. cit.*, t. II, p. 304.
(3) Voir l'abbé Uzureau, *les Filles de la Charité d'Angers pendant la Révolution* (Paris, 1903, in-8), et Taine, *Révolution*, t. III, liv. III, chap. 11.

cahot sur une route de vingt lieues. Départ de Compiègne entre deux et trois heures de l'après-midi ; arrivée à Senlis, situé à mi-chemin, vers onze heures et demie du soir ; là, changement de voiture et d'escorte. On ne parvint à Paris que dans la matinée du dimanche 13 juillet (25 messidor).

L'accueil fut hostile et de mauvais augure. « Quelques satellites du crime, écrit Mgr Jauffret, se trouvant sur leur passage à leur entrée dans cette dernière ville, les accablèrent d'injures, et appelèrent à grands cris sur elles le tranchant de la guillotine. Leur réponse fut de bénir le Seigneur de les avoir jugées dignes de souffrir pour son nom, et de le prier pour leurs persécuteurs (1). »

Faut-il supposer, avec M. Sorel, que les prévenus furent aussitôt menés à la Conciergerie ; faut-il croire, avec Marie de l'Incarnation, que « la journée entière se passat à les conduire de prison en prison, qui toutes se trouvaient tellement encombrées qu'il ne restait point de place » ? La statistique connue du nombre des prisonniers à cette époque donne plus que de la vraisemblance à cette dernière assertion. Sur les onze mille quatre cents détenus enfermés à Paris à la date du 1er juillet 1794, soit dans la maison d'arrêt, soit dans leurs propres domiciles, sept mille cinq cent deux encombraient encore les trente-six prisons et les quatre-vingt-seize geôles provisoires, le jour même de l'arrivée des Carmélites dans la capitale. Il est donc fort possible que le soir seulement elles aient été écrouées à la Conciergerie.

Une scène de brutalité sans nom marqua leur entrée. Mme Thouret (sœur Charlotte de la Résurrection), nous nous en souvenons, traînait péniblement avec une béquille ses soixante-dix-huit ans et ses infirmités.

Aussi présentat-elle, écrit notre historienne, un bien douloureux spectacle, lorsqu'on vit les fatales voitures arrêtées dans la cour de la Conciergerie et des cerbères se mettre en devoir de la faire descendre

(1) Mgr Jauffret, évêque de Metz, *Mémoires pour servir à l'histoire de la Révolution à la fin du dix-huitième siècle*, t. II, p. 353. Paris, an XI (1803). 2 volumes in-8.

(la difficulté qu'éprouvoit cette vénérable sœur que ses compagnes ne pouvoient aider, puisque leurs mains étoient garottées), de farouches satellites monter alors dans la charette, l'en arracher brutalement et la jetter sur le pavé comme un lourd et méprisable fardeau. Le peuple de s'écrier : « Ah malheureux, vous l'avez fait mourir... vous l'avez tuée... misérables que vous êtes. » Ce qui le fit croire, c'est que comme elle était tombée la face contre terre, le corps était resté tout à fait immobile. Hélas ! Il importait peu à ses bourreaux de la relever morte ou vive ; mais le ciel, qui voulait encore donner à la terre un nouveau spectacle d'édification, permit qu'il ne lui fut rien arrivé autre chose sinon qu'après s'être relevée elle parut avec le visage tout ensanglanté, mais n'ayant rien perdu de ses facultés morales, car, regardant ceux qui l'avaient ainsi maltraitée, on l'entendit leur dire d'une voix très distincte : « Croyez que je ne vous en veux pas, et que je vous ai au contraire bien de la reconnaissance de ce que vous ne m'avez tuée, parce que si je fusse morte par vos mains, j'aurais été ravie au bonheur et à la gloire du martyre... que mes compagnons et moi, nous osons espérer de l'infinie bonté du divin rédempteur Jésus-Christ (1). »

Une fois dans leurs cachots, les prisonnières trouvèrent heureusement un être plus humain. C'était un nommé Blot, vigneron d'Orléans, détenu lui-même à la Conciergerie, mais y ayant obtenu du concierge Richard (2) le droit de circuler et de rendre des services aux malheureux captifs (3). Le mercredi 16 juillet, fête de Notre-Dame du Mont-Carmel, une des religieuses le pria de lui procurer quelques brins de bois brûlé ou de charbon, — comme jadis le Grand Condé au donjon de Vincennes, — et Rose Crétien s'en servit en guise de plume pour composer, aidée peut-être de l'ex-prieure ou de Mme de Croissy, cette parodie de *la Marseillaise,* qui nous a transmis leurs désirs enflammés du martyre :

(1) *Ms.* 3, pp. 21-22. Collection de Compiègne.

(2) On lit au texte primitif : « du concierge Lebeau ». A propos de cette correction les notes du P. Chérot ajoutent : « J'ai eu une polémique à ce sujet, et j'ai reconnu que, d'après les documents, c'était Richard qu'il se nommait ». Et, en effet, dans les corrections manuscrites sur l'article des Etudes du 5 février 1905, il note : Voir sur cette correction mon *Bulletin d'histoire, Etudes,* 5 mai 1905, p. 435. Or, on voit dans ce bulletin cette phrase : « Grâce au concierge Richard (le même que j'ai appelé *Lebeau* d'après des documents moins sûrs), il reprenait la route de sa bonne ville d'Orléans. » Voir plus bas, p. 149.

(3) Lui-même, plus tard libéré, raconta ces détails, en octobre 1795, à Mme Philippe, alors à Orléans.

Livrons nos cœurs à l'alégresse,
Le jour de gloire est arrivé.
Loin de vous la moindre faiblesse.
Le glaive sanglant est levé (*bis*).
Préparons-nous à la victoire
Sous les drapeaux d'un Dieu mourant :
Que chacun marche en conquérant.
Courons tous, volons à la gloire :
    Ranimons notre ardeur,
    Nos corps sont au Seigneur ;
        Montons,
Montons à l'échafaud, et Dieu sera vainqueur.

O bonheur toujours désirable
Pour des catholiques français,
De suivre la route admirable
Qui, pour les saints, eut tant d'attraits (*bis*).
Les martyrs volent au supplice.
Suivant la trace (*sic*) du divin Roi.
Signalons aussi notre foi ;
Adorant d'un Dieu la justice.
    Que le prêtre fervent,
    Le fidele constant
        Scelent,
Scelent de tout leur sang la foi d'un Dieu mourant (1).

(1) Voir les autres strophes dans l'*Histoire*, pp. 63 *sqq*. On a suivi ici le *Manus crit*.

V

Jugement et exécution.

Lorsqu'elles écrivaient ces vers, les Carmélites étaient à la veille, suivant leur expression, d'aller « des cachots à la mort ». Le lendemain, jeudi 17 juillet (29 messidor), elles comparaissaient devant le tribunal révolutionnaire. Tout a été dit sur ce tribunal de sang qui venait d'être réorganisé, le 22 prairial (10 juin), par la suppression des garanties les plus élémentaires dues aux accusés. Ce jour-là, au Palais, salle de la Liberté, il était présidé par un Compiégnois. C'était Toussaint-Gabriel Scellier, frère de ce maire, si grossier envers les religieuses lors de leur départ. De petit homme de loi au bailliage de Noyon, il était arrivé, d'étape en étape, juge, puis vice-président du tribunal révolutionnaire de Paris, ce même 22 prairial. Quelques jours après, il était nommé secrétaire de la Société des Jacobins (1). Deux assesseurs : Deliège et Barbier ; un greffier ; neuf jurés, dont un charpentier, deux tailleurs, un perruquier et un orfèvre. De l'avocat Sézille-Montarlet, on n'a rien retenu. Le ministère public était occupé soit par Fouquier-Tinville, soit par l'un de ses substituts.

Trente-quatre accusés avaient trouvé place sur les gradins, dont les seize Carmélites et Mulot de la Ménardière. L'audience ouverte, les noms et prénoms furent déclinés ; puis l'accusateur prit la parole, s'attaquant à Mulot, *ex-prêtre réfractaire*, et aux ex-religieuses Carmélites. Au lieu de reproduire ce lourd fatras d'invectives ineptes ou odieuses et sans préten-

(1) Voir, sur la carrière de cet arriviste sans scrupule, Sorel, *op. cit.*, pp. 60 *sqq.*

dre l'apprécier en juriste, ce qui a déjà été fait et bien fait (1), passons à l'interrogatoire qui suivit et citons tout au long cette page de Marie de l'Incarnation, vrai feuillet des *Actes* de nos martyres :

Le Président. — Vous êtes accusées d'avoir recellé dans votre monastère des armes pour les émigrés.

Mme Lidoine (remarquant que l'accusateur public s'adresse plus directement à elle et tirant un crucifix). — Voilà, voilà, citoïen, les seules armes que nous ayons jamais eues dans notre maison, et l'on ne prouvera point que nous en ayons eu d'autres.

Le Président. — Vous avez affecté d'exposer le Saint-Sacrement sous un pavillon qui avait la forme d'un dais royal?

Mme Lidoine.— Le pavillon est un ancien parement de notre autel ; sa forme n'avait rien qui ne fut conforme aux ornements de cette espèce ; il est bien loin d'avoir aucun rapport avec le projet de conspiration dans lequel vous nous impliquez à cause de ce pavillon, et je ne savais pas qu'on veuille sérieusement nous en faire un crime (2).

Comme le président (3) insistait, affirmant que cet ornement indiquait quelque attachement à la royauté et par conséquent à la famille déchue, la prieure ne fit point difficulté d'avouer des sentiments intimes qui ne tombaient et ne pouvaient tomber sous le coup d'aucune loi, la loi ne punissant que les actes extérieurs. Elle se souvenait qu'elle devait son entrée au Carmel à Madame Louise de France et ne se croyait point dispensée de l'obligation de reconnaissance. « Vous ne pourrez jamais, dit-elle, arracher de nos *cœurs* l'attachement à Louis XVI et à son auguste famille. Vos loix ne peuvent défendre ce sentiment ; elles ne peuvent étendre leur empire sur les affections de l'âme. Dieu, Dieu seul a droit de les juger. »

Le Président. — Vous avez entretenu des correspondances avec les émigrés et leur avez fait passer de l'argent?

Mme Lidoine. — Les lettres que nous avons reçues étaient du chapelain de notre maison, condamné par vos lois à la déportation (4).

(1) Sorel, *op. cit.*, p. 62.
(2) *Ms.* 3, p. 11. Collection de Compiègne.
(3) Marie de l'Incarnation le confond avec l'accusateur public.
(4) L'abbé Courouble. Voir plus haut, p. 78, et Appendice D.

Ces lettres ne contenaient que des avis spirituels ; mais au surplus, si cette correspondance est un crime à vos yeux, ce crime ne regarde que moi ; il ne peut être le crime de la communauté à qui la règle défend toutes correspondances même avec les plus proches parents, sans la permission de la supérieure... Si donc il vous faut une victime, la voici ; c'est moi seule que vous devez frapper ; mes sœurs sont innocentes.

Le Président. — Elles sont tes complices.

Mme Lidoine. — Si vous jugez qu'elles sont mes complices, de quoi pouvez-vous accuser nos deux tourières ?

Le Président. — De quoi ? N'ont-elles pas été tes commissionnaires pour porter tes lettres à la poste ?

Mme Lidoine. — Mais elles ignoraient le contenu des lettres et ne connaissaient pas le lieu où je les adressais ; d'ailleurs leur condition de femmes gagées les obligeait à faire ce qui leur était commandé.

Le Président. — Tais-toi, leur devoir était d'en prévenir la nation.

En vain Mulot de La Ménardière protestait à son tour et se défendait énergiquement d'être prêtre, se déclarant marié depuis quinze ans, et en appelant à Scellier qui l'avait bien connu à Compiègne : « Tais-toi, reprit à nouveau le président, tu n'as pas la parole. »

Mme Pelras fut plus heureuse. Ayant entendu prononcer le mot de *fanatiques*, elle feignit de ne pas comprendre et en demanda hardiment l'explication. Son interlocuteur ne répliqua que par un torrent d'injures ; mais, pressé par la sœur, qui insistait avec fermeté, il finit par répondre : « J'entends par *fanatisme* votre attachement à ces croyances puériles, vos sottes pratiques de religion. »

Cette déclaration était tout ce que désirait la jeune religieuse. « Ma chère Mère et mes sœurs, s'écria-t-elle en se tournant vers Mme Lidoine, vous venez d'entendre l'accusateur vous déclarer que c'est pour votre attachement à notre sainte religion ! Toutes nous désirions cet aveu ! Oh ! quel bonheur ! Quel bonheur de mourir pour son Dieu ! »

Tel était en effet le vrai mobile de ces poursuites iniques contre des femmes inoffensives, mais consacrées.

Aucun témoin ne fut entendu. Pour être conforme à l'atroce loi de prairial, cette procédure n'en constituait pas moins une monstruosité. Les accusés sortirent tous, tandis que le jury délibérait, et ne rentrèrent que pour entendre prononcer la sentence de mort. Le jugement ordonnait l'exécution dans les vingt-quatre heures, sans recours ni appel.

Suivant l'usage, car le résultat était trop souvent réglé d'avance, les juges ne siégeant que pour la forme, les pièces étaient déjà prêtes pour servir de décharge au geôlier et de feuilles de route au conducteur des charrettes. Moins d'une heure après la levée de l'audience, les condamnés, mains liées au dos, prenaient place dans les *tombeaux roulants*, comme les surnommait le peuple, qui stationnaient dans la *cour de Mai*.

La joie s'était peinte sur le visage des religieuses sitôt qu'elles s'étaient entendu condamner à mort. Avant même leur départ de Compiègne, elles avaient pris la précaution de de se faire la *toilette* en coupant leur chevelure pour ne point gêner l'action du couteau de la guillotine. Un sentiment de virginale délicatesse leur faisait appréhender que le bourreau eût à approcher de leur corps.

Au sortir de la Conciergerie, debout entre les ridelles des charrettes, les mains attachées, elles furent saluées par le silence respectueux du peuple, et à mesure qu'elles avançaient vers la place du Trône, cette sympathie ne se démentit pas un instant. L'une d'elles jeta son livre d'offices à une sainte fille entrevue dans la foule (1). Toutes chantaient. Elles psalmodiaient le *Miserere*, le *Salve Regina*, le long de ces rues qui avaient retenti si souvent des hymnes révolutionnaires. Et tous, exécuteurs et spectateurs, les écoutaient, subjugués par cette mélodie nouvelle. Elles terminèrent par le *Veni Creator*, puis renouvelèrent à haute voix leurs promesses de baptême et leurs vœux de religion.

---

(1) C'était Thérèse Binart, la future Mère Euphrasie, fondatrice du couvent des Oiseaux. « La jeune religieuse, raconte Villemain, reçut avec une inexprimable dévotion cette précieuse relique, qui semblait lui venir là comme un encouragement au martyre. Elle la prit, la baisa avec affection, la serra contre son cœur. » (Victor Delaporte, *le Monastère des Oiseaux*, pp. 46 et 77.)

Arrivées au pied de l'échafaud, la prieure sollicita la grâce de mourir la dernière. Elle voulait être là jusqu'à la fin, comme un capitaine sur sa barque en perdition, pour ne quitter ses filles qu'après les avoir toutes soutenues en leur suprême combat. Elle appela la plus jeune la première. C'était Constance Meunier, la novice à qui la loi interdisait les vœux ; elle se mit à genoux devant sa supérieure, et, par une touchante inspiration de l'obéissance religieuse, elle lui demanda, avec la permission de mourir, sa dernière bénédiction ; ensuite elle se releva et, montant les degrés, elle entonna le *Laudate Dominum omnes gentes*. Défendant au bourreau de la toucher, elle mit d'elle-même sa tête sous la guillotine et mourut pour la cause de la religion. A tour de rôle, les quinze autres, professes, converses et tourières, imitèrent son glorieux exemple. La prieure ferma le défilé. Aucun cri n'avait retenti ; aucun roulement de tambour n'avait couvert le bruit de la sinistre machine ou les invocations des litanies de la Vierge récitées à haute voix par les martyres « jusqu'à ce que le couteau fatal eût brisé la dernière voix (1) ».

En moins d'une demi-heure tout était consommé.

Les corps furent jetés dans la chaux, au cimetière des suppliciés, à Picpus.

« Mon Dieu, s'était écriée l'une des seize Carmélites, après avoir renouvelé ses vœux, trop heureuse si ce léger sacrifice peut apaiser votre colère et diminuer le nombre des victimes (2)! »

Dix jours plus tard, Robespierre, Fouquier-Tinville et Scellier recevaient sur l'échafaud le châtiment de leurs forfaits sanguinaires. La Terreur était finie.

(1) Anna Teresa Partington.
(2) Mgr Jauffret, *loc. cit.*

QUELQUES MARTYRS DE LA FOI

AU TEMPS DE LA RÉVOLUTION

D'APRÈS LES PUBLICATIONS RÉCENTES (1).

L'introduction de la cause de béatification des seize carmélites de Compiègne (2-16 décembre 1902) martyrisées aux derniers jours de la Terreur a marqué, dit-on, le commencement d'une évolution dans les dispositions des tribunaux romains à l'égard des victimes de la Révolution française. Sans avoir à entrer ici dans cet ordre de considérations, il est de notre devoir d'historien de signaler le mouvement de recherches et

(1) I. Marquis de Ségur et Ch. Sauvé, S.-S.; *Un admirable martyre sous la terreur*, avec une lettre d'approbation de Mgr Rumeau. Paris, Amat, 1904. In-16, 17 illustrations. — II. Abbé Charles Lementhon, directeur au grand séminaire de Bourg. *Une victime des septembriseurs : L'abbé Jean-Baptiste Bottex, député du clergé de Bresse aux états généraux, massacré aux journées de Septembre (1749-1792). Notice biographique et étude d'histoire religieuse sur les débuts de la Révolution*. Paris, Lecoffre, 1903. In-8. — III. P. Coste, prêtre de la Mission. *Une victime de la Révolution : Sœur Marguerite Rutan, fille de la Charité*. Paris, économat des Filles de la Charité, 1904. In-8. — IV. Abbé Redon, vicaire général à Avignon, *les Trente-deux Religieuses guillotinées à Orange au mois de juillet 1794*. Avignon, Aubanel, 1904. In-16. — V. Victor Pierre, *les Seize Carmélites de Compiègne*. Paris, Lecoffre, 1905. In-12, etc. — VI. E. Villette, prêtre de la Mission, *Un enfant du Cateau, soldat et martyr; Jean-Antoine-Joseph de Villette, massacré en haine de la religion au séminaire de Saint-Firmin, à Paris, le 3 septembre 1792*. Paris, Amat, 1903. In-16. — VII. *La Famille Bernard de la Bernardaye de Châteaubriant*, par le chanoine J. Genty. Vannes, Lafolye, 1904. In-8. — VIII. *Notice sur le R. P. Apollinaire Morel de Posat, capucin massacré aux Carmes, le 2 septembre 1792*, par le R. P. Justin Gumy, O. C. Paris, Œuvre de Saint-François-d'Assise, 1901. In-8. — IX. *Un Martyr de la Révolution (1752-1792), l'abbé Joseph Volondat*, par l'abbé Antoine Cialis, curé-doyen de la Souterraine. Limoges, Dumont, 1903. In-16. — X. Abbé L. Néret, *Martyrs et confesseurs de la foi au diocèse de Meaux (1792-1799)*. Meaux, Lepillet, 1905. In-16. — XI. *Les Filles de la Charité d'Arras, dernières victimes de Joseph Lebon, à Cambrai, guillotinées le 8 messidor an II (26 juin 1794)*, par L. Misermont, prêtre de la Mission, 2e édition. Cambrai et Paris, 1901. In-8.

de publications auquel ce fait semble avoir donné une féconde impulsion.

Comme à la veille ou au lendemain du Concordat, quand la plume des Barruel et des Jauffret, des Picot, des Carron et des Guillon retraçait le souvenir des morts glorieuses endurées par les membres du clergé ou les simples laïques sous la guillotine et les piques, les sabres et les balles, une nouvelle génération d'écrivains travaille à remettre en lumière les noms déjà séculaires de ces héros du catholicisme. La méthode est seule différente. Alors on recueillait les témoignages et l'on interrogeait les survivants. Aujourd'hui on compulse les archives et l'on exhume les documents.

I

Quelles sont les causes de l'oubli où sommeilla près de cent ans la mémoire de l'un des plus admirables martyrs de la Terreur, l'abbé Noël Pinot? M. Sauvé, auteur d'une excellente introduction à la vie de cet héroïque confesseur de la foi par le marquis de Ségur, en assigne deux: les dissensions politiques qui ont si malheureusement divisé les esprits en France au dix-neuvième siècle, et le travail de reconstruction religieuse qui absorba les énergies durant cinquante ans au moins après la Révolution. On peut bien supposer aussi que l'épiscopat de quarante années de Mgr Montault, à Angers, ne contribua pas précisément à entretenir ou à raviver le souvenir d'un prêtre condamné à mort pour « avoir refusé de se soumettre à la loi du serment et à celle de la déportation relative aux prêtres non assermentés » (p. 149). Car Mgr Charles Montault des Isles, avant d'être, de 1802 à 1839, un excellent évêque concordataire, avait été *jureur*. Ce que le digne prélat fit encore de mieux fut de tolérer le culte plus ou moins public rendu sans interruption aux victimes du *Champ des Martyrs* près d'Angers depuis 1794 et demeuré jusqu'à nos jours si populaire.

Cependant, dès le 26 août 1864, Mgr Angebault avait chargé le curé du Louroux-Béconnais, paroisse que Noël Pinot illustra par ses vertus pastorales, de faire une enquête sur la vie et les mœurs de son saint prédécesseur « guillotiné à Angers, en haine de la foi, le 21 février 1794 » (p. 161). De remarquables ouvrages d'histoire locale, dus à dom Chamard, à MM. Sauvage et Bourcier, Portais et Uzureau, avaient permis de reconstituer le milieu où se meuvent ces dramatiques épisodes. La poésie avait même, comme presque toujours, devancé la prose, et Louis Veuillot avait sculpté, en quelques vers de ses *Couleuvres*, la figure sacerdotale du pieux martyr angevin :

> Les maîtres du pays — peut-être aurons-nous pire ! —
> Trouvèrent le curé caché loin de l'autel.
>
> Le doux et saint vieillard, prêt pour le coup mortel,
> Aux juges est conduit : on prouve qu'il conspire.
> Les juges, d'une voix, insultant ce vampire,
> Prononcent contre lui l'arrêt habituel.
>
> L'échafaud attendait, la canaille féroce
> Veut qu'avant d'y monter, l'homme du sacerdoce
> Prenne l'habit sacré. Cet ordre est obéi.
>
> Le prêtre alors signant son front de patriarche,
> Tranquille, met le pied sur la première marche,
> Et dit : *Introibo ad altare Dei* (1) !

(1) Voir aussi dans *O Salutaris*, août 1904, pp. 182 à 185. *Une Messe à Angers*, 1793, par Lucien Bailly. Le poète a ajouté un épisode final.

> Ensuite il fit tout bas une courte prière,
> Et monta posément. La foule tout entière,
> Sans un mot, sans oser remuer la paupière,
> Le vit s'agenouiller ; puis bien tendre le cou ;
> Quand eut passé l'éclair, quand eut vibré le coup,
> On regardait encor dans la muette place,
> Lorsqu'un vieux paysan, perçant la populace
> Grimpa sur l'échafaud, saisit avec audace
> Le calice resté dans les doigts du martyr.
> Le bourreau stupéfait semblait y consentir.
> Le vieillard se baissa, remplit l'humble calice
> Aux flaques du sang pur tombé dans le supplice,
> Puis d'une voix très ferme en les regardant tous,
> Il cria : « Mes enfants, nous n'avons plus chez nous
> « De messe ni de prêtre ! Eh bien, ils ont beau faire !
> « Celui qu'ils ont tué, que vous voyez par terre,
> « C'est mon fils. — Maintenant, moi j'offre à Dieu le Père,
> « Le sang de mon garçon pour mon pays. — Adieu !
> « La Messe est immortelle ; — et vive le bon Dieu ! »...

Et je comprends que le grand écrivain se soit enthousiasmé pour ce magnifique héros. Quiconque lira le récit du marquis de Ségur, encadré des réflexions de M. Sauvé et des documents exhumés par M. l'abbé Uzureau, tombera en admiration devant cette existence et cette mort de prêtre, de vrai prêtre.

Noël Pinot, qui devait périr guillotiné à Angers, le 21 janvier 1794, y était né, le 19 décembre 1747. Famille obscure, mais très chrétienne ; jeunesse édifiante, mais ignorée. C'est aux Incurables de sa ville natale que le jeune abbé, remarqué de son évêque pour sa charité envers les pauvres, prit contact bientôt comme aumônier avec les humbles et les déshérités. Il avait déjà quarante ans, quand Mgr Couët du Vivier de Lorry le nomma à la cure du Louroux-Béconnais. C'était le 13 septembre 1788. Le Louroux, gros bourg proche de la Loire, comptait plus de trois mille habitants répartis en fermes et hameaux fort éloignés les uns des autres. Le nouveau curé, assidu en chaire, au confessionnal, au catéchisme, passait de son église sur les chemins de sa paroisse, — et quels chemins ! — les parcourant à pied ou à cheval, assistant les mourants, distribuant aux malheureux, avec le plus net de ses revenus, des pièces d'étoffe confectionnées de ses mains. Prévoyant la persécution qui grondait, il s'efforçait surtout de fortifier la foi de ses paroissiens.

Le 12 juillet 1790, la constitution civile du clergé était décrétée, et le faible Louis XVI la sanctionnait le 24 août. Or elle était notoirement schismatique. Mgr de Lorry refusa le serment. A son exemple, « ses vicaires généraux, les membres des divers chapitres supprimés, tous les curés de la ville épiscopale moins deux, le supérieur et les directeurs du séminaire sans exception, tous les vicaires de la ville moins trois, montrèrent dans cette occasion mémorable leur inviolable attachement à l'Eglise. Hélas ! il faut le reconnaître avec tristesse, ces exemples ne furent pas unanimement suivis par tout le clergé du diocèse, composé d'environ mille cinq cent quarante prêtres, tant séculiers que réguliers. On eut à déplorer la défection de trois cent quatre-vingt-cinq prêtres... Hâtons-nous de dire que beaucoup de ces adhésions scandaleuses furent rétractées dans les années qui suivirent (1) ». Mais Mgr de Lorry ne fut point personnellement témoin de cet heureux retour. Bientôt il se retirait en Normandie, abandonnant son siège au méprisable intrus, Hugues Pelletier, prêtre assermenté.

Ce qui avait été enjoint aux curés, c'était d'abord de publier le décret de la constitution au prône de la grand'messe paroissiale. La municipalité du Louroux, élue par la minorité révolutionnaire, invita M. Pinot à exécuter les ordres de l'Assemblée, le dimanche 30 janvier 1791, et convoqua les fidèles pour assister, à l'issue de la grand'messe, à la prestation du serment.

Le curé officia avec dévotion et se retira à la sacristie. Le vicaire, Mathurin Garanger, futur adhérent de la petite Église, jura. Pinot déclara aux municipaux ne pouvoir se plier à leurs exigences. Quelques semaines se passèrent. Le dimanche 27 février, il monta en chaire après la communion et fit ses adieux à ses fidèles paroissiens. Le maire l'avait en effet prévenu qu'aux termes de la loi il était démissionnaire et il lui avait interdit toute fonction ecclésiastique. Son dernier discours à ses ouailles se trouve longuement reproduit dans le rapport envoyé par le maire aux agents du Directoire. Voici quelques extraits de cet inestimable document qui nous peint au vif l'état d'esprit d'un curé de campagne orthodoxe (2).

... Se croyant sûr de sa doctrine, le sieur Pinot a choisi ce jour de dimanche, où il y avait une assemblée et par conséquent beaucoup de monde à la grand'messe, pour allumer le feu de la discorde et secouer la torche du fanatisme. Il a donc monté en chaire avant le dernier évangile... Il a débuté en disant qu'on allait sans doute être surpris de l'entendre parler sur les matières qu'il allait traiter, qu'il savait bien à quoi il allait s'exposer selon les lois civiles, *mais que*

---

(1) Abbé Uzureau, *les Serments pendant la Révolution*, p. 7. Paris, 1904. In-12.
(2) On trouve en tête de cette pièce une preuve de ce fait bien connu que les autorités faisaient espionner les prêtres réfractaires jusqu'au confessionnal. « Le sieur Pinot, y lit-on, n'a pas craint de donner des conseils pervers jusque dans le tribunal de la pénitence. C'est après s'être assuré de la manière de penser d'un grand nombre de ses paroissiens qu'il a cru qu'il était tenu de débiter dans la chaire de vérité ce qu'il avait dit à chacun en particulier. » (P. 42.)

ni les tourments ni les échafauds n'étaient capables de l'arrêter,
qu'il le devait à sa conscience, au public qu'il devait instruire, et que
le Dieu qu'il venait de recevoir lui commandait impérieusement de
détourner le troupeau qui lui était confié du sentier de l'erreur où il
allait se précipiter. « Tant que les lois qu'a faites l'Assemblée nationale n'ont porté que sur le temporel, j'ai été le premier à m'y soumettre, a-t-il dit. C'est en raison de cela que j'ai fait ma déclaration
pour la contribution patriotique, que j'ai payé les impôts dont on
m'a chargé. Mais aujourd'hui qu'elle veut mettre la main à l'encen-
soir, qu'elle attaque ouvertement les principes reconnus depuis tant
de siècles par l'Église catholique, apostolique et romaine, mon
silence serait un crime. Je dois vous avertir, tout me commande de
vous instruire. Vous voulez savoir ce qui m'empêche de prêter le
serment. C'est que je ne le puis en conscience, c'est qu'il contrarie
la religion... L'Assemblée nationale a détaché la France de notre
chef visible qui est le pape, de sorte que ce dernier portera aujour-
d'hui le nom de chef des fidèles et n'aura aucune communication
avec eux, semblable à un président que vous éliriez dans une de vos
assemblées et qui, placé à la tribune, n'aurait pas la faculté de s'entretenir avec le moindre votant d'entre vous. Vous voyez donc que
cela est évidemment contraire à notre religion... Nous avions toujours considéré les vœux comme ce qu'il y a de plus sacré, et quiconque les eût ci-devant violés, eût été traité d'impie et d'apostat :
cependant l'Assemblée nationale a jugé à propos de les dissoudre ;
elle a dit : Sortez, religieux et religieuses, et les couvents, lieux où
habitaient le recueillement et la sainteté, se sont ouverts et trouvés
déserts... Pour vous convaincre davantage de tout ce que j'avance, et
pour vous prouver que nous ne pouvons prêter le serment sans manquer à la religion et sans nous rendre indignes de notre saint ministère, c'est que moi qui vous parle, après avoir étudié tous les livres
saints, après avoir consulté les gens les plus pieux et les plus attachés
à notre religion, *je verrais mon supplice préparé que je m'y refu-
serais.* C'est ainsi que nous devons faire. Enfin l'Assemblée nationale n'a pas plus le droit de donner de nouvelles circonscriptions aux
diocèses et aux paroisses, ce qui ne peut regarder que le spirituel,
que l'Église n'en aurait de vouloir faire exercer un juge de paix
dans un autre canton que celui qui lui est assigné... Au surplus,
a-t-il continué, rien ne peut m'empêcher d'être votre curé et quand
on m'en arracherait de force, je le serais néanmoins. » (P. 48.)

Le maire Boré signifiait en vain au vaillant pasteur de descendre de chaire. Pinot ne se tut qu'au moment où les mur-
mures des révolutionnaires couvrirent sa voix. Rentré dans

son presbytère, il attendit ensuite de pied ferme, mais il n'attendit pas longtemps.

Le vendredi 4 mars, un détachement de la garde nationale d'Angers, composé de cent hommes à cheval, traversait le village en pleine nuit et cernait la maison curiale. L'abbé Pinot veillait et priait. On dévasta son presbytère, puis on repartit pour Angers avant l'aurore, avec le prisonnier lié et garrotté sur son propre cheval. Le cortège arriva en ville au milieu du jour. Le souvenir du charitable ecclésiastique y vivait encore. Accueilli par des marques de respect et de sympathie, il saluait du regard et du sourire ceux qui se découvraient devant lui. Tout Angers vint ensuite le visiter dans sa prison et Mgr de Lorry protesta ainsi plusieurs fois contre le traitement infligé à l'un de ses meilleurs prêtres. A ses confrères venus en foule, le détenu répondait que Dieu seul avait pu lui donner la force dont il se sentait animé.

Cette même intrépidité le soutint devant le tribunal du district. Ses juges, favorablement impressionnés par la précision et l'assurance de ses réponses, ne le condamnèrent qu'à demeurer pendant deux ans éloigné de huit lieues au moins de sa paroisse. Le commissaire du roi, Choulieu, s'appuyant sur les édits de Charles IX et de Henri IV autant que sur le décret du 27 novembre 1790, avait requis cinq ans de bannissement hors du département, la privation de traitement, la déchéance des droits de citoyen actif et l'incapacité de remplir aucune fonction publique. Aussi fit-il appel d'un jugement qu'il estimait trop indulgent. L'abbé Pinot, à qui appartenait en pareil cas le choix du tribunal, choisit Beaupreau. Là, il fut enfermé au château de la maréchale d'Aubeterre, où venaient d'être installés le tribunal, la municipalité et la prison. La noble et hospitalière habitation n'avait pas seulement donné place aux services publics; elle avait accueilli une communauté entière, les religieuses du Ronceray, qui, expulsées de leur couvent, s'étaient retirées dans cet asile, sous la conduite de leur supérieure, sœur de la maréchale. Elles y observaient leurs règles dans la mesure du possible, mais étaient privées de prêtre, de messe et de sacrements. L'arrivée de M. Pinot leur rendit les secours spirituels. Les gens du pays, livrés à un apostat nommé Coquille, vinrent également demander au prisonnier d'être leur guide et leur pasteur.

Une seconde fois l'abbé Pinot comparut en justice ; ce fut pour entendre confirmer la sentence du premier tribunal. Le Louroux lui restait donc fermé. Alors il se retira à Angers et y reprit son ministère d'autrefois aux Incurables. Mais, irrités de son zèle, les despotes du département lui interdisent l'entrée de l'hospice et lui intiment l'ordre de quitter la ville.

Ici commence sa véritable odyssée. Aujourd'hui il est à Corzé, ramenant les prêtres égarés ou suppléant auprès des fidèles à leur ministère illégitime. Demain, sous la menace du cachot, il s'enfuira au pays des Mauges, allant de village en village et semant le bien sous ses pas. Un moment (novembre 1791), la persécution semble faire relâche. Il en profite pour revoir, mais toujours en cachette, sa chère paroisse du Louroux-Béconnais. Bientôt la place est intenable.

Traqué jour et nuit comme un malfaiteur, craignant de compromettre ceux qui lui donnaient l'hospitalité, il se résolut à retourner aux environs de Beaupreau, où il était moins connu et par conséquent un peu plus libre dans l'exercice de son ministère. Il y demeura caché pendant vingt mois, habitant le plus souvent la paroisse de Saint-Macaire-en-Mauges, dont le curé, M. Delacroix, avait été banni comme M. Pinot pour refus de serment et devait comme lui recevoir la couronne du martyre (p. 73).

L'été de 1793 amena un coup de théâtre. L'armée vendéenne s'emparait de Saumur et d'Angers. L'abbé Pinot n'avait pris aucune part à la guerre, encore qu'elle fût plutôt religieuse que politique ; mais pouvait-il, maintenant que les deux rives de la Loire étaient affranchies de la domination des Bleus, ne pas rentrer une fois de plus dans sa vieille paroisse administrée par une série d'intrus, Ecot, un ex-prieur de Carmes, puis les curés Lalenne et Régnier ? Ce Régnier reçut un châtiment terrible et qu'il en coûte de raconter.

Les chouans ou réfractaires des environs, irrités de se voir recherchés et dénoncés par ce pasteur qui semblait tenir de l'agent de police plus que de l'apôtre, se saisirent de lui dans une de ses tournées patriotiques, lui donnèrent quelques minutes pour faire son acte de contrition et se préparer à la mort, puis ils le fusillèrent séance tenante, en lui disant : « Tu ne dénonceras plus personne. » Ce fut le dernier des curés schismatiques du Louroux-Béconnais. Aucun prêtre assermenté n'osa plus accepter de si dangereuses fonctions (p. 81).

Grande fut la joie du bercail fidèle au retour du bon pasteur, mais de bien courte durée. Aux triomphes succédaient les désastres. L'armée royale et catholique se faisait écraser sous les murs de Nantes, où Cathelineau trouvait la mort. De sanguinaires proconsuls s'abattaient, Carrier sur Nantes et Francastel sur Angers. Ici les noyades, là les colonnes infernales, partout la guillotine et les fusillades. La Convention décrétait l'extermination de la Vendée. La chasse aux prêtres réfractaires recommençait, plus ardente et plus sauvage que jamais. Pinot eût pu fuir à l'étranger; il préféra rester au milieu de son troupeau. Avec son étendue de sept mille hectares et sa quinzaine de hameaux, ses métairies et ses landes, ses étangs et ses bois, ses champs coupés de haies vives et ses bouquets d'arbres touffus, Le Louroux se prêtait merveilleusement à la retraite d'un proscrit et à l'apostolat d'un prêtre. Or, le vieux curé connaissait sa paroisse dans tous les coins pour l'avoir arpentée en tous sens; il savait en outre quelles en étaient les familles les plus dévouées et les plus sûres. Dix-huit mois il en fut l'infatigable missionnaire.

Durant le jour, il demeure enfermé dans des greniers, des étables, y dormant comme il pouvait, récitant son bréviaire, priant, lisant, écrivant quand on avait pu lui procurer quelques livres ou du papier. La nuit, il sortait de sa retraite et se livrait aux fatigues et aux dangers de son ministère. Jusqu'à minuit il avait l'habitude de confesser, de recevoir les fidèles dans l'endroit où il était appelé et on se disait tout bas de l'un à l'autre qu'on le trouverait ce soir-là; il consolait les malades et leur administrait au besoin les derniers sacrements. A minuit, on préparait le nécessaire pour la célébration de la messe qui se disait plus souvent dans un grenier ou dans une étable que dans un appartement plus convenable, mais plus exposé... Le confesseur de la foi se retirait à une heure matinale, de façon à être de retour à son gîte avant le lever du soleil (p. 93).

Vie sublime aux yeux du simple chrétien ; vie palpitante d'intérêt aux regards de l'historien. Certaines pages tiennent du roman d'aventures. Les actes de dévouement y alternent avec les traits d'ingratitude, les alertes et les trahisons avec les précautions de la prudence la plus ingénieuse et les scènes de la fidélité la plus touchante. Chacune de ces pages est un tableau vivant et mouvementé où se heurtent les personnages les plus divers et les plus opposés, délateurs et victimes, bourreaux et martyrs. Parfois on se demande si ces étranges péripéties, ces déchaînements de passions, ces prodiges d'abnégation et de sacrifice, nous reportent sous la Terreur ou au temps des premières persécutions de l'Eglise. Les battues des gardes nationaux et les visites domiciliaires, les femmes et les enfants postés en sentinelle, les hommes et les gars accompagnant le prêtre auprès des mourants, la première communion célébrée dans une grange, tout un ensemble de paysages rustiques et d'épisodes pittoresques, forment autant de chapitres qui tiennent en haleine la curiosité et la piété. On va de surprise en surprise et d'émotion en émotion. L'idylle se confond avec la tragédie.

Enfin, après avoir été deux fois dénoncé par des malheureux qu'il avait nourris de ses aumônes, l'abbé Pinot fut pris au village de La Milandérie. On le trouva étendu au fond d'une grande huche, en forme de cercueil, recouvert de ses ornements sacerdotaux. Avec le captif on transporta au comité, d'après le procès-verbal, « les chasubles, calices, *petits-bons-dieux* et *autres joujoux* de cette espèce ». La passion du martyr commençait. Il eut à endurer les mauvais traitements de la canaille et les injustes procédés de la commission militaire.

Ses juges, relate l'abbbé Gruget, témoin oculaire, pour donner plus d'appareil à son supplice, lui demandèrent s'il ne serait pas bien aise d'y aller en habits sacerdotaux : « Oui, leur répondit-il, ce sera une grande satisfaction pour moi. — Eh bien ! lui répondirent les bourreaux, tu en seras revêtu et tu subiras la mort dans cet accoutrement » (p. 153).

Sur la place du Ralliement, à Angers, l'échafaud s'élevait au lieu où avait été le maître-autel de Saint-Pierre. L'abbé Noël Pinot y parut, le 21 janvier 1794, revêtu de ses ornements sacrés. Elevant les yeux au ciel, il s'écria, comme pour célébrer la messe : *Introibo ad altare Dei*. Les bourreaux répondirent : « Vive la République! »

Nous craignons d'avoir défloré ces récits véritablement poignants. Ceux qui ne les connaissent pas ignorent quelques-uns des plus beaux Actes de nos martyrs. « Si vous souffrez la mort, dit M. Sauvé, d'une manière explicite, comme une continuation du sacrifice de Jésus-Christ, c'est la mort chrétienne par excellence, et la leçon de mourir ainsi se dégage comme d'elle-même d'une histoire où un prêtre meurt comme s'il allait offrir le saint sacrifice » (p. 17). L'abbé Noël Pinot est tombé dans l'exercice de ses fonctions sacerdotales. Il fut prêtre jusqu'au bout.

II

La biographie du curé angevin a parfois, sous la plume élégante du marquis de Ségur, je ne sais quel aspect plus littéraire que documentaire; on ne saurait adresser le même reproche à la *Vie de l'abbé Jean-Baptiste Bottex*, par M. l'abbé Dementhon; c'est l'œuvre d'un érudit qui ne cherche point à dissimuler son érudition. Mais la même tendance domine les deux auteurs; ils veulent prouver que leurs héros sont des martyrs.

La démonstration, moins facile peut-être pour Bottex que pour Pinot, est faite pourtant de façon qui semble décisive.

Docteur de l'Université de Valence, professeur au séminaire Saint-Irénée de Lyon, puis vicaire et curé à Neuville-sur-Ain, son pays natal, enfin député du clergé bressan aux Etats-généraux, l'abbé Bottex était un intellectuel et un homme de vaillance. Il fut l'un des signataires de la protestation contre le vote de l'Assemblée nationale du 13 avril 1790, qui enlevait à la religion catholique son titre séculaire de religion nationale. Il prit part à la lutte mémorable contre la constitution civile du clergé, et quand les pouvoirs de l'Assemblée expirèrent, il pouvait dire avec les évêques-députés écrivant à Pie VI : « Nous avons rempli nos devoirs au milieu des troubles et des orages, et nous n'avons pas laissé la crainte approcher du sanctuaire... Nous subirons notre destinée, quelle qu'elle puisse être, avec le courage que la religion inspire... Nous courons une noble carrière, celle de l'adversité » (p. 249).

Bientôt il en courait une plus noble encore, celle du martyre.

Un intrus avait envahi sa cure. Emigrer en Italie ou en Suisse lui paraissait sans doute une désertion. Il resta à Paris et prit pension au séminaire des Missions-Etrangères. Toute une année, il y goûta un calme relatif. Mais avec la journée du 10 août et la loi de police générale votée dès le lendemain par la Législative, les affaires changèrent de face. Les évêques et les prêtres non assermentés furent aussitôt signalés aux sections de Paris. Dans la nuit du 14 au 15 août, Bottex fut arrêté à son domicile par une bande de Marseillais qui, sabre nu, avaient forcé la grille. Il avait eu le temps de détruire ses papiers ; mais une lettre de l'abbé Maury, émigré, était restée sur sa table et fut saisie. Ordre fut donné de l'incarcérer à la Force (1). Le motif de son incarcération, d'après son compatriote et contemporain Lalande, était qu'on le regardait « comme *prêtre réfractaire* et ayant des relations avec le secrétaire de l'abbé Maury » (p. 294).

Un seul regret le tourmentait dans sa prison, au dire d'un

(1) Ancien hôtel du duc de *Caumont* La Force et non *Chaumont* (p. 301). A la page suivante, on lit *1892* pour 1792, etc.

de ses compagnons de captivité, c'était de n'avoir pas été arrêté, comme les prêtres des Carmes, uniquement pour cause de religion, mais à l'occasion de la lettre de Maury : « Je sais bien, disait-il, que cette lettre est loin de rien contenir contre l'Etat, je mourrai innocent de ce crime ; mais je n'aurai pas le bonheur de mourir pour la foi. » Il se trompait ; au martyre de désir allait succéder le martyre du sang. Le serment de liberté-égalité, décrété le 14 août, lui permettrait de réaliser son vœu.

Le dimanche 2 septembre, à la nouvelle que Verdun était pris par les Prussiens qui marchaient sur Paris, les meneurs résolurent d'affoler la populace et de la pousser au massacre des prisons. Les grandes tueries commencèrent dans la nuit du 2 au 3 ; on fit l'appel des prisonniers à la Force, et la boucherie humaine fut organisée. L'abbé Bottex comparut, dans l'après-midi du 3, devant les juges improvisés qui se relayaient à une parodie de tribunal. « Il ne lui fut pas difficile, écrit Barruel, de prouver que l'objet de sa correspondance avec Maury n'était point un complot contre la nation et il fut absous » (p. 364).

Mais ces acquittements cachaient un piège. « Au lieu de renvoyer aux sections, continue Barruel, le petit nombre de prêtres arrachés au massacre, comme cela se faisait aux Carmes et à Saint-Firmin, les bourreaux de la Force ne perdaient de vue leurs prisonniers qu'après les avoir entendus prononcer le serment liberté-égalité. Ces bourreaux étaient au guichet de la prison. Au nombre d'environ soixante, ils formaient une haie prolongée jusqu'à l'extrémité de la rue, fermée par un trophée de cadavres entassés les uns sur les autres. » Si le prisonnier refusait de répéter le serment articulé par un des Marseillais, « son corps couronnait le monceau de cadavres ». Bottex avait des doutes sur la licéité de ce serment ; il ne pouvait donc le prêter en conscience, même sous le fer des assassins. « Sans plainte et sans remontrance, écrit M. l'abbé Dementhon, sans bravade ni ostentation, il refuse une dernière fois de le prononcer ; — et à peine a-t-il manifesté son refus qu'il tomba sous les coups de massues, des sabres et des piques entremêlées » (p. 371).

Telle fut la fin de l'abbé Jean-Baptiste Bottex, martyr de la sainteté du serment.

III

Avec la *Sœur Marguerite Rutan* on ne s'éloigne point du nord-ouest autant que semblerait l'indiquer la distance d'Angers à Dax. Dans la lettre de dénonciation adressée par le comité de surveillance de Dax à la commission extraordinaire instituée à Bayonne le 13 ventôse (2 mars 1794,) par les représentants du peuple en mission Pinet et Cavaignac, on lit que les sœurs de l'hôpital, ces « coquines d'aristocrates, débauchent les soldats, *les prêchent d'aller dans la Vendée* ». La sœur Rutan, supérieure, est particulièrement inculpée « d'avoir employé des moyens de séduction, soit en propos, soit en donnant de l'argent aux braves défenseurs de la patrie que des blessures honorables ont amenés à l'hôpital, pour les engager à joindre les brigands de la Vendée et tourner les armes contre leur patrie » (p. 56).

Il n'en était rien assurément ; mais ces documents révolutionnaires, très heureusement mis en œuvre par M. l'abbé Coste, n'en n'ont pas moins une saveur de véracité caractéristique : ils nous font respirer l'atmosphère des établissements hospitaliers sous la Terreur. On sort ici du monde si souvent décrit des prisons, pour pénétrer dans un milieu spécial d'une couleur originale et d'un vif intérêt. On assiste même à une laïcisation avant la lettre, les sœurs étant finalement remplacées par des *Dames patriotes*.

L'héroïne de ce récit, presque aussi passionnant que l'épopée sacerdotale de Noël Pinot, est une religieuse de

Saint-Vincent-de-Paul. Née à Metz, le 23 avril 1736, d'un tailleur de pierres devenu architecte, Marguerite Rutan avait gardé de l'éducation paternelle le goût du bâtiment. La Providence lui fournit une heureuse occasionde l'exercer. Envoyée à Dax, après mainte pérégrination au service des pauvres, elle avait singulièrement contribué d'abord à l'embellissement de l'hôpital Saint-Eutrope presque achevé, puis à son agrandissement.

Les administrateurs se reposaient volontiers sur l'intelligente clairvoyance de la sœur Rutan du soin de diriger les travaux et même d'en approuver ou modifier les plans. Elle signait les contrats avec les entrepreneurs, elle acquittait les sommes convenues, tout, en un mot, passait par ses mains. Là encore ne s'arrêtait pas son ardente charité toujours en éveil, toujours préoccupée de joindre aux secours matériels l'assistance intellectuelle et morale. Aussi ménageat-elle dans les dépendances de l'hôpital l'emplacement d'une école où les enfants devraient recevoir l'instruction et l'éducation chrétienne. Deux classes furent créées, l'une pour les garçons, l'autre pour les filles. A peine élevées, ces deux ruches furent aussitôt remplies d'un essaim, joyeux et diligent, qui ne cessa de se multiplier jusqu'à ce que la Révolution vînt mettre un terme à son beau développement.

Pour trouver l'argent, elle avait fait des miracles de zèle. L'heure de l'ingratitude, ou plutôt de la récompense supérieure, allait bientôt sonner. Le décret du 18 août 1792 supprimait « toutes les congrégations religieuses, même celles uniquement vouées au service des hôpitaux et au soulagement des malades ». Le conventionnel Saurine, évêque constitutionnel des Landes, non content d'avoir enlevé à main armée sa cathédrale, avait essayé d'emporter de haute lutte théologique la soumission de sœur Rutan à ses prétendus pouvoirs. De cette tentative manquée il n'avait retiré que de la confusion ; mais, moins sanguinaire que ne l'a fait sa légende, il n'avait point gardé rancune à la supérieure récalcitrante ; il réclama même énergiquement, en sa qualité de principal administrateur de l'hôpital, le maintien des sœurs dont plusieurs citoyens demandaient l'expulsion. De plus, un prêtre réfractaire, l'abbé

Lacouture, resta longtemps leur aumônier. L'intrus Larraburu n'entra en fonctions à sa place que le 24 mai 1792.

Mais alors la position devint intenable. Il n'était question de rien moins que de substituer aux administrateurs demeurés bienveillants les chefs le plus farouches du parti révolutionnaire. D'odieuses menaces circulaient. Les sœurs ne virent plus qu'un parti : la fuite. Dans la nuit du 3 au 4 juin, elles transportèrent, en prévision de leur prochain départ, quelques objets leur appartenant en propre chez des personnes amies. Ce fut le signal de la persécution. Le procureur de la commune, instruit du fait, prononçait, le 6, devant le conseil municipal, un réquisitoire contre les voleuses. L'intègre magistrat s'écriait :

Vous savez qu'elles ont été surprises enlevant plusieurs objets renfermés dans des sacs et ballots et les faisant sortir de l'hôpital par une porte dérobée. Sans me livrer à toute l'indignation que doit produire une telle conduite dans l'âme d'un citoyen ami de l'ordre et des institutions consacrées au soulagement des malheureux, je ne vous cacherai pas que ces enlèvements étaient le préalable d'une fuite *peut-être* nocturne, de la part de ces filles, et de là serait résulté l'abandon d'une maison où *peut-être*, dans ces moments, il existait des malheureux mourants et d'autres agonisants. Les desseins qu'ont manifestés ces filles par cette conduite sans doute coupable doivent appeler toute notre sollicitude sur l'administration extérieure et intérieure de cet hospice consacré au soulagement de l'humanité souffrante (p. 27).

Comme conclusion le bon apôtre proposait le remplacement des sœurs « dans le plus court délai ». Après ce flux de paroles, il coula beaucoup d'encre. Le conseil général de la commune avait prié le Directoire du département d'autoriser le renvoi des religieuses, « l'intérêt public exigeant que la dévastation ou enlèvement commis dans l'hôpital de Dax soit promptement constatée et que les auteurs, fauteurs et complices soient découverts et punis par les voies légales ». Le Directoire ordonna une enquête, confiée à deux délégués choisis parmi les plus sectaires. L'arrêté, à la date du 20 juin, qui résulta de leur rapport, fut négatif sur la question du vol, « les sœurs qui desservent l'hôpital de cette ville ayant fait enlever nuitamment *quelques hardes qui paraissaient leur appartenir* »; mais sur la tentative d'évasion elles furent déclarées « très blâmables de s'être déterminées à un parti aussi extrême » (p. 20).

Un si piètre résultat ne pouvait satisfaire le parti hostile aux religieuses. Une seconde enquête fut donc ordonnée, enquête générale sur la conduite desdites sœurs, leur dévouement, leur esprit d'ordre et d'économie, leurs rapports avec l'aumônier constitutionnel. Le commissaire inspecta le mobilier, trouva, d'après ses propres expressions, « les salles très propres et sans odeur, les malades très bien rangés et soignés, ayant tout ce qui leur était nécessaire et leurs lits très propres ». Des cinq cents malades hospitalisés, aucun n'eut un mot de blâme. Les militaires se disaient « bien nourris, bien soignés », et assuraient que nulle part ailleurs « ils n'avaient été aussi bien traités » (p. 31).

L'aumônier assermenté Larraburu témoigna lui-même de la parfaite tolérance des sœurs, déclarant « qu'il ne pouvait que se louer de leur conduite, que bien loin de présenter quelques obstacles à l'exercice de ses fonctions, elles lui fournissaient au contraire tous les moyens de les faire avec facilité, l'avertissant toutes les fois qu'il était nécessaire de confesser les malades et administrer les sacrements ». Les religieuses avaient été évidemment prévenues par qui de droit que, dans les cas urgents, les prêtres constitutionnels avaient tous pouvoirs.

Le Directoire départemental sut rendre hommage à la vérité et à la justice. Il porta un arrêté par lequel, « considérant qu'il résulte des éclaircissements pris par ledit commissaire que les sœurs grises de l'hôpital remplissent leurs fonctions avec tout le zèle qu'on peut attendre de leur humanité, que la conduite qu'elles tiennent vis-à-vis des malades est sous tous les rapports digne d'éloges, que d'ailleurs l'hôpital est dans le meilleur ordre; arrête qu'il n'y a pas à délibérer sur le remplacement des sœurs... en conséquence les maintient dans leurs fonctions et les invite à continuer leurs soins aux malades avec le même zèle qu'elles ont témoigné jusqu'à présent ».

La recrudescence de persécution qui sévit aussitôt après le 10 août faillit provoquer chez les religieuses une seconde crise de découragement. Mais la sœur Rutan ne faiblit pas et sut leur communiquer son esprit de décision. Sous sa direction, ses compagnes se transformèrent en confrérie et changèrent leur nom en celui de *Dames de Charité*, observant quand même leurs règles de leur mieux.

Vaines précautions. La Révolution continuait d'empirer. A l'intérieur, les ressources tarissaient ; en même temps la guerre des frontières d'Espagne amenait à Dax un nombre considérable de blessés. Pour comprimer le mouvement fédéraliste, une poignée de conventionnels régicides venait d'être envoyée dans la région du sud-ouest avec des pouvoirs dictatoriaux. Enfin le serment de fidélité à la Constitution était imposé sous peine de destitution, même aux servantes des pauvres. Les sœurs ne le prêtèrent pas et réstèrent en place ; mais cette situation ne pouvait se prolonger indéfiniment. Le club des Barnabites guettait l'occasion d'intervenir. Le comité de surveillance établi par les commissaires de la Convention, le 27 octobre 1793, se mit à sa remorque. En quelques jours, il débaptisa les rues, transforma les vieux couvents en prisons, publia une liste de suspects et fit opérer des perquisitions à domicile. La délation venait en aide à tout.

Un soldat de l'armée des Pyrénées ayant été guéri, grâce aux bons soins de la sœur Rutan, avait voulu, par une pensée délicate, lui en témoigner sa reconnaissance en organisant une sérénade en l'honneur des sœurs avec quelques artistes. Dénonciation indignée des démagogues dacquois. La supérieure est signalée au club des Barnabites, — les Jacobins de l'endroit, — « pour s'être livrée au plaisir et avoir abandonné les frères d'armes mutilés en défendant la patrie » (p. 41).

Et de nouveau l'encre coula en attendant le sang. Le comité de surveillance décrète, le jour même, l'arrestation de la sœur Rutan et l'apposition des scellés sur ses papiers. Ce décret rappelle que la société « populaire et montagnarde » a dénoncé « la supérieure de l'hospice de bienfaisance... comme ayant par son incivisme cherché à corrompre et à ralentir l'esprit révolutionnaire et républicain des militaires..., comme étant notoirement reconnue aristocrate depuis le commencement de la Révolution, comme étant, en un mot, indigne de remplir les fonctions humaines et bienfaisantes que l'on doit envers les hommes libres, dignes à tous égards de la reconnaissance publique, vu le peu de confiance dont elle jouit parmi les sans-culottes de la ville ».

La fille d'un tailleur de pierres qualifiée d'aristocrate !

Les trois derniers actes de cette comédie qui tournait au tragique furent l'incarcération, le jugement et l'exécution de la digne sœur de Saint-Vincent-de-Paul. Ceux de nos lecteurs qui recourront aux pages émouvantes de M. l'abbé Coste auront la pleine vision de ce drame sublime et sanglant. Qu'on en juge par cet épisode qui se produisit sur le passage du cortège conduisant à la guillotine le curé réfractaire Jean-Eutrope de Lannelongue (1) et sœur Marguerite Rutan, au pas de charge et au bruit du tambour, le 29 germinal (9 avril 1794) :

Intrigué par le bruit extraordinaire qu'il entendait, un des enfants que la sœur avait vus souvent jouer à l'hospice jeta de la chambre où il se trouvait renfermé un coup d'œil curieux dans la rue. Ses yeux rencontrèrent ceux de la martyre, qui lui sourit avec tendresse. L'enfant avait près de lui sa mère ; dans un sentiment d'horreur, elle ferma brusquement la fenêtre et dit à son fils : « Mets-toi à genoux et prie pour elle ; les malheureux vont la tuer. » Le pauvre petit ne sut que donner cours à ses larmes ; le chagrin l'étouffait (p. 61).

M. Coste estime que la courageuse sœur, si bienfaisante durant sa vie, si courageuse en prison et sur l'échafaud, fut une véritable martyre « au sens étroit du mot ».

Le sentiment de ses contemporains, dit-il, est unanime à ce sujet. Ce que la commission voulut atteindre dans sa personne, c'était son

(1) L'abbé de Lannelongue, écrit M. Coste, « était un de ces prêtres héroïques qui, pour ne pas laisser les pieux fidèles sans pasteurs, avait, sous un déguisement, continué sa vie d'apôtre. Dieu le récompensa de son dévouement par le martyre. Le jour de sa mort il portait encore les habits de paysan dont il était revêtu lors de son arrestation » (p. 57).

« fanatisme ». Le mot se trouve en toutes lettres dans l'arrêt de la condamnation. Or, chacun le sait, dans le langage révolutionnaire, *fanatisme* était alors synonyme de fidélité, d'attachement à la foi catholique (1). La commission, ou plutôt Pinet, voulait avant tout frapper la chrétienne héroïque, dont l'influence toujours grandissante fortifiait dans les cœurs l'amour de la religion et de ses œuvres.

Tout lecteur impartial s'associera volontiers à la manière de voir du consciencieux biographe.

IV

Martyres aussi, les trente-deux religieuses de Bollène, vingt-huit sacramentines et quatre ursulines, mises à mort par la guillotine, du 6 au 26 juillet 1794, à Orange. L'auteur de leur monographie, M. l'abbé Redon, proteste en tête de son ouvrage qu'il n'entend donner aux qualifications de martyres et de saintes qu'une valeur purement humaine, résultant de témoignages privés; dans la savante dissertation par laquelle il termine, il étudie la nature et les conditions du martyre et démontre méthodiquement que toutes ces conditions « se trouvent réunies et accomplies dans la persécution et la mort » (p. 228) que subirent les trente-deux victimes. Ce chapitre est un excellent résumé, clair et méthodique, de l'exposition un peu touffue qui précède. Peut-être l'abbé Redon aurait-il dû y attirer davantage encore l'attention sur ce fait que la cause de ses héroïnes est entièrement exempte des éléments politiques qui se trouvent plus ou moins mélangés dans les procès intentés à la plupart des autres martyrs de la Révolution. En revanche, on pourra trouver qu'il se montre parfois sévère pour ceux qui prêtèrent le serment de liberté-égalité. « Il ne restait plus, écrit-il, en 1794, que la liberté obligatoire de l'ir-

(1) Voir plus haut, p. 119.

religion, et l'égalité dans l'impiété. Si des religieuses avaient alors prêté ce serment, elles auraient donné un horrible scandale » (p. 51).

Quoi qu'il en soit de cette appréciation, on trouve beaucoup à apprendre et beaucoup à admirer dans les magnifiques exemples mis ici sous nos yeux, avec une véritable surabondance d'information.

Bollène était au dix-huitième siècle une charmante ville de six mille âmes, au diocèse de Saint-Paul-Trois-Châteaux, dans le comtat Venaissin. Sur nos trente-deux martyres, toutes, à l'exception de trois, y étaient nées ou avaient été membres des deux communautés religieuses, les Sacramentines et les Ursulines. Ces deux couvents remontaient l'un à l'année 1725, l'autre au dix-septième siècle, et n'avaient pas cessé d'être florissants. Ils étaient alimentés par les familles de la petite cité qui gardait intactes les traditions et les mœurs catholiques des âges de foi. Quand éclata la Révolution, les Sacramentines étaient au nombre de vingt-deux sœurs de chœur, plus quelques converses, novices et tourières ; les Ursulines, à la date du 4 octobre 1792, comprenaient dix-sept sœurs de chœur et six converses. Les Sacramentines étaient vouées à l'adoration perpétuelle; les Ursulines à l'instruction.

Au début du bouleversement général qui agita les provinces de France, les pays-enclaves et les pays-frontières, les Avignonnais pillèrent les églises des paroisses et des confréries. Carpentras au contraire se montrait réactionnaire. Par deux fois, en 1791, Jourdan Coupe-Tête vint l'assiéger inutilement avec ses brigands. La réunion d'Avignon et du comtat à la France s'effectua par décret le 14 septembre de cette même année; mais des mois et des mois s'écoulèrent avant l'organisation définitive du nouveau régime dans la vieille possession pontificale. A Bollène « on regrettait le gouvernement doux et paternel du pape » (p. 15) et l'on avait horreur des sanglantes atrocités, telles que le massacre de la Glacière, commises dans la région. La municipalité se composa longtemps « de citoyens honnêtes et chrétiens qui se montrèrent polis et convenables »

(p. 22). L'ère des vexations commença en juin 1792. « Déjà, écrit la sœur annaliste du Saint-Sacrement qui exagère à son insu, presque toutes les communautés de France étaient hors de leurs cloîtres ; il ne restait guère que celles de Bollène » (p. 24). Mais elles ne devaient plus y rester longtemps.

Le 14 août 1792, la nouvelle formule du serment de liberté-égalité avait été prescrite. Tous les prêtres de la ville refusèrent de le prêter, sauf un, l'abbé Tavernier de Courtines, l'aumônier des Sacramentines, nommé administrateur du diocèse de Saint-Paul par Mgr du Lau, archevêque d'Arles, ensuite par un bref de Pie VI, en date du 28 mai 1793. Tavernier estimait, comme l'abbé Emery, ce serment licite et avait sans doute été influencé par le désir de pouvoir continuer son ministère ; il jugea pourtant à propos de se rétracter, lorsqu'il vit combien peu son exemple était suivi. Quant aux religieuses, elles avaient regardé son acte comme une *faute* permise par le Seigneur pour l'humilier. Dieu, ajoute leur annaliste, ne souffrit pas « que son fidèle ministre vécût longtemps dans l'*erreur*. Bientôt il fit briller un rayon de lumière au fond de son âme, qui lui fit comprendre que ce serment tendait au schisme » (p. 26). On voit ici combien pure était l'orthodoxie des sœurs de Bollène, fidèles imitatrices en cela de leur digne clergé. Cette disposition d'esprit est à retenir ; elle sera la cause immédiate de leur persécution et de leur martyre.

Le 9 octobre 1792, les officiers municipaux se présentaient à la porte du monastère des Sacramentines, pour les contraindre à en sortir. Le procureur-syndic du district consulté avait répondu que « depuis le 1er octobre elles devaient être toutes dehors de leur *prison*, mais que si, par une citation tardive du décret, elles se trouvaient sans location, on pouvait concilier ce qu'on doit aux lois, avec ce qui est dû à la justice et à l'humanité » (p. 38). Les religieuses demandèrent en effet un délai de trois jours et il leur fut accordé. Ces trois dernières journées furent lamentables. Une troupe de brigands, sous prétexte d'inventaire, avait tout envahi, pillait, emportait, profanait les vases sacrés. La supérieure, Mme de la Fare, était une personne distinguée et énergique, sœur de l'évêque de Nancy, plus tard archevêque de Sens et cardinal; elle tint à protester par écrit qu'elle ne cédait qu'à la force.

« Le soir du 13 octobre 1792, nos chères sœurs se virent forcées de quitter leur chère solitude, pour rentrer dans la malheureuse Babylone. » Tel est le mélancolique bulletin de départ rédigé par l'annaliste de la communauté. C'était l'exil et la dispersion. Plusieurs sœurs furent prises en voiture par leurs parents qui les recueillirent; d'autres furent reçues par des amis de la maison.

Ce fut un moment des plus pénibles, celui où elles eurent à se revêtir du costume du monde, en se dépouillant de leur saint habit, dans lequel elles avaient compté mourir. Du moins elles en gardèrent les vertus symboliques, la pauvreté, la mort au monde et la sainte modestie qui leur sert de voile (p. 42).

Ce sont les mêmes sentiments et parfois les mêmes expressions que nous avons rencontrés naguère, à propos des mêmes circonstances, sous la plume de l'historienne des carmélites de Compiègne (1). D'un bout de la France à l'autre, il y avait donc alors égal attachement à la vie religieuse et pareil regret de la quitter. A Bollène, les sœurs s'étaient réunies une dernière fois à la tombée de la nuit dans leur chapelle dévastée, avaient jeté un suprême regard au tabernacle ouvert et à la lampe éteinte; et quand leur supérieure avait franchi, la dernière, le mur de clôture, elle était tombée évanouie.

Les Ursulines avaient subi le même sort. De même que les Sacramentines dont le plus grand nombre s'étaient réunies dans une maison louée, elles restaient sous la direction de leur supérieure (Mᵐᵉ de Troquart) et s'efforçaient de continuer à vivre en communauté du produit de leur travail. Ce genre d'existence dura dix-huit mois.

Durant ce laps de temps, la Révolution déchaînée comme un torrent furieux avait poursuivi son cours et ses ravages. Pour établir la Terreur dans le département de Vaucluse, la

(1) Voir plus haut, p. 76, n. 1.

Convention y avait envoyé un émule de Robespierre, le proconsul Etienne-Chrysostome Maignet, surnommé le *Bourreau du Midi*. Il écrivait :

· Guerre au modérantisme, aux prêtres, aux nobles, à tout ce qui n'est pas républicain... Il faut que cet affreux système de clémence meurtrière disparaisse, que l'énergie républicaine échauffe toutes les âmes, *abatte toutes les têtes orgueilleuses* qui n'ont pas su de bonne heure s'abaisser devant le niveau de l'égalité. Il faut enfin que le peuple soit heureux, et il ne pourra l'être que lorsque nous serons débarrassés de tous ceux pour qui cette idée du bonheur du pays est un supplice.

Un arbre de la liberté ayant été coupé dans un village par des mains inconnues, il y fit prononcer par le tribunal criminel d'Avignon soixante-trois condamnations à mort, guillotiner les uns, fusiller les autres, et livrer les maisons aux flammes. « Maignet *remplit bien sa mission* », dira Robespierre.

Un homme si passionné pour le bien public et si peu scrupuleux sur les moyens de le procurer ne pouvait oublier quelques religieuses à tracasser. D'après ses ordres, un notaire banqueroutier de Paris nommé Le Go, agent national du district de Carpentras, rappela aux municipalités et aux comités de surveillance que la loi du 9 nivôse (29 décembre) 1793 assujettissait les ci-devant religieuses à la prestation du serment de liberté-égalité. A Bollène, les intrus seuls s'étaient soumis à cette obligation ; les religieuses s'y refusèrent énergiquement. Réunion du comité de surveillance, le 28 germinal (17 avril) 1794. Décret de mise en état d'arrestation « dans la maison qu'elles habitent respectivement, jusqu'à ce que le comité ait fixé le jour de leur traduction à Orange, pour être renfermées dans la maison nationale » (p. 51). Un mandat d'arrêt nominatif fut ensuite signifié à chacune d'elles.

Aucune ne chercha à se cacher ni à s'enfuir. Non seulement elles restèrent tranquillement dans leurs maisons louées, mais plusieurs de celles qui étaient réfugiées chez leurs parents vinrent se réunir, pour partager leur sort, à celles qui vivaient encore en communauté.

Le 12 floréal (1er mai) le comité de surveillance donna ordre à toutes les religieuses de se tenir prêtes à partir le lendemain pour Orange. Quelques malades en furent empêchées. Les vingt-neuf valides passèrent la nuit en prière, montèrent dans des charrettes et furent menées par les gendarmes à destination : « Pauvres victimes conduites à la boucherie », s'écria devant ce spectacle un homme du peuple, lequel, pour son exclamation, fut aussitôt appréhendé et transféré avec elles.

La liste des recluses s'allongea de jour en jour jusqu'au 19 juillet. Il y eut alors cinquante-cinq religieuses et cent quatre-vingt-dix-huit femmes dans la prison de la Cure. Cinq autres maisons de détention étaient bondées de suspects. C'était le triomphe de Maignet, qui allait obtenir la création d'une commission populaire ou tribunal révolutionnaire. « Je porte de *douze à quinze mille hommes*, écrivait-il à son ami Couthon, ceux qui ont été arrêtés. Il faudra faire une revue, afin de prendre ceux qui doivent payer de leur tête leurs crimes » (p. 62).

Le tableau des fureurs de ce monstre est vigoureusement tracé par l'abbé Redon, sans déclamation, mais seulement avec ses propres aveux et la statistique de ses crimes. Les portraits des juges Fauvety, Roman-Fonrosa, Melleret, Ferdex, Ragot et de l'accusateur Viot sont de petits chefs-d'œuvre de vérité et de vie. Nous y renvoyons les lecteurs curieux de visiter un musée des horreurs.

Comme parfait contraste, ils verront se dresser en face les fières et nobles figures des victimes, et, parmi celles-ci, nos trente-deux religieuses. Admirables de piété dans leur prison, joyeuses au moment de l'appel au tribunal, superbes devant leurs juges et leurs exécuteurs, elles furent tour à tour des apôtres et des anges de consolation au milieu des prisonniers, des héroïnes et des martyres, quand, pareilles aux chrétiennes de la primitive Eglise, elles étaient enfermées au *Cirque* avant d'être mises à mort. « En arrivant au lieu de leur triomphe, lit-on dans les *Relations* de 1795, elles embrassèrent l'échafaud, remercièrent les juges, pardonnèrent à leurs bourreaux, et, la paix dans le cœur, la sérénité sur le front, elles consommèrent ainsi leur sacrifice. » Et les spectateurs de murmurer : « La religion seule peut inspirer tant de courage et de sécurité » (p. 105).

V

Par leur refus de prêter le serment de liberté-égalité les trente-deux martyres d'Orange se rapprochent du cas de l'abbé Bottex. Parmi les exemples d'union et de cohésion dont elles firent preuve jusqu'au bout, comme par leur fidélité aux habitudes conventuelles après leur sortie du cloître et leur préparation consciente et réfléchie à la mort violente pour cause de religion, elles font un glorieux pendant aux seize carmélites de Compiègne.

Celles-ci, qui avaient déjà en cour de Rome l'avance sur tous les autres martyrs de la Révolution, viennent d'avoir encore la bonne fortune d'être présentées au grand public par un historien de marque. Spécialement versé dans les fastes du clergé français de 1789 au Concordat, M. Victor Pierre était particulièrement désigné pour aborder un sujet auquel Rohrbacher et Jager n'avaient consacré que des lignes peu exactes, que Thiers, Louis Blanc et Michelet — heureusement d'ailleurs — avaient passé sous silence. Sa monographie est l'œuvre d'un labeur considérable et d'une remarquable sagacité. Pas un fait important ou menu, qu'il n'ait éclairci avec la passion et la patience d'un érudit. Signalons notamment sa préface où il a su résoudre le problème des sources d'une façon aussi nouvelle que satisfaisante et son chapitre sur les missions de Collot d'Herbois et d'André Dumont à Compiègne qui nous fait assister aux fêtes révolutionnaires dans la royale cité. Ses solutions sur le subterfuge employé par le maire pour extorquer le serment aux religieuses, sur l'audience du tribunal révolutionnaire et le dossier du procès, sont de nature à fixer définitivement des questions longtemps débattues. Enfin maint détail de toute sorte s'y rencontre, que l'on ne trouverait chez aucun auteur (p. 43). Ajoutons que le ton de l'écrivain, expression de ses sentiments intimes, est toujours celui d'un catholique fervent. M. Victor Pierre partageait sa vie entre les œuvres populaires et les recherches historiques. Il est mort à la tâche (16 novembre 1904) en achevant de corriger les épreuves de ses *Seize Carmélites de Compiègne.* Quand parut, quelque temps après, ce volume, nos articles des *Etudes* étaient déjà tous publiés ou composés ; il ne nous a donc pas été donné de profiter de ce beau livre. Mais désormais il ne sera plus permis de toucher à cette histoire sans le prendre pour guide et pour modèle. Tout au plus lui reprocherons-nous de n'avoir pas toujours reproduit les textes originaux avec la dernière fidélité matérielle (p. 56).

Déjà son ouvrage a inspiré une très curieuse étude sur Denys Blot, l'un des personnages les plus intéressants du drame de la Conciergerie, à M. l'abbé Cochard, dans les *Annales religieuses du diocèse d'Orléans* (21 et 28 janvier, 4 et 18 février 1905). Sous le titre d'*Un vigneron de Saint-Paterne d'Orléans sous la Terreur*, le docte chanoine a fait revivre ce type si intéressant du travailleur rural d'autrefois, ne connaissant guère deux chemins, celui de sa terre, ou de son clos de vigne, et celui de l'église paroissiale. Celui-là avait cependant poussé un jour jusqu'à Rome en plein été de 1777. Le 27 août 1794, délivré des prisons de la capitale qui lui avaient été clémentes, grâce au concierge Richard (le même que j'ai appelé *Lebeau* d'après des documents moins sûrs) (1), il reprenait la route de sa bonne ville d'Orléans. « Il ramenait comme on pense bien, à son foyer, écrit M. l'abbé Cochard, la paix et le travail, avec le sentiment d'avoir fait à Paris, comme à Orléans, tout son devoir de chrétien. » Sitôt qu'il rencontra un prêtre non assermenté, il s'empressa de faire baptiser son fils. Puis il raconta ses souvenirs de détention à Mme Philippe, la future

(1) Voir plus haut, p. 114, n. 2.

historienne des Carmélites, et il passa de vie à trépas, le 16 février 1826, âgé de soixante-seize ans (1).

VI

C'est une noble figure de soldat chrétien à la fin d'un régime où tout devenait païen, que celle du capitaine-commandant en retraite Jean-Antoine-Joseph de Villette. Né le 12 juin 1731, au Cateau-Cambrésis, il avait fait, croit-on, ses études au petit collège que les Jésuites tenaient dans cette ville.

Dès l'âge de seize ans, il entrait dans la carrière militaire et commençait à servir comme gendarme. Six ans plus tard il était nommé lieutenant au bataillon d'Amiens, passait ensuite au régiment de Barrois et obtenait le grade de capitaine, en 1761. Chevalier de Saint-Louis, en 1773, il sollicitait vainement une lieutenance-colonelle et ne parvenait qu'à se faire délivrer les plus flatteuses attestations. « Il ne m'est revenu, écrivait le maréchal du Muy, que des témoignages avantageux de cet officier et je le ferai comprendre dans le nombre de ceux qui sont susceptibles d'avancement et dont je mettrai les noms et les services sous les yeux du Roi, lorsqu'il vaquera des emplois supérieurs. » Le comte de Cadignan lui reconnaissait « autant d'intelligence que d'humanité, dans l'exercice des fonctions les plus délicates qui lui avaient été confiées ». Le marquis de Chabrillan certifiait qu'il avait « toujours servi avec distinction et zèle ». Le duc de Mouchy, commandant en chef de la province de Guyenne, les comtes de Caraman, de Metfort et de Périgord, le marquis de Failly, rivalisaient de formules laudatives. Caraman rappelle particulièrement la belle conduite et la bravoure de Villette à l'attaque d'une redoute devant

---

(1) Le chanoine Cochard m'écrivait à la date du 12 mai 1905 : « Je reviens à Blot, il n'a pas laissé de descendance portant son nom ; il avait marié une fille à un sieur Faucher, vétérinaire à Arthenay, près d'Orléans. »

Dusseldorf, en 1758; Failly engage sa parole que c'est « un des plus braves officiers que le Roi ait à son service » et qu'il unit « à la valeur due à son état la vivacité d'un homme plein d'honneur et de courage ». Metfort déclare, avec quelque emphase sans doute, avoir toutes les raisons du monde « d'en porter le jugement le plus avantageux sur tous les points qui peuvent caractériser un homme de guerre ».

Tant de recommandations n'avaient abouti, pour l'intéressé, qu'au grade de capitaine-commandant, à de bonnes paroles de ses supérieurs hiérarchiques, au sacrifice d'une partie de sa fortune et à la ruine de sa santé. Fatigues et douleurs le contraignaient à solliciter une retraite qui lui fut assignée à 1.100 livres par an. C'était peu pour récompenser une vie de travaux et de dévouement dans les campagnes de Flandre et d'Allemagne ou dans les vallées des Pyrénées.

Heureusement Villette, en même temps que les maîtres de la terre, avait servi le roi du ciel. Longtemps avant sa retraite, prise aux environs de la cinquantaine, il avait contracté la pieuse habitude de passer chaque semestre libre à la maison de Saint-Firmin. Il imitait ainsi les touchants exemples du maréchal de Bellefonds, de Catinat et de tant d'autres officiers chrétiens des dix-septième et dix-huitième siècles, faisant alterner les observances de la plus exacte dévotion avec le métier des armes. En ce séminaire parisien, préféré par lui au retour à son pays et au milieu familial du Cateau, Villette avait été admis comme pensionnaire par son parent l'abbé Cousin et il s'y était finalement fixé « dans l'espérance d'y vivre et d'y mourir saintement ».

Là, uniquement préoccupé de son salut et adonné à la pratique des bonnes œuvres, « il avait partagé son temps, écrit un témoin (1), et réglé toutes ses démarches, de manière que, hors des repas, qu'il prenait au séminaire, tout était employé à des exercices de piété. Il ne manquait jamais d'entendre la messe; il communiait presque tous les jours; il avait tellement étudié ce qui se faisait dans les églises de Paris, que chaque

1) L'abbé Boulangier, *Notes manuscrites.*

jour il assistait à un sermon et à un salut. Il était de toutes les bonnes œuvres, et tout ce qu'il y avait de pieux dans Paris le connaissait ».

On le surnommait la *Bénédiction de la maison*. Il allait en être un des héros et l'une des gloires les plus pures.

Le nouveau supérieur de Saint-Firmin, quand la Révolution éclata, se trouvait être l'abbé François, ancien secrétaire général des Lazaristes, polémiste distingué et l'un des adversaires les plus résolus de la constitution civile du clergé. M. François était notamment l'auteur de ce mémoire intitulé *Mon Apologie*, qui, rencontré dans les papiers des carmélites de Compiègne et attribué faussement à Mulot de la Ménardière, avait causé la mort de l'infortuné poète (1).

Dès le soir du 10 août 1792, Saint-Firmin avait été désigné, avec l'église des Carmes, comme lieu de détention des prêtres non assermentés, et, dès le 13, les abbés François, Boulangier Etienne de Langres, avec quatorze prêtres réfractaires, y avaient été mis en état d'arrestation.

M. de Villette fut emprisonné à son tour. Comme il était laïque, on lui représentait qu'il pourrait facilement obtenir sa liberté. « Je m'en garderai bien, répondit le vieil officier, je suis trop heureux d'être ici. » Il y était, il y resta.

Cependant le nombre des détenus ne cessait de grossir. Successivement arrivèrent les prêtres de Saint-Nicolas-du-Chardonnet, des Nouveaux-Convertis, de la Pitié et d'autres. L'établissement de la rue Saint-Victor en contint bientôt une centaine. Au milieu de tous ces ecclésiastiques l'ancien commandant ne se montrait pas le moins édifiant. « Il était plus longtemps à l'église que dans sa chambre, rapporte l'abbé Boulangier échappé au massacre ; il communiait tous les jours.» Comme il avait rappelé, en demeurant parmi les confesseurs de la foi, ces fidèles de la primitive église s'adjoignant spontanément aux martyrs conduits au supplice, il les imitait encore par cette réception quotidienne du pain eucharistique. Mais le chrétien n'avait pas étouffé en lui le gentilhomme. Dieu et le

(1) Voir plus haut, pp. 83, n. 2, et 107.

roi se partageaient son cœur. « Tendrement attaché à son roy, dit le même témoin, il gémissait sur son malheureux sort et sur celui de sa famille. Il priait et faisait prier pour lui. »

Un tel homme ne devait pas être disposé à se plier au décret du 14 août promulgué le 15, par lequel la Législative imposait le serment de Liberté et d'Egalité à tout Français pensionné par l'Etat. Il s'abstint et attendit la suite des événements.

Cette période d'expectative fut de courte durée. Le dimanche, 2 septembre, les massacres commençaient à l'Abbaye et aux Carmes. A la réunion tenue le soir même par la section des Sans-Culottes, dont Saint-Firmin dépendait, on agita la question de la séparation des laïques contre-révolutionnaires d'avec les prêtres reclus au séminaire. La conclusion du débat fut qu'ils seraient maintenus ensemble. Le sens de cette résolution, en un pareil moment, était trop clair. Unis dans la prison, tous le seraient avant peu dans la mort.

Le lundi 3 septembre, de grand matin, les brigands arrivaient. A l'exception de cinq prêtres, que le Directoire du département leur avait enjoint d'épargner, ils s'emparèrent de tous les autres détenus. D'abord ils voulurent exécuter dans la rue leur sanglante besogne ; le peuple s'y opposa. Alors ils rentrèrent à l'intérieur et se jetèrent sur les prisonniers, les perçant de leurs piques ou les assommant de leurs massues. M. de Villette succomba sous leurs coups au milieu de ces scènes de carnage. Parfois, sans même en finir avec leurs victimes, les assassins les précipitaient par les fenêtres et des mégères les achevaient sur la voie publique.

Lorsque tout fut terminé, dit l'abbé Boulangier, « les corps de tous les martyrs furent dépouillés de leurs vêtements et entassés dans des voitures, comme on eût fait du bois. On vit des femmes leur arracher les yeux avec des ciseaux, tandis que les hommes, véritables tigres à face humaine, étaient debout sur les cadavres qu'ils piétinaient en criant : Vive la Nation ! C'est ainsi que ces saintes reliques furent conduites vers les carrières dans lesquelles on les précipita (1) ».

(1) L'abbé Boulangier, *Notes manuscrites.*

VII

Mais il est plus facile d'enfouir des cadavres que de vouer un nom à l'oubli ou d'éteindre un souvenir; ce ne sont pas seulement les habitants du Cateau qui ont gardé la mémoire de leur saint compatriote; le Paris ensanglanté par tant d'horreurs aspire aujourd'hui à glorifier tous les vaillants champions de la foi chrétienne mis à mort en haine de la foi durant ces affreuses hécatombes de septembre 1792.

L'idée date de 1894 et est attribuée à M. Captier, l'ancien procureur de Saint-Sulpice à Rome. « Voyez donc, dit-il un jour à Mgr de Teil, si, au point de vue du droit canonique et de l'histoire, il y aurait des données suffisantes pour présenter à la Congrégation des Rites les prêtres martyrisés aux journées de septembre. Le centenaire est passé, leur souvenir s'est ravivé dans les anniversaires, la cause appartient désormais à l'histoire; le gouvernement français n'y ferait pas plus d'opposition que celui de l'Angleterre pour la glorification des martyrs de la Réforme, mis à mort par ordre de Henri VIII ou de la reine Elisabeth. »

Mais bientôt la vue des multiples difficultés inhérentes à une cause aussi vaste faillit décourager les meilleures volontés. De nos jours en effet, « dans les groupes de martyrs proposés au jugement de l'Eglise, la congrégation des Rites désigne *nommément* chaque serviteur de Dieu et ne se contente pas de quelques noms plus en vue autour desquels elle range leurs compagnons sous une forme anonyme (1) ».

Mais l'idée une fois lancée ne s'arrête plus. Le 14 mars 1901 paraissait la circulaire du cardinal Richard, archevêque de

_____
(1) *Martyrs de septembre 1792 à Paris*. Rapport de Mgr de Teil, 5 juillet 1904, p. 6.

Paris, par laquelle il déclarait avoir constitué un tribunal chargé de procéder aux premières informations canoniques dans le procès de béatification des prêtres morts pour la défense de la foi et de la liberté de l'Eglise, à Paris, en septembre 1792 et de faire le procès ordinaire informatif *super fama martyrii, causa martyrii miraculorum seu signorum*. En même temps, il nommait une commission composée de dix-huit membres et mettait à leur tête Mgr Péchenard, le distingué recteur de cet Institut catholique qui garde les traditions du couvent des Carmes. Cette commission chargée de promouvoir la cause de béatification des martyrs de Septembre, a tenu, le 26 mai 1905, sa cinquième réunion annuelle. Le rapport signale les dernières découvertes et stimule le zèle des chercheurs.

Le plus acharné de ces travailleurs est Mgr de Teil, qui tout récemment mettait la main aux Archives nationales sur les procès-verbaux des vacations — cent vacations de trois heures chacune — employées à mettre sous les scellés ou à en retirer tous les meubles, objets, hardes et papiers laissés dans leurs chambres par les martyrs de Saint-Firmin.

Là où la critique a le plus à s'exercer, c'est dans l'identification des noms propres. Si souvent des homonymes ont été confondus.

Un *Ploquin* fut massacré aux Carmes; Sorel y voyait *Jacques-Martin* Ploquin, prêtre de Saint-Sulpice; mais celui-ci n'a été condamné à mort par le tribunal révolutionnaire qu'en 1794. Avait-il donc ressuscité? Après des heures de difficiles investigations, on a enfin rencontré aux archives d'Indre-et-Loire un *Pierre* Ploquin, vicaire de Druye, en Touraine, frère de l'autre; saluons en sa personne le martyr des Carmes.

L'abbé Laugier de Lamanon avait été confondu avec le P. Laugier, jésuite. On les a dédoublés.

Les Bernard de La Bernadaye étaient toute une tribu, du pays de Chateaubriand. Au prix d'efforts qu'il a presque fini par regretter, mais bien à tort, M. le chanoine Gendry a débrouillé leur généalogie. Le martyr du 3 septembre à Saint-Firmin fut Jean-Charles-Marie, chanoine de Saint-Victor. On ne l'avait pas distingué jusqu'ici de Charles-Etienne-Marie, son frère plus jeune d'un an.

Mais nous comprendrons mieux l'immense travail biographique accompli ces dernières années, en parcourant les études les plus saillantes.

VIII

Grâce à la savante et vibrante brochure du R. P. Justin Gumy sur le P. Apollinaire Morel, religieux capucin massacré aux Carmes, nous voici loin de l'article criblé d'inexactitudes, jadis rédigé par l'abbé Guillon (1). Cette monographie, puisée à des sources originales très diverses et très sûres, nous permet de suivre, étape par étape, la carrière apostolique du futur martyr.

Naguère Mgr de Teil faisait valoir avec raison que les martyrs de Septembre apparaissent « comme une représentation de la France ecclésiastique », venus qu'ils étaient de Bayonne et de Nancy, de Boulogne-sur-Mer et d'Embrun, de Brest et de Lyon, en même temps qu'ils appartenaient à tous les degrés de la hiérarchie, et de même aussi que les ordres religieux étaient associés au clergé séculier (2). Dans la personne du P. Morel, c'est la Suisse qui unit généreusement son sang à celui de la France, sous la robe noire du prêtre, comme elle l'avait déjà répandu, dans la journée du 10 août, sous l'uniforme rouge et bleu du soldat.

Jean-Jacques Morel était né, en juin 1739, à Prez-vers-Noréaz, aux environs de Fribourg, de Jean Morel, originaire de Posat, autre village situé non loin de la catholique cité. Ses

____

(1) Guillon, *Martyrs de la foi pendant la Révolution française*, t. IV, p. 108. Toutefois on ne peut pas se fier au chiffre total de 185 fourni par le P. Gumy.
(2) Rapport du 5 juillet 1904, p. 5.

premières études achevées, il avait suivi les cours de philosophie chez les Jésuites et s'y était distingué. Il soutint avec éclat en public ses thèses *De universa philosophia*. Incliné vers la vie religieuse, il se décida, après quelque hésitation, pour les Franciscains, et prit la bure à Zoug, le 26 septembre 1762, sous le nom d'Apollinaire qui lui est resté. « *Devenu prêtre*, écrit le P. Maurice de Lucerne, dans une ancienne notice manuscrite, composée en allemand, d'après des informations authentiques, entre 1810 et 1820, il célébrait les saints mystères avec un respect, une attention et une ferveur remarquables » (p. 3). Or l'abbé Guillon, non seulement en a fait un simple diacre, mais encore il déduisait qu'il « falloit donc bien que les vertus et le savoir du P. Apollinaire promissent à l'Eglise un bon prêtre en sa personne pour qu'il fût spécialement recherché par les agents de la persécution, à cette déplorable époque ».

Tour à tour professeur de philosophie et de théologie, maître des novices, catéchiste et missionnaire, le P. Apollinaire avait passé, en prêchant et en faisant le bien, de Sion à Porrentruy, de Bulle à Romont, de Fribourg à Altorf, de Stans à Lucerne, laissant dans tous les pays évangélisés par sa parole ardente le renom d'un religieux modèle, lorsqu'une campagne, menée par des adversaires, lui fit accepter avec joie l'offre d'aller annoncer l'Evangile aux nations idolâtres de l'Asie. La nécessité d'acquérir préalablement les langues et certaines connaissances pratiques le conduisit alors à Paris. Mais il semble bien que son zèle, une fois arrivé dans la grande ville en proie à la Révolution, l'ait emporté sur toute autre préoccupation. Il devint, au bout de peu de temps, l'apôtre des cinq mille Allemands qui vivaient sur la paroisse Saint-Sulpice. On eût dit que, prévoyant sa fin, il avait hâte de racheter le temps par l'intensité de ses œuvres. On a de lui une lettre latine datée du 27 avril 1792, qui est à la fois une prophétie de sa mort prochaine et un hymne d'enthousiasme au martyre. Etrange façon de calmer les inquiétudes de son correspondant.

Pourquoi, mon ami, craignez-vous tant pour ma tête, pourquoi vous tourmentez-vous si vivement à mon sujet ? comme si... Reconnaissez plutôt et adorez la divine Providence. Sa miséricorde pour me purifier, comme on purifie l'or dans le feu, m'a appelé à Paris, pour instruire, entretenir et confirmer les Allemands dans la religion, destiné à mourir glorieusement pour la foi, *alleluia, alleluia, alleluia.*

Les apôtres, en quittant le conseil, n'étaient-ils point réjouis d'avoir été jugés dignes de souffrir l'opprobre pour le nom de Jésus ? Ne surabondaient-ils pas de joie dans toutes leurs tribulations ? A qui appartient le royaume de Dieu ? A ceux qui souffrent persécution pour la justice.

N'est-ce pas en souffrant des tourments bien plus atroces, que le Christ est entré dans sa gloire ? Le serviteur serait-il plus grand que son maître. Pourquoi donc m'offrez-vous vos condoléances ? Réjouissez-vous plutôt avec moi, car bien que je fusse petit, je fus agréable au Très-Haut qui préférablement à tant de vénérés confrères qui ne sont point petits comme moi, m'a prédestiné pour un si glorieux triomphe... Venez et voyez les martyrs avec les couronnes que le Seigneur a placées sur leurs têtes ! Je dois être baptisé du même baptême, et combien il me tarde de le voir s'accomplir...

Le sang des martyrs n'est-il point la semence de la religion, et si jamais l'effusion de ce sang fut nécessaire à son accroissement, c'est bien aujourd'hui. Vous craignez pour moi, c'est bien, vous connaissez la faiblesse de l'homme ; mais regardez le Christ et partagez ma sécurité... Je suis le froment de Jésus-Christ, il faut que je sois moulu par nos bêtes fauves, afin que je sois trouvé pur (p. 13).

Une autre lettre, adressée à l'un de ses supérieurs, est imprégnée des mêmes admirables sentiments : « Comme homme, écrit-il, je tremble ; comme chrétien, j'espère ; comme religieux, je me réjouis ; comme pasteur de cinq mille brebis, je jubile, parce que je n'ai point prêté le serment. » Il s'agit sans doute ici de la formule d'adhésion à la constitution civile du clergé, imposée par la loi du 27 novembre 1790 à tous les ecclésiastiques fonctionnaires publics, et condamnée par Pie VI en mars 1791, ou plutôt de celle du 29 novembre 1791, exigée de tous les ecclésiastiques même non fonctionnaires. D'après la dénonciation que le P. Gumy estime controuvée, d'un certain Schmutz, « citoyen actif » de la rue du Vieux-Colombier, le P. Morel aurait cependant prêté son serment, mais il l'aurait rétracté dès le lendemain ; encore y aurait-il apporté des restrictions refusées par l'officier municipal (p. 48).

Le déplacement de son protecteur, M. de Pancemont, curé de Saint-Sulpice, l'ayant laissé sans ressources, il avait songé à se retirer chez les capucins de Meudon ; mais il avait trouvé le couvent vide et s'était placé comme précepteur au faubourg Saint-Antoine, chez un Allemand nommé Veullers. Ses infirmités lui rendant la tâche trop lourde, il revint sur la rive gauche et demanda l'hospitalité à un de ses amis, M. Stahl, maître tailleur de la rue des Canettes, pour y soigner quelques jours sa santé.

Là, il pouvait déjouer les perquisitions ; mais dévoré de la soif du martyre, il n'eut garde de laisser échapper une si belle occasion. Il alla se présenter devant les commissaires de la section du Luxembourg, Jourdain et Foubert, et leur déclara « ne pas avoir de patente ni prêté serment ». Comme sa démarche avait lieu le 14 août, jour même où la Législative votait le fameux serment de Liberté-Égalité, il est plus vraisemblable que ce n'est pas ce dernier serment qui lui fut demandé. Toujours est-il que l'Assemblée générale décréta qu'il serait logé aux Carmes.

Apollinaire s'y rendit comme à « son poste d'honneur » et ne songea plus qu'à s'y montrer le serviteur des serviteurs de Dieu.

Hier, écrivait un de ses amis aux capucins de Suisse, je suis allé aux Carmes. J'eus le plaisir d'y voir le P. Apollinaire Morel dont l'état m'a profondément ému. Il s'est rendu spontanément dans cette prison, et cela avec une conscience si tranquille, me disait-il, qu'il ne voyait plus rien au monde qui fût capable de lui inspirer la moindre appréhension. Il fut inutile de le réquisitionner, il s'est présenté de lui-même. Du reste, il jouit d'une parfaite santé. Il distribuait aux autres ses conseils et ses encouragements avec une grande joie du cœur. Le premier jour il se trouvait avec trente confesseurs, parmi lesquels figurait l'archevêque d'Arles. Aujourd'hui le nombre en est de quatre-vingts, ayant au milieu d'eux les deux évêques frères appartenant à la noble famille des La Rochefoucauld. Ce nombre considérable de détenus doit vous tranquilliser complètement ; soyez donc sans souci sur le sort du P. Apollinaire. Adieu.

Cette dernière phrase traduit une mentalité optimiste qui n'est que trop fréquente aux époques de révolution. Les victimes s'imaginent qu'étant en majorité, ou représentant des collectivités importantes, elles seront épargnées et respectées par les minorités au pouvoir ou par les unités éparses sorties des plus ignobles bas-fonds de la société. C'est une naïve et complète illusion.

Depuis le 11 août, — car la journée du 10 août marque la limite précise du triomphe définitif de la Révolution sur la monarchie et sur la religion, — les prisons de Paris, en particulier les Carmes, se remplissaient de prêtres. Il y eut là trois semaines uniques dans l'histoire ecclésiastique de la France, une veillée prolongée du martyre, une préparation parallèle d'une part à l'égorgement, de l'autre au sacrifice expiatoire. Massacrés au lendemain de l'arrestation de la famille royale, les détenus, surpris et inconscients, n'eussent pas donné la mesure de leur caractère et de leur vertu. Face à face durant plus de vingt jours de reclusion, ils eurent tout le temps de révéler leur force d'âme, leur délicatesse de conscience, — lorsque entre eux ils débattaient la licéité du nouveau serment, — et surtout la trempe particulière de leur esprit et leur pouvoir de résistance. Nous avons sur le P. Morel le témoignage de l'abbé Miquet, un des échappés qui, dès le 26 novembre, faisait sa déposition chez les capucins de Fribourg. En voici quelques extraits :

Le P. Apollinaire avait été obligé de se retirer chez de pieux catholiques qui se firent un devoir et un honneur de le recevoir chez eux et de fournir à ses besoins. Il ne cessa cependant pas d'exercer son ministère avec un zèle infatigable...

Après la déplorable journée du 10 août, le parti dominant se voyant maître absolu, résolut, de complot avec quelques prêtres intrus, de perdre entièrement ce qu'il y avait de bons ecclésiastiques dans Paris...

Ils firent, en conséquence, des visites domiciliaires dans différentes sections, pour découvrir et arrêter les prétendus conspirateurs, mais dans le fond pour arrêter les ecclésiastiques.

Cette inquisition nocturne dura depuis le 11 août jusqu'au mois de septembre... Le P. Apollinaire, ayant été reconnu pour religieux et pour avoir travaillé sur la paroisse Saint-Sulpice, fut arrêté sans autre information et emmené aux Carmes...

Il parut à cette prison avec une satisfaction et une gaîté qui surprirent une partie des personnes qui y étaient déjà détenues. Il fut dès lors un sujet d'édification pour tous les confesseurs prisonniers.

Le plus grand nombre s'adressait ordinairement à lui, pour la confession. Il était sans cesse occupé soit à prier le bon Dieu, soit à encourager ceux d'entre les confesseurs qui étaient le plus abattus par la crainte et par la tristesse, soit enfin à s'entretenir à ceux qui étaient plus fort avancés dans la perfection et ne soupiraient qu'après le martyre.

Il ne se bornait point à cet exercice de charité. Il s'efforçait de se rendre utile à tout le monde, soit dans la construction des lits, qui le plus ordinairement n'étaient faits qu'avec des chaises, soit dans l'arrangement des tables à manger, qu'on était obligé d'établir au milieu de l'église.

Mais il recherchait avec plus d'empressement les offices les plus bas et les plus vils en apparence, mais qui, à nos yeux, ne faisaient que relever ses vertus et son humilité; tels étaient, par exemple, de balayer l'église, qui était le seul endroit qui nous était accordé pour tout (p. 21).

Le dimanche, 2 septembre, le massacre organisé de longue date par les politiciens qui se cachaient dans l'ombre fut exécuté de point en point par la canaille à leur solde, pique en main et bonnet rouge au front. L'hypocrisie légale et la plus brutale sauvagerie y rivalisèrent de cynisme et de violence. Les scènes de l'horrible drame sont présentes à toutes les mémoires. Le P. Apollinaire périt-il dans l'oratoire, ou dans le bosquet de noisetiers, ou au bout du corridor donnant sur le jardin? On sait seulement qu'il fut une des cent quatre-vingt-cinq victimes, ou davantage, qui signèrent leur foi de leur sang. Le certificat de décès atteste que « Jean-Jacques Morel, prêtre et jadis capucin, était du nombre des détenus de cette maison, qu'il y est mort et fut enseveli le lendemain ». Ce document suffit à l'histoire.

IX

On est mieux renseigné sur le martyre de l'abbé Joseph Volondat, autre victime du massacre des Carmes. Sa vie, retracée par M. l'abbé Cialis, est une minutieuse reconstitution de l'existence paisible en province à la fin de l'ancien régime, de l'explosion des fureurs révolutionnaires et des illusions, suivies de repentir, d'une partie du clergé constitutionnel. L'abbé Volondat fut en effet un curé jureur, avant d'être un confesseur de la foi.

Descendant d'une famille noble, mais pauvre, qui fournissait de nombreuses vocations à l'Eglise, Joseph Volondat était né à la Souterraine, petite ville de la Creuse, le 2 juin 1752. Sa pieuse enfance au collège de Limoges, sa jeunesse cléricale au séminaire des Ordinands, son professorat de six ou sept années à Magnac-Laval, dans la maison d'éducation, à la fois collège et petit séminaire, fondée en 1664 par Anthoyne de Salignac, marquis de Maignac et de la Mothe-Fénelon, forment une série de tableaux de la vie scolaire d'autrefois.

Revenu dans son pays natal, comme vicaire en 1783, l'abbé Volondat se montre un prêtre fervent et zélé. On a de lui plusieurs sermons, curieux spécimens d'une prédication encore très orthodoxe et très classique où l'invasion du genre philosophique n'a point pénétré. Mais arrive la grande épreuve de 1789. La Souterraine ne savait rien de ce qui s'était tramé ailleurs contre la religion, ne pressentait rien de ce qui allait s'accomplir dans toute la France.

Le clergé de Limoges passe à tort pour avoir refusé en masse le serment à la constitution civile. Même parmi ceux de ses prêtres qui devaient être le plus généreux dans la résistance, beaucoup avaient commencé par le prêter. L'abbé Volondat poussait même la naïveté, dans son sermon de carême de 1791, jusqu'à invoquer cet exemple d'obéissance à la loi pour exhorter ses paroissiens à faire leurs Pâques.

Permettez-moi cette réflexion : *Nous devons, vous le savez, nous soumettre aux décrets de l'Assemblée nationale dont on parle tant.* A combien plus forte raison des chrétiens doivent-ils se soumettre aux lois qui viennent d'en haut! Les décrets de l'Église sont ceux de Dieu même (p. 59).

Cette forte dose de candeur explique, sans l'absoudre, le scandale éclatant qu'il donnait bientôt. Une cure étant devenue vacante, à Saint-Gauthier, dans l'Indre, par suite du refus opposé au serment par son pasteur, l'abbé Méténier, il accepta sa place. Le 22 mai 1791, l'Assemblée du district d'Argenton, réunie au chef-lieu, élisait l'abbé Joseph Volondat, prêtre du département de la Creuse, comme successeur du réfractaire. Neuf mois il remplit les fonctions curiales avec une stupéfiante inconscience; enfin la lumière se fit; pris de remords, il alla se jeter aux pieds d'un confrère plus courageux et il résolut de faire publiquement rétractation. Le 3 mars 1792, il se rendit à la maison commune et signa au registre la déclaration suivante, que son biographe y a relevée avec une religieuse émotion :

Le 3 mars 1792, je soussigné déclare, en présence de messieurs les officiers municipaux, que je me démets de la place de curé de cette paroisse, et de celle de supérieur du collège de cette ville et que je me rétracte de mon serment. Conséquamment je prête ainsi mon serment avec restriction. Je jure d'être fidel (*sic*) à la nation, à la loi et au roi et de maintenir la constitution décrétée par l'Assemblée nationale et sanctionnée par le roi dans ce qui regarde le civil et non dans ce qui regarde l'autorité spirituelle de l'Église.

A Saint-Gauthier les dits jour et an que dessus.

Volondat, prêtre.

Sa faute ainsi réparée, et sa conscience libérée, il n'avait plus rien à faire sur place. Il partit donc pour le grand refuge du clergé réfractaire ou *rétractant*. Il s'en alla demander l'hospitalité à Paris, chez un de ses amis, M. Chanteaud, domicilié

en plein faubourg Saint-Antoine, rue des Boulets. Survinrent
les perquisitions ordonnées à la suite du 10 août. Le 28, l'Assemblée votait l'arrestation de tous les traîtres et autorisait les
ministres à fermer les portes de Paris ; le 29, le conseil général de la Commune ordonnait que les barrières seraient closes
pendant quarante-huit heures, que les citoyens éclaireraient
leurs fenêtres toute la nuit, que les commissaires des sections
fouilleraient toutes les maisons suspectes. Dans la nuit du
29 au 30 août, l'abbé Volondat fut découvert et arrêté. Son
procès-verbal témoigne que ce fut comme prêtre non assermenté. Sur quoi, il fut envoyé aux Carmes.

Le jour même du massacre, les parents de son hôte lui
apportaient un lit qu'il leur avait demandé. Ils avaient compté
sans Maillard et ses égorgeurs. « Ils le virent, rapporte l'abbé
Gondin, ce vicaire de Saint-Gauthier qui l'avait absous naguère
et qui en recueillit la tradition, ils le virent de leurs propres
yeux assommer à coups de barres de fer, et les marches de
l'église furent teintes de son sang qu'il eut le bonheur de verser, comme il le désirait, pour effacer sa faute. »

Quatre autres prêtres, ses compagnons de martyre, attendent encore leur biographie. Ce sont : François du Masrambaud, vicaire général de Mgr d'Argentré ; Jacques-François
de Lubersac, aumônier de Mme Victoire, fille de Louis XV,
du diocèse de Périgueux ; Joseph-Martial Texier, maître des
enfants de chœur de Saint-Sulpice, « bourgeois de Paris » (1) ;
François de Vareilhe du Theil, ancien jésuite. Puissent-ils
être l'objet d'une étude aussi consciencieuse et aussi intéressante que celle de M. l'abbé Cialis sur l'abbé Volondat !

(1) Le texte primitif portait « quatre prêtres, ses compagnons de martyre, originaires, comme lui, du diocèse de Limoges ». — Les notes manuscrites du P. Chérot ont corrigé l'erreur pour les deux martyrs des diocèses de Paris et de Périgueux.

X

Adoptant une méthode différente et consacrant moins de pages à chaque personnage, en vue de réunir leurs notices dans un volume unique, M. l'abbé Néret a groupé en phalange les martyrs et confesseurs de la foi du diocèse de Meaux. Il nous présente d'abord une à une les six victimes des journées de Septembre, dont quatre égorgées à Saint-Firmin et deux aux Carmes.

A Saint-Firmin, succombèrent Jean-Charles Caron, curé de Collégien, au doyenné de Lagny ; Georges-Jérôme Giroust ; Claude-Louis Marmotant de Savigny, curé de Compans-la-Ville, au doyenné de Claye, en Seine-et-Marne ; Jean-Thomas Leroy, chanoine régulier de Saint-Jean-des-Vignes à Soissons, prieur-curé de la Ferté-Gaucher, en Seine-et-Marne.

Aux Carmes furent mis à mort François-Louis Laugier de Lamanon, ancien curé de Champs-sur-Marne, au doyenné de Lagny, et Armand de Foucauld de Pontbriand, chanoine de Meaux, vicaire général d'Arles.

L'abbé Caron, destitué pour refus de serment, s'était réfugié à Saint-Firmin.

L'abbé Giroust, une des victimes les plus touchantes, était un jeune prêtre ordonné en 1791 et qui attendait sa nomination. Nullement tenu à jurer, il resta parmi les futurs confesseurs de la foi et reçut avec eux la couronne du martyre. Il avait vingt-sept ans. Son portrait, dessiné par son frère, artiste distingué de l'époque, le représente en habit religieux à petit collet, avec des cheveux longs et une tête énergique.

L'abbé Marmotant, Parisien d'origine, sept ans vicaire à Saint-Séverin où il batailla contre les jansénistes, était un prêtre instruit et un écrivain courageux. Rentré dans sa famille, en juillet 1791, rue des Fossés-Saint-Victor, il collaborait à divers journaux.

Avec l'abbé Leroy, nous assistons à la chute imméritée et aux derniers moments de la magnifique abbaye de Saint-Jean-des-Vignes à Soissons.

L'abbé Laugier nous fait pénétrer dans l'intéressante maison de retraite pour les prêtres âgés, dite de Saint-François-de-Sales, fondée par le cardinal de Noailles, à Issy.

L'abbé de Pontbriand avait suivi à Arles son parent, Mᵍʳ du Lau, une des plus illustres victimes des Carmes.

XI

Il est temps de nous arrêter dans notre douloureux tour de France. Commencé naguère à Angers, nous l'avons poursuivi de Dax à Orange, puis d'Orange à Paris. Nous allons à présent quitter la capitale inondée, enivrée du sang des martyrs, comme la Rome antique, pour gagner la région du Nord. Nous avons constaté ainsi que la persécution fit des victimes aux quatre points cardinaux du territoire. Et si elle eut ses innombrables héros, elle eut aussi partout ses héroïnes, témoin les quatre sœurs de Saint-Vincent-de-Paul de la maison de charité, à Arras, guillotinées à Cambrai, le 26 juin 1794.

L'excellente monographie due aux patientes recherches de M. Misermont, et dont la seconde édition contient de nombreuses pièces nouvelles, fait littéralement assister à toutes les péripéties de ce drame sanglant. Nous sommes ici en pleine Terreur et dans la patrie de Robespierre, sous la domination du terrible Joseph Lebon. L'ombre du sinistre apostat, ex-oratorien, curé constitutionnel de Neuville-Vitasse, plane sur ces scènes de scélératesse et en fait ressortir toute l'horreur.

Sept religieuses de Saint-Vincent-de-Paul dirigeaient, en

1789, un groupe d'œuvres charitables fondé, en 1656, à Arras, et comprenant avec un dispensaire une école gratuite de jeunes filles. Retenons seulement les noms des quatre futures victimes. La supérieure était Madeleine Fontaine, d'Étrepagny (Eure) ; les trois autres sœurs s'appelaient : Marie Lanel, de la ville d'Eu ; Jeanne Gérard, de Cumières, au diocèse de Verdun, et Thérèse Fantou, de Miniac-Morvan, en Bretagne.

Le torrent dévastateur de la Révolution bouleversa d'abord sans les atteindre toutes les institutions établies autour d'elles. En vain, les lois les plus tyranniques avaient supprimé corporations et associations, imposé serment sur serment. La loi du 3 octobre 1793 avait bien visé directement les sœurs, en déclarant déchues de leurs fonctions « les filles attachées à des ci-devant congrégations de leur sexe et employées au service des pauvres ou à l'instruction », qui n'avaient pas prêté le serment de Liberté-Egalité ; la loi du 9 nivôse an II (29 décembre 1793) avait même confirmé encore leur obligation de se soumettre à *ce petit serment;* mais au diocèse d'Arras, sous l'autorité de Mgr de Conzié, le clergé ainsi que les communautés se montrèrent plutôt réfractaires, quelles que fussent les formules successivement adoptées.

Les sœurs, écrit M. Misermont, n'eurent donc pas à hésiter. Leur devoir consistait à suivre docilement et sans faiblesse la ligne de conduite tracée par leur évêque et par leurs prêtres; elles la suivirent avec la plus grande générosité et résolurent de refuser tout serment : ni les menaces, ni les promesses ne purent jamais ébranler leur résolution. Nous les verrons bientôt arrêtées, jetées en prison, condamnées à mort; à cause de ce refus que les documents officiels disent tous *obstiné* (p. 51).

La première et moindre conséquence de ce refus de serment était de ne pas toucher la pension promise par les Assemblées qui avaient tout confisqué, jusqu'à leurs dots personnelles. Une maigre allocation de cent cinquante livres par an et par tête leur suffisait. Par contre, elles trouvaient moyen de recueillir des aumônes considérables, malgré la misère des temps, et de les distribuer soit aux pauvres de la ville, soit à des proscrits qui gagnaient la frontière de Belgique. On possède encore les comptes tenus par la supérieure, sœur Madeleine Fontaine, durant toute l'année 1793 et les deux premiers mois de 1794. Les jeunes demoiselles de la maison de charité transformées en « jeunes citoyennes » font la quête dans les sections et rapportent de beaux deniers comptants vite changés en bons morceaux de pain. La municipalité, le directoire du district et le département se montrent relativement favorables, et, à défaut des biens aliénés, accordent de la tourbe et du charbon.

Mais à côté des familles catholiques continuant à se sacrifier, le club d'Arras veillait à entretenir les passions. Un jour, deux braves bourgeois qui suivaient les séances pour avertir aussitôt les personnes menacées entendirent dénoncer les sœurs et leur apportèrent des habits de paysannes ; deux seulement émigrèrent par ordre de leur supérieure. Après une longue odyssée à travers l'Europe, elles devaient revenir plus tard à Arras, y relever la maison de charité et reprendre les traditions de leurs aînées tombées au poste du dévouement et de l'honneur.

Finalement, les sœurs se trouvèrent réduites au nombre de quatre. Elles virent alors arriver, le 17 pluviôse an II (5 février 1794), un officier municipal nommé Mury, qui prit possession de leur maison, en qualité de directeur. Ame basse et haineuse, le nouveau venu n'avait qu'une idée fixe : se défaire des religieuses et les envoyer à l'échafaud. Devenu seul maître dans l'établissement en vertu d'un nouvel arrêté (26 pluviôse, 14 février), il avait eu du même coup la joie de voir les quatre bienfaitrices des pauvres décrétées d'arrestation et arrachées à leur « maison, dite de la Charité » que par ironie sans doute on appelait maintenant « maison de l'Humanité ».

Les sœurs, déclarées « suspectes » pour leur obstination à ne point jurer, furent transférées à l'abbatiale de Saint-Wast, cet hôtel du trop fameux cardinal de Rohan, métamorphosé, ainsi que nombre d'autres édifices, en prison. Car un homme était récemment (1er novembre 1793) arrivé à Arras, comme représentant du peuple, qui se chargeait de remplir les cachots. Joseph Lebon s'était constitué le grand pourvoyeur. « Il ne se passe pas vingt-quatre heures, écrivait-il le 26 novembre 1793, que je ne déporte au tribunal criminel révolutionnaire à Arras, deux ou trois gibiers de guillotine. » C'est ce qu'il appelait *travailler fort* (p. 59). Mais il manquait de collaborateurs. Au mois de février 1794, il réussit à s'en procurer par la transformation du tribunal. Darthé, futur accusateur public et l'un de ses lieutenants, écrivait le 29 ventôse (19 mars) que Lebon était revenu de Paris « transporté d'une sainte fureur contre l'inertie qui entravait les mesures révolutionnaires » et que tout de suite il venait d'adapter au tribunal un jury à l'instar de Paris, jury composé de « soixante b... à poil ». « Un arrêté vigoureux, poursuit-il, a fait claquemurer les femmes aristocrates dont les maris sont incarcérés, et les maris dont les femmes le sont... La guillotine ne désempare pas ; les ducs, les marquis, les comtes et barons tombent comme grêle. Nous venons d'arrêter que nous dresserions l'acte de tous les gros aristocrates d'Arras d'abord, et ensuite de tous les autres endroits du département. Lebon n'est occupé qu'à rédiger des actes d'accusations (*sic*) ; et nous, à cinq à six, à interroger, faire des visites domiciliaires dans lesquelles nous faisons toujours des découvertes précieuses : nous ne dormons plus... Il n'y a pas un de ces coquins-là qui n'ait mérité d'éternuer dans la besace. Tu imagines bien qu'il a fallu donner quelques coups de fouet. Je lance d'ici nos sans-culottes et je leur mets le feu au ventre... Arras peut être le siège d'une des six commissions populaires qu'on va installer » (p. 62).

La date de cette lettre établit la ligne de démarcation entre le régime encore à demi supportable des prisons d'Arras, malgré la promiscuité des détenus, l'interdiction de communication et la mauvaise nourriture, et le système draconien qui sera désormais appliqué. Séparation des hommes, des femmes et des enfants. Les membres de la même famille ne seront plus enfermés ensemble. La prison dite des Baudets devient la maison de Justice; l'Abbatiale, la maison d'arrêt commune, l'Hôtel-Dieu, une autre maison d'arrêt pour les suspects hommes, et la Providence pour les suspectes femmes; en même temps Lebon recommandait de nourrir frugalement tous ces pensionnaires de l'Etat, et de leur enlever argent, papiers, bijoux, linge, provisions, toutes choses jusque-là tolérées, pour les réduire au strict nécessaire. Les sœurs furent dirigées sur la Providence, ancien couvent du Bon-Pasteur. Les dames les plus honorables d'Arras, bienfaitrices des pauvres et patronnesses des œuvres charitables, s'y trouvaient déjà détenues, dont quelques-unes simplement « suspectes d'être suspectes ». C'était aux termes mêmes de Lebon dans son arrêté du 16 ventôse (6 mars), outre « toutes les femmes des hommes suspects détenus », une catégorie composée des « femmes ci-devant roturières des maris ci-devant nobles, si lesdites femmes roturières n'avaient point montré un attachement constant à la Révolution », de même que les épouses des prisonniers devaient avoir « évidemment et constamment improuvé l'aristocratie de leurs maris ». A ce compte, le tout-Arras, noble, bourgeois et religieux, soit cinq cents personnes, était venu s'entasser dans une prison qui en pouvait contenir trois cents.

La directrice, une veuve Lemaire, se délectait aux angoisses des victimes, plaisantant sur le sort des condamnées, s'enivrant et dansant avec ses aides une partie de la nuit, à chaque nouvelle exécution. En face de ces démons et dans ce véritable enfer, les quatre sœurs apparurent comme des anges de consolation. Par leurs paroles de résignation aimable, leurs encouragements joyeux, leurs exemples édifiants, elles avaient trouvé le moyen de rendre aux prisonnières abattues la force morale et la confiance en Dieu.

Après sept semaines de détention préventive, le 15 germinal (4 avril), le comité de surveillance se souvint d'elles et les fit appeler, sur la dénonciation du citoyen Mury. Le nouveau directeur de l'Humanité déclarait avoir trouvé « par l'une de ses filles, au-dessus d'un lieu de commodité, couverts avec de la paille, quatre paquets » de vieux journaux réactionnaires.

L'interrogatoire fut grotesque comme l'accusation. Les sœurs répondirent ne rien savoir : elles n'avaient ni le loisir de lire des gazettes ni l'habitude d'y consacrer leur argent. Pour un lecteur impartial, la présomption qui paraît s'imposer aujourd'hui, c'est que le prétendu grief n'était pas seulement une pure calomnie ; le fait articulé semble bien avoir été imaginé de toutes pièces par le délateur lui-même. Le délit qu'il reprochait à des innocentes avait été trop visiblement machiné de ses propres mains.

Le comité de surveillance ne s'en réunit pas moins une seconde fois pour délibérer sur une si grave affaire et il y découvrit « une violente *présomption* » que les quatre prévenues employaient leurs gazettes non à allumer le feu, mais « à exciter à la révolte et à *allumer la guerre civile* dans le département ».

Les jacobins avaient la plaisanterie plutôt lourde. Mais la justice d'alors ne se montrait guère difficile en matière de considérants. Les ci-devant sœurs de charité furent donc envoyées à l'administration du district dans les vingt-quatre heures et transférées de la Providence aux Baudets. C'était l'équivalent de la Conciergerie au Palais, le vestibule du tribunal révolutionnaire, la première marche de la guillotine. Un mouvement extraordinaire d'entrées et de sorties y régnait en permanence. Durant les quatre-vingt-deux jours que les sœurs devaient y passer, il y en eut deux seulement où elles ne virent écrouer personne. Elles purent compter sept cent soixante-dix entrées. Hommes, femmes, vieillards, enfants, soldats, jeunes filles, arrivaient pêle-mêle dans ce gouffre, sans que l'administration elle-même connût parfois le motif de leur incarcération. Mais quand elle présentait la moindre observation à Lebon, le farouche conventionnel avait sa réponse toute prête : « Si le comité de surveillance exige des formes éternelles, lorsque les conspirateurs nous assassinent sans forme de procès et que je peux à peine suffire à leur scélératesse, je m'adresserai à des hommes plus dignes d'opérer le *salut public*. »

Cependant, pour la seconde fois, l'ingénieux Mury venait de

faire une de ces découvertes dont il avait le secret. Un mur lui ayant paru neuf dans une cheminée; il y soupçonna une cachette et prévint le comité qui, à son habitude, donna suite. Les maçons eurent beau éventrer une voûte, les plus scrupuleuses perquisitions n'aboutirent à aucune trouvaille. Lui, plus patient ou plus heureux que les ouvriers, se remit à la besogne, et, six jours après, ramassa une *Gazette du Nord* là où personne n'avait rien vu avant lui. Le comité reçut la pièce incriminée, tout en se montrant quelque peu sceptique. La mèche semblait éventée. En d'autres villes, et en d'autres temps, de pareilles inepties eussent tourné à la confusion des accusateurs; mais on était à Arras, en avril 1794, et dans l'espace de trois semaines, on y avait guillotiné cent cinquante personnes, arrêté trois mille.

Lebon venait, il est vrai, de se transporter dans le département du Nord, également soumis à ses pouvoirs dictatoriaux; mais, avec sa prodigieuse et malfaisante activité, il avait réussi à terroriser Cambrai, sans épargner Arras. En quelques jours, il avait mis en train tous les rouages de sa nouvelle machine : populace, club, tribunal révolutionnaire. Le 23 floréal (12 mai), il décrivait à ses collègues Lebas et Saint-Just ses exploits dans la cité cambrésienne :

... L'aristocratie tremble, et les sans-culottes relèvent leur tête si longtemps humiliée. Les fonctionnaires prévaricateurs ne s'échapperont pas : ceux qui n'ont pas osé déployer d'énergie jusqu'à ce jour ne savent par quels moyens réparer la faiblesse passée... Messieurs les parents et amis d'émigrés et de prêtres réfractaires accaparent la guillotine. Avant-hier un ex-procureur, une riche dévote, veuve de deux ou trois chapitres, un banquier millionnaire, une marquise de Monaldy ont subi la peine due à leurs crimes (p. 162).

Pour sentir tout l'odieux de cette dernière phrase, il est bon de savoir que la marquise de Monaldy, sœur de l'évêque d'Amicles, suffragant de Cambrai, était âgée de quatre-vingt-huit ans.

En vingt-neuf séances, le tribunal condamna à mort cent

cinquante-neuf victimes. Un long filet de sang traversa toute la ville.

Bientôt l'accusateur public Caubrière réclama les sœurs. A partir du moment où elles quittent la prison d'Arras, une sorte d'auréole surnaturelle brille autour de leur tête. La sœur Fontaine déclare à plusieurs reprises qu'elles seront *les dernières victimes* et cette prophétie elle la répéta en cours de route. De fait, une première charrette, partie avant la sienne, éprouva un accident, rebroussa chemin jusqu'à Arras, et les prisonnières qui montaient cette voiture furent sauvées, contre toute attente.

L'arrivée à Cambrai des sœurs de la charité d'Arras rappelle celle des carmélites de Compiègne à Paris (1). Là encore, après un voyage de nuit, on se heurte à une prison bondée, et il faut se diriger ailleurs. Mais déjà les détenus s'étaient mis aux fenêtres : « Demain ce sera notre tour », disaient des femmes en larmoyant. Et l'intrépide sœur Fontaine de reprendre avec son imperturbable sérénité : « Ne vous désolez pas, vous ne mourrez point, nous serons les dernières victimes. » On traversa le marché où se dressait la guillotine; les femmes du peuple, qui pressentaient la prochaine exécution des religieuses, vendirent au rabais leurs marchandises et se retirèrent en hâte, de peur d'être témoins du forfait et éclaboussées par ce sang virginal.

Les religieuses avaient en effet été conduites directement, faute de local, au tribunal révolutionnaire siégeant dans l'ancien collège. Quatre juges, douze jurés, deux accusateurs publics, un greffier et un huissier, tous « b... à poil » choisis par Lebon, composaient ce corps de soi-disant magistrats, plus semblables, écrit un conventionnel peu suspect, Pierre Choudieu, à des bourreaux qu'à des juges.

Le président interrogea la supérieure sur les prétendus papiers contre-révolutionnaires, mais il n'osa insister et offrit aux sœurs leur liberté si elles consentaient à prêter le serment.

_____

(1) Voir plus haut, p. 113.

Là était leur vrai crime. Les sœurs répondirent « que leur conscience s'y refusait ».

— Mais, reprit un des jurés, s'il le fallait pour le salut de la République?

— Notre conscience, reprirent-elles, nous défend de le faire.

— C'en est assez, fit le président.

Et ce fut tout. La justice révolutionnaire ignorait les lenteurs de la procédure.

Madeleine Fontaine, la principale accusée, fût condamnée comme « *pieuse contre-révolutionnaire*, ayant conservé précieusement et même caché dans un tas de paille une foule de brochures et de journaux renfermant le royalisme le plus effréné, *ayant refusé le serment*, ayant même insulté aux commissaires du district en leur disant que cela n'irait pas, qu'il n'y avait plus de diables dans l'enfer, qu'ils étaient tous sur la terre ». Ici encore, ainsi que pour les carmélites, on est étonné de lire dans la sentence de condamnation l'énoncé d'un délit qui ne figurait point dans l'accusation.

Le peuple resta froid et ne battit point des mains, contrairement à son habitude. Les sœurs, habillées depuis longtemps en laïques, récitaient leur chapelet. Alors, comme les bourreaux d'Angers avaient par raillerie sacrilège *accoutré* le curé Noël Pinot de ses ornements sacerdotaux (1), un des accusateurs de Cambrai voulut faire arracher aux sœurs leurs *amulettes;* mais l'huissier André trouva plus spirituel de placer les chapelets, en guise de couronnes, sur la tête des martyres (p. 211). Parées de cet insigne, elles se laissèrent conduire, toutes murmurant des prières, et la sœur Fontaine y mêlant sa prophétie, sur la place d'Armes. Là elles tombèrent à genoux, puis se relevèrent pour monter l'une après l'autre les degrés de la guillotine. Ressemblance de plus avec les carmélites de la place du Trône à Paris, la supérieure mourut la dernière. Sœur Fontaine, comme mère Thérèse de Saint-Augustin, avait sans doute tenu à imiter la mère héroïque des Macchabées.

(1) Voir plus haut, p. 133.

D'après une lettre du temps, avant de présenter sa tête au bourreau, elle s'était tournée vers le peuple pour crier avec force : « Chrétiens, écoutez-moi, nous sommes les dernières victimes. Demain, la persécution aura cessé; l'échafaud sera détruit et les autels de Jésus se relèveront glorieux. »

Quand ces paroles furent rapportées à Caubrière et à ses infâmes séides, ils se répandirent en grossières plaisanteries. Mais l'exécution avait lieu le 8 messidor (28 juin 1794). Or, deux jours plus tôt, la Convention venait de prendre en considération une motion contre Joseph Lebon. Celui-ci commença par suspendre provisoirement les opérations du tribunal révolutionnaire; il partit pour Paris, revint à Cambrai, permit, à l'occasion d'une fête, de démonter la guillotine et, poursuivi à son tour, traîna, dans les prisons de Paris, de Meaux et d'Amiens, une agonie de quatorze mois. Le 24 vendémiaire an IV (15 octobre 1795), l'ex-terroriste Joseph Lebon, vêtu d'une chemise rouge, mettait à son tour la tête sous le couteau de la guillotine. La prophétie de l'humble sœur s'était accomplie à Cambrai.

Pour être complet, nous devrions, à la suite des sœurs de charité d'Arras, parler des Ursulines de Valenciennes, leurs dignes émules de courage et de gloire. Mais la remarquable monographie due à M. l'abbé Loridan a été déjà recommandée par *les Etudes.* Nous avons également signalé la savante publication de M. l'abbé Uzureau, sur les deux sœurs de charité Marie-Anne Saillot et Odile Bougard, fusillées en haine de la foi au champ des martyrs d'Avrillé, le 1er février 1794 (1), toutes deux pour avoir refusé le serment de Liberté-Égalité.

Enfin l'étude de M. Henri Fouqueray sur le P. Lanfant, en cours de publication dans *les Études,* a été trop appréciée déjà de nos lecteurs pour qu'il soit besoin de la mentionner longuement. La présente énumération, si imparfaite qu'elle soit, donnera quelque idée du labeur entrepris par les érudits; ajoutons que c'est aussi et déjà un travail amplement récompensé. La déclaration du martyre des seize carmélites de Com-

(1) Cf. *Etudes* du 5 mars 1903, p. 733.

piègne, prononcée le 24 juin 1905, est un événement de premier ordre dans l'histoire des martyrs de la Révolution française.

Il rejaillit sur toutes les autres causes et les consacre en principe.

LES

TROIS BIENHEUREUX MARTYRS

DE HONGRIE

(7 SEPTEMBRE 1619 — 15 JANVIER 1905)

« Deux jésuites furent massacrés à Kaschau, en l'honneur
de Bethlen, par la populace en délire (1). » C'est toute l'oraison funèbre que consacre, en une courte note, le plus récent
et le meilleur historien de la Hongrie catholique du dix-septième siècle, au martyre du 7 septembre 1619. Inutile de
chercher même la moindre mention du fait dans les ouvrages
réputés classiques d'Edouard Sayous et de M. Louis Léger (2)!
Ces livres, comme les publications de M. Ernest Denis sur la
Bohême, entretiennent les lecteurs de l'intolérance des catholiques en général et des Jésuites en particulier, avec tant d'in-
sistance que la place y fait sans doute défaut pour rappeler,
ne fût-ce qu'à l'occasion, les méfaits analogues des réformés(3).

Mais l'Eglise ne saurait faillir à son devoir de glorifier ceux
de ses enfants qui lui ont donné devant Dieu et devant les
hommes le témoignage du sang. C'est pourquoi, le 1er novem-

(1) Albert Lefaivre, *les Magyars pendant la domination ottomane en Hongrie
(1526-1722)*, t. I, p. 334, n. 1. Paris, Perrin, 1902, 2 volumes in-8.
(2) Edouard Sayous, *Histoire générale des Hongrois*. 2e édition, revisée par
André E. Sayous et J. Dolenecz. Paris, Alcan, 1900. In-8. — Louis Léger, professeur au Collège de France, *Histoire de l'Autriche-Hongrie, depuis les origines
jusqu'à l'année 1894*. 4e édition. Paris, Hachette, 1895. In-12.
(3) Cf. Sayous, *op. cit.*, pp. 320, 327, 389 ; Léger, *op. cit.*, pp. 254, 279,
313 *sqq.*

bre 1904, la procédure trois fois séculaire, commencée par le cardinal Pazmany, aboutissait au bref de béatification des trois martyrs Marc-Etienne Crisin, chanoine, Etienne Pongracz et Melchior Grodecz, religieux de la Compagnie de Jésus, tous trois mis à mort en haine de la foi, à Kaschau (Cassovie).

Le 15 janvier 1905, le Souverain Pontife Pie X présida leur cérémonie dans la basilique de Saint-Pierre. L'heure est donc plus que sonnée aujourd'hui de les faire entrer dans l'histoire. Mais ni la vie pleine de vertus ni la fin généreuse de ces trois bienheureux n'auraient leur pleine signification, si nous ne remontions d'abord aux causes lointaines qui produisirent l'explosion de fureurs et de sauvagerie où ils trouvèrent, avec la prison et la torture, un trépas héroïque.

I

Tous les auteurs conviennent que la seconde moitié du seizième siècle et les premières années du dix-septième constituent pour la Hongrie la plus sombre période de sa vie nationale. L'invasion ou plutôt la conquête turque et l'introduction du protestantisme avaient ruiné matériellement et moralement l'antique royaume de saint Etienne. Guerre étrangère et guerre civile, division des esprits et amoindrissement des caractères, tels étaient les fléaux qui, sans relâche, entamaient ou ravageaient le territoire, détruisaient la foi et l'énergie au fond des âmes, ramenaient la barbarie dans les mœurs.

Ce qu'on sait moins, c'est que faisant, à leur manière, écho à la parole des Grecs dégénérés de Byzance : « plutôt le turban que la tiare », les magyars n'embrassèrent pas seulement avec ardeur les nouveautés confessionnelles de Luther et surtout de Calvin ; ils mirent leur protestantisme d'emprunt sous le patronage de l'islam, en haine de la catholique Autriche. Plutôt que de s'unir aux Habsbourg contre les ennemis séculaires de la chrétienté, ils préférèrent trop souvent imiter François Ier, qui, prisonnier à Madrid, « se donnait au diable » pour triompher de Charles-Quint et s'alliait au sultan. Le danger, à leurs yeux aveuglés par la passion de l'indépendance, n'était pas du côté de Constantinople, mais du côté de Vienne et de Rome. Et cependant, « c'est par des cantates et par des accents de tendresse, a dit un écrivain, que la Hongrie devrait témoigner aux papes sa reconnaissance (1) ». Les papes, en effet, malgré les échecs et les défections, les intrigues des princes et les apostasies des peuples, ne cessaient de prêcher contre le croissant la guerre sainte de la croix.

En l'année 1602, à la tête de l'éternelle croisade marchaient des princes de la maison de Lorraine conduits par le duc Emmanuel de Mercœur, le grand ligueur célébré par saint François de Sales. Mercœur avait passé le Danube et s'était emparé de Stuhlweissembourg, au pouvoir des Turcs depuis cinquante-huit ans; il avait battu leur armée de secours et les avait refoulés sur Bude. Une fièvre pourpre l'emporta, le 19 février 1602, à l'âge de quarante-trois ans. Stuhlweissembourg fut délivré par la trahison de son gouverneur et retomba pour quatre-vingt-six ans sous le joug de l'islam. Russworm, successeur de Mercœur, fut condamné à mort et décapité pour crime privé. Décapité aussi, mais pour lâcheté militaire, l'impuissant défenseur de Kanisza, boulevard de Styrie, qu'il avait livré à Ibrahim, pacha de Bosnie. Retraite désastreuse de l'archiduc Ferdinand; brillantes et inutiles chevauchées de Zrinyi; incursion d'une nuée de Tartares venus de Crimée, qui poussent leur folle audace et leurs dévastations jusqu'à Fünf-Kirchen, presque aux portes de Vienne; ces traits épars donnent une idée en raccourci des tristes événements qui se renouvelaient avec une périodicité régulière.

Cependant l'empire de Soliman le Magnifique était tombé dans une précoce décadence. La politique y remplaçait l'esprit

(1) Lefaivre, *op. cit.*, t. I, p. 9.

d'entreprise ; les armées étaient indisciplinées ; en 1602, une formidable insurrection de janissaires avait éclaté à Constantinople contre Mahomet III ; le sultan, contraint de sacrifier ses favoris, servit aux révoltés la tête du chef des eunuques. L'Autriche et la Hongrie auraient dû profiter de circonstances aussi favorables ; mais il est écrit que « tout royaume divisé périra ». Les Hongrois se partageaient entre catholiques luthériens, calvinistes et unitaires, — quatre religions ; — la noblesse était factieuse ; le Parlement s'abandonnait à des violences que l'on dirait presque contemporaines ; mais plus encore que l'attitude turbulente des magnats, bien plus que leurs conflits avec les autorités royales et leurs intelligences occultes ou affichées avec le pacha, un symptôme de désagrégation sociale révélait la dissolution profonde des forces vives du pays, c'était l'agitation tantôt latente et souterraine, tantôt éruptive et volcanique des sectes protestantes. « Ces communautés avaient fait en Hongrie, depuis soixante ans, des progrès énormes et subordonnaient ouvertement tous les intérêts nationaux ou chrétiens à leur passion anticatholique, à leur haine de la papauté (1). »

Des instructions avaient été envoyées en 1602, pour la rentrée de Jésuites en Transylvanie, au général impérial Basta. Ce fut l'occasion d'un *tolle* universel qui devait aboutir à la formidable insurrection de Bocskay. Avec l'or du sultan, les magnats transylvains firent en effet appel aux magnats hongrois. Peu après, le trésorier du royaume Illeshazy, accusé de malversations, se réfugia en Pologne. Il était protestant et les poursuites étaient dirigées par l'évêque de Kalocza. C'en fut assez pour que toute la noblesse magyare prît fait et cause en sa faveur. Sur ces entrefaites, le comte de Belgiojoso, gouverneur de Kaschau en Hongrie supérieure, la ville qui sera arrosée du sang de nos martyrs, reçut l'ordre de remettre aux catholiques leur cathédrale détenue illicitement depuis un demi-siècle par les luthériens. Ceux-ci résistent. Belgiojoso fait avancer les soldats et restitue la basilique

(1) Lefaivre, *op. cit.*, t. I, p. 258.

manu militari à ses légitimes propriétaires. Les pasteurs luthériens, instigateurs du conflit, sont expulsés de la cité. Ici encore, on saisit sur le vif une des causes permanentes de ces luttes de religions doublées de luttes de races et de nationalités. Lorsque au Parlement de Pozony (Presbourg), en 1604, l'archiduc Mathias, au nom du faible Rodolphe II, roi de Hongrie et empereur d'Allemagne, élargit la question et insista sur l'obligation de rendre aux communautés catholiques les édifices de leur culte et les biens confisqués à leur préjudice, la noblesse, enrichie de leurs dépouilles, cria à la dictature et au fanatisme; entrée en correspondance suivie avec les pachas de Bude et de Temesvar, elle prépara une prise d'armes *pro aris et focis*, pour les autels sacrilègement accaparés et pour les domaines injustement appropriés.

La guerre civile éclata bientôt et la Hongrie fut en feu. Belgiojoso essaye en vain de se réfugier à Kaschau. Bocskay y est reçu en triomphe, comme un libérateur, et aussitôt il envoie son agent Korlathy négocier à Constantinople. Basta court sus à l'usurpateur, bat et fait prisonnier Blaise Nemet, lieutenant de Bocskay. Par ses ordres, le captif fut écartelé. Mais Bocskay, à la tête d'une division turque, repousse les Impériaux. Basta, après une attaque infructueuse de Kaschau, se replie sur Pozony.

On parle volontiers, dans les ouvrages sympathiques à la Réforme, des cruautés commises par la réaction catholique. La vérité est qu'au voisinage des Turcs les Hongrois ne s'étaient que trop fidèlement mis à l'école de ceux-ci, aussi bien que les Impériaux. Bocskay, intronisé dans Kaschau, jouait au pacha chrétien. Lorsqu'un de ses compagnons lui était devenu suspect, au lieu de le traduire en justice, il le faisait massacrer. Ainsi fut assassiné, à Kaschau même, sur un signe du maître et par trois de ses courtisans, au milieu d'un repas, le plus dévoué organisateur de son armée, Blaise Lippay. Ces exemples font pressentir les procédés dont on usera envers les trois martyrs catholiques.

Tandis que la Hongrie presque entière reconquérait son

indépendance vis-à-vis de l'Autriche, à l'est, un autre pays reconnaissait la domination naissante; les états de Transylvanie, présidés par Bethlen, choisissaient Bocskay pour leur prince (1605). Mais un jour viendra où Bethlen ne travaillera plus que pour lui-même, et ce jour est déjà proche.

Arrêtons-nous quelques instants à considérer ce nouveau personnage destiné à jouer un rôle prépondérant dans le drame de 1619.

II

Bethlen Gabor (c'est-à-dire Gabriel Bethlen) fut l'Olivier Cromwell de la Transylvanie. Mais, en 1603, il n'en était encore qu'un hobereau de mince patrimoine. Marco Battiglini, qui l'a dépeint à cette année dans ses *Annales*, signale en ce jeune homme de vingt-trois ans une audace plus que téméraire, un courage plus que viril, un conseil plus que pénétrant et par-dessus tout un art de dissimulation digne des pantomimes de l'ancienne Rome. L'ambition le dévorait. Pour parvenir, il entreprit une lutte sans trêve avec le destin, et dans ce duel tragique il n'eut point d'égal en patience dans l'adversité, en témérité dans la bonne fortune, en promptitude dans les occasions, en endurance dans l'adversité. Né protestant, il fut tour à tour schismatique avec les Grecs, calviniste avec les hérétiques, — il prétendait avoir lu vingt-huit fois la Bible, — enfin presque infidèle avec les Turcs, dont la férocité fut sa meilleure aide contre les chrétiens, quitte à les abandonner comme les autres, quand le sort des armes changea.

Une conspiration ayant éclaté en 1610 contre Gabriel Bathori, neveu du fameux Etienne Bathori, roi de Pologne, et successeur de Bocskay en Transylvanie, le fantasque despote avait envoyé plusieurs magnats sur l'échafaud, chassé les

Jésuites qu'il prétendait être leurs complices, et proscrit dans sa principauté l'exercice de la religion romaine. Mais il eut le tort de se faire battre à plate couture par les Valaques et les Saxons coalisés, à Kronstadt (8 juin 1611), en sorte que la Hongrie crut le moment venu de s'annexer la Transylvanie. Alors surgit Bethlen. Persuadé que maintenir l'incapable Bathori sur le trône, c'était assurer sa propre élévation, il marcha contre les troupes royales. Bathori, bientôt rétabli dans ses affaires, soupçonne de calcul astucieux et perfide ce jeune capitaine dont la vivacité d'esprit, la sûreté de coup d'œil, la promptitude de main, attirent irrésistiblement l'attention. Suivant les uns, Gabor, averti à temps, s'enfuit chez son protecteur, le pacha de Temesvar, qui l'accueillit magnifiquement. D'autres assurent que Bathori, encore dupe de sa fidélité apparente, l'avait envoyé à ce Turc, avec de précieux présents pour gagner l'appui des Ottomans. Ce qui est certain, c'est que Bethlen se servit de la mission et des présents à son avantage exclusivement personnel. De Temesvar, il passa à Andrinople, s'y aboucha avec le sultan Achmed, lui promit la cession de Lippa et de Jenno, moyennant quoi il obtint un corps de janissaires avec lequel il rentra en Transylvanie, se garda bien de rendre le prix du marché, mais dévasta affreusement le pays, emprisonna Bathori et, dit-on, le fit assassiner (27 octobre 1613); puis il fut proclamé souverain à sa place, en réalité vassal de la Porte, à qui il remit enfin les deux villes et même une troisième, en échange du sceptre, de l'étendard et de la massue expédiés par le Grand Seigneur. Il poussa la reconnaissance envers l'islam jusqu'à laisser emmener sous ses yeux vingt mille chrétiens en esclavage, la plupart jeunes gens et jeunes filles, en même temps que, par un singulier respect à l'égard de la mémoire de Bathori, il fit mettre à mort et couper en morceaux les assassins de ce prince.

Il ne lui restait plus qu'à se concilier, après tant d'étranges exploits, les bonnes grâces de l'empereur Mathias II, successeur de Rodolphe II. Il y parvint à Tyrnau (1615), en jurant tout ce qu'on voulait, à savoir qu'il n'attaquerait jamais la

Sacrée Majesté impériale, ne tramerait ni n'attenterait rien contre ses Etats, prendrait même les armes pour la défendre contre ses ennemis. Tel était l'homme. Son attitude envers l'empire, en 1619, ne sera qu'une nouvelle édition de son indigne trahison envers le dernier des Bathori.

Mais entre les deux séries d'événements par trop semblables qui sont l'insurrection hongroise de Bocskay et la grande révolte bohême, le traité de Vienne (23 juillet 1606) avait mis un intervalle de tranquillité relative. Cette convention, que les magyars considèrent encore comme leur charte et leur palladium, avait stipulé, pour toutes les confessions protestantes indifféremment, la liberté du culte et même leur égalité complète avec la religion catholique. Cependant ces mêmes sectaires, si impatients de liberté absolue et de parfaite égalité pour eux et leurs coreligionnaires, si avides des emplois publics qui devaient leur être donnés désormais, de préférence aux étrangers, n'allaient pas jusqu'à la fraternité, ni même à la justice avec leurs adversaires; ils avaient trouvé fort équitable de faire consacrer en principe cette expulsion des Jésuites si longtemps discutée et toujours à recommencer.

Il y eut pourtant en ces années-là une sorte de contre-réformation et de renaissance catholique, à laquelle est resté attaché le nom de l'illustre cardinal Pázmány.

Né à Gran Varadin, en 1570, d'une famille de première noblesse, mais inféodée au luthéranisme, Pierre Pázmány avait perdu sa mère dès son jeune âge. Le père s'étant remarié à une catholique, l'enfant sortit de l'hérésie et fut mis au pensionnat des Jésuites à Kolozvar (Klausenbourg). Ecolier distingué et fervent, il sentit bientôt s'allumer dans son cœur le désir d'être l'apôtre de son pays et de ramener dans les voies de l'orthodoxie ses compatriotes égarés. Plein de cette pensée, à l'âge de dix-sept ans, il se présentait au noviciat de la Compagnie de Jésus. En 1590, il enseigne la philosophie à Vienne et il ne descend de sa chaire, en 1593, que pour aller étudier la théologie à Rome. Parmi ses professeurs, il compta Bellarmin, et il le prit si bien pour modèle que le disciple fit pour la Hongrie ce qu'avait fait le maître pour le reste de l'Europe. Redemandé en Allemagne, il quitte bientôt l'enseignement philosophique et théologique de Gratz, et s'adonne, dans sa propre patrie, où il a été réclamé par le cardinal-primat Forgach, à l'œuvre de la conversion des protestants. Il parcourt les villes et les campagnes, publie contre l'hérésie des libelles incisifs, trouve accès auprès des magnats et en fait rentrer plusieurs dans le sein de l'Eglise. Parmi les convertis qui marquent le mouvement de retour au catholicisme, on cite les Esterhazy et les Allaghi, les Thurzo et Drugeth Hommonay. Hommonay ne se contente pas de doter les Jésuites d'un collège dans sa propre résidence; son zèle de néophyte lui fait entre‑prendre le retour à la foi romaine, de gré ou de force, des nobles de ses comitats.

Pázmány se contentait avec raison d'agir par persuasion; lorsque, en 1617, Ferdinand II est élu roi de Bohême et de Hongrie, puis chef du Saint-Empire, ce véritable apôtre déconseille au monarque épris d'unité religieuse de tenter aucune entreprise contre les protestants de Hongrie. Sur les instances de Mathias, le jésuite, déjà sorti de son ordre, auquel il resta toujours attaché de cœur, avait été nommé archevêque-primat de Gran, en 1615 (1). Depuis 1897, la statue de Pázmány, le prélat puissant en œuvres et en paroles qui, de son vivant, fut surnommé le *Marteau des hérétiques*, s'élève à Budapest, à côté de celles de saint Gérard et de Bethlen Gabor. Singulier éclectisme !

III

Moins doués que Pázmány du talent du polémiste et de l'éloquence qui charme ou subjugue, nés en des conditions plus

(1) M. Lefaivre place à tort son cardinalat en cette même année (*op. cit.*, t. I, p. 323). Pázmány ne reçut la pourpre qu'en 1629.

humbles et par suite moins préparés à frayer avec les grands, trois de ses contemporains devaient arriver à la gloire de la sainteté, après avoir travaillé au même but et dans le même milieu. Ce sont les bienheureux Crisin, Pongrácz et Grodecz (1).

Marc-Étienne Crisin (en hongrois *Körösy*, ce qui signifie *de la Croix*, sans qu'on sache si c'est ici un nom de ville ou de famille) était né en 1588 à Körös (ou Krisevac), cité principale de l'Esclavonie et de la Croatie, au diocèse d'Agram. Elevé par des parents profondément catholiques et jaloux de l'intégrité de leur foi, il fut reçu comme pensionnaire de ce collège de Gratz que Ferdinand, alors simple archiduc de Styrie, avait, en 1602, restauré, agrandi et confié aux Jésuites. Une congrégation de la Sainte-Vierge y florissait sous le vocable de l'Annonciation. Marc-Etienne y fut inscrit, le 26 août 1607, et plus tard il se fit gloire de proclamer ce jour le plus beau de sa vie. Ses études furent brillantes. Le 20 avril 1609, il soutint des thèses de philosophie dans une épreuve solennelle et fut proclamé maître.

La voix de Dieu avait parlé à son âme; il y répondit sans délai et revêtit l'habit de clerc. Les belles espérances que l'on concevait de sa vertu et de son application le firent envoyer à Rome, au célèbre collège germanico-hongrois. Il y entra le 1er novembre 1611. « Il se conduisit bien », lit-on sur un ancien catalogue. Là encore il fut choisi pour l'acte public; c'était en théologie.

Sorti du collège romain, le 11 septembre 1615, avec une auréole de savoir et de piété, il se mit, aussitôt rentré en Croatie, à évangéliser les populations voisines de sa résidence. Sa réputation arriva jusqu'à Mgr Pázmány, primat de Hongrie

---

(1) Nous suivons l'excellente monographie du P. Nicolas Angelini, puisée aux sources hongroises et au procès de béatification : *I Beati can. Marco Stefano Crisino, padri Stephano Pongrácz e Melchior Grodecz d. C. d. G., uccisi per la santa fede, in Cassovia di Ungheria, ai 7 di settembre 1619. 2ª edizione, riveduta*, etc. Rome, 1904. In-8 illustré. — Nous avons mis également à profit des notes manuscrites qui nous ont été obligeamment communiquées par le collège de Travnick.

depuis peu, qui l'invita à passer dans son archidiocèse de Gran (1616).

Crisin y fut d'abord professeur, puis recteur au séminaire de Tyrnau, mis sous la direction du chapitre de Gran, depuis l'expulsion des Jésuites (1567). Chanoine en 1616, archidiacre de Komoru en 1618, il fut élu administrateur de l'abbaye de Széplak, unie au séminaire et située en Hongrie supérieure, à une petite distance de Kaschau. Dans ce dernier poste, il sut en même temps veiller aux intérêts matériels qui lui étaient confiés et procurer le bien spirituel de ceux qui vivaient sous son autorité. D'un caractère très doux, il sentait une vraie peine quand il se trouvait dans l'obligation de montrer de la sévérité ; il demanda même à être relevé de ses fonctions, comme n'ayant pas toute la vigueur nécessaire ; mais il fut maintenu par ses supérieurs.

Lié d'amitié avec Doczy, gouverneur catholique de Kaschau, il séjournait quelquefois dans son palais. Cette résidence était pour lui comme un monastère. Lors de l'effervescence et des menaces du parti calviniste, en 1619, il s'y retira avec le P. Pongrácz, peu avant la fête de saint Ignace de Loyola, et y fit les *Exercices spirituels*. Ce fut leur préparation prochaine au martyre.

Etienne Pongrácz appartenait à une famille noble de Hongrie ; il avait eu son berceau, en 1582, au château d'Alvincz, propriété de ses parents en Transylvanie. Dans son enfance, il manifesta des goûts militaires, se plaisant aux épées, aux étendards et aux mousquets, rangeant ses compagnons en bataille et commandant leurs exercices. La milice religieuse de la Compagnie de Jésus devait répondre à son désir de lutter pour la cause de l'Eglise et la défense de la foi ; mais ses parents s'opposèrent vivement à sa vocation. Il triompha de leur résistance et fut reçu au noviciat de Brünn, en Moravie. Sa vie religieuse ne présente aucune particularité notable. Elève de philosophie à Prague, professeur de littérature à Laibach et à Klagenfurt, scolastique en théologie à Gratz, il fut ordonné prêtre au terme de ses études.

Envoyé en Hongrie en 1615, pour y renforcer les ouvriers évangéliques qui s'y dépensaient à la conquête des âmes, au milieu de pénibles obstacles, il apporta au collège de Hommona, récemment fondé par le comte Drugeth, son ardeur chevaleresque. Préfet des classes au petit pensionnat et prédicateur au dehors, il fut, vers la fin de 1618, arraché par le gouverneur Doczy à l'enseignement, pour s'adonner tout entier à un ministère plus actif. Soutenir dans la foi et la pratique de la religion le petit troupeau catholique de Kaschau, parcourir les bourgades voisines pour y semer la bonne parole, recevoir les abjurations, ranimer la pratique des sacrements, telles étaient ses occupations incessantes. Après sa retraite avec Crisin, en juillet 1619, il était allé à Saros assister un malade, Sigismond Pécsy, premier conseiller de Kaschau. Mais à la nouvelle de l'invasion de Bethlen Gabor, il repartit, malgré les supplications de son entourage, pour la ville en danger. « Je suis pasteur, dit-il, et il ne m'est pas permis de me tenir éloigné aux approches du loup. » Il revint ainsi en ville vers le commencement de septembre. C'est Pongrâcz qui sera devant les bourreaux le porte-parole des martyrs.

La vie du troisième, Melchior Grodecz ou Grodziecki, est la moins connue. Sa famille, originaire de Léopol, en Galicie, avait émigré en Moravie et Silésie. Elle était noble et riche. Melchior naquit à Teschin, en 1584. Neveu de Jean Grodziecki, éditeur des œuvres de saint Cyrille de Jérusalem et doyen de la cathédrale d'Olmütz, il avait hérité de ses traditions littéraires. Ses premières études se firent à Vienne.

Entré au noviciat des Jésuites, à Brünn, le 22 mai 1603, il y avait eu Pongrácz pour compagnon. Son scolasticat et sa *régence* le conduisirent de Brünn à Neuhaus et à Glacz. Professeur de grammaire et directeur de musique, il fit des études spéciales de controverse. Prêtre en 1614 et envoyé à Prague, il y prêcha en bohémien et en allemand. Ses auditeurs ont rapporté qu'il était compris également de tous les assistants, lorsqu'il parlait slave, même de ceux d'idiome germanique. En 1618, il avait été appelé à Kaschau, comme aumônier militaire,

On rapporte que sa seule présence refrénait la licence des
soldats. Seuls des bourreaux étaient capables d'échapper à la
puissance de son ascendant, rayonnement de sa bonté et de
sa vertu.

IV

Si le royaume de saint Etienne était le partage des calvinistes et des Ottomans, celui de saint Wenceslas était en proie
aux hussites. L'hostilité commune contre la domination impériale et la détestation du papisme romain formaient le double
trait d'union de la Hongrie et de la Bohême.

Aussi la Défénestration de Prague (1618) eut-elle un effet
considérable sur l'attitude des magyars en face des souverains
de la maison d'Autriche. On eût dit un incendie qui se propa-
geait dans tout le Saint-Empire, comme par une immense
traînée de poudre. Les Bohêmes devenus maîtres de leur
capitale avaient incontinent publié des lois contre les catholiques, donné quatorze jours aux Jésuites pour vider la place,
et proclamé roi l'électeur palatin. Devant cette formidable
insurrection, l'empereur Mathias hésitait ; sa mort, arrivée
le 20 mars 1619, laissa les mains libres à Ferdinand II qui
sut agir.

Malheureusement, le nouveau souverain s'était fié à Bethlen
Gabor qui lui avait promis son concours contre les *traîtres*
tchèques. Mais, entré en Hongrie à la tête de quarante mille
hommes, Bethlen se mit à la tête des magyars révoltés de
nouveau contre l'empire. Il appelle aux armes et organise
des pillards qui assaillent le clergé et les moines, dévastent
églises et couvents, commettent partout des atrocités.

Entré sans coup férir à Kaschau, son lieutenant Rákóczy
en avait à peine pris possession que, le jeudi 5 septembre, il

envoyait une compagnie de dix soldats garder à vue dans leur domicile les trois prêtres catholiques. Défense était faite aux prisonniers de sortir et interdiction à quiconque de pénétrer auprès d'eux, soit pour leur adresser la parole, soit pour leur apporter quoi que ce fût, aliment ou correspondance. Devant ces mesures draconiennes, Pongrácz ne put s'empêcher de manifester son étonnement. Sa réclamation, parvenue on ne sait par quelle voie, témoignait de sa candeur et de sa simplicité : « Il ignorait, disait-il, pour quels motifs lui et ses compagnons étaient tenus dans une si étroite surveillance, n'ayant conscience d'aucune faute ni à sa charge ni à celle des autres ; plutôt que de laisser planer le moindre soupçon, il était prêt à se disculper en plein tribunal ; tout ce qu'il demandait, c'était qu'on l'autorisât à sortir, pour remplir les fonctions de son ministère et fournir aux catholiques les consolations de la religion en cas de besoin. »

Rákóczy ne répondit que par un sarcasme; il manda au requérant de vouloir bien seulement attendre un moment, après quoi on lui donnerait à entendre ce qu'on pourrait faire pour lui être agréable.

Cependant le conseil de ville avait été réuni par le sénateur Rayner. La grande situation de ce personnage n'avait d'égale que la bassesse de ses sentiments. Lui et le prédicant Alvínczy, tous deux calvinistes farouches, n'hésitèrent pas à présenter et à soutenir de toutes leurs forces cette monstrueuse proposition : mettre à mort indistinctement tous les catholiques. Tant d'inhumanité révolta la majorité du conseil, qui professait des idées moins radicales. La discussion fut des plus longues; finalement on se rallia à cet étrange compromis : « La ville ne pouvait sans se déshonorer répandre des flots de sang innocent; elle devait respecter le pacte conclu avec Rákóczy lors de son entrée, à savoir que les habitants, *même papistes*, seraient sains et saufs. Mais les trois prêtres en question, n'étant point compris dans les stipulations échangées en fait avant leur retour à Kaschau, seraient livrés entre les mains de Rákóczy. »

Déjà les soldats s'étaient mis à l'œuvre. Ils avaient sommé les détenus de leur faire connaître où se trouvaient les clefs de la chapelle; le crochet où elles pendaient leur fut désigné. Un d'eux les détache et va droit à la porte : « Prends garde, mon ami, lui crie Pongrácz; crains de profaner des objets consacrés au culte du Seigneur. — Prends garde à toi-même, repartit le soudard, et crains pour ta vie; quant au reste, cela ne te regarde plus. » Aussitôt la bande franchit la porte et met tout à sac. Dans ce pillage, disparurent de précieux ornements d'église qui, à la suite du désastre de Móhacs (1526) et de la mort du roi Louis II, avaient été déposés par les Franciscains au château de Eyned, puis, après la mort de Gabriel Bathori, prince de Transylvanie, et l'occupation de la forteresse, transférés à Kaschau. Là, le comte Sigismond Forgach, palatin du royaume, venait de les partager, en 1617, entre des églises pauvres et la chapelle royale.

Ayant fait main basse sur ces richesses, les pillards inassouvis reviennent aux prisonniers; ils leur ordonnent de livrer tout leur argent, moyennant quoi liberté leur sera rendue : « Nous sommes de pauvres religieux, répondirent les Pères, et nous ne vivons que des libéralités de pieux citoyens; voici les misérables objets à notre usage; quelques livres et des manuscrits sont tout notre avoir. » Mais le chanoine Crisin n'avait pas fait vœu de pauvreté. Spontanément, et plus par charité pour ses frères que pour lui, il s'offrit à payer, une fois tous les trois libres, leur rançon commune. Les gardiens révélèrent ici toute leur mauvaise foi précédente en se moquant de ces loyales avances, et irrités de n'avoir pu extorquer séance tenante des deniers comptants, ils allèrent ramasser leur butin en nature, puis retournant aux prisonniers : « Maintenant, préparez-vous à mourir. — Et pour quel motif? répondirent-ils d'une seule voix. — Parce que vous êtes papistes, et demain on vous le fera bien voir. — Pour un titre aussi glorieux, reprit Pongrácz avec son énergie habituelle, c'est à l'instant même que nous sommes prêts à mourir. » Et joignant le geste à la parole, il entr'ouvrait sa soutane, tendant le cou à ses ennemis. Mais ceux-ci n'avaient pas d'ordre ; ils quittèrent la place.

Le gardien de la chapelle royale, des pièces voisines où il se tenait caché, avait assisté à tout. Il a souvent rapporté depuis, non sans mêler des larmes à son récit, que, restés seuls, les trois prêtres se comportèrent en hommes conscients de la gravité de leur situation et du sort qui les attendait. Ils tombèrent à genoux et en d'ardentes supplications ils appelèrent à leur aide, pour l'épreuve prochaine, Dieu, la Vierge Marie, leurs saints patrons ; ensuite ils se confessèrent les uns aux autres. Leurs entretiens roulaient sur la persistance à confesser la foi, la résolution de ne jamais céder, même aux plus atroces tourments. Bien qu'ils fussent affaiblis par le manque de nourriture, ils persévérèrent ainsi, sans prendre aucun repos, en veilles et en prières.

Lorsque Rákóczy fut informé de ces faits et de l'irréductible fermeté des prisonniers, il entra en fureur et se décida à en finir par le sang. Après tout, ne lui avait-on pas laissé les mains libres de le verser ? Il userait pourtant encore de quelque ménagement envers le chanoine. Avec les deux jésuites, il n'y avait aucune mesure à garder. Dans la matinée du vendredi, un de ses plus sûrs confidents se présenta de sa part dans la pièce qui servait de cachot aux trois prêtres, et s'adressant à Crisin avec courtoisie : « Je suis envoyé, lui dit-il, par S. E. Rakóczy et plusieurs magnats pour vous offrir la vie sauve ; on vous laissera même en toute propriété les biens de la préfecture de Széplak et on vous promet de plus grands encore ainsi que plusieurs dignités, si toutefois vous consentez à devenir un de leurs partisans et à embrasser le calvinisme. Je vous avouerai que Széplak m'a déjà été donné à moi-même mais je suis prêt à rétrocéder, pour obtenir de vous un consentement écrit qui serait confirmé par Alvinczy (1). »

Tandis que l'envoyé faisait miroiter ces offres séduisantes, aux côtés mêmes de Crisin quelqu'un ne pouvait s'empêcher

(1) La seconde partie de ce discours n'est rapportée que par Alegambe, *Mortes illustres*, p. 310.

de trembler que le chanoine ne chancelât dans la foi. C'était Pongrácz. Rempli d'une sainte indignation, il s'était avancé et, prévenant la réponse de son compagnon de captivité, il s'empressa de prendre la parole à sa place : « Il me paraît à moi, dit-il vivement, que le seigneur Georges Rákóczy a entrepris de jouer ici le rôle du démon, car il tente de faire apostasier un disciple du Christ. De grâce, qu'il garde pour lui les biens usurpés de la sainte Eglise ; mais qu'il ne prétende point ravir encore au cœur d'un chanoine la vraie foi. Tous ici, tant que nous sommes, persévérons fermement dans nos croyances, et pour elles nous sommes résolus de braver la mort. Notre existence est entre vos mains ; laissez-nous du moins pour Jésus-Christ et sa loi. »

Alors Crisin, considérant comme un affront fait à sa constance qu'il parût avoir besoin de la défense d'autrui : « Père, reprit-il en l'interrompant, ce message me regarde moi seul, laissez-moi donc remplir le rôle qui m'appartient. »

« Vous rapporterez à Rákóczy et aux autres seigneurs, dit-il à l'envoyé, que je leur sais beaucoup de gré pour les égards dont ils usent envers moi, mais que les biens qui me sont proposés ne m'appartiennent en aucune sorte. Je ne puis donc en disposer ni les transmettre à personne ; pas davantage eux n'ont le droit de m'en faire donation. Ils sont la propriété du chapitre de Gran ; ce sont les biens de l'Eglise ; c'est le patrimoine du Christ que je ne saurais m'approprier sans injustice ni sacrilège. En ce qui concerne ma religion, vous direz à ceux qui vous envoient que je n'en connais pas d'autre que la mienne qui soit véritable et qu'en conséquence je suis disposé à mourir mille fois plutôt que de la rahir. »

En entendant une réponse si nette, le messager resta muet. Plus irrité encore quand elle lui fut rapportée, Rákóczy se détermina à donner libre cours à ses projets de supplice.

V

Les détails que nous avons donnés jusqu'ici ont été fournis par ceux-là mêmes qui prirent part à ces tristes scènes et ils eurent une si grande notoriété que les historiens sont presque tous d'accord pour les relater. Ceux qui vont suivre ont une telle couleur d'atrocité que, sans les nier, plusieurs ont insinué que rien ne serait arrivé par ordre des autorités, mais par un effet de la fureur populaire et de la brutalité de la soldatesque.

Cette diversion est une vaine tentative. Elle va en sens contraire des témoignages et des documents. Reprenons notre récit.

Ni dans cette première soirée du jeudi 5 septembre, ni durant toute la journée du 6, les trois reclus ne reçurent d'aliment ou de boisson. Epuisés par cette diète forcée, ils finirent par demander quelque soulagement. Comme on était encore au vendredi, un soudard en prit occasion pour les railler et aussi les éprouver en leur jetant un reste de viande cuite. « Allons, sus, vils animaux, leur cria-t-il, voici de la chair ; mangez ! » Mais eux, piqués au vif par ce mépris de la religion et cette insulte aux lois de l'Eglise, refusèrent d'y toucher. Plus encore que la faim, une soif brûlante les tourmentait. Ils prièrent de leur apporter de l'eau ; mais les êtres féroces qui les entouraient se mirent à ricaner et ne bougèrent pas.

Peu après, vers le milieu de la nuit entre le vendredi 6 et le samedi 7 septembre, arriva au palais, à la lueur des torches, une escouade de ces brigands qu'on nommait les *haydú*. Un certain Jean Lajos commandait cette troupe barbare, à laquelle s'étaient joints, sur l'ordre de Rákóczy ou de leur propre mouvement, quelques seigneurs et parmi eux le sénateur Rayner avec le prédicant Alvinczy (1). Les uns jouissaient par avance d'un cruel plaisir, d'autres se laissaient aller à un attrait de simple curiosité, d'autres encore, mus par une fausse pitié, espéraient fléchir au moins Crisin et le soustraire à la mort par une renonciation au catholicisme.

Tout ce monde arriva devant les petites chambres voisines de la chapelle royale qui constituaient l'étroit appartement des Pères au palais avant de devenir leur prison. La première, dite l'*hypocaustum*, contenait le foyer du calorifère; elle servait de geôle à Pongrácz et à Grodecz; la seconde, plus confortable, avait été attribuée au chanoine Crisin.

A peine les terribles *haydú* ou *heiduques*, soldats protestants et farouches, furent-ils arrivés devant la porte de la première pièce, qu'ils la heurtèrent avec fracas, clamant qu'on leur ouvrît. Pongárcz d'accourir et de leur donner entrée. Aussitôt l'un de ces sauvages, que l'on croit être le condottiere Lajos, avec sa *buzogany*, cette masse de fer représentée sur l'un des portraits à l'huile des trois martyrs à la bibliothèque paroissiale de Gran (2), lui porta en pleine poitrine un coup si violent qu'il lui enleva la respiration et le renversa sur le fourneau. Ce fut le signal de l'invasion générale. En un instant, les deux victimes se virent assaillies, meurtries de soufflets, rouées de coups de poing et de coups de pied, jetées à terre, ligottées aux poignets et dépouillées de leurs vêtements. Dans cet état, elles servirent de cible aux coups de feu qui les mutilèrent horriblement. Au milieu des éclats de rire stridents des bourreaux et des ignobles plaisanteries, s'élevaient ininterrompues les invocations des patients aux noms sacrés de Jésus et de Marie.

Ayant ainsi assouvi sur les deux premiers prêtres leur exécrable fureur, les *haydú* les abandonnèrent sur place couverts de sang et poussant des gémissements, pour recommencer dans l'autre chambre. Crisin y subit à son tour les mêmes

----

(1) Alegambe, *op. cit.*, p. 319; Nadasi, *Annus dierum memorabilium*, p. 148.
(2) Voir la reproduction, mais à propos de Crisin, dans Nicola Angelini, *op. cit.*, p. 24.

outrages et les mêmes brutalités. Mais alors ceux qui accompagnaient les soldats se mirent à exhorter le chanoine à l'apostasie en ces termes : « Croyez que nous avons pitié de vous. Pourquoi en vérité ne pas vous unir à nous afin de travailler ensemble au bien de la patrie commune ? Pourquoi vous opposer avec une telle opiniâtreté aux sentiments de révoltés qui ne conspirent qu'en vue du plus grand bien de la Hongrie ? » Crisin répondit, avec calme et bonhomie, qu'il ne s'opposait pas du tout aux efforts de ceux qui poursuivaient ce bien de la patrie et qu'avec ses interlocuteurs il n'avait qu'une même façon de sentir et de vouloir.

Une fois encore Pongrácz fut envahi au fond du cœur par un pénible soupçon. Le bon chanoine, vaincu par la souffrance et la crainte de la mort, était-il donc sur le point de céder et de consentir à passer au moins pour calviniste ? Cette angoisse rendit des forces au religieux gisant à terre baigné dans son sang, en proie aux convulsions des douleurs les plus aiguës ; il ne put contenir l'inquiétude de son zèle, et, prévoyant que des supplices encore plus affreux étaient imminents, il jeta à haute voix cette apostrophe : « Qu'il n'arrive jamais, ô Crisin, que vous tombiez d'accord avec eux et que vous délaissiez les étendards du Christ pour l'amour d'une courte et misérable vie ; qu'il n'arrive jamais que vous passiez à ses ennemis ! »

Le chanoine comprend que ses paroles ont été mal interprétées ; il proteste et rassure Pongrácz : « Jamais, lui crie-t-il, une pensée aussi infâme ne m'a traversé l'esprit. Les patriotes avec lesquels je rêve de vivre d'accord sont ceux qui voudraient pour mon pays le vrai bien, c'est-à-dire la seule foi véritable, la religion de Jésus-Christ. »

Convaincu et rasséréné par cette franche déclaration, le P. Etienne Pongrácz retourne à ses invocations pieuses. Mais les perfides conseillers venus avec les soldats ne le laissèrent point en repos. Exaspérés contre lui par ses exhortations à Crisin, ils le sommèrent de leur remettre sa correspondance avec Drugeth, comte de Hommona, correspondance dont le but, assuraient-ils, avait été le soulèvement des catholiques contre les calvinistes. Tout au moins, ils prétendaient que l'infortuné leur révélât quels avis il donnait à Drugeth et quelles machinations ils avaient tramées ensemble pour nuire à Bethlen. C'étaient là autant d'inventions imaginées par Alvinczy pour justifier aux yeux du peuple ses barbares procédés envers des innocents. Nous avons déjà vu que telle était sa méthode de guerre contre les papistes.

Pongrácz répondit qu'il ignorait le premier mot d'une telle conjuration, qu'il n'avait en sa possession aucune lettre et n'avait jamais lu le moindre écrit relatif à cette affaire. « J'ai bien été récemment à Hommona, ajouta-t-il; mais dans des intentions toutes différentes. Drugeth m'est particulièrement connu et je le tiens pour un homme d'honneur, fidèle à Dieu et au roi. Je n'ai entendu tomber de sa bouche aucune parole de conspirateur, mais seulement les propos d'un sujet dévoué à son souverain. Qu'on s'en rapporte à son entourage; je défie de mettre la main sur un document relatif à ce prétendu complot. Au reste, je suis prêt à me disculper juridiquement, et, si ma culpabilité est établie, à accepter ma peine. »

Cette franchise et cette modération ne firent que raviver la rage des sectaires. Les uns se mirent à opérer des perquisitions pour découvrir quelque preuve écrite de leur calomnieuse accusation; les autres insistèrent pour qu'il fît un signe d'acquiescement et, par cette adhésion à leur doctrine, sauvât sa vie. Mais n'ayant rien obtenu, ils le laissèrent au pouvoir des bourreaux.

La boucherie recommença. Suivant un des témoins, ils coupèrent à Pongrácz le nez et les oreilles, puis ils les lui enfoncèrent dans la bouche, pour l'empêcher de prononcer les noms de Jésus et de Marie; ils lui broyèrent ensuite les doigts avec la gâchette de leurs fusils. A la fin, ils lui enlacèrent une courroie autour de la tête et la tordirent jusqu'à lui faire sortir les yeux des orbites. Les lèvres du martyr murmuraient encore et redisaient la sublime prière de Jésus en croix : « Mon Père, pardonnez-leur, car ils ne savent ce qu'ils font (1). »

(1) D'après certains documents iconographiques, ce tourment fut aussi infligé à Crisin, sinon encore à Grodecz.

Ce supplice rappelle celui que devaient faire subir, en Lithuanie, au bienheureux André Bobola, le frère en religion de Pongrácz et de Grodecz, les cosaques de Ianoff (1657). Ils enlacèrent des branches flexibles et en ceignirent le front de la victime, de sorte, écrit le P. Olivaint, que « sa tête fut prise comme dans un étau. Les branches, en se séchant, la serraient de plus en plus (1). »

Un suprême tourment devait assimiler Pongrácz, Grodecz et Crisin aux martyrs de la primitive Eglise. Les persécuteurs antiques se faisaient un fréquent plaisir d'étirer le corps des chrétiens en les hissant en l'air à l'aide de poulies (2), en les actionnant avec des treuils, en les plaçant sur le cheval de bois, en les suspendant avec de lourds poids aux pieds. Les hérétiques de la Grande-Bretagne venaient de renouveler, trente ans passés, sur Edmond Campion et d'autres, cet emploi du cheval de bois qui consistait à resserrer au moyen de roues les liens qui retenaient les membres du patient jusqu'à ce que toutes ses jointures fussent désarticulées (3).

Faute d'instrument de torture, les hérétiques hongrois suspendirent solidement avec des cordes, aux poutres du plafond, les trois malheureux nus et sanglants, et leur attachèrent de grosses pierres aux pieds. Puis ils empruntèrent aux bourreaux de l'antiquité païenne et aux huguenots des temps présents (4) un de leurs plus barbares supplices, celui des torches ardentes. Ils se mirent à promener la flamme sur les flancs et sur le torse, en sorte qu'il en découlât de la graisse fondue et qu'à travers la chair rôtie des martyrs on aperçût leurs côtes mises à jour et leurs entrailles. Des gémissements, des invocations à Jésus et à Marie s'exhalaient, durant ces horreurs, de la bouche des mourants, mêlés aux vociférations et aux blasphèmes. Une dame noble, Sophie, épouse de Valentino Gadoczy, a déposé qu'elle distinguait clairement,

(1) Le P. Olivaint, *le Bienheureux Bobola*, p. 40. Paris, 1880.
(2) Voir dans *le Martyrologe romain*, au 7 décembre, l'exemple de saint Servus, à Tuburbe, en Afrique.
(3) Gallonio, *Traité des instruments de martyre et de divers modes de supplice*, pp. 53, 67 et *passim*. Paris, 1904. In-16.
(4) *Ibid.*, p. 113.

dans ce concert de cris et de prières, la voix de l'inlassable Etienne Pongrácz.

Cependant le jour approchait. Les assassins songèrent à en finir ; ils renversèrent sur le sol leurs victimes plus mortes que vives, leur distribuèrent de nouveaux coups et du tranchant de leur épée décapitèrent le chanoine Crisin avec le jésuite Grodecz ; après quoi ils jetèrent pêle-mêle corps et têtes dans une fosse d'aisances qui se trouvait auprès.

Au moment de partir, les *haydú* ne jugeant pas Pongrácz assez commodément placé pour lui faire sauter la tête, s'étaient contentés de lui asséner deux coups plus vigoureux et l'avaient envoyé rejoindre les cadavres de ses compagnons dans l'infect cloaque ; puis ils disparurent avec les dernières ombres de cette nuit sinistre.

Quand ils furent loin, le gardien de la chapelle, Eperjessy, qui semble avoir été peu brave, s'estima en sûreté ; et, une fois la place entièrement libre, il se hasarda timidement à sortir de sa retraite (1). Non loin, il crut percevoir des gémissements étouffés qui montaient d'en bas jusqu'à lui. Il s'approche et demande qui appelle. C'était Pongrácz qui survivait à ses atroces tourments ; il se nomme, il prie Eperjessy de l'extraire de ces immondices où il gît comme enseveli et d'aller chercher le pieux conseiller Hoffmann, homme intègre et membre de la Chambre royale. Le gardien, encore tout tremblant des périls qu'il n'avait pas affrontés, a la lâcheté de lui répondre qu'il n'oserait pas se risquer jusque-là, et, pour couvrir sa honte, il ajoute ce mensonge qu'Hoffmann ayant déjà été tué, ce n'est pas de lui qu'on peut espérer de l'aide.

A ces mots, Pongrácz se sentit abandonné de tout secours humain ; ramassant un reste de forces, il essaya pourtant de rendre un peu de courage chrétien au pauvre gardien terrorisé.

(1) Un jeune homme, qu'on suppose un servant de messe, paraît s'être montré plus courageux ; il figure dans le tableau de la paroisse de Sarkoz, à côté de Crisin ; il est agenouillé et tient un crucifix à deux mains ; il porte au côté droit du cou une blessure sanglante.

« Ne vous laissez jamais, lui dit-il, entraîner par la crainte à renier le Christ et la sainte foi ; pour nous, sous peu notre âme s'envolera, comme il est à espérer, en paradis ; vous qui resterez, soyez le soldat du divin capitaine Jésus, combattez vaillamment sous ses étendards et vous recevrez de lui la récompense éternelle. » Plein de cet immortel espoir, l'héroïque martyr persévérait à invoquer Jésus et Marie, leur recommandant sans cesse son interminable agonie. Il vécut encore, au rapport de ceux qui tendent le plus à l'abréger, près de vingt heures ; il atteignit, suivant d'autres, l'aurore du dimanche 8 septembre, fête de la Nativité de la sainte Vierge.

La nouvelle de la mort cruelle infligée aux trois prêtres catholiques et de leur odieux enfouissement se répandit promptement à Kaschau. De nombreux calvinistes eux-mêmes en éprouvèrent un vif sentiment de confusion. Plus tard, Bethlen Gabor permit de retirer les corps.

La violence avait accompli son œuvre, mais la violence n'a qu'un temps.

Bethlen s'était fait proclamer roi de Hongrie ; Rákóczy avait atteint au faîte de ses ambitions ; Alvinczy avait aspiré à l'archevêché de Gran ; Rayner était devenu tout-puissant à Kaschau. Tous moururent quelques années après, ne laissant dans l'histoire qu'une mémoire chargée de reproches. Peu à peu, le calme se rétablit en Hongrie ; l'empereur Ferdinand II reprit possession de son trône et Pázmány de son siège archiépiscopal.

La Compagnie de Jésus rentra à Kaschau, en 1631, et y ouvrit un collège, en ce même palais où avait été accompli l'horrible forfait du 7 septembre. Elle y demeura jusqu'à la suppression générale au xviiie siècle.

Dans la cité arrosée du sang des martyrs, la foi catholique a produit des moissons de plus en plus abondantes. Lors de l'entrée de Bethlen à Kaschau, l'on y voyait à peine deux cents fidèles noyés dans une masse de plus de vingt mille habitants. Après la paix revenue, leur nombre alla toujours croissant, et, aujourd'hui, sur une population supérieure à l'ancienne, on ne compte pas plus de trois mille protestants.

APPENDICE A

—

EXTRAITS DES ACTES DE BAPTÊME
DES BIENHEUREUSES CARMÉLITES DE COMPIÈGNE (1)

Archives départementales de l'Oise. — L2v. Papiers du district de Compiègne. — Ces pièces, non cotées et reliées seulement par un fil, sans aucune numérotation, et cela peut-être depuis l'époque de leur dépôt dans les Archives, semblent provenir de perquisitions faites chez les Religieuses. De fait elles ne comprennent guère que des Extraits baptistaires des Carmélites et de plusieurs Visitandines de Compiègne. A l'extrait de baptême de celles-ci est joint le plus souvent la pièce attestant leurs vœux.

Voici, dans l'ordre un peu capricieux où ils se présentent (2), les extraits concernant les Carmélites.

Des seize martyres, treize sont représentées, bien qu'il n'y ait que douze pièces, car la seule sœur Meunier n'a point là son extrait baptistaire (3), mais l'extrait du Registre des Professions et prises d'habits, déjà connu, annexé à sa demande de pension en 1793 (L2v. Biens nationaux, n° 9565) en peut tenir lieu, puisqu'il mentionne les noms de ses parents. Je le joindrai d'ailleurs aux autres pièces. Il n'y manquait donc que les actes des deux tourières, les sœurs Soiron (4).

En outre, on rencontrera les extraits de baptême de trois autres Carmélites du couvent de Compiègne qui ne furent point martyres, qui seront donnés à la place où on les rencontre dans cette liasse, ce sont les actes des sœurs Henriette-Emmanuel Stanislas de la Providence (Marie-Louise Legros) (n° 4), Thérèse de Jésus (Marie-Elisabeth Jourdain) (n° 6) et Joséphine-Marie de l'Incarnation (Françoise-Geneviève-Philippe) (n° 9).

(1) Cet appendice est tout entier surajouté à l'œuvre du P. Chérot, mais cette découverte lui est due en réalité. Voir plus bas, appendice L.

(2) Depuis ma visite du 2 mars 1906 est intervenu un nouvel arrangement de la liasse en question qui a modifié l'ordre des pièces et auquel je me suis conformé ici.

(3) Il a été ajouté par la rédaction du *Bulletin religieux du diocèse de Beauvais* du 7 avril 1906, où ont paru ces pièces. J'ai revu, depuis, ces actes sur les pièces authentiques et corrigé bon nombre de fautes.

(4) Les actes des sœurs Soiron ont été aussi publiés d'après les archives de Compiègne.

1º LA SŒUR DE JÉSUS CRUCIFIÉ. — *Extrait des Registres des baptemes de la paroisse des Sts-Innocens, réunie à celle de S. Jacques le Majeur, section des Lombarts :*

L'an mil sept cent quinze, le neuf décembre a été baptisée Marie-Anne, fille de François-Nicolas Piedcourt ⟨Piedcourd⟩ , mᵉ Boursier, et de Marguerite-Angélique Coignard, son épouse, née ajourd'huy cour de la Ferronnerie. Le parrein Antoine Josse, mᵉ orfèvre, de la par[oiss]e S. Gervais ; la marreine Marie-Anne Coignard, sa tante, qui ont signé.

Signé L. HIDEUX (*Un mot rayé nul.*)

Collationné à l'original par nous soussigné, prêtre vicaire dépositaire des Registres de lad. par[oiss]e à Paris, ce jeudi 27 décembre 1792, l'an premier de la République françoise.

FOUQUES.

Nous, Nicolas Oudart, juge président le tribunal du troisième arrondissement du département de Paris, certiffions à tous ceux qu'il appartiendra, que la signature étant au bas de la copie collationnée de l'extrait baptistaire ci-dessus est réellement celle du Sʳ Fouque et est prêtre et vicaire de la parroisse de Saint-Jacques le Majeur de cette ville, et que foy doit y être ajoutée dans un jugement, que... (1) pourquoy nous avons délivré le présent pour valoir ce que de raison.

Fait en la chambre du conseil du tribunal.

Le 18 xbre 1792, l'an 1ᵉʳ de la République.

OUDART.

2º SŒUR EUPHRASIE DE L'IMMACULÉE CONCEPTION. — *Extrait des Registres des Baptêmes, Mariages et Sépultures de la paroisse de Bourth, pour l'année mil sept cent trente-six, ainsi qu'il suit :*

Le samedi douze mai mil sept cent trente-six, a été baptisée par nous Curé de Bourth sous-signé Marie Claude Cyprienne Brard, fille legitime de Mʳ Jean-Jàques Brard, receveur des entrées, et de demoiselle Marie-Anne-Catherine Moulin ses père et mère ; son parain Mʳ Jacques Roussel de la paroisse de la Guerande, et Dame Marie-Claude Le Sueur de Surville femme de Mʳ François Brard avocat à Verneuil et Bailli haut justicier de cette paroisse, pour l'absence de laquelle et par procuration demoiselle Marie Brard a assisté le dit sieur Roussel.

Lesquels ont avec nous signé. Suivent les signatures :

ROUSSEL. BRARD. DE SURVILLE. BRARD.
BEUDON, curé de Bourth (2).

---

(1) Mot illisible.
(2) Cet acte avait été publié d'après les Archives de Bourth par M. le chanoine Langlois dans sa biographie de la sœur Euphrasie. V. plus bas Appendice L.

Je sous-signé, Curé de Bourth, district de Verneuil, département de l'eure, certifie que le présent extrait est véritable et conforme à l'original. En foi de quoi j'ai signé, à Bourth ce vingt six decembre mil sept cent quatre-vingt-douze, l'an 1er de République française.

LA CROIX, Curé de Bourth.

3° SŒUR LOUISE-JULIE DE JÉSUS. — *Du Registre des Baptêmes de la paroisse de St-Denis, actuellement réunie à la paroisse Episcopale, déposé en la maison commune conformément à la loi du 20 7bre d[erni]er (1), est extrait ce qui suit :*

L'an mil sept cent quarante et un, le samedi trentième jour du mois de Decembre, a été baptisée par moi curé soub-signé Roze, née d'aujourd'hui du legitime mariage de Mr Me Pierre-François Cretien (2), Conseiller du Roi, Lieutenant particulier civil au bailliage et Siège présidial d'Evreux et de Dame Jeanne-Françoise de Langle son épouse, de cette paroisse; le parrain Me Reguanet(3) de Langle, Officier commensal chez le Roy, et la marraine dame Rose Cretien, épouse de Me Pierre Lefebvre, ancien Conseiller du Roy, Maire de la ville d'Evreux, l'un et l'autre demeurans en cette paroisse, le père absent, qui ont signé avec nous.

Signé : ROSE, CRÉTIEN, LEFEBVRE, DE LANGLE, LE SIEUR curé.

Le présent Extrait certifié véritable par le se[crétai]re greffier soussigné.

ROCHELET.

4° SŒUR HENRIETTE EMMANUEL STANISLAS DE LA PROVIDENCE (*non exécutée*). — *Extrait des registres de baptemes, mariages et sepultures de la paroisse du bourg de Rozières, département de la Somme, district de Mondidier et de la municipalité dudit lieu, pour l'année 1735 :*

Le 18 8bre est née et a etée baptisé par moi vicaire soussigné, Marie Louise fille en légitime mariage d'Antoine Legros et de Marie-Madeleine Boitel. Le parrein Jean Baptiste Pechon et la marreine Héleine Boitel qui ont fait leur marque.

          † Marque du parrein,
          † Marque de la marreine.

DE METS

(1) L'acte même, tel qu'il a été conservé à l'Hôtel de ville, a été publié dans la *Semaine religieuse du diocèse d'Evreux* du 17 mars 1906 où M. l'abbé Guéry l'a retrouvé *aisément* à la suite de la communication faite par moi à Mgr l'Evêque d'Evreux le 2 mars précédent. Voir plus bas. Appendice L.

(2) Je maintiens d'autant plus volontiers l'orthographe *Crétien* que porte cet acte que la sœur Julie a signé au procès-verbal. « Crétien sœur Julie-Louise de Jésus. » Cf. plus haut, p. 23. n. 8.

(3) M. l'abbé Guéry a transcrit Regnault; mais, erreur ou non du greffier Rochelet, l'acte de Beauvais porte « Régnanet et Le Sieur », au lieu de Régnault et Levasseur.

Je prêtre curé constitutionnel de la paroisse de Roziere sous-signé, certifie que cet acte est conforme à son original et tiré mot à mot; en foy de quoi j'ai signé le 24 Xbre 1792, l'an Ier de la R. f.

BELLETRE curé et procureur de la Commune.

5° SŒUR MARIE DU SAINT-ESPRIT. — *Extrait du Registre des Actes de Bapteme faitte en la parroisse de Frene au Diocese de Noyon pendant l'année mil sept cent quarante deux:*

Le samedy quatrieme jour du mois d'aoust de l'année mil sept cent quarante deux, a été baptisé par moy Curé soussigné Angélique né le jour d'hier de legitime mariage, fille de Jean Roussel (*mots barrés à dessein*) et de Marie Elizabeth François son épouse du village de Mazancourt de cette paroisse. le parein a été Pierre Philbert Vermont, jeune garçon du village de Genesmont de cette paroisse, qui a signé, la mareine Marie Louise Pechon, jeune fille de cette paroisse qui a declaré ne sauoir signé de ce requis et interpellée, le pere absent; fait double le jour et an que dessus. Je soussigné pretre Curé de là paroisse de St Medard de Fresnes au diocèse de Noyon, certifie a tous qu'il appartiendra que l'extrait cy dessus est veritable et conforme à son original, auquel je l'ai estrait mot pour mot.

Délivré le trois fevrier mil sept cent soixante huit par moy LEGER Curé.

6° SŒUR THÉRÈSE DE JÉSUS (non exécutée). — *Extrait des registres des baptemes de la paroisse St Marguerite de paris.*

L'an mil sept cent quarante huit le dix-neuf decembre a ete baptisée Marie Elizabeth née d'hier fille de Louis Adam jourdain mᵉ fondeur et d'Elizabeth Moulet son epouse rue de Charrenton. Le parrein Thomas Oblet mᵉ fondeur la marreine Marie Le Clerc femme de Nicolas Cuny mᵉ tourneur tous meme rue et ont tous signé. le pere present.

JOURDIN, OBLET, LE CLERC, DU PARC, prbtre.

Collationné à l'original par moi pretre depositaire des dits registres,

Paris ce Ier août 1766

DUCHEMET, prêtre.

7° SŒUR HENRIETTE DE LA PROVIDENCE.

L'an mil sept cent soixante et le dix huitième jour du mois de juin, a été baptisée Anne Pelras, née avant hier du légitime mariage du sieur Jean Baptiste Pelras et de demoiselle Jeanne Elizabeth de Bach. son épouse, de la ville de Cajarc. Son parrain a été le sieur Jean Cadare Me en chirurgie soussigné, sa maraine demˡˡᵉ Anne

Pelras, sa tante paternelle, qui a déclaré ne scavoir signer de ce interpellée.

GUALIEU, archiprêtre, signé à l'original.

Nous archiprêtre de Cajarc soûssigné certifions avoir tiré mot à mot l'extrait cy dessus des registres de l'Eglise Saint-Etienne dudit Cajarc, ce vingt et un février mil sept cent quatre-vingtz.

DANGLAR, archip[rêt]re.

8º MÈRE THÉRÈSE DE SAINT-AUGUSTIN. — *Extrait des Registres des Baptêmes de l'Eglise paroissiale de Saint-Sulpice, à Paris.*

Le vingt-trois septembre mil sept cent cinquante deux, a été baptisée Madelaine-Claudine née d'hier, fille de Jean-François Lidoine, employé à l'Observatoire, et de Claude Ridaigt, son Epouse, d[emeura]nts Ruë du petit Lion. Le parrein Jacques Maindorge, employé au bureau du Tabac, la mareine Magdeleine Mention, femme d'Alexandre Machelard. M[archan]d, Epicier. le père absent.

Et ont signé.

Collationné à l'original par moi soussigné. Prêtre Vicaire de ladite Paroisse, à Paris, ce dix-huit du mois de décembre de l'année mil sept cent soixante et douce.

B. MARGUE Vic.

9º SŒUR JOSÉPHINE-MARIE DE L'INCARNATION (*non exécutée*). — *Extrait des Registres baptistaires de la paroisse de Saint-Nicolas-des-Champs à Paris* (1).

Le dix-sept novembre mil sept cent soixante-un, a été baptisée Françoise Geneviève née d'hier, fille de Pierre Martin Philippe, Bourg[eois] de Paris et de Madeleine Jolivet son épouse, dem[euran]s rue des Fontaines; le parrein François Pigeot. M^e boulanger, dem^t fauxbourg Saint-Antoine paroisse Sainte-Margueritte, la marreine Geneviève fille de Pierre Le Fort Brasseur, dem[euran]te rue Surd^e. Lesquels ont signé.

Collationné et délivré par nous, Prêtre, Docteur en théologie de la Faculté de Paris, Vicaire de ladite Paroisse, soussigné, à Paris, le vingt trois mars mil sept quatre vingts.

PELLETIER, Vic.

(Au dos). Nous vicaire General de M^e l'Archevêque de Paris. Certifions que le s^r Pelletier qui a signé de l'autre part a eté tel qu'il s'est qualifié et que foi doit être ajoutée à sa signature partout où

---

(1) L'acte de baptême de la sœur Joséphine-Marie de l'Incarnation était déjà connu, car il figure ailleurs aux mêmes archives. (Cf. t. II *Correspondance*.)

besoin sera. Donné à Paris le dix sept juillet mil sept cent quatre vingt
six

De Floirac (1), vic. g^{al}.
par Mandement Gervais.

10° Sœur François Xavier (converse). — *Extrait des Registres
de l'Eglise de Saint-Martin de Lignières, diocèse de Langres.*

L'an mil sept cent soixante-quatre, le treize janvier, je soussigné ay
baptisé Elizabeth Julitte Verollot, née d'aujourd'huy de légitime
mariage de George Verollot, laboureur, et de Barbe Golaudin. Pour
parrein Edme Tinet fils de Joseph Tinet, laboureur en ce lieu, et
pour marreinne Elisabeth Javon fille de Denis Javon, laboureur en
ce lieu, qui ont déclaré ne sçavoir signer de ce requis.

Ainsi signé de Rouvoir des Bordes, curé de Lignières.

Collationné sur l'original pour nous soussigné Curé de laditte
paroisse, ce neuf aoust mil sept cent quatre-vingt-sept.

Deschamps, Curé de Lignières.

11° Sœur Sainte-Marthe (converse). — *Extrait des Registres
des Baptêmes, Mariages et Sépultures de la paroisse de Bannes, diocèse du Mans, Election de la Flèche (2), pour l'année mil
sept cent quarante-un.*

Le deux octobre mil sept cent quarante-un a été baptizée par nous
curé soussigné, Marie, fille née du légitime mariage de Michel
Dufour et d'Heleine Guilbert. A été parein René Bardet et mareine
Jacquine Martineau, qui ont dit ne sçavoir signer enquis.

Brossard *avec paraphe (sic)*.

Nous prêtre deservant la paroisse de Bannes soussigné, certifions
avoir tiré le présent extrait sur son original et y être très conforme.
En foi de quoi l'avons délivré pour servir à telle fin que de raison.
Fait et signé audit Bannes, ce quinze juin mil sept cent soixante treize.

Duport P^{tre}.

---

(1) M. de Floirac, (un des correspondants des Carmélites, voir plus haut, p. 49,
et plus bas, Appendice J.) nous livre ici sa signature.

(2) Non pas Bannes, canton de Meslay (Mayenne), mais Bannes, commune de
Dissay-sous-Courcillon (Sarthe), comme cela résulte de l'extrait de baptême suivant
relevé par les soins de M. le Curé de Dissay-sous-Courcillon, sur le registre conservé aux Archives de cette commune, conforme à celui-ci, et dont nous reprodui-
sons la teneur :

Paroisse de Bannes

Le deux octobre mil sept cent quarante et un, a été par nous Curé soussigné,
baptisée Marie fille née du légitime mariage de Michel Dufour et de Héleine Guilbert ; a été parrain René Bardet et mareine Jacquine Martineau qui ont dit ne
signer.

Signé : Brossard.

(*Bulletin religieux de Beauvais*, 7 avril 1906, p. 241).

12° Sœur Thérèse de Saint-Ignace. — *Extrait du registre des Batêmes de Saint-Jacques de Compiègne pour l'année 1743.*

Le quatre avril mil sept cent quarante trois, fut baptisée Marie Gabriele, née du même jour, fille légitime de Pierre-François Trezel, maître cordonnier en vieux et de Marie Gabrielle Therese; le parain Nicolas Trezel, la maraine Marie-Charlotte Grichet, ayeule de l'enfant, et ont signé.

Signé : Nicolas Trezel. Pierre-François Trezel. Grichet et Paterre.

Pour copie conforme à l'original collationné par moi secrétaire greffier de la municipalité de Compiègne, cejourd'hui six décembre 1792, l'an premier de la République.

Douquat.

Vû par nous, citoyens officiers municipaux de la ville de Compiègne ce jourd'hui six décembre 1792 l'an pr^{er} de la république française.

Vezou. Mottez. Le Clerc.

13° Sœur Charlotte de la Résurrection. — *Extrait du registre des baptêmes, mariages et sépultures de la paroisse de Mouy, pour l'année mil sept cent quinze.*

L'an 1715 le 16° jour de septembre, est née et a été baptissé Anne Marie Madelaine Françoise, fille de Sr François Thouret, demeur[ant] à Mouy, et Dam[ois]elle Marie Anne Lerat, sa femme; son parain le Sr Gilles Lerat, officier a la panneterie de feu M. la Dauphine premiere, demeurant à Senlis, de présent en ce lieu, le père present au baptême, la marraine Dam [ois]^{lle} Madeleine Herron, veuve de M. Thouret procureur de Roy, de Clermont, qui ont signé au minute (1).

Délivré conforme au susdits Registre déposé au greffe du Tribunal du district de Beauvais par moi greffier dudit Tribunal soussigné, le treize octobre mil sept cent quatre vingt douze, l'an premier de la République française.

Pigory.

Nous juge au tribunal du district de Beauvais, département de l'Oise, certiffions véritable la signature de C. Pigory, greffier de ce tribunal.

A Beauvais ce vingt six octobre mil sept cent quatre vingt douze, l'an <quatrième> premier de la République française.

(Un mot rayé nul). Lemaire.

(1) Publié dans Blond, p. 13.

14° Sœur Gabrielle de Jésus. — *Extrait des Registres de la paroisse de S. Roch à Paris.*

L'an mil sept cent quarante cinq le dix huit juin, Marie Françoise fille de François Ignace le Fieurre Ecuyer Sr de Croissy, present, et de Françoise Apolline Robichon de la Gueriniere son épouse, née ce jour rue S. Vincent en cette p[aroi]sse, a été baptisée. Le parein François Robichon de Guerinière, Ecuyer de la grande Ecurie du Roy, dem[euran]t aux thuilleries, grand pere de l'enfant; la mareine Dame Marie Marguerite de Montmignon Epouse de Mre Henry François Gouyer, Ecuyer Sgr Dapiencourt dem[euran]t ruc du bacq p[aroi]sse St-Sulpice.

Collationné à l'original par moi Pretre soussigné, dépositaire des Registres de ladite Paroisse, ce 25 avril mil sept cent soixante trois.

BOUGOT (1).

15° Sœur Saint-Louis.

Maria Anna Francisca filia Philippi Ludovici Bridaux (2) Divionensis et Mariae Petrae Montreuil conjugum Belforti commorantium nata et baptisata est die septima decembris anni millesimi septingentesimi quinquagesimi primi (3). Levantibus dno francisco Josepho Colins subsignato et Maria Anna Roscar illiterata.,

COLINS, GARNIER vic.

Extractum ex registris Baptisatorum Ecclesiae parochialis et collegialis de Belfort dioecesis Bisuntinae per me infrascriptum parocum et canonicum dictae Ecclesiae, die decima sexta januarii anni millesimi septingentesimi sexagesimi quarti. PIERRON. (*Sceau de la Collégiale, écrasé et mal fait*).

(1) (Sur la même religieuse, on rencontre FFI, n° 12, un autre extrait, conforme à celui-ci, où on ne trouve comme différence que le nom de la mère, *Appolinie*, corrigé avec la mention : « Approuvé ce mot. ») L'acte a été collationné et délivré un mois auparavant, le 24 mars 1763. *Signé* : VARENNE. C'est celui qu'avait publié le P. Chérot dans le *Mois littéraire*, juin 1906, p. 657. Cf. plus bas, Appendice H.

(2) Guillon, qui l'appelle Marie-Antoinette Brideau (t. II, p. 318, col. 2), la fait naître à tort le 6 décembre 1652. C'est à l'occasion de cette religieuse que le P. Chérot me pria de faire vérifier sur les registres de Beauvais, si on ne trouvait pas une signature d'elle rectifiant son nom de religion, un peu insolite au Carmel, de sœur Saint-Louis (*sine addito*). J'ai retrouvé au dossier de cette religieuse dans les notes de l'auteur une lettre du 18 février adressée de Sens, à Mlle Chérot, carmélite à Saint-Germain en Laye. Le P. Chérot, qui reçut cette lettre le 26, m'écrivit pour cet objet, et le 2 mars je lui répondais de Beauvais qu'aucun registre des professions n'ayant été gardé, je n'avais pu me référer qu'aux signatures de la sœur Brideau lors du Procès-verbal des 4 et 5 août 1790. Elle y signe d'ordinaire Sr Saint-Louis, et une seule fois seulement, joignant ses noms de baptême : « Marie Anne de St Louis souprieure ». Par contre, j'avais découvert et copié les extraits baptistaires des sœurs du couvent de l'Annonciation. Voir plus bas Appendice L. (E. G.)

(3) D'après des renseignements dus à M. l'abbé Beurier, curé de Belfort, ce *primi* est une erreur du chanoine Pierron; l'acte original porte 1752 et est bien à sa place.

Nous Prevot et Magistrats de la ville de Belfort, certifions que M⁰ Pierron qui a délivré et signé l'extrait baptistaire ci-dessus, est chanoine et curé en cette ville, auquel foy doit être ajoutée ; certifions aussi que le controlle et le papier timbré ne sont point en usage en cette province d'Alsace. En foy de quoy les présentes ont été signées par le secretaire de cette ville et avons fait apposer au bas le sceau des armes d'icelle (1). Fait à Belfort, le dix huit janvier mil sept cent soixante-quatre.

ROYER.

16° Sœur Thérèse du Cœur de Marie. — *Extrait des Registres de Batêmes de la paroisse de St Symphorien de Reims.*

L'an de grace mil sept cent quarante-deux le dix-huitième jour de janvier, je soussigné Jean Le Bas, Prêtre Docteur en Theologie, Chapelain de cette Paroisse, ai bâtisé la fille de Jean Hanisset, sellier, et de Jeanne Audri, son épouse, de cette Paroisse, à laquelle on a imposé les noms de Marie Anne.

Le Parrain Pierre Audri de cette paroisse ; la marraine Marie Jeanne Hannisset, fille, qui ont signé.

Signé en la minute : J. B. Hanisset.

Pierre AUDRY. Marie Jeanne HANISSET. LE BAS (2).

Je soussigné prêtre docteur en Théologie, Chanoine Théologal et Curé de St-Symphorien, certifie le présent extrait véritable et conforme à la minute, à laquelle je l'ai collationné. A Reims, le neuf février mil sept cent soixante trois.

TATON.

17° Sœur Marie-Geneviève Constance de Jésus.

A défaut de l'acte de baptême de la sœur Meunier (la novice guillottinée avec ses compagnes), en religion sœur Constance de Jésus, je reproduis la pièce déjà connue qui lui servit à demander, inutilement d'ailleurs, le paiement de sa pension.(Archives de l'Oise L2v. : Cf.plus haut, p. 78, n. 2.)

Extrait du registre des Professions et prises d'habit desdites religieuses Carmélites de Compiègne.

Le Samedi 13 décembre 1788, Sœur Marie Genevieve Constance de Jésus, native de St Denis en France, diocese de Paris, agée de près de 23 ans et demi, appellée dans le monde Marie Genevieve Meunier, fille de Noel Meunier, laboureur, et de Marie Genevieve Bour-

---

(1) Le sceau de Belfort, en parfait état d'exécution et de conservation, se recommande à ce titre aux amateurs de sigillographie ; il est assez exposé dans cette liasse peu classée et peu préservée.

(2) Cet acte, tel qu'on le lit aux *Archives communales de Reims,* avait été publié par le chanoine Cerf (p. 7). Voir plus bas *Appendice L.*

sier, son epouse, a reçu le saint habit de notre Ordre ; la ceremonie de sa vêture a été faite dans notre Eglise en la forme et solennité accoutumées, du consentement de M. l'abbé Rigaud abbé de Chaumes, Visiteur apostolique et General des Carmelites en France et actuellement notre très digne Supérieur immediat, par M. l'abbé Courouble notre Chapelain. Beaucoup de personnes de la ville et les amis de la Communauté s'y sont trouvées le jour et an que dessus.

Signé : MARIE GENEVIEVE CONSTANCE DE JESUS.

Sᵣ MARIE THERESE DE S. AUGUSTIN prieure.

L'abbé COUROUBLE.

Pour extrait conforme PACQUOT.

Les trois actes qui suivent, absents des *Archives de l'Oise,* sont empruntés au *Bulletin religieux* du diocèse de Beauvais, déjà cité.

17° *bis* SŒUR CONSTANCE. — Département de la Seine. Ville de Saint-Denis. Etat-civil.

Extrait du registre des actes de naissance 1765 (Saint-Marcel).

L'an mil sept cent soixante-cinq, le vingt-neuf mai, a été baptisée Marie Geneviève, née hier sur cette paroisse, fille de Noël Meunier, laboureur, et de Marie Geneviève Boursier ses père et mère (légitime) de cette paroisse. Le parain Jean Baptiste Lacroix. maître charpentier, la maraine Marie Louise Béjot, épouse de François Basbey, tous deux de cette paroisse, qui ont signé avec nous, le père absent. — Suivent les signatures.

Pour copie conforme, etc.

18° CATHERINE SOIRON. — *Du registre des actes de naissance, mariages et décès de la commune de Compiègne pour l'année mil sept cent quarante deux, déposé au greffe du Tribunal civil de Compiègne (Oise), il a été extrait ce qui suit :*

Paroisse Saint-Jacques. — Le second février mil sept cent quarante deux fut batisée Marie Anne Catherine, née du même jour, fille légitime de Pierre Soiron, marchand mercier (1), et de Catherine Varoquier ; le parain Pierre Henry Garanger garçon, la mareine Marie Anne Catherine Bidault qui a déclaré ne savoir signer.

Ainsi signé : Pierre SOIRON. — GARANGER. — D. PATERRE [ce dernier prêtre curé de la paroisse] (2).

Arch. de Compiègne, Saint-Jacques, 1742, f° 15.

19° THÉRÈSE SOIRON. — *Du registre des actes de naissance,*

---

(1) Pierre Soiron, qualifié ici marchand mercier, sera appelé, dans l'acte de 1748 (n° 19), « maître-tourneur ».
(2) Voir plus haut, p. 209.

*mariages et décès de la commune de Compiègne pour l'année
mil sept cent quarante-huit, déposé au greffe du Tribunal civil
de Compiègne (Oise), il a été extrait ce qui suit :*

Paroisse de Saint-Jacques de Compiègne. — Le vingt trois jan-
vier mil sept cent quarante-huit, fut batisée Marie Thérèse née le
même jour, fille légitime de Pierre Soiron, maître tourneur et de
Catherine Varoquier : le parain Pierre Claude Leblanc, la marreine
Catherine Varoquier jeune fille. — *Ainsi signé :* Pierre Claude
Leblanc. — Catherine Varoquier. — De Perthuis.

Arch. de Compiègne Saint-Jacques, 1748, f° 8.

APPENDICE B

—

HISTOIRE MANUSCRITE DE SAINT-CORNEILLE DE COMPIÈGNE

Extraits inédits du « Registre contenant les choses notables arriuées en faueur, ou au preiudice de ce Monastere de S^t. Corneil de Compiegne depuis l'establissement en Iceluy des Religieux de la Congregation de S^t. Maur en France de l'ordre de S^t. Benoist » (1).

Voir plus haut, p. 14, n. 1.

[1640]... La mesme'année les religieuses Carmelites ont presenté requeste à M^r l'abbé et aux religieux par leur establissement dans Compiegne. Ce qui leur a esté accordé, en suitte duquel accord elles se sont establies (p. 9).

[1643]... La mesme année le lieu appellé le Thresor situé dans la uille de Compiegne a esté uendu aux meres Carmelites pour y bastir un monastere, moyennant la somme de quatorze mille quatre cens liures, les religieux ayans esté obligez (2) de faire cela a cause que Mr de Noyers secretaire d'estat s'y portoit auec passion, lequel toute la congregation auoit pour lors besoin d'auoir pour amy (p. 10).

Voir plus haut, p. 15, n. 1.

L'an 1646 le 12 de May le Roy Louys quatorziesme uenant a Compiegne auec la Reyne sa mere Anne d'Autriche regente logea a son arriuée dans la maison abbatiale, ou toute la Communauté des religieux le fut saluer, et le lendemain le Roy et la Reyne sa mere vindrent entendre la messe dans nostre eglise, ou la Reyne communia, et la mesme iour furent logez au Chasteau. [Et la raison, pourquoy ils

---

(1) *Archives départ. de l'Oise* **H 2.146.** Registre in-4°, de 177 p. — Le P. Chérot ne put avoir connaissance de ces notes recueillies à son intention, le 20 juin 1906, peu de jours après son départ de Paris où je ne devais plus le revoir. (E. G.)

(2) Cette vente, on le voit, n'a rien de spontané de la part des religieux de Saint-Corneille.

coucherent une nuict dans ces logis abbatials fut parceque les Carmelittes s'estoient retirées dans le Chasteau du Roy durant qu'on
bastissoit leur monastere] (1) (p. 11).

Voir plus haut, p. 16².

[1649]. Le vnzieme jour du mois de Jullet de la mesme Année,
feste de la translation de nostre bienheureux pere St. Benoist, La
Reyne accompaignée de Mademoiselle et autres Princes, & Seigneurs de la Cour assista aux Vespres solennelles dans nostre
Eglise, ou Monsieur de Soissons, Abbé comendataire de cette Abbaye,
fit l'office, et a la fin des Vespres entendit la predication du Pere Le
Faure, Cordelier (2), predicateur ordinaire du Roy (p. 17).

1652. Le vingt cinquieme d'aoust. Jour de St. Louys de ladite année
mil six cent cinquante deux, Le Roy, la Reyne sa mere accompaignée de Monsieur le Duc d'Anjou, de Mademoiselle & autres Princes
& Seigneurs de la Cour, assisterent à la predication qui fut faite en la
nef de nostre Eglise par le Pere Leon Carme mitigé (3), apres laquelle
predication la Reyne demeura, et assista à nos Vespres solennelles
auec mondit Sieur le Duc d'Anjou (p. 18).

Le mesme jour (quatorzieme jour de Septembre feste de St Corneil)
de la susdite année (1652) la Reyne accompaignée de plusieurs Seigneurs de la Cour assista aprés le disner a la Predication qui se fit
en la nef de nostre Eglise par le Pere Leon, Carme mitigé, et en
suitte entendit les Vespres solennelles, Monsieur l'éuèque de Soissons, Abbé de cette Abbaye faisant l'office (p. 19).

Voir plus haut, p. 17².

Le Dimanche vingt neuvieme jour de May de la presente année

(1) La partie imprimée entre crochets [ ] est ajoutée d'une encre plus récente, en
interlignes, et d'une autre main que celle du rédacteur habituel. L'accident de la
salle écroulée dont ne parle pas la relation des bénédictins (Voir plus haut, p. 15)
se rattache à de nombreux faits du même genre. Ceux du siècle suivant
sont ainsi attestés par les *Mémoires du duc de Luynes*. Il écrit le 28 mai 1738 :
« Les maisons des ministres à Compiègne ne seront encore habitées cette année
que pendant la journée. M. Gabriel me disoit, il y a quelques jours, que ces maisons reviennent au Roi à environ 1200 livres la toise de superficie ; c'est une façon
de compter des architectes.... Les bâtiments coûtent plus à Compiègne qu'ailleurs
par la quantité prodigieuse de souterrains sur lesquels la ville est bâtie. Il y a
environ six mois que la cour de la maison où logeoit M. l'évêque de Soissons, à
Compiègne, s'enfonça de dix ou douze pieds ; cette cour étoit pavée ; les charrettes
et les carosses y entroient ; elle n'étoit cependant fondée que sur une voûte de terre
soutenue par des fagots. Quelqu'un qui se trouva dans les souterrains, ayant voulu
tirer des fagots avec un crochet, cette partie de la cour tomba. C'est ainsi que je
l'ai entendu dire à M. l'évêque de Soissons Ch. François Lefèbre de Laubrière) »
(t. II, p. 165).

(2) Au futur évêque d'Amiens, entendu à Paris en 1649, il faut joindre aussi le
P. Léon, Carme, qui eut, comme Faure, occasion de prêcher devant le Roi à Compiègne.

(3) Cf. *Le Ton de la Prédication avant Bourdaloue*, par Eugène Griselle, p. 33.

[1667], Jour et Feste de la Pentecoste la Reine Marie Therese d'Austriche accompagniée de Mademoiselle de Montpensier et suiuie de tous les Seigneurs, Dames et Demoiselles de la Cour vint entendre nre Grand'Messe. Le P. Prieur luy fist la harangue à la Porte de l'Eglise, luy fist baiser la croix de Charlemagne &c, et la conduisit soubz un daiz qui pendoit du lambris des chaizes sur la 2me du costé de l'Epistre du costé de l'autel, c'est a dire la chaire suiuante celle de l'Abbé. Monsieur l'Euesque de Soissons officia et fust serui par nos confreres tant pour les grands que les petits officiers, apres auoir donné acte par ecrit passé par deuant coppies not^{re} qu'il n'officioit que par ce que les Religieux de St Corneil l'en auoint prié et qu'il ne pretendoit auoir ny s'acquerir aucun droit dans l'Eglise dudit St Corneil. La Reine voulut estre encensée à la Grand'Messe et aller à l'offrande, fut reconduitte jusques à son carosse par le P. Prieur &c ou elle prit heure pour le jour de la Feste Dieu prochaine pour se trouuer à toutes les ceremonies dans notre dite Eglise.

La Reine fût mandée à Avenne par le Roy et y arriua le jour de la feste Dieu (p. 52).

Le Lundy vingt septieme jour de juin de la p[rese]nte année a esté chanté dans l'Eglise de cette Abbaye de St Corneil un *Te Deum* solennel en action de graces de la prise de la ville de Tournay aux Païs Bas. Monseigneur le Dauphin y a assisté, accompagné de son Altesse Mademoiselle de Montpensier, de plusieurs Ducs, Marquis, Seigneurs, Dames, generallement de toute la Cour excepté la Reine qui estoit indisposée dans le Lict... (p. 53).

1667. Le jeudy dix neuvieme jour de May de la pr[ese]nte année xvie soixante sept feste de l'Ascension Monseigneur le Dauphin arriua dans cette ville de Compiegne et fûst salué dans le Chasteau le mesme jour par le P. Prieur accompagné de trois Religieux. Le P. Prieur fist la harangue.

Le mesme jour Madame de France sœur de mondit Seigneur le Dauphin arriua aussi en cette ville (p. 51).

Et le jeudy suiuant vingt sixieme jour de May la Reine Marie Therese d'Autriche arriua dans cette ville accompagniée de Mademoiselle de Montpensier fille de Monseigneur le Duc d'Orleans Defunct et de plus[ieu]rs Dames de la Cour. Elle passa à la Parmeliere toutes les cloches de l'Abbaye sonantes. Le P. Prieur eûst aussy l'honneur de la complimenter le mesme jour dans le Chasteau aiant auec luy trois religieux. La Reine les reçeut avec beaucoup de douceur les preuint pour venir le Dimanche suiuant jour de la Pentecoste faire ses deuotions et assister à nostre Grand'Messe, demanda l'heure que nous la commencions ordinairement, etc. (p. 52).

1672. Le 31e décembre 1672 le Roy 14e estant venu à Compiegne pour avancer le secours de Charle-Roy assiégé par les Espagnols et les Hollandois passa les festes de Noel dans cette premiere ville et il voulut assister dans nostre Eglise a la grande messe le jour de Noel de quoy sa Majesté fit auertir le Pere Prieur dom Philippe Bastide par Monseigneur le Cardinal de Bouillon...(p. 59).

Le Roy et la Reine ayant esté à l'offrande Monsieur le Cardinal de Bouillon envoya son aumosnier qui se saisit des offrandes pretendant que cela luy estoit du en qualité de grand Aumosnier à quoy Monsieur de Soissons ne s'opposa pas coe ne luy appartenant pas, et les Reli-g[ieu]x ne voulurent pas contester pour ne pas causer du bruit, bien qu'on leur persuadast de s'en plaindre au Roy, ce qu'ils ne voulurent pas faire, et ils se contenterent de dire à Monsieur le Cardinal de Boullon que le respect qu'ils avoient pour luy estoit cause qu'ils ne soutenoient pas leur droit coe il semble qu'ils y estoient obligez.

Le Maistre des Ceremonies de la Cour avoit fait mettre un prie Dieu pour sa Majesté du costé de l'Epitre entre le grand autel et la chaire ce qui n'agrea pas au Roy qui dit que sa place estoit dans les chaires du chœur du costé du grand autel à la place de l'Abbé.

A la fin de la grandemesse le Roy dit à Monsieur de Soissons qu'il vouloit aussy entendre les Vespres dans la mesme Eglize et en effet il y assista, se mit dans les chaires du chœur et y chanta avec les Religieux (signé : f. Ph. Bastide) (p. 59).

Marie Thérese d'Autriche vient à Vespres à S^t. Corneille. Le second dimanche de Careme qui tombait le 14 mars veille de la sus-ception des Reliques de nos SS. Patrons, la Reine Anne Marie The-rese d'Autriche nous fit l'honneur de venir entendre les vespres dans notre Eglise. Comme on en fut auerti des la veille les musiciens se prepararent pour les chanter en musique. Le R. P. Prieur revetu en chappe avec les trois chantres, le reste de la communauté en froc, l'alla receuoir à la porte de l'Eglise et apres luy auoir presenté l'eau benite et la croix de Charlemagne a baiser luy fit un compliment, ensuite l'accompagna dans le chœur jusqu'à sa place qu'on luy avoit preparé sous les Rois du coté de l'epitre. Sa Majesté ayant aperçû les musiciens dans le jubé qui se preparoient à chanter les vepres, témoigna qu'elle aimoit mieux entendre le plain chant des Religieux, ce que nous fimes le plus solennellement qu'il nous fut possible ; après l'encensement de l'autel et des Reliques, les chantres encense-rent la Reine, laquelle fut reconduite ensuite des vepres par le R.P. Prieur et toute la communauté jusqu'au carosse. Avant de remonter en carosse, elle prit le p. prieur en particulier et luy representa l'abus qu'elle avoit remarqué en visitant l'hotel Dieu de St Nicolas du Pont, scauoir que les licts des hommes étoient pellemelle avec ceux des femmes dans la sale des pauvres ce qui étoit contre la biensceance : elle luy oraonna, comme étant supérieur de cette maison d'y mettre ordre, ce qu'il promit à sa Majesté de faire et cela a ete executé depuis.

Le landemain le R. P. Prieur envoya par un Religieux a la Reine un grand pannier plain de poires de bon chretien qu'elle recut fort agreablement et les trouva si belles qu'elles (*sic*) les fit servir à la table du Roy (p. 63).

Le 3o jullet la Reine Marie Therese etant decede ont fit icy un service magnifique dont vous verrez la relation cy dessus (*sic*) page 67 (1).

Voir plus haut, p. 174.

Madame de Maintenon n'est pas nommée dans l'histoire ms. de l'Abbaye de St-Corneille, à l'occasion du séjour royal (28 février 1690 au 6 mars) « avec Monseigneur le Dauphin et la plupart des princes de sang et grands de la cour » (p. 78), mais par contre elle figure dans le récit du voyage fait à Compiègne l'année suivante :

Le 14 avril 1691 le Roy auec Monseigneur le Daulphin, Monsieur d'Orleans frere du Roy et toute la Maison de France vint à Compiegne au retour du siége de Mons, pour y passer le jour de paques. Le lendemain dimanche jour de paques, Sa Maiesté fut entendre la grande Messe a S. Jacques sa paroisse auec toute sa Cour, & le Cardinal de fustemberg assista icy à une partie de l'office a l'eau beniste a la procession qui se fit en la maniere accoutumée aux grandes festes : il suiuoit le celebrant en rochet et camail, en suitte de la procession il fut dire la messe dans la chappelle de la vierge qui est dessus les voultes.

L'apres-dines le Roy vint entendre icy les vespres sur les deux heures accompagné de Monseigneur le Daulphin, de Mons\ le le duc d'Orleans, de M\rs de Chartres fils de Mons\ le duc d'Orleans et de tous les autres princes du sang et enfans de France à la reserue des trois fils de Monseig\ le Daulphin qui etoient restez a Versailles. Le Roy fut reçeu a la porte de l'Eglise par le p. prieur revestu en chappe et par toute la communauté en froc à la reserve des chantres qui estoient aussi en chappe. Le celebrant luy presenta la Croix de Charlemagne a baiser, ce qu'il fit s'etant mis a genoux, ensuitte ayant pris de l'eau beniste, il entra au chœur ou il se mit à la seconde chaire du costé de l'autel, ayant laissé la chaire de l'abbé vacante, Monseigneur se plaça à la gauche du Roy, le duc d'Orleans à la gauche de Monseign\ le Daulphin, Mons\ le duc de Chartres à la gauche de Mons\ le Duc d'Orleans, en suitte les princesses du sang,

(1) La copie de cette relation imprimée à Soissons chez Louis Mauroy occupe les p. 67-73. Le permis d'imprimer est du 20 nov. 1683 (p. 64).

en suitte M^r le Cardinal de Fustemberg, en fin quelques Seigneurs et Ducs de la Cour. Les basses chaires etoient occupées par Mad^e de Maintenon et autres Duchesses et Dames de la Cour. Du costé gauche dans les haultes chaires etoient Monseig^r le duc du Maine, le Comte de Toulouze et autres Ducs. (p. 83-84).

Voir plus haut, p. 17, n. 4.

La paix que Mme de Maintenon recommandait aux instances des Carmélites tarda longtemps. Elle n'est mentionnée dans la Chronique de Saint-Corneille qu'aux années 1696-1698.

La publication de la Paix entre la France et la Savoye a été publiée a Compiègne le 22e Septembre 1696. Et le *Te Deum* a eté chanté dans notre Eglise le jour de St Michel 29e du meme mois, tous les corps de la ville assemblez en la maniere accoutumée, pendant lequel il y a eu une decharge presque continuelle par les Arcbusiez de la ville (p. 101).

Le 1er dimanche de l'Avent premier jour de decembre 1697. le Te Deum a eté chanté en la maniere accoutumée dans notre Eglise pour la Paix avec l'Espagne, l'Angleterre et la Hollande.

Le 26e de janvier 1698. le *Te Deum* a été chanté en notre Eglise tous les corps assemblez en la maniere accoutumée pour la paix entre la France, l'Empire et les Princes de l'Empire. Le soir il y eut un tres beau feu devant le portail de l'Eglise qui fut alumé par le Reverend Pere Dom Pierre Richer Prieur de l'Abbaye qui regala les assistens de plusieurs brocs de vin (p. 102).

Voir plus haut, p. 18².

Malgré la remarque faite par le P. Chérot, il semble bien que la présentation des jeunes princes se rapporterait à l'année même du camp de Compiègne, à en juger par les détails fournis par le ms. de Saint-Corneille. Il faut noter aussi que cette histoire de St-Corneille ne mentionne aucun voyage du roi en 1699.

Le Samedy 30e Aoust 1698. le Roy arriva a Compiegne avec Monseigneur le Dauphin, Monsg^r le duc de Bourgogne, Madame la Duchesse de Bourgogne, Messeigneurs les Ducs d'Anjou et de Berry, et suivi de la plus grande partie de sa Cour. Dés le lendemain Dimanche, Monseigneur le duc d'Anjou et Monseigneur le Duc de Berry vint assez subitement à l'Eglise de cette abbaye. Ils furent reçus au grand Portail par le R. P. Dom Pierre Richer Prieur de ce Monastere, qui aprez les avoir complimenté a la teste de la communauté et revetu de chape avec ses officiers conduisit ces Princes dans le Chœur qui se placerent dans les chaises proche la Chaise Abbatiale du coté de l'autel. Et aussitost le Reverend Pere Prieur commença les Vespres Apres lesquelles les Princes sortirent de l'Eglise suivis du R. P. Prieur et de la Communauté qui les menerent à leur carosse. Le Mardy en suivant Monseigneur le duc de Berry nous fit l'honneur de venir voir toutes les raretez de cette Abbaye. On lui ouvrit d'abord le grand Autel qu'il considera beaucoup. Ensuitte on lui montra pieces a pieces tout le Thresor, qu'il voulut voir et tenir en ses mains. Aprez on le mena à la Bibliotheque où on luy montra les manuscripts les plus anciens. Ce Prince visita ensuite plusieurs chambres du Dortoir, descendit, dans le Refectoir et parcourut tout le jardin. On luy presenta la Collation et voulut bien nous faire l'honneur d'en prendre. Ce Prince aprez avoir vu le reste de la Maison rentra dans l'Eglise et sortit par le grand Portail suivi du R. Pere Prieur et de la Communauté qui le conduisirent au carosse ou il monta aprez leur avoir fait bien des honnestetez et bien marqué du contentement et de la satisfaction promettant bien de revenir avec Messeigneurs les Princes ses freres.

Pendant prez de trois semaines que dura ce voyage du Roy notre Eglise ne desemplit point d'une infinité de monde qu'un Camp de cinquante cinq mille hommes que sa Majesté avoit fait aux environs de Compiegne, le lon de la rivier d'Aronde pour apprendre a Messeigneurs les Princes ses petits fils le metier de la guerre et pour regaler en meme temps sa Cour, avoit attiré non seulement de tous les endroits de la France, mais aussi de toutes les nations étrangeres. Quantité de Princes, Princesses, ducs, duchesses et autres Seigneurs de la Cour et quantité de Seigneurs etrangers vinrent voir le Thresor.

Monsieur le Cardinal de Janson Evesque de Beauvais Grand Aumonier du Camp logeoit dans cette abbaye ou pendant tout le Camp il avoit table ouverte a laquelle vinrent la pluspart des grands de la Cour.

Enfin le Roy partit de sa bonne ville de Compiegne pour retourner à Versailles le 22e Septembre. (p. 102-105).

1716. — Les Carmelites ont racommodé nôtre ornement de drap d'or, il en a couté deux cent livres pour l'or et la fourniture. (p. 133).

Voir plus haut, p. 191.

On n'a relevé ici, parmi les voyages de Louis XV à Compiègne, que les traits de nature à signaler la présence de la Reine et de Mesdames de France. En ce qui regarde spécialement Mme Louise, la future Carmélite, on peut renvoyer soit aux allusions qu'a faites ici le P. Chérot (Voir plus haut, p. 20, n.1), soit à sa charmante plaquette intitulée : *Les Filles de Louis XV à Fontevrault. Lettres inédites du Roi et de Mesdames de France*, extraite du *Balletin du Bibliophile*, fév. et mars 1899, p. 49 et 119.

1766. — 5. aout. Arrivée des enfans de France a Compiegne.

Mgr le duc de Berry, Dauphin, le Comte de Provence et le Comte d'Artois à 7 h. et demie du soir. Les Princes se sont arretés a l'abbaie de St. Vincent de Senlis où ils ont dîné et ont fait la distribution des prix. Cette faveur a été accordée à Mr de Mostuege leur sousprecepteur abbé de cette abbaie. Le P. Prieur Dom Devis s'estant retiré à Beauvais, le Pere souprieur et un autre religieux sont montés au Chateau pour l'arrivée des Princes auxquels ils ont été presentés avec les autres corps de la ville par M^r le Duc de Tremes gouverneur de l'Isle de France.

Le 6. aout arrivée de la Reine à 8. heures et un quart. Le Pere souprieur accompagné d'un autre religieux ont eté presanté a Sa Majesté comme cy dessus.

Le 7. arrivée du Roi à 10 h. du soir accompagné de Madame la Dauphine et des quatre Dames de France. Le P. Souprieur & a été présenté comme cy devant.

... Le 15. jour de l'Assomption de la T. S. Vierge Sa Majesté est venue entendre les Vêpres dans l'Eglise de St Corneille. Elle a eté recuë à la porte de l'Eglise avec l'eau benite... (suit la description de tout le cerémonial).

Le Roi étoit accompagné de Madame la Dauphine, des trois Princes et des quatre dames de France. La Reine n'y assista point pour cause de quelque indisposition (p. 165).

... Le 29 (août) le Roi partit sur les neuf heures et demie pour aller à la Muette, de là à Versailles, ensuite à Choisi et à Chantilli d'où sa Majesté se rendit à Compiegne, le 5 du mois suivant et arriva vers 4 heures et demie.

... Le mercredi 23 7bre depart des Princes pour retourner à Versailles.

Jeudi 24. depart de la Reine sur les 9 h. du matin...

Samedi 27. depart du Roi, de Mme la Dauphine et de Mesdames vers une heure apres midi (p. 166).

1767. — 5 juillet 4e dimanche apres la Pentecôte arrivée du Tr. R. P. General de la Congregation de S. Maur (D. Pierre François Boudier) en l'abbaie de St Corneille, pour y passer le temps du sejour du Roi et y faire les fonctions que le P. Prieur de St Corneille a accoutumé de faire, le dit P. Prieur (D. Augustin Le Clerc) n'aiant pu paroitre parce qu'il étoit detenu dans son lit par la suite d'une attaque d'apoplexie dont il a été vivement atteint le dimanche des Rameaux.

6 juillet. arrivée des Princes, Mgr le Dauphin, M^r le Comte de Provence et Mgr le C. d'Artois sur les 6. h. du soir...

Le 7. arrivée de la Reine sur les 8 h. et demie du soir. Le T. R. G. fut présenté par le meme duc de Treme a Sa Majesté qui eut la bonté de lui temoigner qu'elle étoit bien aise de le voir et se recommenda a ses prieres.

Le lendemain 8. le Roi arriva a 9 heures moins un quart du soir...

... Le 19. juillet vers les 9 heures, on nous annonca que le Roi viendroit au Salut dans notre Eglise. La Reine y arriva à 3 heures trois quarts accompagnée de Mesdames Adelaide, Victoire, Sophie et Louise pour y entendre les Vêpres .. (p. 167).

Samedi. 15. aout. Le Roi, la Reine, Les Princes et Mesdames ont assisté aux Vepres de St Corneille, ensuite à la Procession pour le vœu de Louis XIII. apres laquelle suivit le salut... (p. 169).

1768.

Le 30. juin nous avons celebré un service pour la Reine, La veille on a dit les Vepres des morts et les Vigiles. Ce service s'est fait *impromptu* sans avoir reçu aucun ordre. On l'a fait, dit-on pour la Congregation. Mais l'ordre du R. P. General n'est venu que quelque temps apres.

18 juillet en consequence du mandement de M^r l'Eveque de Soissons nous avons celebré un service general pour la Reine, tous les corps du clergé et de la ville y ont assisté selon la coutume des ceremonies publiques. On n'a point dit de Vepres ni de Vigiles la veille. On n'a point non plus tendu l'Eglise en noir à ces deux services. Il n'y a eu pour toute pompe que le Catafalque ordinaire ou lit de parade (p. 171).

Le 26. dudit mois (juillet) le Roi est arrivé à Compiegne à 8 h. du soir accompagné de Mesdames Adelaïde, Sophie, Victoire et Louise.

Le carosse de Sa M. étoit en violet...

Le 28. arrivée des 3. princes M^rs le Dauphin, le C. de Provence et le C. d'Artois, à 7 h. un quart du soir...

Le 10 aout les trois princes M. le Dauphin, M. le C. de Provence et M. le C. d'Artois et Mesdames Adelaide Sophie et Victoire sont partis sur les deux heures apres midi pour aller aux obseques de la Reine qui doivent se faire à St Denis, le 11. Madame Louise est restée seule au Chateau. On en donne pour raison que les trois premieres dames aiant la main de ces jeunes Princes dans cette ceremonie, il n'y avoit plus personne de ce rang pour la donner à Me Louise. Le Roi et Me Louise ont passé la journée du 11 au Chateau sans en sortir.

Le 12. les Princesses sont arrivées de St Denis au soir à 11 h. Les Princes ne seront de retour que ce soir.

... Le 14. le Roi avec les Princes et Princesses est allé au salut à la Collegiale de S. Clement.

Le 15. jour de l'Assomption S. M. avec toute la famille Roiale est venue dans notre Eglise entendre les Vêpres. Elle est arrivée à 5 h. et a été recuë par le T. R. P. General qui l'a complimentée. apres les Vepres auxquelles M^r l'Eveque de Soissons a officié. S. M. a assisté à la procession, ensuite au salut apres lequel elle a été reconduite jusqu'à la grande porte de l'Eglise par toute la communauté comme elle y avoit été recue. Tout s'y est passé à l'ordinaire. Il y avoit eu à deux heures un sermon qui fut prêché par Dom Julien de Dieu Religieux de St Germain des Prez dont la Piece fut fort goutée. Son plan etoit annoncé par les deux propositions suivantes : *Marie est morte comme devoit mourir la Mere d'un Dieu. Marie triomphe dans le ciel comme doit triompher la Mere d'un Dieu* (p. 172).

Le 30. depart des Princes. Le 31. depart du Roi et des dames de France sur les 9 heures et demie du matin (p. 173).

1774. Mort de Louis 15 surnommé le Bienaimé arrivé à Versailles le 10 may de la ditte année 1774 sur les trois heures aprez midy.

Le 12 au soir le corps de Sa Majesté fut transporté à Saint Denis sans convoye et sans aucune seremonies et fut mis tout de suitte dans le caveau aprez quelles que courtes prieres. On s'est comporté de la sorte parce que le Roi etant mort de la petite verolle la corruption du corps etoit si grande qu'il n'a pas été possible de l'ambomer.

Aussitot apres la mort de Louis XV le Roi Louis XVI ecrivit a Mr de Maurepas qui etoit exilé depuis environ 25 ans. la lettre suivante :

Accablé de douleur, je partage encor celle de tout le Royaume. Je suis Roy et je n'ai que vingt ans, ce titre impose des devoirs difficile a remplir. Privé pendant neuf jours des avis des ministres j'ai besoin de conseils. J'en attend de vostre part avec la confiance que m'inspire vostre probité et vos lumieres. Rendez vous auprez de moy le plustot qu'il vous sera possible (p. 176).

Le 10 juin (1774), Mngr l'eveque de Soissons ayant envoié son mandement on celebra dans l'Eglise de l'Abbaye roiale de St Corneille un service solennel pour le roi Louis quinze. Le lieutenant du Roy, le major et Mr le Maire y assisterent non point en corps, mais comme particuliers parce que M^r le Gouverneur ne leur avoit point encore fait passer ses intentions à ce sujet. Les chevaliers de St Louis, les militaires de la ville et les fourriers du Roy, de Monsieur et de Monseigneur le Comte d'Artois, de meme que le Doyen des Chanoines avec quelqu'uns des siens, les curés et les corps religieux s'y trouverent aussi. Le cœur (*sic*) et l'eglise étoient tendus d'une laïe. La representation étoit placée vis a vis les tombeaux de la famille d'Humieres. On fit trois absoutes. Le pere Prieur les fit toutes trois eu egard au petit nombre des religieux dont la maison etoit alors composée. La veille on annonça. cette ceremonie au son de toutes les cloches par trois reprises différentes. La coutume de faire les invitations par billets en pareil cas ne fut point observée par inadvertance (p. 177).

APPENDICE C

—

SUPPLIQUE DES CARMÉLITES

POUR OBTENIR UN SECOURS APRÈS LA MISE EN DEMEURE DE PRENDRE
DES VÊTEMENTS LAÏCS.

Les pièces relatives à cet incident avaient toutes échappé aux divers
historiens des Carmélites de Compiègne, ayant été versées dans un
dossier tout différent (L1 *Département, Correspondance avec les
Ministres*, 1790-An 2). J'en dois la découverte à M. L. Thiot, explo-
rateur assidu et des plus sagaces, pour qui les Archives du département n'auront bientôt plus de secrets. Non content de me signaler
cette trouvaille, il a bien voulu transcrire à mon intention les diverses pièces de ce précieux dossier, me tirer une splendide épreuve
photographique des trois pages du Mémoire (1) et faire avec sollicitude toutes les recherches qui auraient permis de rencontrer la réponse du ministre à qui avait dû finalement être adressée la requête.
Il a découvert en effet, au Registre des délibérations du Conseil du
district de Compiègne, le procès verbal de la séance du 18 septembre 1792 relatif à cette affaire, reproduit plus bas, mais rien n'a pu
donner la clef des solutions adoptées par le ministre ; peut-être le
procès de Louis XVI a-t-il absorbé l'attention et empêché de donner
suite aux bonnes intentions manifestées par la Municipalité et le Département. En tout cas, les pièces rencontrées par M. L. Thiot ont une
réelle importance pour cette partie de l'histoire des Carmélites demeu-
rée dans l'ombre. Elles signalent l'état d'esprit du temps et apportent
un appoint précieux, par la date même des pièces, à la question fameuse du serment, signé le lendemain 19, sur les instances du maire.
On ne saurait donc trop féliciter M. L. Thiot de son utile contribution. Le commentaire nécessaire à l'intelligence de documents fournis
par lui donnerait occasion de relever un certain nombre d'allégations

(1) On trouvera ci-contre la reproduction en phototypie de la première et de la
seconde, celle qui contient les signatures des Religieuses.

apportées de divers côtés à l'encontre du document invoqué par M. Sorel. Les signatures du 18 septembre expliquent et éclairent celles du lendemain (Voir plus haut, p. 89, n. 1.). N'est-il pas vraisemblable en effet qu'il y a un lien entre la série des signatures obtenues, suivant le récit de Marie de l'Incarnation, sur les instances du maire, et la requête signée la veille par toutes les sœurs, sauf Marie Dufour, (voir plus haut, p. 89, n. 1) pour être présentée à la municipalité? Refuser le serment, d'ailleurs tenu pour légitime par leur directeur, n'était-ce pas renoncer à toute pension ou secours? (Voir plus haut, p. 72). Ainsi la démarche tentée le 18 septembre, sur des conseils amis, auxquels le maire n'était peut-être pas étranger, amenait en quelque façon les pétitionnaires à fournir ensuite, probablement à leur insu, la preuve écrite d'une prestation de serment.

D'ailleurs, liées ou non aux signatures du registre municipal sur lesquelles le procès de béatification a fait soulever tant de débats, celles de la requête présentée presque au lendemain de leur expulsion par les Carmélites ont leur intérêt propre, ainsi que le style candide de cette supplique, et la bienveillante approbation qui l'appuie, indice des dispositions de la ville. On remarque que toutes signent leur nom de famille, sans aucun prénom ni nom de religion (1).

B [iens] N [ationau]x N· 9124.

A MESSIEURS

MESSIEURS LES ADMINISTRATEURS DU DISTRICT DE COMPIEGNE

MESSIEURS

Les Relligieuses Carmelites de Compiegne ont l'honneur de vous representer qu'en quittant leur monastere conformément a la loy (2) elles ne peuvent aujourdhuy sous le costume qui leur etoit particulier sortir sans exposer leur personne, qu'elles n'ont cependant de la tête aux pieds aucuns vetemens qui ait aucune ressemblance a ceux des autres citoyenes, quelles ont néanmoins trouvé des ames charitables qui pour l'instant leur ont preté ces sortes de vêtemens mais qu'il est urgent et necessaire de s'en procurer de personnels.

Vous savez Messieurs que la modique pension qui nous est accor-

---

(1) Les signatures du 5 août comprenaient le nom de famille seul et le nom de religion, (voir plus haut p. 23 et 41) : celles du 11 janvier 1791, le prénom, le nom de famille et le nom de religion (Sorel pl. 1) et celles du 19 septembre le prénom et le nom de famille (voir plus haut, pp. 89-90).

(2) Le décret du 17 août 1792, qui prescrivait « l'évacuation » des maisons religieuses avant le 1er octobre. (Voir plus haut, p. 72, et *Positio*, p. 214.)

dée(1) est insuffisante pour fournir en même tems et a nos besoins journaliers et a cette depense extraordinaire que la Loi n'a point prevue. nous implorons vos Bontés, vos cœurs sans doute ne seront pas insensibles a notre Demande. tendez sages administrateurs une main secourable a ces infortunées, ordonnez qu'il sera dellivré a chacune de nous une somme pour pourvoir a nos vetemens devenus besoins urgens et de premiere nécessité.

Soiez certains Messieurs que malgré que nous soyons dispersées, nous n'en prierons pas moins pour le salut de l'empire (2).

TOURET
PIEDCOURT   <BAZIN> (3)

LIDOINE

JOURDAIN

BRARD

BRIDEAU

DE CROISSY

HANISSET

CRETIEN

TÉRZEL (*sic*) (4).

PHILIPPE

ROUSSELLE

PELRAS

D'HANGEST

LE GROS

VEROLOT

En marge et en haut de la première page, on lit :

A MESSIEURS

Messieurs les officiers municipaux de Compiègne pour avoir leur avis.

---

(1) La pension des religieuses de chœur était de 478 l. 19 s. 4 d. ; celle des sœurs converses de 239 l. 9 s. 8 d. (Voir plus haut, p. 64, Sorel, p. 15.)

(2) L'expression, qui semblerait au premier abord bizarre et naïve, n'avait rien d'insolite. Ainsi on lit au *Registre des Délibérations du Conseil du District de Compiègne*, 18 sept. 1792 : « Vu la lettre du département du 16 de ce mois portant envoi de l'adresse du ministre de l'intérieur à tous les citoyens de cet *empire...* » (f° 24 v°, n° 541). Le mot *royaume* est aussi couramment employé dans les procès-verbaux officiels. Voir plus bas, p. 238, n. 1.

(3) Ce nom effacé est celui d'un des municipaux dont l'annotation ajoutée en marge porte à la suite plusieurs signatures. Bazin, qui signait en dernier lieu, avait apposé son nom près de ceux des carmélites, au lieu de le placer en marge après ceux de ses collègues, ce qu'il fit ensuite, effaçant du doigt sa signature encore fraîche (voir le fac-similé).

(4) Cette interversion confirme ce qui a été dit plus haut des difficultés et des répugnances qu'éprouvait à lire et à écrire cette âme contemplative et silencieuse. (Voir p. 57, n. 4).

Compiegne le 18 7bre 1792
SCELLIER L'aîné (1),
DE MOÜY (2),
PENON,
DEBACQ.

Les officiers municipaux de la Ville de Compiegne qui ont pris lecture du memoire cy joint a eux envoié par MM. les Administrateurs du district pour donner leur avis, estiment qu'il est de l'humanité de venir au secours de ces Dames cy devant Religieuses Carmelites qu'il est de fait que l'habit qui elles portoient dans le Cloistre ne peut leur servir en societé, et qu'il est urgent, vu la modique pension qu'elles ont obtenû, que MM. les Administrateurs du Departement et du District de cette Ville prennent dans leur sagesse ordinaire en consideration la demande de ces Relligieuses.

Donné en la maison Commune le 18 7bre 1792

MOTTEZ, VEZOU, THIBAUX, REY, LE CLERE, MOSNIER Pr[ésident] de la C[ommission], BAZIN (3).

A la suite des signatures des carmélites, toujours sur leur requête, et de l'écriture très cursive du même greffier, se trouve au long le sentiment favorable des administrateurs du District :

Les administrateurs du District de Compiegne qui ont examiné la requete des Dames cy devant Carmelites tendant a obtenir un secours pour leurs vetements, considerant que les carmelites sont dans un cas tout particulier a cet esgard attendu que leurs habits de cloistre ne peuvent leur etre d'aucune utilité dans le monde, considerant encore que leurs pensions jusqu'alors ont été trop modiques pour qu'elles pussent prendre dessus de quoi acheter leur nouveau costume

(1) Fils de Gabriel-Antoine-Victor Scellier, marchand drapier à Compiègne et capitaine commandant de la compagnie des grenadiers de la garde nationale, mort le 25 octobre 1790. à 73 ans, Alexandre-Pierre-Gabriel Scellier succéda le 26 décembre suivant à M. de Cayrol, dans les fonctions de maire et à ce titre perquisitionna à plusieurs reprises chez les Carmélites et présida à leur départ pour Paris. Là, son frère plus jeune, Toussaint-Gabriel Scellier, né le 28 août 1755, devait les condamner à mort et périr à son tour sur l'échafaud, avec Fouquier-Tinville, le 7 mai 1795. Alexandre Scellier mourut, âgé de 70 ans, le 3 décembre 1821 (Voir plus haut, p. 91, et Sorel, p. 59 et 89).

(2) Il était président du Conseil. (Registre des délibérations, 13 sept. 1792, f° 11, v° n° 501). Ce n'est pas lui qui a signé l' « ordonnance » du 19 mai 1794, prescrivant à Mᵐᵉ Brard le régime lacté (Voir, à cette date, Correspondance). Le biographe de la sœur Euphrasie (Langlois, p. 76) a lu, avec raison, DE CROUY, qui est le nom du receveur général du District. (Registre f° 26, n° 546).

(3) Sauf Le Clere, qu'il faut peut-être reconnaitre dans Leclère fils, un des six dénonciateurs demandant l'expulsion de l'abbé Courouble (Voir plus bas, Appendice D, p. 232, et Sorel, p. 24), tous ces noms me sont inconnus et je ne les trouve point dans les pièces citées par Sorel. Par contre les noms de MOTTEZ ou MOTTET, VEZOU et LE CLERC figurent dans les attestations citées plus haut (Appendice A. Extraits baptistaires, p. 209).

estiment le procureur syndic entendu qu'il est de la justice et de l'humanité de venir au secours de ces citoyennes & evaluent a cinquante Livres par tete le secours qu'on leur accorderoient ce qui fait huit cens Livres au total, & attendu l'urgence du besoin des carmelites ils prient l'administration du Departement de leur faire connoître promptement leurs intentions
fait & arreté le 18 7bre 1792.

De Mouy Penon Sellier L'ainé Wacquant (1) Poulain p. s. (procureur syndic) (2) Bigauld.

Le procès verbal signalé plus haut ne fait guère que redire la même chose et indique l'envoi des pièces décrété dans la séance du même jour.

Séance du 18 septembre 1792.

Vu le memoire des Dames ci devant Carmelites de Compiegne < qui ont pris lecture > tendant à obtenir un secours pour leurs vetemens.

Considerant que les Carmelites sont dans un cas tout particulier à cet egard, attendu que leurs habits de cloître ne peuvent leur être d'aucune utilité dans le monde ;

Considérant encore que leurs [pensions][3] jusqu'alors ont été trop modiques pour qu'elles pussent prendre dessus, de quoi acheter leur nouveau costume ;

Le procureur sindic entendu,

Le Conseil estime qu'il est de la justice et de l'humanité de venir au secours de ces citoyennes, et évaluant à cinquante Livres par tête le secours qu'on leur accorderoit ce qui fait huit cens livres au total ; et attendu l'urgence du Besoin des cid. Carmélites, le Conseil prie le Departement de faire connoître promptement leurs instructions.

Et arrête que le memoire et l'avis seront envoyés dans le jour au departement.

L2. — Archives départementales de l'Oise. — (Registre des délibérations du Conseil du district de Compiègne, du 9 sept. 1792 [au 22 nov. 1792, f° 24, n° 540).

Cet envoi fut fait accompagné de la lettre ci-dessous :

(1) Wacquant (Jacques François), architecte et sous-inspecteur des bâtiments de la république à Compiègne, avait été envoyé, avec Bigauld et le secrétaire Bertrand, pour présider, le 12 septembre 1792, au recolement des effets inventoriés les 4 et 5 août 1790 (voir plus haut, p. 74, plus bas, Appendice K, et Sorel, p. 16.)

(2) Poulain, procureur syndic, avait figuré dans les séances des 4 et 5 août 1790. Voir plus haut, p. 41, n° 3. Le procès-verbal d'élection d'une Supérieure à la Visitation (12 janvier 1791) est écrit en entier et signé de la main d'« Etienne Poulain secretaire de la municipalité. » (Archives de l'Oise Qh)

(3) Ms : leurs fonctions (sic).

DISTRICT DE COMPIÈGNE   18 septembre 1792
—   L'an 4ᵉ de la Liberté et le 1ᵉʳ de l'Egalité.
Adm^on gén^ale
n° 9124   B[iens N[ationau]x n° 9124 (1).

Messieurs,

Nous avons l'honneur de vous adresser un mémoire des Dames ci devant Carmélites tendant à obtenir une indemnité pour les aider à prendre un nouveau costume pour lequel leur ancien habillement ne peut leur procurer aucune ressource, ensemble notre avis.

Les administrateurs du district de Compiègne.

DE MOÜY p^t   PENON
WACQUANT   SCELLIER *l'aîné*
BIGAULT |GUIBOUT,

POULAIN, P[rocureur] S[yndic]

LI. — Archives départementales de l'Oise (Correspondance avec les Ministres de décembre 1790 à floréal an 2 inclusivement).

Lorsque le tout arriva au Directoire du département, un rapport fut dressé, dont on verra plus loin la teneur. Il est écrit à mi marge, et dans la demi colonne de gauche figure le résultat de deux délibérations auxquelles il donna lieu. Celle du 13 octobre avait conclu au rejet pur et simple, mais la question fut reprise le 24 novembre, où il fut décidé qu'on écrirait au ministre. La première délibération fut donc annulée et un trait transversal biffe dans la pièce les mots imprimés ci-dessous entre crochets. Voici d'ailleurs l'aspect de la pièce en question.

BIENS NATIONAUX   DISTRICT DE COMPIÈGNE
—   —

n° 9124   Arrivé le 10 8bre 1792.
                                   —

                                   Les citoyennes ci-devant Car-
                                   melites demandent une indem-
                                   nité pour les aider à prendre un
                                   nouveau Costume pour lequel
                                   leur ancien habillement ne peut
                                   leur procurer aucune ressource.
                                   Le 18 7bre. 1792. Le District
< Le Directoire considérant   estime qu'il est de la justice & de
qu'il est payé un quartier davance l'humanité de venir au secours
arrete qu'il n'y a lieu a délibérer. de ces citoyennes et évalue 50 #
      13 8bre >   par tête l'indemnité qu'il convient

(1) De la main du secrétaire Bertrand.

24 9bre

Arrêté d'écrire au Ministre <pour> presenter les motifs qui militent en faveur des Carmelites et demander sur quels fonds ce secours devra etre payé dans le cas où il seroit accordé.

de leur accorder ce qui fait une somme de 800 ₶

Ledit jour les officiers municipaux de Compiegne invités par les administrateurs du district pour donner leur avis, estiment qu'il est de l'humanité de venir au secours des D^{es} ci devant religieuses Carmelites et qu'il est de fait que l'habit qu'elles portoient dans le Cloitre ne peut leur servir en société.

L1. — Archives départementales de l'Oise. — Correspondance avec les Ministres de déc. 1790 à floréal an 2 inclusivement.

La lettre au ministre, en date du 2 décembre, est la dernière pièce de ce dossier. La minute en est intéressante par les hésitations et les rédactions successives qu'on y surprend. Les mots enfermés entre crochets sont ceux qui avaient été écrits d'abord et qui, barrés ensuite, sont remplacés par un texte nouveau.

Beauvais. 2. X^{bre} 1792.

Les administrateurs du directoire du Departement de l'Oise au Citoyen Ministre de l'Intérieur.

Les citoyennes ci devant Carmelites de Compiegne reclament une indemnité pour les aider à prendre un nouveau costume. elles assurent que leur ancien habillement ne peut leur procurer aucune ressource. leur demande est appuiée par la Municipalité de Compiegne et le district. a la vérité, citoyen Ministre, il est à notre connoissance que les reclamantes vu la modique pension dont elles jouissoient aux termes de la loi du 14 8bre 1790 ne peuvent pas se donner le costume < qu'elles desirent. Cepend > qui leur est absolument convenable pour paroitre dans le monde. Il <seroit > bien malheureux pour elles <que> de se trouver dans une position aussi triste ; cependant <nous ne pouvons diminuer leur part> il nous est impossible de les soulager dans leur detresse puisque < qu'aucune> la loi du 6 août dernier qui < ordonne > accorde un nouveau traitement (*sic*) aux Religieuses et leur <permet d'avoir > ordonne de quitter leurs maisons ne parle pas qu'il leur sera accordé des secours pour leur vestiaire. En conséquence nous vous prions Citoyen Ministre, de prendre en considération la demande de ces Religieuses et de nous instruire le plus promptement possible de votre decision à cet égard.

L1. — Archives départementales de l'Oise. (Correspondance avec les Ministres, de décembre 1790 à floréal an 2 inclusivement.)

APPENDICE D

EXPULSION DE L'ABBÉ COUROUBLE

ET RÉCLAMATION SUR SA PENSION

L'expulsion de l'abbé Courouble dont il a été question plus haut (p. 86) a été racontée avec pièces à l'appui par Sorel (p. 23 et 98).

Il convient cependant de reprendre ces pièces, inexactement ou incomplètement reproduites par lui, et surtout d'y ajouter un épilogue qu'il n'a pas signalé, faute de l'avoir connu sans doute.

EXTRAIT DES MINUTES DU GREFFE DE LA VILLE DE COMPIÉGNE.
Du Vingt novembre 1792, l'an 1er de la Republique française.

Nous Citoyens de la ville de Compiégne requerons les officiers municipaux en conformité de l'art. VI de la loi du 26 aout dernier relative aux ecclésiastiques qui n'ont pas prêté le serment de faire eloigner (1) de cette ville les abbés Carlet et Courouble ci devant Directeurs l'un des cidevant religieuses de Sainte Marie et l'autre des cidevant Carmelites aussi de cette ville afin de faire cesser les troubles qu'ils pourroient occasionner par leur conduite.

Fait à Compiégne le vingt un novembre 1792, l'an 1er de la Republique francoise : *Signé :*

  DUFLOS, ESTAVES. GUY, RENAUX, LECLERC fils et CAPAUMONT.

    Pour copie conforme : *Signé*
     MOTTET, CAYROL, maire
Et par mandement : *Signé*
    LONGUAT Secretaire
Pour extrait conforme :
  BERTRAND (2).

---

(1) Dans Sorel on lit : de faire *élargir* de cette ville.
(2) Toute la pièce est écrite de la main de Bertrand.

Extrait du Registre du Conseil General permanent de la ville de Compiegne.

L'an mil sept cent quatre vingt douze le premier de la République française et le vingt un Novembre onze heures du Matin, le Conseil Général de la Commune assemblé, le citoyen Maire a dit qu'il vient de lui être remis en conformité de l'article six de la Loy du 26 août dernier relative aux Ecclesiastiques qui n'ont point preté leur serment, une demande en date du vingt de ce mois signée par six Citoyens (1) par laquelle ils reclament en conformité de la Loy, de faire éloigner de cette ville les Abbés Carlet et Courouble, l'un cy devant Directeur des cidevant Carmelites de cette Ville, et l'autre ci devant Directeur des cidevant religieuses de Ste Marie, afin de faire cesser les troubles qu'ilz ont occasionnés par leur conduitte.

Surquoi la Matiere mise en Déliberation, le procureur de la Commune entendû, il est arrêté qu'expédition de la demande formée par les six Citoyens ci-dessus dénommés, sera à l'instant remise avec Expédition du present arrêté aux Citoyens Administrateurs du Directoire du District de cette Ville pour par eux en conformité de l'article sept de la Loy du 26 aout dernier, ordonner l'Eloignement de cette Ville, desdits Abbés Carlet et Courouble, et ont les Membres signés (*sic*) au Registre

Pour copie conforme : *Signé*
    Berger de Vitry

           Pour mandement : *Signé*
              Longuat
              Sécrétaire

Pour copie conforme :
    Bertrand.

Deux jours après cette délibération, les administrateurs du district de Compiègne, mis en demeure d'agir, prenaient l'arrêté suivant que M. Sorel a cité en partie (p. 98).

No 693   District de Compiègne.
Département de l'Oise

Extrait du registre des arrêtes du district de Compiègne du vingt trois novembre 1792 l'an premier de la Republique.

Les Administrateurs du District de Compiegne qui ont examiné

(1) Le texte cité par Sorel porte : « *signée par les citoyens Duflos, Etave, etc.* » Voir Sorel, p. 98. La copie officielle de Bertrand n'indique aucun nom.

l'extrait du registre des Deliberations du Conseil permanent de laditte Ville, en date du 21 du Courant, ensemble la Denonciation & le vœu de six Citoyens de la même commune du 20 du même mois qui provoquent l'Execution de l'article 6 de la Loy du 26 aout der[nie]ʳ relative aux Ecclesiastiques, non fonctionnaires publics, qui n'ont pas prêté le serment, et ladite Loi qui les autorise a reclamer la deportation des Ministres du Culte qui se sont portés à des actes scandaleux, lesdites Deliberation et Denonciation portant sur les citoyens Carlet et Courrouble, le 1ᵉʳ Directeur des cy devant religieuses de Sᵗᵉ Marie, et le second aussy Directeur des ci devant Carmelites faisant cy-devant Communautés à Compiegne.

Considérant que l'opinion désavantageuse qu'on a conçue contre lesdits ministres peut produire des scenes funestes à eux mêmes, aux cydevant Religieuses dont ils conviennent (1) d'avoir la conduite spirituelle, et par suite à toute la ville et qu'il est du devoir de l'Administration de prévenir les Desordres de tout genre.

Considerant encore que leurs justes obligations les soumettent à exécuter passivement les articles les plus rigoureux de la Loy sur les Requisitions des municipalités (2).

Arrête (*sic*).

Le Procureur sindic entendu.

1º que toutes les minuttes des pieces relatives à l'affaire dont est question (*sic*) seront deposées aux Archives du district;

2º qu'il en sera remis Expedition dans le jour à chacun des deux ministres cy dessus avec sommation de s'y conformer dans le Delay prescrit par la Loy du 26 aoust dernier et ce par un des adjoint du Secretaire du District, qu'il plaira à l'Administration de commettre à cet effet, lequel sera tenu d'apporter un certificat de l'execution de sa mission dans le jour ou d'attester dans le même espace, le refus de la lui donner par les parties, et que du tout sera encore envoyé expedition au departement le plus promptement possible, tout (*sic* pour *sauf*) à remplir les autres conditions dans les termes prescrits par la Loi.

Pour copie conforme :
BERTRAND.

Les trois pièces ci-dessus furent adressées à l'Administration générale avec cette lettre d'envoi :

(1) Dans Sorel on lit : qu'ils continuent d'avoir... Y aurait-il eu une erreur de lecture dans la transcription dont nous donnons la copie exacte ?

(2) Cette vaine protestation d'honnêtes gens qui déplorent ce dont ils n'ont pas le courage de refuser la complicité et s'abritent sous la légalité pour couvrir l'injustice, rappelle le mot du juge d'Amiens envoyant à l'échafaud le P. Firmin, qu'il a essayé de sauver par des subterfuges, et lui disant : « Homme juste, la loi te condamne. » (*Chroniques de l'ordre des Carmélites*, etc., 2 série, Poitiers, 1889, t. I, Carmel d'Amiens, p. 3)

DISTRICT DE COMPIÉGNE   25 nov. 1792, L'an 1er de
      Adm^{on} Gale   la république française
        3 pieces   n° 693.

          Citoyens,

Nous vous adressons les copies collationnées :
1° de la demande signée par six citoyens de Compiégne, tendant
à l'eloignement des abbés Courrouble et Carlet;
2° de l'arrêté du Conseil général de ladite ville,
et 3° de notre arrêté du 23 du Courant pris en conséquence de la
Loi du 26 aout dernier.
Nous vous instruirons de tout ce qui pourra se passer a cet egard.
Les administrateurs du District de Compiegne.

                          POULAIN   PENON
                     p. s. WACQUANT
                          SCELLIER L'AINÉ.

La pièce qui suit n'est guère qu'un accusé de réception, sorte de procès-
verbal qui analyse, par les soins du rapporteur Hallot, l'envoi fait de Compiègne.

Adm^{on} Generale   D^t de Compiegne
                                            27 novembre 1792.

Le Citoyen Hallot ad^t.   Lettre du District de Compie-
                                        gne du 25 Novembre 1792 conte-
                                        nant l'envoy de deux copies col-
                                        lationnées
                                            1° de la demande signée par
                                        six citoyens de Compiegne, ten-
                                        dant à l'éloignement des abbés
                                        Courrouble et Carlet ;
                                            2° de l'arrêté du Conseil géné-
                                        ral de ladite ville.
       Avis du District   Le District arrête 1° que tou-
     du 23 9bre 1792.   tes les Minuttes des pieces relati-
                                        tives a l'affaire dont est ques-
                                        tion seront déposées aux Archi-
                                        ves du District;
                                            2° Qu'il en sera remis expédi-
                                        tion dans le jour à chacun des
                                        deux Ministres ci dessus avec
                                        sommation de s'y conformer
                                        dans le délai prescrit par la loi
                                        du 26 août der[nie]r.

Il est fort vraisemblable que le Directoire du Département se borna à sanctionner de son approbation les mesures prises par la municipalité de Compiègne. Sur la notification qui leur fut faite de quitter la ville, les deux aumôniers s'exécutèrent. Mais le District de Compiègne n'en fut point quitte pour cela avec les embarras que leur causaient les ci-devant directeurs des deux communautés. Retirés à Trêves, ils s'avisèrent d'envoyer réclamer la pension qui leur était due pour le ministère entravé par le fait de cet exil. De là les curieuses pièces qu'on va lire.

C'est d'abord une lettre du 17 janvier 1793, relatant, avec quelque détail et d'une manière assez piquante, les faits relatifs à la supplique de six dénonciateurs. La lettre est tout entière, sauf les signatures, de la main de Bertrand :

DISTRICT DE COMPIÈGNE   B. Nˣ No 9590
                                                       17 janvier 1793
          CLERGÉ   L'an 2 de la Rep. ᶠᵃⁱˢᵉ.

Citoyens,

Les Sʳˢ Courouble et Carlet, ci devant Chapelains des Carmelites et Religieuses de la Visitation, aussitot la sortie de ces religieuses, se sont permis de les rassembler dans la paroisse à la verité, mais dans des moments où le tout a été remarqué ; il est même arrivé qu'un prêtre assermenté se presentant pour donner la Communion, ces div (sic) Religieuses se sont éloignées de l'Autel et n'y sont revenues que quand elles ont apperçu le Sʳ Carlet. Cette scene et plusieurs autres de cette espece ont engagé plusieurs citoyens à demander la déportation des d[its] Courouble et Carlet ; La municipalité leur ayant donné connoissance de cette denonciation, ils ont pris le parti d'aller chez l'etranger et ils sont actuellement à Treves.

Aujourd'hui un fondé de pouvoir vient reclamer leur quartier (et ils avoient 800 ₶ de traitement), devons-nous et pouvons-nous les payer ? C'est une question que nous croyons devoir vous soumettre quoique nous penchions pour la négative.

Les Administrateurs du District de Compiegne :

                                        BATTON
          CARLIER   LAMBIN
                    BERTRAND
                    S[ecretaire]ᵉ.

Lorsque la lettre du 17 janvier arriva à Beauvais (ce fut le 21 du même mois), elle fut l'objet d'une analyse dont la rédaction semble avoir été confiée à ce même citoyen Hallot qui avait traité d'abord l'affaire précédente de l'expulsion des deux directeurs :

BIENS NATIONAUX   Dᵗ DE COMPIÈGNE
     no 9590   Arrivé le 21 Jer 1793.

Lettre du District du 17 janv.ᵉʳ 1793, de laquelle il résulte que les

Srs Courouble & Carlet cidevant chapelains des religieuses de la Visitation dudit Compiegne, lors de la sortie des dites cidev^{ts} Religieuses de leur Communauté, ils se sont permis de les rassembler dans la M^{té} (municipalité?) où ils ont en differentes circonstances troublér le repos < publique > public : que surs ce, plusieurs citoyens ont demandé la déportation desdits Chapelains < que sur cette > lesquels d'après cette denonciation < ils > ont passé chez l'Etranger et qu'ils sont actuellement à Treves, qu'au jourdhuy un fondé de pouvoir vient reclamer les quartiers de leurs traitemens qui sont de 800 #. Quoi que le district penche pour la negative, il demande s'il doit où s'il peut les payer.

En marge de ce document, sous les mots, *le citoyen Hallot rapporteur*, on lit :

15 février 1793.

Ecrire au District de Compiegne que suivant une lettre du ministre en date du   (*sic*) les pretres deportés doivent etre payés de leur traitement ou pension jusqu'au jour de leur deportation.

La difficulté est de savoir si Castet et Courouble avoient un traitement ou une pension : en quel etoit l'objet et a quel titre ils l'avoient obtenu. C'est sur cet objet que le District est invité de s'expliquer.

Faire une lettre.

Cette lettre fut écrite; en voici la minute ornée de ses corrections diverses, dont quelques unes suggestives :

BIENS NATIONAUX   Beauvais, le 26 février 1993
du district de Compiègne   l'an deuxieme de la republique
         N° 9590.

Vous nous demandez, concitoyens par la lettre que vous nous avez adressé le 17 Janvier dernier si les Sieurs Courouble et Carlet cidevant < Religieuses > Chapelains des Religieuses de la Visitation de Compiegne qui < se sont retirés chez l'Etranger lorsqu'ils > n'ont quitté le territoire françois que parce qu'ils ont eu connoissance que plusieurs citoyens demandoient leur deportation < demandent > sont fondés à reclamer aujourd'hui par un fondé de pouvoir le payement du quartier echu de leur pension fixé à 800 #.

< Le ministre de l'Interieur que nous avons consulté precedemment à votre lettre nous de > Nous vous observerons que conformement à une lettre du Ministre de l'Interieur en date du 2 fevrier present mois les pretres deportés doivent etre payés de leur traitement ou pension jusqu'au jour de leur déportation et que quand à la continuation du paiement de la somme qui pourroit leur echeoir à compter

de la même époque il faut attendre une décision de la Convention Nationale pour savoir si ce paiement pourra avoir lieu depuis leur sortie du Royaume (1). Cependant avant < d'autoriser > de prendre une determination sur la demande des s[ieurs] Castel et Courouble nous desirons savoir s'ils avoient un traitement ou une pension que en etoit l'objet et à quel titre ils l'avoient obtenu.

Nous vous prions, Concitoyens de nous donner tres promptement des renseignemens sur cette question, ils nous sont indispensables.

Comme pour la requête des religieuses au sujet de leur indemnité de vêtements, nous n'avons pas la solution définitive et nous ignorons s'il fut donné suite à cette demande de renseignements. Telles quelles, les pièces conservées sont instructives, et sur la paperasserie administrative qui battait son plein à cette époque, et sur l'espèce de campagne de résistance légale que ces demandes de pensions semblaient mener à dessein. Certes il était trop légitime que les dépossédés fissent effort pour arracher le plus possible de leurs biens aux ravisseurs. C'est à un incident de ce genre que nous font assister les suppliques des deux tourières, les sœurs Soiron.

(1) Voir plus haut, p. 227, n. 2.

APPENDICE E

—

REQUÊTE DES DEUX TOURIÈRES

THÉRÈSE ET CATHERINE SOIRON

POUR OBTENIR UNE PENSION

Cet épisode de l'histoire des martyres semble avoir échappé aux recherches des historiens. Les pièces qui le révèlent sont en effet en dehors du dossier des Carmélites. On les trouve dans L2v (*Nominations, argenterie, affaires diverses du District de Compiègne*). Sorel, qui a dû les parcourir, car il cite (p. 15, n. 2) les Liasses, 52 à 55) dont elles ont fait partie, y aurait trouvé un argument pour sa thèse sur le serment, ou du moins, pour répondre à certaines réfutations de détail qui se sont produites depuis, au cours du procès. Il paraît historiquement prouvé que les signatures du 19 septembre ont été apposées au bas d'une page en blanc, présentée par M. de Cayrol, suivant le récit de Marie de l'Incarnation, et sur ce point les affirmations de Sorel sont erronées, mais on avait tout à fait tort contre lui quand, pour infirmer ses positions, on disait dans le procès : « Quant à la signature des tourières Catherine et Thérèse Soiron, que Mr Sorel rapporte au 17 décembre 1793, plus d'un an après, il doit y avoir encore un malentendu. Les tourières ne recevant aucune pension de l'État, et n'ayant aucune direction sur les religieuses (*sic*) (*phrase que je renonce à comprendre*), n'avaient point de serment à signer. » (*Procès, déposition du P. Ory, S. J.*, p. 545, *Positio*, p. 229).

Les pièces ci-dessous prouvent qu'il ne faut jamais raisonner *a priori*, car le fait des pensions sollicitées et obtenues par les deux tourières explique suffisamment la pièce vue par Sorel, à savoir l'enregistrement de leur serment, lequel a une évidente relation avec l'effet de leur requête.

Le 5 mars 1793, les administrateurs composant le Directoire du Département de l'Oise avaient à délibérer sur deux requêtes, émanant l'une de Catherine Soiron, l'autre de Thérèse Soiron, sa sœur aînée. Ils rendent un avis favorable pour celle-ci, mais déboutent la première de sa demande, comme non fondée. Survient une instance du procureur syndic, qui montre que ce refus est illégal, et obtient à la plus jeune des deux sœurs la pension déjà accordée à son aînée. C'est ce qui ressort des trois pièces ci-dessous. Bien que la concession faite à Catherine Soiron n'ait été notifiée que le 31 mai et que le refus fait à Thérèse soit du 20 mai, nous ne citerons qu'en second lieu cette pièce du 20, pour la rapprocher de l'instance exaucée le 9 juin 1793.

I

District de Compiègne
r[emis] C[opie] le 31 mai 1793

Vû par le Directoire le memoire presenté par la Citoyenne Catherine Soiron, ancienne domestique et tourrière des ci devant religieuses Carmelites de Compiègne, tendant à obtenir la fixation du traitement que lui accorde la loi du 1er juillet 1792 pour indemnité à raison de la supression de son employ.

Vû aussi le certificat délivré le 20 decembre 1792 par les ci-devant Superieure et religieuses de la ci devant communauté du Monastere des Carmelites de Compiegne, qui attestent que la dite Citoyenne Catherine Soiron est agée de cinquante trois ans et a vingt années de services (1) et jouissoit de deux cent livres de gages et profits.

Vû enfin les avis et observations du District de Compiegne du 19 fevrier dernier, portant que conformément aux articles 13. et 5. de la loi susdattée, il y à lieu d'accorder à la réclamante un traitement annuelle (*sic*) de soixante-quinze livres conformément aux articles 13 et 5 de la loi susdattée.

Le Directoire considérant qu'aux termes de l'article 13. de la loi du premier juillet 1792 concernant les employés ecclesiastiques de chapitres supprimés, les articles 3. et 4. de ladite loi sont applicables aux anciens domestiques de l'un et l'autre sexe des maisons et établissemens supprimés.

Considérant qu'il est constaté que la citoyenne Catherine Soiron a cinquante trois ans, plus de quinze années de service et jouissoit d'un traitement de deux cent livres, qu'ainsi elle se trouve dans le cas de l'application de l'article 4. de la loi ci dessus relaté.

Oui le Procureur General sindic.

Le Directoire du Département de l'Oise, arrête qu'en vertu des articles 5. et 13. de la loi ci dessus rappellée, la citoyenne Soiron sera inscrite sur l'etat des pensionnaires du District de Compiegne pour un traitement annuelle de la somme de soixante quinze livres, lequel lui sera payé à compter du premier Janvier 1791. de trois mois en trois mois par le receveur du District de Compiegne, à la charge par elle de remplir les formalités prescrites (2) aux parties prenantes sur la caisse publique.

---

(1) L'âge des deux sœurs Soiron déjà était connu (Sorel, p. 15, n. 1) mais les dates de leur entrée au service du Carmel n'avait pas attiré l'attention, (cf. plus haut, p. 25). On voit que la plus jeune est entrée la première vers 1764, à l'âge de seize ans, et la plus âgée, à trente et un ans, vers 1772.
(2) L'une de ces formalités était, on l'a vu plus haut (p. 72), la prestation du ser-

Delibéré a Beauvais en séance publique le cinq mars mil sept cent quatre vingt treize l'an 2e de la république française.

Les administrateurs composant le Directoire
du Departement de l'Oise.

DURIEZ, v. p^t.
CRÉMIAUX.
S^{re}.

renvoyer à Compiègne.

<table>
<tr><td>DÉPARTEMENT DE L'OISE</td><td>DISTRICT DE COMPIEGNE</td></tr>
<tr><td>—
Biens nationaux
no 9252</td><td>Mention, copie aux parties et remettre la mi-
nutte, au p^r sindic.
remis copie le 20 mai 1793.</td></tr>
</table>

EXTRAIT du Registre des Délibérations du Directoire du Departement de l'Oise.

Vu le memoire présenté par la citoyenne Thereze Soiron ancienne domestique et tourriere des ci-devant Religieuses Carmelites de Compiegne, tendant à obtenir la fixation du traitement qu'elle prétend lui être accordé par la loi du premier juillet 1792 pour indemnité à cause de la supression de son employ.

Vû également le certificat delivré le 20 decembre 1792 par les ci devant superieure et religieuses dudit ci-devant monastere des Carmelites de Compiegne qui attestent que la reclamante est agée de quarante cinq ans a vingt neuf années de services et jouissoit de deux cent livres de gages et profits.

Vû enfin les avis et observations du District de Compiegne du dix neuf fevrier dernier portant qu'il y a lieu d'accorder à la citoyenne Soiron un traitement annuel de soixante quinze livres conformément aux articles 13 et 5 de la loi susdattée.

Le Directoire considerant qu'aux termes de l'article 13 de la loi du premier juillet 1792 concernant les employés laics et ecclésiastiques de chapitre supprimés, les articles 3 et 4 de ladite loi seulement sont applicables aux domestiques des maisons et établissement religieux supprimés.

Considerant que ladite citoyenne Soiron n'ayant point atteint l'age de cinquante ans ni trente années de services ne peut être placée dans les dispositions d'aucun desdits articles 3 et 4.

Le Procureur Général sindic entendu (1).

ment de *liberté-égalité :* de là sans doute les signatures relevées par Sorel (p. 23) au 17 déc. 1793.

(1) Il faut conclure de la pièce qui va suivre que cette phrase n'est qu'une formule, ou bien que ce procureur réfléchit ensuite et, mieux avisé, réclama contre la décision prise.

Arrête qu'il n'y a pas lieu de délibérer sur la pétition de la citoyenne Thereze Soiron.

Deliberé a Beauvais en seance publique le cinq mars mil sept cent quatre vingt treize l'an deuxieme de la republique françoise.

Les Administrateurs composant le Directoire du Departement de l'Oise.

MM. les Administrateurs composant la Direction du District de Compiegne.

<table>
<tr><td>Département de l'Oise</td><td>District de Compiègne</td></tr>
<tr><td>Biens nationaux n° 9252</td><td></td></tr>
</table>

Mention. donner copie à Therese Soiron et remettre l'original au pr. s.

r[emis] C[opie] le 9 juin 1793.

Le Procureur Général Sindic a observé que dans l'arreté du Directoire du Departement du 5 mars dernier portant qu'il n'y avoit lieu d'accorder à Therese Soiron, ancienne domestique et tourriere des cidevant Religieuses Carmelites de Compiegne une pension, attendu qu'elle n'étoit pas agée de cinquante ans, et qu'elle n'avoit pas trente années de service, il s'étoit commis une erreur dans l'application de la loi du 1er juillet 1792, à l'égard de la dite Soiron, puisque, suivant l'article 4 de cette loi, les ci-devant domestiques qui ont un age au dessous de cinquante ans et vingt cinq années de services ont droit au secours accordé par l'article 13 de ladite loi, pour quoi il demandoit que cet arreté soit reformé, et qu'il soit accordé à ladite Soiron une pension de soixante quinze livres.

Vû l'arreté du 5 mars dernier.

Les Pieces enoncées au dit arreté et notament le Certificat delivré le 20 Xbre 1792 pour (*sic*) (lire *par*) les cidevant Superieure et Religieuses du cidevant Monastere des Carmelites de Compiegne qui attestent que la reclamante est agée de quarante cinq années et a vingt-neuf années de services dans ladite maison.

Et la loi du 1er juillet 1792.

Le Directoire delibérant et faisant droit sur la requisition de son Procureur Général sindic.

Considerant que suivant l'article 13 de ladite loi du 1er Juillet concernant les employés laics et ecclesiastiques des Etablissemens supprimés, les dispositions des articles 3 et 4 de la même loi sont applicables aux anciens domestiques de l'un et l'autre sexe des maisons et etablissemens religieux supprimés, que la citoyenne Soiron, agée de quarante cinq ans, se trouve dans le cas de l'application de l'article 4 de ladite loi, puisqu'il est constaté qu'elle a vingt neuf ans de services.

En conséquence en reformant la deliberation dudit jour cinq Mars arrete que conformément à l'article 4 et 13 de la loi précitée, ladite Soiron sera inscrite sur l'Etat des pensionnaires Ecclesiastiques du district de Compiegne pour un secours annuel de la somme de soixante quinze livres, lequel lui sera payé par quartier de trois mois en trois mois et d'avance à compter du 1er janvier 1791, à la charge par elle de faire toutes les justifications ordonnées aux parties prenantes sur la Caisse publique.

Delibéré à Beauvais en seance publique, le cinq Juin mil sept cens quatre vint treize, l'an second de la Republique françoise.

Les administrateurs composant le Directoire du département de l'Oisc.

Votté, Ledenaud P^t, Duriez, Cremiaux s^{re}.
Baclé.

Les CC Administrateurs composant le Directoire du District de Compiegne.

Les soixante-quinze livres d'indemnité accordées à chacune des deux tourières par les décisions notifiées le 20 mai et le 9 juin 1793, si elles ont été régulièrement payées à dater du premier janvier 1794, n'ont pas sauvé grand chose des biens enlevés aux Carmélites. Emprisonnées avec leurs Sœurs le 22 juin 1794, les tourières ne touchèrent plus dès lors que ce « pain de la plus dégoûtante qualité » dont il est parlé dans la relation des Bénédictines Anglaises (voir plus haut, p. 110), comme le prouve cette pièce relevée dans le dossier du Carmel :

FF 6 n° 11.

Nous membre du Conseil General de la Commune de Compiègne authorisons le citoyen Motel à délivrer au citoyenne Piedcourt et autres la quantité de trois mine de bled pour leurs consommation, à la maison commune ce 21 florale 2e année republicaine.

[10 mai 1794].

<table>
<tr><td>Gambart.</td><td style="text-align:right">Millet.</td></tr>
</table>

J'aÿ reçus des Membres du Comité de surveillance la somme de trente une livres six sols pour les trois mines de bled froments porté au mandat cy-dessus.

Compiègne le 11 thermidor
[29 juillet 1794].
Motel.

La pension, ou plutôt l'indemnité votée en faveur des deux tourières, à titre d'anciennes domestiques d'un établissement religieux supprimé, si elle les contraignit à signer, le 17 décembre 1793, le serment de liberté-égalité, ne les assimilait pas cependant aux religieuses, témoin l'acte de réclamation des trois carmélites survivantes, autour duquel se groupent les pièces formant comme l'épilogue du drame sanglant de la place du Trône.

APPENDICE F

REQUÊTE DES CARMÉLITES SURVIVANTES

Sorel a cité (p. 76) l'arrêté du district de Compiègne, 19 juin 1795, qui témoigne des réclamations intentées par les héritiers de quelques victimes, intéressant en lui-même et à cause de la parenté qu'on y rencontre.

Vu la pétition des citoyens Pierre-Jean-Baptiste Hannisset, scellier-carossier, demeurant à Reims, seul et unique héritier de la citoyenne Hanisset, ex-religieuse carmélite, condamnée ; Pierre-Antoine Soiron, tourneur en bois, domicilié à Compiègne, tant pour lui que pour ses frères et sœurs, héritiers de Catherine Soiron et de Thérèse Soiron leurs sœurs, ex-carmélites condamnées ; Louis-Michel Clain, limonadier, et Marie-Marguerite Trézel, sa femme, seule héritière de Marie-Gabriel Trézel, sa sœur, ex-religieuse et condamnée, etc. (Sorel, p. 76).

A ce document doivent être ajoutées des pièces antérieures en date, réclamations adressées par les trois carmélites qui avaient échappé à la mort, et perdu, par leur absence de Compiègne au mois de juin 1794, l'occasion du martyre sanglant. La misère qu'elles décrivent et qu'expose, en les appuyant (dans le style de l'époque) la municipalité de Compiègne, qui leur est favorable sans oser toutefois se compromettre, montre leur sort assez lamentable pour leur mériter le nom de victimes de la Révolution. La façon leste dont elles furent déboutées de leurs prétentions est instructive.

Leur requête est du 1er mars 1795, appuyée, six jours après, par une attestation de la Municipalité qui signale explicitement, en post-scriptum, « les deux tourières également sacrifiées » et leur apport en meubles et en argent. On voit cependant que dans le compte des victimes, les deux tourières et la novice sont formellement exceptées, tandis que, dans l'acte cité par Sorel, les deux sœurs Soiron sont nommées ex-carmélites.

Le 12 mars, les pétitionnaires adressent une nouvelle supplique pour renoncer à la proposition qu'elles faisaient dans la première, d'acheter à la vente des biens jusqu'à la concurrence de la somme qui leur devait revenir, s'en tenir au partage en nature et réclamer « leur seizième ». Cette pétition est approuvée, le même jour, par le Conseil général de la Commune, et le tout est adressé, le 16 mars, au département de l'Oise, par les administrateurs du district de Compiègne, recommandant instamment cette cause et déclarant même avoir avancé « provisoirement » une somme de 200 livres à chacune des victimes de ce dénuement. La réponse fut délibérée à Beauvais le 11 avril suivant. Elle repoussait la requête et déclarait que les six cents livres avancées seraient prélevées sur les pensions. Le véritable épilogue de cette série de pièces, outre l'arrêté postérieur cité par Sorel en faveur des héritiers autorisés à faire vendre, c'est le lamentable procès-verbal de cette vente du pauvre mobilier des Carmélites. (Voir appendice K, p. 270-5).

Ces pièces se trouvent au dossier Qh.

Liberté.   Egalité.

Aux Citoyens administrateurs
du Directoire du District
de Compiègne.

Citoyens.

Marie Louise Legros, Marie Elisabeth Jourdain et Françoise Geneviève Philippes, toutes trois Ex Religieuses Carmelites de Compiègne Vous exposent qu'il est de notoriété publique qu'elles vivoient ici en commun, de maniere que leur petit Mobilier se trouve confondu avec celui de leurs Consœurs, et comme depuis la malheureuse Catastrophe arrivée à ces filles elles ont été obligées de se tenir à l'ecart de peur d'éprouver le même sort, elles reclament aujourd'huy pour chacune d'elles la seizième partie du Mobilier qui s'est trouvé sous les scellés de ces infortunées créatures, attendu que dans les seize condamnées il y avoit une Novice et deux tourieres qui n'avoient aucun droit à la chose, de manière qu'il n'en reste que treize, qui jointes aux trois Exposantes forment la totalité de leur communauté, ou d'etre par vous autorisées à acheter à la Vente jusqu'à concurrence de leurs droits.

Et attendu que les deniers comptant ont été déposés à la Caisse du District et que les Exposantes sont dans la plus affreuse misère, elles vous supplient d'ordonner que par provision et attendu leurs besoin, le Receveur du District leur payera à chacune Trois cens livres, dont lui sera tenu compte <dans> sur les deniers déposés.

Elles attendent de vous cette justice, bien convaincues que si cette restitution n'est pas en votre pouvoir, vous vous empresserez de transmettre cette Reclamation revêtue de votre assentiment à l'autorité qui a le droit de prononcer.

Présenté le 11. Ventôse
[1er mars 1795].

L'an trois de la Republique française une et indivisible.

On lit en marge de cette lettre :

L'agent national du district de compiegne après avoir examiné la présente pétition en a reconnu la légitimité, et attendu que les exposantes ne sont point dans le cas de designer avec fondement les effets

qui leur appartiennent, estime qu'il y a lieu par l'ad [ministrati] on
de renvoyer l'affaire pardevant la Commission des revenus nationaux
avec un avis très favorable aux ⟨intéress⟩ petitionaires, fait au
Bureau de l'agence nationale du district de Compiegne ce 12 ventose
3ᵉ année de la république une et indivisible

Herbet.

En marge de la seconde page, se trouve cette note :

renvoyé a la Municipalité de Compiegne pour scavoir d'elle si les
reclamantes habitoient avec les condamnées et si elles avoient droit
au mobilier de ces infortunées.fait au directoire du district de Compiegne le 12 ventose 3ᵉ année republicaine.

Alix, Batton, Scellier.

A la suite de la pétition on lit :

Les Membres du Conseil Général de la Commune de Compiègne
soussignés, sont certainement informés que les trois exposantes *ont
habité* longtems avec leurs infortunées compagnes *après la dissolution de leur cy devant communauté*, que les deux premières
ne s'en sont séparées que pour aller passer quelque tems dans leur
famille,et la derniere seulement trois semaines avant leur arrestation,
pour aller à paris ou ses affaires l'appelloient;que le mobilier de ces
trois malheureuses filles est resté confondu avec celui des victimes
sacrifiées, puisqu'elles n'avoient emporté avec elles aucun effet ; et ils
estiment que la distraction de leur mobilier, si elle est praticable, est
dans l'ordre de la justice,et surtout vivement sollicitée par la sensible
humanité.

Maison commune de Compiegne.
ce 17 Ventôse, 3ᵉ année républicaine.

P. S. Il est incontestable que les deux tourieres egalement sacrifiées avoient au moment de leur arrestation différens meubles, et des
fonds en comptant qui ont été mis sous les scellés.

Desmarest Dumont.   (parafe illisible).
Devismes, maire.

mots barrés : ⟨vû la petition des citoyennes Marie Louise Legros,
Marie Elisabeth Jourdain et françoise Marie (*sic*) philippe toutes
trois ex Religieuses carmelites de cette commune exposant que les
treize autres carmélites⟩

Nᵒ 2464 du B

A l'administration du district de Compiegne.

Marie Louise gros, Marie Elisabeth jourdain et Genevieve philippe, toutes trois exreligieuses carmélites de Compiegne ayant eû connoissance d'une loi, qui ordonne la suspension de la vente des meubles des condamnés jusqu'à ce que les droits indivis des veuves, enfants, et associés, soint réglés, vous prient de leur accorder à chacune un 16ᵉ en nature du mobilier de leurs consœurs, et elles se désistent de la demandent (*sic*) qu'elle (*sic*) vous ont faites, d'être autorisées à acheter à la vente jusqu'à düe concurrence.

Elles sont dans une position aussi malheureuse que particulière; et il est difficile de croire que la Loi qui reglera les droits des associés des condamnés soit applicable aux circonstances ou elles se trouvent.

Si comme elles le craignent, vous ne pouvés prendre sur vous cette disposition, veuillés donner un avis favorable à la Commission des revenus N [ationau]ˣ, auprès de laquelle elles vont se rendre. Quant au partage en nature il est trés praticable, & les difficultés qu'il présente sont faciles à vaincre : <elles se chargent des> L'accueil favorable qu'elles ont déjà reçu de vous, l'interet que vous leur avés témoigné leur donnent les plus vives espérances.

22 Ventôse 3ᵉ année.

<Les administrateurs du District de Compiègne qui ont lu la petition cy dessus & de l'autre part.>

Le Conseil General de la commune de Compiegne voit dans la situation des petitionnaires tout ce qui peut intéresser la sensible humanité et il estime que l'objet du présent mémoire doit être d'autant plus favorablement accüeilli que la justice reclame comme leur propriété la part qu'elles avoient au mobilier des infortunées *cydevant* (1) Carmelites de cette commune, condamnées le 6 thermidor.

Maison commune de Compiègne ce 22 ventôse.

3 année républicaine,   Approuvé le renvoy de deux mots

Bergeavitry (2) Guyon.
Devismes maire.

(parafe illisible)

Compiegne ce 26 Ventose an 3ᵉ
[16 mars 1795].

Les Administrateurs du District de Compiègne.
 Au département de l'Oise.

Nous vous adressons, citoyens, la pétition de trois exreligieuses carmelites, auxquelles vous vous intéresserés, quand vous connoitrés

---

(1) Les mots soulignés sont surajoutés au bas et motivent la formule inscrite : « approuvé le renvoy de deux mots ».

(2) Nous avons déjà rencontré plus haut (p. 233) cette signature, sous la forme Berger de Vitry.

bien leur position cruelle. Au mois de messidor d^r. *treize* ci devant Carmélites domiciliées à Compiègne, et vivant en commun furent arrêtées, traduites à Paris au Tribunal revolutionaire & condamnées à mort. Sans approfondir les motifs du jugement, nous devons à la vérité de dire qu'elles jouissoient de l'estime générale. *trois* de ces excarmelites, les citoyennes Marie Louise Legros, Marie élisabeth le gros (*sic* pour *Jourdain*) et françoise Genevieve Philippe, étoient absentes au moment de l'enlevement de leurs consœurs ; elles se garderent bien de reparoitre, coururent mille dangers, et s'ensevelirent dans les entrailles de la terre jusqu'au moment où la révolution du 9 thermidor, les rendit à la lumiere. Depuis, une d'entre elles, la citoyenne Genevieve Philippe, revint à Compiègne pour y reclamer ses habillements et autres effets, mais tout le mobilier avoit été sequestré & même inventorié ; elle, et ses deux autres compagnes, ne purent donc rien obtenir.

Ces Religieuses, en sortant de leur monastere s'etoient toutes réunies et avoient mis en commun, leur linge, habits et autres effets, sans aucune espèce de distinction. La misere, le dénuement affreux ou sont reduites les trois pétitionnaires les determinent à ne pas attendre les effets de la Loi bienfaisante rendüe *le 14* du courant, qui suspend la vente du mobilier des condamnées jusqu'à ce qu'on ait réglé les droits indivis des veuves, enfans et *associés*, elles craignent que les dispositions de la Loi à intervenir ne soient pas applicables à leur situation particulière ; — Elles demandent donc *le 16ᵉ en nature* du mobilier des 13 condamnées et qu'il soi nommé des experts pour procéder à cette division.

Leur droit, à chacune, un seisième du mobilier des condamnées est incontestable, car il est de notoriété publique qu'elles vivoient toutes en commun, et que quand une d'entre elles venoit à mourir, on remettoit à ses héritiers la part en nature, à laquelle elle avoit droit dans la communauté.

Nous ajouterons en faveur de ces trois infortunées qu'elles n'ont pas été mises en cause, et qu'elles ne sont comprises ni dans l'acte d'accusation ni dans le jugement.

Nous vous prions donc, citoyens, avec la plus vive instance, de nous autoriser à nommer un ou plusieurs experts qui diviseront en 16 parties le mobilier des ex carmélites, et remettront trois parts en nature aux survivantes.

Nous vous prevenons encore que nous leur avons accordé provisoirement une somme de 20 ₶ chacune, à compte sur une somme beaucoup plus forte trouvée chez les treize condamnées et sur laquelle elles ont droit à un 16ᵉ. Peut être, avons nous excedé nos pouvoirs, l'humanité en est cause ; il étoit impossible d'en agir autrement à moins de laisser périr de misère trois infortunées, à peine échappées aux plus grands périls, et dignes des secours d'une nation genereuse.

Salut et fraternité.

CARLIER   ALIX   BATTON.

Liberté-Egalité

—

DÉPARTEMENT DE L'OISE

—

Bureau des Biens nationaux

—

n° 2161

Fraternité ou la mort (1).

DISTRICT DE COMPIEGNE.

EXTRAIT du Registre des Deliberations de l'administration du Département de l'Oise.

Seance publique du Vingt deux Germinal an troisième de la Republque française vne et indivisible (2).

Vu par les administrateurs du Departement de l'Oise, le memoire presenté par les C^ennes Marie Louise Legros, Marie Elisabeth Jourdain et Françoise Geneviève Philippe, tous trois ex religieuses Carmelites de Compiegne, par lequel elles exposent qu'a la sortie de leur monastere elles vivoient a seize en commun et que leurs linges habits et effets servoient aussi en commun, que treize (3) de leurs consœurs furent traduites au tribunal revolutionnaire et condamnées à mort, qu'à la suite de ce jugement tout le mobilier a eté sequestré et meme inventorié et qu'etant absentes le leur s'y trouva compris et demandent que leur seizieme en nature du mobilier des 13 condamnées leur soit rendus et qu'il soit nommé des experts pour proceder a cette division.

(1) La copie « conforme » délivrée officieusement de cet acte officiellement transmis aux « CC administrateurs composant le Directoire de District de Compiègne »,a eu la pudeur de supprimer ces formules imprimées, qu'elle remplace par *Liberté Egalité*.

(2) En marge on lit : *Carlier*.

(3) A cette dernière pièce, qu'il paraît avoir seule remarquée, le P. Chérot avait ajouté une note hâtive et d'ailleurs inachevée, où il conteste le calcul que suppose le mémoire pour arriver au total fictif de treize « condamnées ». En réalité, le mémoire a raison; car les deux tourières et la novice étant soustraites, comme non strictement religieuses, il reste bien treize, et non 14 victimes. Voici la note du P. Chérot : « *Preuve qu'il ne faut pas trop se fier aux papiers, c'est le mémoire représenté le 22 germinal an 3 de la République au bureau des biens nationaux du departement de l'Oise district de Compiègne* par les C^ennes Marie-Louise Legros, Marie Elizabeth Jourdain et Françoise-Geneviève-Philippe, toutes trois ex-religieuses Carmélites de Compiègne, par lequel elles réclament leur 16e en nature du mobilier; elles exposent qu'à la sortie de leur monastère elles vivoient à *seize* en commun et que leurs linges, habits et effets servoient aussi en commun, que *treize* de leurs consœurs furent traduites au tribunal révolutionnaire et condamnées à mort. Or, c'était au moins 14, même en retranch[ant la novice]. Vu à Beauvais, Arch. de l'Oise » (H. C.).

L'avis des officiers municipaux de Compiègne favorable à la demande.

La lettre des administrateurs du District de Compiègne du 26 ventose à ceux du Departement par laquelle ils demandent à etre autorisés à nommer un ou plus[ieu]rs experts qui diviseront en seize parties le mobilier des Ex Carmelites et remettront trois parts en nature aux survivantes, et previennent qu'ils ont accordé provisoirement à chacune une somme de deux cens livres a compte sur une beaucoup plus forte trouvée chez les treize condamnées et sur laquelle elles ont droit à un seizième.

Considerant que les loix des 13, 26 et 20 ventose dernier ne sont pas applicables aux reclamantes et qu'elles ne justifient d'aucuns actes de societé constatant leur association et leur mobilier.

Le Departement de l'Oise, oui les conclusions du rapporteur, arrete qu'il n'y a lieu a deliberer sur la demande des réclamantes et que les deux cents livres qui ont été accordée a chacune provisoirement par le District seront imputées sur leur pension.

Deliberé à Beauvais lesd[its] jour et an que dessus.

Les Administrateurs du Departement de l'Oise.

G. PORTIER (1).
P[residen]t.

CARON GUILLOTTE.
S[ecretair]e.

Les CC. Administrateurs composant le Directoire du District de Compiègne.

(1) Gaudence Portier, le frère du Conventionnel, aurait été sans doute placé là par l'influence de son frère. (Renseignement fourni par M. L. Thiot.).

APPENDICE G

ADDITIONS

Voir plus haut, p. 22, n. 2.

La lettre du 20 juin 1787, signé de Broise, qui sera citée à son rang dans la *Correspondance*, faisait partie des papiers d'affaire mentionnés dans l'Inventaire du 4 août 1790. Des extraits de cet inventaire seront annexés à la suite de la *Correspondance*, dont ils constituent une espèce de catalogue. Cf. à l'Appendice K, la fin de cet Inventaire.

Voir plus haut, p. 97, note 2.

La table complète de la correspondance reçue par la prieure signalera l'ensemble des lettres que sa mère ou ses autres parents lui ont adressées. Les lettres écrites par sa mère réclament presque toutes sa présence. Mais la correspondance de la sœur J. Marie de l'Incarnation traite sans cesse de cette question du voyage et insiste, sur la demande de Mme Lidoine, pour appeler à Paris la prieure. Voir le tout au t. II, *Correspondance*.

Voir plus haut, p. 27.

Parmi les *Lettres* saisies chez les Carmélites figurent différentes pièces et attestations, entre autres celle qui concerne vraisemblablement la sœur Pelras. Voici cette espèce de « dimissoire » qui ne doit pas entrer dans l'ensemble de la Correspondance générale.

FF, n° 15.

21 avril 1758.

Pierre De Seguiran par la misericorde de Dieu et la grace du Saint Siege appostolique Evêque de Nevers ; Vu les instances reïtérées qui nous ont été faites par la sœur Rosalie Gertrude pelras pour obtenir la liberté de quitter la Congregation des sœurs de la Charité de cette ville, aprés en avoir conferé avec la mere Generale et le conseil de La ditte Congregation, desirant traiter favorablement et conformement à ses demandes laditte sœur Rosalie Gertrude Pelras nous lui avons remis et remettons tous les engagemens qu'elle avoit pris envers la Congrégation, voulant qu'elle puisse librement rentrer dans le monde ou embrasser tout autre etat sans pouvoir etre recherchée à se sujet; et a été notre presente permission registrée sur le Registre des professions de la Congregation pour y avoir recours au besoin. Donné à Nevers dans notre palais Episcopal ce vingt un avril mille sept cent quatre vingt cinq.

† Pierre, ev. de neuers

Par ordonnance
Laviron.

(sceau épiscopal).

Voir plus haut, p. 56, note 3.

La lettre de Mgr Henri Hachette des Portes, citée en partie en cet endroit (1), sera citée intégralement à sa date dans la *Correspondance générale* (t. II). On y verra aussi, dans un recueil des Chants de circonstance des Carmélites de Compiègne, avec quelle affection ce prélat était reçu chez les Religieuses du monastère de l'Annonciation.

Voir plus haut, p. 75.

Il n'est pas bien certain que le P. Chérot, écrivant d'après Marie de l'Incarnation, ait absolument raison contre Sorel (p. 17) dans la répartition des groupes; car Mme d'Hangest est donnée comme décédée « chez le citoien Chevalier » dans l'acte ci-dessous :

L'an 1792 le mercredy trente un du mois d'octobre sur le midy, est decedée Marie Joseph Dhangest cy devant Relligieuse Carmelite de Compiegne, agée de près de cinquante ans, en la maison du citoien Chevalier demt a Compiegne, où elle étoit logée.

(Lv. *Délibérations du département. Traitements des Religieux et Religieuses.*)

Voir plus haut, pp. 27 et 29.

A l'aide des notes prises à Compiègne sur les cahiers de Marie de l'Incarnation et les autres manuscrits recueillis dans ce Monastère, le P. Chérot avait dressé, de la Correspondance de la sœur Euphrasie, le tableau suivant (2) :

(1) Il faut corriger le renvoi de la p. 57 et lire : Appendice G, et non Appendice C.

(2) Nous l'avons complété en ajoutant entre parenthèses dans la dernière colonne, à côté des références spéciales aux cahiers de Compiègne, les pages de ce volume auxquelles sont citées les lettres indiquées ici.

CORRESPONDANCE DE LA SŒUR EUPHRASIE

Nos	DATES	LIEU D'ORIGINE	AUTEUR	COMMENCEMENT de la LETTRE	CAHIER	PAGE
1	18 mai 1779	S. l.	Abbé Rigaud 1	Vous aurez incessament, ma chère fille...	B	9 (supra, p. 50)
2	26 sept. 1780	Chaumes en Brie	Abbé Rigaud 2	Si ma visite à Compiègne...	B	11 (supra, p. 27, n. 1 et 50)
3	23 février 1782	Paris	Abbé Rigaud 3	J'ai reçu, ma chère fille, une lettre sans signature...	B	12
4	10 oct. 1785	Chaumes en Brie	Rigaud (abbé) 4	Je m'en étais bien douté...	A	1 (supra, p. 50)
5	6 déc. 1785	Chartres	Abbé de Brassac 1	J'ai reçu, ma chère fille, les différentes lettres...	B	2 (supra, p. 51)
6	4 mars 1786	Chartres	Abbé de Brassac 2	Je suis fort aise, ma chère fille...	B	5 (supra, p. 50)
6 bis	16 juin 1786	[B]eauue	Abbé de Brassac 3	Je crois, ma chère fille, vous avoir permis...	FFI nº 2. Trouvé par moi à Beauvais	
7	20 févr. 87	Paris	Abbé de Floirac 1	Il est vrai, ma chère sœur...	A	5 (supra, p. 51)
8	26 févr. 1787	Paris	Rigaud 5	Je suis persuadé, ma chère fille...	A	2 (supra, p. 51)
9	9 mars 1787	Paris	Rigaud 6	Je suis très édifié...	A	4 (supra, p. 49)
10	16 avril 1787	Chartres	Abbé de Brassac 4	C'est bien malgré moi, ma chère fille...	B	7
11	7 sept. 87	S. l.	Abbé de Brassac 5	Je ne suis point du tout mécontent...	B	8
12	11 janv. 92	S. l.	Anonyme	Vous vous connoissez...	A	7 (supra, p. 65)
12 bis	13 février 1792	S. l.	Anonyme	On n'oublie pas ce qui intéresse...	FFI nº 30. Trouvé par moi à Beauvais	(supra, p. 67)
13	13 mars 92	S. l.	Anonyme	Où la grace fait beaucoup...	A	9 (supra, p. 68)
14	17 mars 92	S. l.	Anonyme	Tout ce qui porte à l'amour de Dieu...	A	10 (supra, p. 68)
15	30 floréal an 2 [19 mai 1794]	Compiègne	Officier de la commune	Certificat de lait pour mauvaise poitrine. Je soussigné...	A	10 (supra, p. 228, n. 2)

APPENDICE H

***

REMARQUES SUR LES NOMS ET AGE
DES CARMÉLITES (1)

Les auteurs ne s'accordent pas entièrement sur les noms et sur l'âge des Carmélites de Compiègne, non plus que sur le nombre d'années passées par chacune d'elles en religion ; les *Articles* eux-mêmes se contredisent parfois dans les deux listes qu'ils en présentent. Il est très facile d'éclaircir entièrement les deux premières questions.

Pour connaître leurs noms on possède :

1º Un acte officiel du 4 août 1790, dans lequel les officiers municipaux ont écrit, évidemment sous la dictée des Carmélites, leurs noms de famille, de baptême et de religion.

2º La photographie d'un second acte officiel dressé le lendemain (5 août 1790). Dans ce document la signature des Carmélites professes se trouve répétée deux fois, mais, à part la prieure et la sous-prieure, les religieuses n'ont pas indiqué leurs prénoms.

3º Le fac-similé de signatures des religieuses apposées à un acte officiel du 11 janvier 1791. Ces dernières signatures présentent les noms de baptême, de famille et de religion ; cependant les noms de religion n'y ont pas toujours été marqués aussi complètement que dans d'autres pièces. Elles concordent (à part des différences insignifiantes) avec la liste dressée le 4 août 1790. La sœur Constance, novice, et les tourières ne se trouvent pas sur ces listes, mais on possède la copie authentique de l'acte de prise d'habit de la sœur Constance, et le fac-similé de la signature des deux tourières donnée le 17 décembre 1793 (27 frimaire an II). Ces documents, qui se confirment et se complètent les uns les autres, permettent d'établir avec assurance que les noms des seize victimes immolées étaient ceux-ci :

***

(1) Cette note, depuis la découverte des Actes baptistaires qui apporte une réponse péremptoire à quelques-unes des questions débattues, n'aurait qu'un intérêt historique. Mais elle montre trop bien, comme le tableau précédent, la méthode de travail et la patience sagace du P. Chérot, pour être laissée dans l'ombre. (E. G.)

Lidoine, Madeleine Claudine — Sr Marie-Thérèse de St-Augustin.
Brideau, Marie Anne Françoise — Sr St-Louis.
Piedcourt, Marie Anne — Sr de Jésus Crucifié.
Thouret, Anne Marie Madeleine Charlotte — Sr de la Résurrection.
Brard, Marie Claude Cyprienne — Sr Euphrasie de l'Immaculée Conception.
De Croissy, Marie Françoise Gabriel — Sr Henriette de Jésus.
Hannisset, Marie Anne — Sr Thérèse du Cœur de Marie.
Trézel, Marie Gabrielle — Sr Thérèse de St-Ignace.
Chrétien, Rose — Sr Julie-Louise de Jésus.
Pelras, Anne — Sr Marie Henriette de la Providence.
Roussel, Angélique — Sr Marie du Saint-Esprit.
Dufour, Marie — Sr Ste-Marthe.
Vérolot, Elisabeth Juliette — Sr St-François-Xavier (1).
Meunier, Marie Geneviève — Sr Constance de Jésus.
Soiron, Catherine.
Soiron, Thérèse.

L'âge des Carmélites professes peut aussi s'établir d'une manière très certaine par les actes officiels.

1° La liste des religieuses, dressée le 4 août 1790, mentionne la date précise de la naissance.

2° Les certificats de résidence, délivrés le 4 juin 1794 (16 prairial an II) aux Carmélites et à leurs tourières, et donnés par M. Sorel à la p. 39, marquent l'âge précis qu'elles avaient à ce moment; or, à part de rares erreurs de jours ou de mois, ce second acte concorde avec le premier. La concordance presque absolue de ces deux actes officiels faits à des époques et sous des formes différentes, ne peut laisser de doute sur l'âge des Carmélites au moment de leur exécution.

	Naissance (acte du 4 août 1790)	Age au 17 juillet 1794.
Lidoine	22 septembre 1752	41 ans
Brideau	7 décembre 1752	41 ans
Piedcourt	9 décembre 1715	78 ans
Thouret	[16] septembre 1715	78 ans
Brard	7 septembre 1736	(57) ans (2)
De Croissy	18 juin 1745	49 ans (3)

(1) Les Sœurs du voile blanc avaient déclaré, le 5 août, ne pas savoir signer. Cependant leurs noms se trouvent dans le fac-similé des signatures du 11 janvier, mais l'orthographe de deux de ces noms diffère de celle des autres actes officiels: ils sont écrit *Rousselle* et *du fourd* (H. C.). — Nous avons vu que cette remarque ne peut infirmer l'authenticité des signatures. Cf. Appendice C., p. 236, et Appendice E, p. 239. (E. G.)

(2) Le certificat de résidence indique 58 ans. D'après la date de la naissance, la Sr Euphrasie n'avait le 4 juin 1794 que 57 ans 8 mois 28 jours.

(3) L'acte de baptême de la mère de Croissy a été donné par le P. Chérot, d'après les Archives de l'Oise dans *le Mois Littéraire* de juin 1906, p. 657. Il s'y référait déjà dès sa 1re édition, p. 48. Cf. plus haut, p. 52, n. 2.

On le trouvera plus bas, p. 258, avec l'attestation intégrale de Mgr Christophe de Beaumont, que l'auteur s'était borné à indiquer. (E. G.)

	Naissance (acte du 4 août 1790)	Age au 17 juillet 1792
Hannisset..............	18 janvier 1742..........	52 ans
Trézel................	4 avril 1743............	51 ans
Crétien..............	30 décembre 1741........	52 ans
Pelras..............	16 juin 1760............	34 ans
Roussel..............	4 août 1742............	51 ans
Dufour.......	2 octobre 1741..........	52 ans
Verolot............	13 janvier 1764	30 ans

Meunier. Son nom ne se trouve sur aucun acte officiel. L'acte de sa
prise d'habit marque que le 13 décembre 1788, elle avait
près de 23 ans 1/2, ce qui place sa naissance à l'année
1765 et lui donne au moment de sa mort 29 ans.

D'après les certificats du 4 juin, l'âge des tourières au moment de
leur mort est celui-ci :

Soiron (Catherine)..............	54 ans
Soiron (Thérèse) (1).............	46 ans

On ne possède pas autant de documents pour établir les dates de
l'entrée en religion, de la prise d'habit et de la profession de chacun
des religieuses. On semble pouvoir se fonder sérieusement sur les^e
manuscrits de la Sr Marie de l'Incarnation qui présentent ordinairement plus d'exactitude que le volume imprimé. Les dates qu'ils indiquent pour l'entrée des religieuses concordent ordinairement avec la
liste du 4 août donnée par M. Sorel.

	Entrée	Prise d'habit	Profession
Lidoine.....	août 1773...	14 novembre 1773..	16 ou 17 mai 1775 (2)
Brideau....	4 mai 1770....	1er septembre 1770.	3 septembre 1771.
Piedcourt...	3 sept. 1734...	23 juillet 1736.....	2 août 1737.
Thouret....	18 mars 1736....	27 juillet 1736.....	19 août 1740.

(1) M. Sorel a indiqué dans une note, à la page 15 de son ouvrage, la date précise de la naissance des tourières. Celle qu'il donne pour Thérèse Soiron, 23 janvier
1748, concorde bien avec le certificat du 4 juin, mais celle qu'il marque pour Catherine Soiron, 2 février 1742, présente au contraire un large écart. Si Catherine
Soiron avait réellement 54 ans 10 mois le 4 juin 1794, comme le marque le certificat de résidence, elle était née en 1739. On pourrait sans doute retrouver à Compiègne l'acte de naissance de cette sœur et constater ainsi de quel côté est l'erreur.
(H. C.) — Voir cet acte plus haut, p. 212 et l'appendice D, p. 240 {n. 1. (E. G.)
(2) Cette date du 16 ou 17 mai 1775 est celle qui se lit dans le premier manuscrit de Marie de l'Incarnation ; cette religieuse ajoute que la mère Thérèse de
St-Augustin avait alors 22 ans 8 mois, ce qui concorde parfaitement avec la date de
sa naissance. — Dans le second manuscrit, il y a, relativement à la date de la profession, une lacune pour le nom du mois, et une différence d'une année avec le
premier manuscrit. Il y est dit que, entrée au Carmel au mois d'août 1773, la
Mère Thérèse de St-Augustin, « prit le St Habit le 14 novembre, fête de Tous les
Saints de notre Ordre, et fit sa profession le 16 ou le 17 de l'année suivante 1774,
à l'âge de 22 ans 8 mois ». Ainsi la désignation du mois est omise; il semble qu'on
pourrait lire celui de novembre qui a été désigné à la ligne précédente. On aurait

	Entrée	Prise d'habit	Profession
Brard......	juin 1756..	12 août 1757......	13 août 1758 (1).
De Croissy..	21 octobre 1726.	12 février 1763....	22 février 1764.
Hannisset...	10 février 1763.	15 juin 1763......	28 juin 1764 (2).
Trézel......	15 juillet 1770..	quelques mois après son entrée.	12 décembre 1771 (3).
Crétien.....	14 juin 1776....	12 septembre 1776.	14 septembre 1777 (4).
Pelras......	26 mars 1785...	octobre 1785...	22 octobre 1785 (5).
Meunier....	29 mai 1788....	13 décembre 1788 (6).	
Roussel....	25 août 1767....	17 avril 1768......	14 mai 1769.
Dufour.....	7 avril 1772...	14 mai 1773......	16 mai 1774.
Verolot.....	17 février 1787..	9 janvier 1788.....	11 janvier 1789 (7).

ainsi une date très conforme aux apparences et une durée très rationnelle du noviciat : un an et deux ou trois jours. Cependant le calcul d'âge qui suit la date de la profession, 22 ans 8 mois, ne correspond pas avec elle, mais avec celle du 16 ou 17 mai 1775. — Le Cardinal Villecourt a fait imprimer que la prise d'habit eut lieu le 14 novembre 1773, et la profession le 16 ou le 17 mai 1774, ce qui est inadmissible, puisque la Mère Thérèse de St-Augustin n'aurait eu que 6 mois de noviciat. Ces lacunes et ces inexactitudes ont entraîné plusieurs confusions et divergences parmi les auteurs. Mais on ne peut admettre pour la profession que l'une de ces deux dates, le 16 ou le 17 novembre 1774, ou le 16 ou le 17 mai 1775, et il semble que ce soit cette dernière date qui doive être préférée.

(1) Les auteurs varient un peu sur ces dates. L'abbé Guillon fait évidemment une erreur en plaçant la prise d'habit au 13 août 1756, c'est-à-dire à peine deux mois après l'entrée au Carmel et deux ans avant la profession, il faut évidemment lire 1757, comme l'ont écrit tous les autres auteurs.

(2) Tous les documents s'accordent pour placer la profession au 28 juin 1764, mais il y a partage pour les autres dates. Dans ses manuscrits, Marie de l'Incarnation place l'entrée au Carmel le 10 février 1763 et la prise d'habit au 13 juin 1763. Dans le volume imprimé à Sens on lit pour l'entrée le 10 février 1762, et pour la prise d'habit le 15 juin 1763. Les auteurs se sont partagés entre les deux dates. Les premières semblent les plus exactes, parce qu'elles donnent au noviciat un intervalle ordinaire d'une année et qu'elles s'accordent aussi avec la liste du 4 août 1790.

(3) Mgr Jauffret ne donne que la date de la profession, qu'il assigne au 2 décembre 1765. L'abbé Guillon indique pour l'entrée le 15 juillet 1764, ne dit rien pour la prise d'habit et place la profession au 12 décembre 1765. On semble plus fondé à s'en rapporter aux dates données par la Sr Marie de l'Incarnation tant dans son manuscrit que dans le livre imprimé, lesquelles concordent avec la liste de M. Sorel.

(4) Marie de l'Incarnation n'a pas indiqué l'époque de la profession, mais la date en est donnée par Mgr Jauffret et l'abbé Guillon. La liste du 4 août donnée par M. Sorel indique l'année 1770 pour l'entrée au Carmel : il semble n'y avoir là qu'une faute d'impression.

(5) Tous les anciens auteurs s'accordent sur ces dates. M. Sorel et les *Articles* marquent l'entrée en octobre 1785 ; s'il en est ainsi, non seulement ces auteurs anciens se seraient trompés sur l'époque de l'entrée, mais encore sur celles de la prise d'habit et de la profession. De plus, il y a contradiction dans les *Articles* qui, à la page 4, marquent l'entrée au mois d'octobre 1785, et à la page 36 indiquent cette même époque pour la prise d'habit. Il semble donc que les dates données ici soient les véritables.

(6) Tous les auteurs s'accordent sur le mois et l'année de son entrée ; ils varient un peu pour le quantième du mois. Tous s'accordent absolument sur la date de la prise d'habit qui se voit d'ailleurs dans l'acte de prise d'habit dont j'ai sous les yeux une copie authentique. (Voir plus haut, p. 211.)

(7) Ces dates sont prises sur le manuscrit de Marie de l'Incarnation. Elles paraissent être les véritables. Celles qui se trouvent dans le volume imprimé à Sens

Voir plus haut, p. 255, n. 3. Cf. p. 210, n. 1.

FF, n° 12

Extrait des Registres de la Paroisse de S. Roch à Paris. —
L'an mil sept cent quarante cinq le dix huit juin Marie françoise,
fille de françois Ignace Le Sieurre écuyer Sr *de Croissy* et de D°
Françoise Apollonie Robichon De la gueriniere son epouse née le
jour rue St Vincent en cette ville a été baptisée, le parrein françois
Robichon De la gueriniére ecuyer de la grande ecurie du roy dem^t
aux Thuilleries grand pere de l'enfant, la mareine de marie marg^{te}
De montmignon epouse de Mr Henry françois Gouyer ecuyer Sgnr
d'Apiencourt dem^{te} rue du bacq, p^{sse} St Sulpice.

Collationnés à l'original par moi Prêtre soussigné dépositaire des
registres de ladite paroisse ce 24 mars mil sept cent soixante trois.
VARENNE.

Christophe de Beaumont par la Misericorde divine, et par la grace
du St Siege Apostolique, Archevêque de Paris, Duc de St Cloud, Pair
de France, Commandeur de l'ordre du St Esprit; Proviseur de Sorbonne, etc. Nous certifions que le sieur Varenne qui a signé de l'autre part, est tel qu'il se qualifie, et que foi doit être ajoutee à sa signature partout ou besoin sera. Donné à Paris sous notre seing le vingt
quatre Mars mil sept cent soixante trois.

† CHR. Arch. de paris,

Par Monseigneur
DELATOUCHE ?

Sceau frappé à sec
sur pain à cacheter et papier

sont évidemment défectueuses, car elles placent la prise d'habit au 19 février 1788
et la profession au 1er janvier 1789, ce qui ne donnerait pas une année entière de
noviciat. Divers auteurs et les *Articles* mêmes sont tombés dans cette erreur ou en
d'autres au sujet de différentes dates concernant cette sœur.

APPENDICE I

—

MARIE LECZINSKA ET LE CARMEL DE COMPIÈGNE

Aux traits cités par le P. Chérot, d'après les écrits de la Sœur Marie de l'Incarnation, nous en ajouterons un certain nombre dans le travail d'ensemble qui suivra la *Correspondance* et commentera plus au long les deux billets autographes de la Reine (30 août et 9 octobre 1753). Ces précieux billets ont été l'occasion de recherches étendues qui feront revivre la chronique religieuse des Carmélites de Compiègne, au temps de la bonne et sainte Reine, si étroitement unie à leur Monastère.

On se borne ici à un extrait de sa *Vie* par l'abbé Proyart, directement documenté par les Religieuses. Cet ouvrage, achevé dès l'année 1786 et approuvé dès lors par Madame Louise, ne parut qu'en 1794, à Bruxelles (2). A cette première édition se réfère notre extrait. Il est confirmé et précisé, car il y règne un certain vague, par un passage des *Mémoires* du duc de Luynes qui nous montre les premiers rapports de la Reine (non avec le Carmel, elle y vint dès l'année 1738, comme on verra dans notre *Chronique*), mais avec le Prieure destinataire des billets inédits que nous publierons, Mme Descajeuls (Mère Marie-Françoise-Josephe-Thérèse de la Résurrection). Il y est question d'ailleurs d'une date célèbre, celle de 1748, où fut fêté le triduum du Centenaire de la fondation.

Ce simple spécimen donnera une idée de ce qu'il reste à faire connaître de l'histoire du Monastère illustré par les bienheureuses martyres de 1794.

I

Dans la VIE DE MARIE LECZINSKA par L'ABBÉ PROYART.

Si, dans le temps qu'elle étoit à Compiegne, il se faisoit quelque cérémonie de Profession ou de Prise d'habit, elle y assistoit; &, lors

(1) Vie | de | la Reine de France | Marie Lecksinska, (*sic*) | princesse de Pologne, | Dédiée | à Mesdames de France ses filles, | Ecrite sur les Mémoires de la Cour. | Par M. l'abbé Proyart. | A Bruxelles | Chez le Charlier, Libraire, et chez les principaux Libraires des Pays-Bas. | M.DCC.XCIV. | Avec Approbation. In-12 de 397 p. (Bibl. nat. Lb³⁸ 1028.)

A la fin de l'Approbation, on lit : Fait à Anderlecht, le 4 Février 1794..
GOYERS, (Censeur des Livres).

A la suite de la Dédicace se trouvait cette apostille de Madame Louise : « Je suis tres contente de cette Lettre, et prie M. l'Abbé Proyart de tâcher que son Histoire soit imprimée dans le courant de cette année 1786.
Sœur THÉRÈSE de St-Augustin
R. Carmelite. »

qu'elle en étoit priée, elle se faisoit un plaisir de donner elle-même le voile religieux (p. 151 ; Cf. *ibid.*, p. 179).

Dans le premier voyage qu'elle fit à Compiegne, sa piété la conduisit au Couvent des Carmélites de cette Ville : elle en vit la Prieure (1), qui lui plut par une conversation sage & édifiante : elle la vit une seconde fois, elle la jugea digne de son estime : en la voyant plus souvent, elle lui donna son amitié. Dès qu'une fois elle eût comblé, par ce sentiment, l'espace qui sépare le Sujet de la Souveraine, elle exigea que la Religieuse lui écrivît souvent & toujours familièrement. Elle en usoit de même à son égard ; & bientôt, se regardant comme sa Fille spirituelle, elle l'appeloit du doux nom de Mere. La Correspondance du Trône avec la plus austere Solitude a quelque chose d'assez intéressant pour qu'il nous soit permis de citer ici quelques fragmens des Lettres de la Reine à la Religieuse (2) (p. 269).

II

Des Mémoires du duc de Luynes

Du jeudi 18 [Juillet 1748], Compiègne,

La Reine a presque toujours été incommodée depuis qu'elle est ici ; elle eut de la colique dès le lendemain de son arrivée, qui l'a obligée de se purger au bout de trois ou quatre jours. Elle n'a fait encore d'autres promenades que sur la terrasse et n'a été à d'autres convents, qu'aux Carmélites. Cette incommodité de la colique est fort à la mode ici depuis le commencement du voyage. Le Roi même s'en est un peu senti, mais heureusement sans aucune suite. On prétend que les eaux en sont la cause, parce que ce sont presque toutes des eaux de puits ; cependant le Roi et la Reine boivent ici la même eau qu'à Versailles, et presque tous ceux qui sont en état d'envoyer querir de l'eau à Mouchy à deux lieues d'ici, ou à une autre fontaine qui est à une lieue, ne font point d'usage de l'eau de Compiègne (t. IX, p. 66).

Du mardi 23 [juillet 1748] Compiegne.

Depuis que la Reine est entièrement guérie de la colique qu'elle a eue en arrivant, elle a beaucoup fait usage des Carmélites ; elle y fit

---

(1) Madame Descajeuls, ou la Mère de la Resurrection.
(2) Dans l'un de ces courts billets, la Reine parlant de Fontainebleau, disait : Je ne suis pas pour cet endroit comme pour Compiegne : vous n'y êtes pas. » Une note de l'abbé Proyart, flatteuse pour la ville de Compiègne, ajoute : « A cette réflexion du cœur, qui présente, en deux mots, un compliment si ingénieux, la Reine auroit pu ajouter une autre raison, qu'elle donnoit quelquefois, de sa prédi-

porter hier (1) son dîner, y dîna avec Mme de Saint-Florentin, Mme d'Agénois, et y resta jusqu'à six heures. Hier étoit le troisième jour d'une solennité qu'il y a eue (*sic*) dans cette maison à l'occasion de la centième année de leur établissement à Compiègne. Le Saint-Sacrement a été exposé samedi, dimanche et lundi ; il y a eu sermon tous les jours par différents ecclésiastiques de Compiègne. La Reine a assisté à deux sermons ; samedi et lundi, il y eut un salut chanté par la musique du Roi. Cette maison n'est actuellement composée que de quatorze religieuses de chœur, cinq sœurs au voile blanc et une postulante ; elles n'ont que 1,000 livres de rente et doivent 26 ou 27,000 livres. Le Roi leur fait donner tous les ans ; la Reine, cette année, leur a fait donner 100 louis ; M. le Dauphin et Mme la Dauphine 50, et Mesdames 25 entre elles trois. Il y a eu aujourd'hui une élection dans cette maison ; la prieure étoit morte il y a trois mois. C'est Mme Descajeuls qui a été élue à sa place ; elle est sœur d'un chef de brigade des gardes du corps qui est maréchal de camp (2). (*Ibid.*, p. 67).

lection pour Compiegne ; c'est qu'elle y trouvoit le peuple plus simple et plus religieux qu'à Fontainebleau. »

Voir dans le *Bulletin du Bibliophile*, 15 février 1907 : *Deux Billets autographes de Marie Leczinska au Carmel de Compiègne,* le fac similé et le commentaire des deux lettres, avec publication du reste de la correspondance citée par Proyart ; savoir onze billets ou fragments (pp. 269 à 273) trois extraits (pp. 332-333) et six autres (pp. 358-361).

(1) Donc lundi 22 juillet. Le *triduum* dut commencer le samedi 20 juillet.

(2) Il mourut le 1er octobre 1752, ce qui date un des billets cités par Proyart, p. 371.

APPENDICE J

—

NOTICES BIOGRAPHIQUES

LA SŒUR MARIE DE L'INCARNATION

Voir plus haut, p. 3.

Le 10 janvier, est morte à Sens une ancienne carmélite de Compiègne, qui avait échappé au supplice de ses compagnes pendant la révolution, c'est la mère Marie de l'Incarnation, appelée dans le monde Françoise-Geneviève Philippe. Elle était entrée dans la maison de Compiègne en 1786, à la suite d'une maladie déclarée incurable, et dont elle avoit été guérie à Pontoise, après une neuvaine en l'honneur de la bienheureuse Marie de l'Incarnation; c'est pourquoi elle prit ce dernier nom. En 1794, elle se trouva séparée de ses compagnes et échappa à la mort, ainsi que les sœurs Stanislas et Thérèse de Jésus (1). Il semble qu'elle eût été conservée par la providence pour être l'historienne du martyre des carmélites de Compiègne. Elle a laissé un manuscrit qui renferme à cet égard des faits curieux et édifians ; manuscrit rédigé, dit-on, avec une exactitude peu commune pour les dates comme pour les récits. On espère que ce manuscrit pourra voir le jour. Pendant la révolution, madame Philippe eut à souffrir différentes épreuves; elle résida quelque temps à Orléans. Enfin, le 30 septembre 1823, elle se réunit aux carmélites de Sens; elle les a édifiées par sa piété et sa charité, et surtout dans sa maladie qui a duré plusieurs mois, par sa résignation et sa patience. Elle a reçu les sacremens avec des marques sensibles de foi et a passé à une meilleure vie le 10 janvier, à l'âge de 74 ans et un mois. (Extrait de l'*Ami de la Religion*, n° du 28 janvier 1836, pp. 181-182.)

M. DE VAUDRICOURT.

Voir plus haut, p. 5.

Le futur cardinal de Villecourt appartient aussi à l'histoire du Carmel. Il est nommé à propos de la restauration du Carmel de Sens :

---

(1) Ces sœurs sont mortes il y a quelques années.

« Conformément à leurs intentions (de MM. de Floirac) (1), nous procédâmes à l'élection d'un Supérieur local, dans un Chapitre tenu chez M. l'abbé de Vaudricourt, depuis vicaire général du diocèse de Sens, en présence de Mgr de la Tour du Pin Montauban, évêque de Troyes, le siège archiepiscopal étant vacant. M. de Formanoir, curé de la paroisse, réunit tous les suffrages... (1801). (*Chronique de l'Ordre des Carmélites*, 2ᵉ série, t. III, p. 348.)

Au 29 septembre 1822, lors du rétablissement du Carmel de Sens, on lit : « Après le sermon (prononcé par M. l'abbé Petitier), M. Devaudricourt celebra le saint sacrifice. » (*Ibid.*, p. 360.)

M. l'abbé de Rigaud.

Voir plus haut, p. 28.

M. l'abbé de Rigaud, vicaire-général de Cambrai, notre très-digne Père, fut élevé dès l'enfance par de sages instituteurs ; prévenu de grâces spéciales et de bénédictions abondantes, il conserva constamment sa piété et sa candeur, et fut bientôt envoyé à Paris, au séminaire de Saint-Sulpice, où il reçut les ordres sacrés. Appelé ensuite à être le coopérateur de deux illustres prélats, il sut faire valoir le talent qui lui était confié, et mériter dès lors l'estime et l'affection de ceux qui le connaissaient : mais ce fut surtout lorsque la Providence l'appela à gouverner notre saint Ordre, que ses vertus brillèrent avec plus d'éclat ; sa prudence, son zèle ardent et paternel, sa tendre charité ne connaissaient point de bornes lorsqu'il s'agissait du Carmel ; il y sut maintenir et accroître l'esprit de notre sainte Mère ; aussi s'attira-t-il l'estime, la vénération, la reconnaissance de toutes ses filles. Apprenant que l'une d'elles éprouve de grandes peines et est sur le point de succomber, il entreprend un voyage de plus de cent lieues, non pour ramener une brebis égarée, mais pour empêcher qu'elle ne s'égare et ne se perde.

Le célèbre conseil de l'archevêque de Paris voulut encore s'aider de ses lumières, mais trop tôt cette vie si édifiante et si sainte reçut sa récompense. Frappé d'une attaque de paralysie, il fut de suite réduit à l'extrémité ; toutes ressources furent inutiles ; il demanda les derniers sacrements, qu'il reçut avec d'admirables sentiments de piété et de reconnaissance ; il s'unit à toutes les prières de l'Eglise, donna sa bénédiction à ses chères filles du Carmel, et après une nouvelle absolution générale, il leva les yeux au ciel, dernier effort de son amour pour Dieu, et lui rendit sa belle âme le 20 septembre 1800. Il avait gouverné notre saint Ordre pendant près de quarante ans ;

(1) Le texte, à cet endroit, et à deux reprises, nomme *Messieurs* de Floirac : N'y a-t-il pas confusion avec MM. de Brassac, neveux de M. Rigaud ? Cf. plus bas p. 267, note 2.

aussi en emporta-t-il les regrets les plus vifs et les plus mérités ; ces regrets furent presque universels ; ses vertus, surtout sa charité, son désintéressement, sa patience, son zèle, lui avaient concilié l'estime générale. Il fut enterré aux Carmélites de Vaugirard, qui demandèrent la consolation de posséder ses précieuses dépouilles. (*Trésor du Carmel*, pp. 235-236.)

MM. DE BRASSAC.

Voir plus haut, p. 49.

Messieurs de Brassac, neveux de M. Rigaud, notre très-digne Père et Visiteur, furent appelés comme lui à gouverner notre saint Ordre (1). D'une famille aussi distinguée par sa noblesse que par sa piété, ils héritèrent des vertus de leurs ancêtres. L'aîné, M. de Brassac, entra dès l'âge de dix-huit ans dans la carrière ecclésiastique ; ayant perdu son père à cette époque (2), il le remplaça à l'égard de tous ses frères et sœurs, et régla les affaires de sa maison avec une sagesse et une intelligence qu'on ne pouvait se lasser d'admirer. Il fit ensuite ses études à l'université de Toulouse, et les termina au séminaire de Saint-Sulpice ; partout il servait d'exemple et de sujet d'édification. A peine revêtu du sacerdoce, plusieurs prélats voulurent se l'attacher. Mgr de Fleury, évêque de Chartres, lui fit accepter un canonicat dans sa cathédrale, et le nomma vicaire-général. Bientôt la divine Providence permit que plusieurs dignes prélats, assemblés à St-Denis pour la profession de madame Louise de France (3), exigèrent, ainsi que l'auguste princesse, que l'abbé de Brassac fût nommé Visiteur de notre saint Ordre, malgré ses humbles représentations. On lui adjoignit plus tard M. de Juge, son frère, qui, élevé comme lui à l'école de la religion, l'avait suivi dans la pratique des vertus ; son zèle pour la gloire de Dieu n'avait point de bornes, sa douceur, son aménité lui gagnaient les cœurs. Toutes ses qualités le firent choisir encore jeune pour grand-vicaire de plusieurs diocèses ; il en exerçait les

(1) En effet la lettre collective du 12 mars 1790, citée plus haut, p. 37, est signée:
L'abbé Rigaud, Visiteur apostolique de l'Ordre des Carmélites de France ;
L'abbé de Brassac, vicaire-général de Chartres, et Visiteur apostolique de l'Ordre des Carmélites de France ;
L'abbé de Juge de Brassac, vicaire-général de Chartres, et Visiteur apostolique de l'Ordre des Carmélites de France ;
L'abbé de Floirac, vicaire-général de Paris, et Visiteur apostolique de l'Ordre des Carmélites de France. (*Trésor du Carmel*, p. 269.)

(2) Les renseignements un peu vagues fournis par cette notice imprécise ne permettent guère de trouver des dates bien fixes. Deux Brassac sont nommés dans les *Mémoires de Luynes*, le Mis de Brassac « premier gentilhomme de la Chambre du roi de Pologne », qui épousa une fille du maréchal de Tourville, morte en 1756 (Voir *Mémoires*, t. II, p. 249, VIII, p. 153, et XV, p. 211) ; et le chevalier de Brassac « qui épouse une nièce de Mme du Bocage, de Dieppe ». *Ibid.*, t. XV, p. 315). Voir aussi Moreri au mot *Galard*.

(3) Ce fut donc en l'année 1772 ; la profession est du 12 septembre.

fonctions à Chartres lorsque Dieu l'appela, comme son respectable frère, à gouverner le Carmel. Associés à leur digne oncle dans les travaux et les soins que réclamait le troupeau qui leur était confié, ils remplirent à son égard les fonctions de pasteur et les devoirs de père, et se dévouèrent entièrement au bonheur du Carmel, dont ils connaissaient si bien les besoins et les usages, que rien n'échappait à leur zèle ; on recourait à eux dans tous les doutes, dans toutes les nécessités, et toujours on en recevait lumière et secours. Nos Pères de Brassac se livraient ainsi à tout ce que leur inspirait leur paternelle sollicitude envers le Carmel, lorsque la Révolution de 1792 vint les en séparer. On les emmena en déportation à l'île de Rhé ; ils eurent beaucoup à souffrir durant leur captivité : le calme s'étant enfin rétabli, ils rentrèrent dans le port, et le diocèse de Chartres étant alors partagé, ils se fixèrent à Versailles. Un seul canonicat était vacant ; on le leur offrit, et notre Père de Brassac ne l'accepta que pour son frère. Toute leur consolation fut de retrouver des Carmélites dans cette ville ; ils leur procurèrent tous les secours spirituels et temporels qui étaient en leur pouvoir, et achetèrent de leurs propres deniers la maison où elles se retirèrent (1). Cette réunion, qu'ils voulurent former sur le plan du monastère d'Avila, leur coûta bien des soins et des sacrifices, quoiqu'ils sussent bien qu'alors nous dépendions des évêques ; aussi ne gouvernaient-ils cette maison qu'au nom de Monseigneur, l'un comme Supérieur particulier, l'autre comme directeur. C'est ainsi que ces bons Pères nous donnèrent un admirable exemple de soumission à l'Eglise et nous apprirent éloquemment que notre premier devoir et la source de notre félicité est une obéissance parfaite à ses décrets divins.

Un attachement mutuel unissait les deux frères, et malgré la différence de leurs caractères, leur volonté ne semblait qu'une ; mais Dieu voulut épurer leurs sentiments et récompenser leurs travaux : il appela d'abord à lui notre révérend Père M. de Brassac, qui mourut en 1809, muni des derniers sacrements, et dans la paix du juste (2). Notre Père, M. de Juge, que cette perte avait sensiblement affecté,

(1) C'est ce que précisent les *Chroniques* du Carmel : « En 1803, la Mère Prieure [de Pontoise, Catherine de St-Jean],avec quatre de ses Filles, alla s'établir à Versailles où MM. de Brassac nos Visiteurs venaient de se fixer comme Vicaires généraux du siège épiscopal. » (*Chroniques* (2ᵉ série), t. III, p. 582.)

(2) « C'était comme une nouvelle fondation, il fallait se fournir de tous les objets les plus indispensables. Nos Pères achetaient tout ce qui était nécessaire. Avec quelle joie apportaient-ils tout cela à la maison, jouissant de notre gratitude et du plaisir de nous rendre heureuses ! Mais l'heure des séparations allait sonner : la mort nous enleva d'abord l'aîné M. de Brassac, et deux ans après, le 14 août 1811, M. de Juge son frère cadet, qui était âgé de soixante-quinze ans. Il mit un dernier sceau à ses bienfaits en nous léguant sa maison, que nous habitions rue des Tournelles, sans autre charge qu'un *De Profundis*. » (*Ibid.*, p. 584.)

tomba deux ans après dans un état de faiblesse et de souffrances qui donna lieu d'admirer son courage et sa résignation. Il reçut aussi les sacrements de l'Eglise, et quitta cette vie pour une meilleure, la veille de l'Assomption de la sainte Vierge, de l'année 1811. En lui s'éteignit le flambeau que si longtemps éclaira le Carmel d'une lumière vive et salutaire dont, grâce aux soins et au dévouement de nos vigilants pasteurs, nous ressentons encore les heureux effets; en lui finit le dernier de nos Visiteurs et le gouvernement de ceux dont les travaux pour le Carmel doivent être payés d'une éternelle reconnaissance. (*Trésor du Carmel*, pp. 247-249.)

M. de Floirac.

Voir plus haut, p. 49.

M. l'abbé de Floirac, ancien vicaire-général de Paris (1), ancien abbé commandataire d'Orbais, naquit en 1754. Issu d'une famille encore plus recommandable par ses vertus héréditaires que par son ancienneté, il se montra digne de son origine dès sa plus tendre enfance. Sa piété croissant avec l'âge, il entra de bonne heure dans l'état ecclésiastique, et il était déjà reçu à la maison de Sorbonne, lorsqu'il conçut le dessein de s'ensevelir dans le cloître; mais sa famille, n'ayant pu le dissuader de cette détermination, obtint un ordre supérieur pour lui faire quitter une retraite qui avait pour lui tant de charmes. Rendu au monde, il continua l'état ecclésiastique, et M. de Juigné, alors évêque de Châlons, l'appela près de lui et le fit son grand-vicaire. Ce digne prélat ayant été nommé au siège de la capitale (2), M. de Floirac le suivit dans cette nouvelle carrière, qui ne fit qu'augmenter son zèle, sans rien lui faire perdre de cette simplicité de mœurs qui formaient le fond de son caractère. Madame Louise, qui connaissait et appréciait son mérite, contribua puissamment à le faire nommer Visiteur de notre saint Ordre, et il justifia pleinement, malgré sa jeunesse, et le peu de temps qu'il fut dépositaire de cette charge, ce qu'on en pouvait attendre et désirer.

Il se livrait avec ardeur aux travaux qu'exigeait de lui cet important ministère, lorsque la révolution vint changer ses soins en tribulations, ses sollicitudes en angoisses, et donner un nouvel essor à son courage. Il se dévoua aussi au salut de l'Eglise de Paris, qui n'avait

(1) Dans *Le Chapitre de N.-D. de Paris en 1790* (par J. Meuret. Paris, Picard, 1904, in-8) il figure à la liste du 19 avril 1790, sous les noms de Joseph-Jean-François de la Grange Gourdon de Floirac (l. c.,p. 3.) Il était de Cahors. (*Ibid.,* p. 4). Cf. *Ibid.*, p. 187. Il siège à l'Assemblée électorale du 23 avril 1789 « pour les Carmélites de la rue Chapon et les religieuses de la Miséricorde ».

(2) Ce dut être après le 23 déc. 1781, date de la translation de Mgr de Juigné de Châlons à Paris. Nous avons vu plus haut une signature légalisant, le 17 juillet 1786 l'extrait baptistaire de la sœur de l'Incarnation. V. appendice A., p. 208.

presque plus alors que lui pour ressource (1), jusqu'à ce que enfin la violence de l'orage l'obligeât de chercher un asile dans une terre étrangère (2). Revenu dans la patrie avec le vertueux prélat dont il partageait l'autorité et la confiance, il ne songea qu'à se rendre utile et à reprendre, autant que les lois et la position des choses pouvaient le lui permettre, ses anciennes relations avec nos différentes maisons (3), car déjà le souverain pontife avait déclaré |ses intentions à l'égard du changement de notre gouvernement ; et lorsqu'il fut décidé, M. de Floirac en donna lui-même l'avis à nos Mères, les engagea fortement à se soumettre à l'autorité que leur imposait l'Eglise, et il se retira alors auprès d'une de nos maisons de Paris, dont il était le consolateur et le père. Bientôt il fut atteint de sa dernière maladie, qui le contraignit d'aller aux eaux de Bourbonne, et ce fut là que Dieu l'appela à lui, le 6 juillet 1804.

(*Trésor du Carmel*, pp. 260-251.)

(1) Dans la *Vie de Mme de Soyecourt*, le récit de la R. Mère Geneviève Thaïs, du monastère de la rue Chapou, nous le montre pendant les mauvais jours (en 1795) attentif à assister les Carmélites dispersées : « Monsieur de Floirac, sachant combien ma sœur X...était infirme,nous obtint d'une charitable dame dix louis, etc...» (p.467)

(2) « Arrivées (les Carmélites de Reims fugitives) sur les bords du Rhin,elles reçurent l'hospitalité pour quelques jours dans une abbaye de Religieuses Clarisses. Ce fut là que, par un bonheur inattendu, elles trouvèrent M. l'abbé de Floirac, vicaire général du diocèse de Paris et Visiteur apostolique du Carmel de France, et par conséquent leur supérieur... (Il) employa son crédit... pour leur obtenir un asile dans un monastère de notre Ordre à Dusseldorf »(*Chroniques*,2e série,t. II, p. 175.)

(3) Est-ce bien lui cependant ou MM. de Brassac qu'on a voulu désigner dans la relation du Carmel de Sens? « La même année (1801),nos vénérables Pères Visiteurs, MM. de Floirac (*sic*), toujours remplis de zèle et de sollicitude pour leurs chères Carmélites, s'informèrent de notre position... Conformément à leurs intentions, nous procédâmes à l'élection d'un Supérieur local, dans un chapitre tenu chez M. l'abbé de Vaudricourt... (Cf. plus haut, p. 262, n. 2.) *Ibid.*, t. III (p. 348), *Carmel de Sens*.

APPENDICE K

—

BIENS DES CARMÉLITES

I

PROCÈS VERBAL D'INVENTAIRE (4 août 1790)

FF. no 11.)

Voir plus haut, p. 74.

L'an mil sept cent quatre vingt douze le mercredi douze septembre huit heures du matin nous membres de l'Administration du district Compiegne en execution de l'arrêté du conseil du jour d'hier nous sommes transportés au cidevant monastere des Carmelites de Compiegne à l'effet de proceder au recollement des effets mobiliers titres et papiers trouvés trouvés en ladite maison et mentionnés au procès-verbal ci-dessus et de suite en faire le transport au dépôt de la Bibliothèque de la cid. abbaye de S. Corneille.

Nous sommes de suite transportés à la sacristie et apres avoir recollé les divers ornemens et les matieres d'argent, de vermeil et de cuivre, les avons trouvés en meme nombre et nature qu'ils sont decrits audit proces verbal à l'exception de quinze aubes de moins qu'en l'inventaire.

Avons egalement trouvé dans les autres pieces de la maison et au chartrier les meubles et papiers ainsi que les titres a l'état désigné en l'inventaire.

De suite avons fait enlever tous les effets de lad. maison, les avons transportés au depot la cid. abbaye de St Corneille, dont nous avons, en presence du Gardien levé, et reapposé les scellés.

Et avons clos et signé le present proces verbal.

WACQUANT   BIGAULT
BERTRAND
S^{re}.

II

ACHATS DES CARMÉLITES EN 1793

A la mort de Mme Saiget (25 déc. 1793; cf. Sorel, p. 17, n. 2), il y eut un inventaire de succession et une vente, et comme les Carmélites acquirent des effets pour garnir leur vestiaire, un extrait du procès-verbal de vente leur fut délivré. Il importe de le citer ici en témoignage de leur « pauvreté », ce que démontrera de même l'inventaire de liquidation de leur mobilier.

Voir plus haut, pp. 74 et 76, n. 2, et l'appendice C.

FF. 6, nº 7.

EXTRAIT du proces verbal de vente fait à la requete des Citoyens Pierre Antoine Saiget et Jean Baptiste Saiget demeurants à Compiegne, apres le deces de feue Marie Catherine Blanchet decedée Veuve de Pierre Antoine Saiget, leur mere, par moi huissier soussigné (1) du vingt un ventose dernier et jours suivants, ce qui suit.

Art. 85. 1. — *Item*, un deshabillé de toille de coton moucheté mis a prix a douze livres adjugé et delivré apres divers encheres a la Citoyenne Briard (*sic*) pour la somme de vingt livres un sol. Çy..... 20 ₶ 1 s.

203. 2. — *Item*, un Corset et un mantelet de mousseline blanche, mis à prix à douze livres adjugés et delivrés à la Citoyenne Carmelittes (*sic*) pour la somme de dix huit livres. Çy.................. 18 ₶

204. — 3. *Item*, un Jupon piqué blanc mis à prix a dix livres adjugé et délivré après divers encheres à la d. Cue Carmelittes pour la somme de vingt une livres quinze sols. Çy.......................... 21 ₶ 15 s.

341. — 4. *Item*, un tas de racine mis à prix tel qu'il s'étend et comporte a quarante livres adjugé et délivré aprèsdivers enchères au Cen pannelier (?) pour le compte desd. Cenes Carmellites. Çy........... 70   5

Total......................... 130 ₶ 1

Reçu a compte pour le prix d'une fontaine d'un chaudron et d'une Cuillere a Pot.................. 84   11

Reste dû....,................ 45 ₶ 10 s.

(1) Cet extrait n'est pas signé, mais il est de la main de l'huissier Pierre Dupré qui procéda à la vente du mobilier des Carmélites, voir plus bas, pp. 271 et 274.

III

Mémoire d'un employé de la prison.

Voir plus haut, p. 111.

La détention des Carmélites à Compiègne auroit duré exactement vingt jours, s'il en faut croire la requête ci-dessous :

FF. 6 n° 5.

Liberté, Egalité, Fraternité
Aux Citoyens composant
le Comité de surveillance revolutionnaire
de la Commune de Compiegne.

Citoyens

Girard vous expose, que les Citoyens Commissaires de la maison de reclusion, l'auroient chargé d'etre utile aux Citoyennes dittes les Ex Carmelites detenue en ycelle maison ; qu'en consequence il auroit pendant le laps de temps de vingt jours été (1) ponctuellement à leur rendre tous les services dont elles ont pu avoir besoin, tel que de leurs porter de l'eau, du pain, légumes, etc., etc.

Motif il reclame votre Equité.

Citoyens

pour quoi ce concideré il vous plaise luy ordonner le paiement desdits salaire ce que faisant vous obligerés, votre tout Devoué.

GIRARD
detenu.

En marge, d'une grosse écriture inculte :

J'ay Recu du Citoyens bourgeois membre du Commité Revolutionnaire la somme de Cincq Livre pour le service que j'aÿ Rendu au cideseu mencionné.

GIRARD.

IV

Vente du mobilier des Carmélites.

L'épilogue de la déprédation des pauvres biens à l'usage des Carmélites dispersées, puis immolées, se trouve dans cet inventaire de la vente exécutée le 23 juillet 1794, six jours après leur mort. Il intéresse en même temps l'histoire de Compiègne, puisque la vente des démolitions d'une partie du portail de l'église St Antoine s'y trouve annexée.

---

(1) *Sic.* Il est probable que Girard, dictant sa requête, a dit : *aidé.*

Du 5 thermidor 2ᵉ année Rep.   Liste civile 5ᵉ Vû bon
                                               Lev. f. Correb. (*sic*).

Proces verbal de vente des effets app[artenan]ᵗˢ a la cydevant
Liste civile ou hopital militaire par Dupré h[uissi]ᵉʳ Expedié en 8bre
95. Carmelites de Compiègne.

L'an deux de la Republique française une et indivisible et impe-
rissable le cinquieme jour de Thermidor neuf heures du matin, je
Pierre Dupré huissier audiancier au tribunal du District de Compiegne y demeurant muni du certificat prescrit par la loi, soussigné certifie en exécution de l'arrêté du Directoire du District de Compiegne
a moi delivré le jour d'hier quatre du présent mois, duement signé
Bertin vice President et Hennequin secretaire, qui a fixé a ce jourdhuy heure que dessus la vente des objets etants dans une salle basse
aux cy devant Carmelittes et inventoriés par le citoyen Quinquet,
President du District, consistants en divers potteries de terre et fayance, tables, buffets, comme aussi la vente des moellons et pierres provenant de la cy devant Eglise Antoine ; metre transporté en une salle
basse faisant partie de la cy devant maison des Carmelittes aujourd'-
huy hopital militaire de Jean Jacques Rousseau, scize rue de Thion-
ville où estants accompagné du citoyen Le Breton officier municipal
de la Commune de Compiegne, y avons trouvé le ci[toy]en Quinquet
president du District de cette meme Commune, lesquels n'ont d'abon-
dant (*sic*) requis de proceder a lad. vente le tout à la requete du Citoyen
Agent national dud. district de Compiegne qui fait élection de domicile au Secretariat dud[it] District, laquelle vente a eté publiée et an-
noncée le jour d'hier a son de caisse par tous les Carrefours lieux et
endroits ordinaires et accoutumés de cette Commune, au moyen de
quoi j'ay a l'instant procedé à la ditte vente sur la representation qui
m'a été faite desdits effets par led. Cᵉⁿ Quinquet president susnommé
et la criée d'iceux faite par le Cᵉⁿ Antoine ainsi qu'il suit :

1ᵉʳ. — Premierement avons mis et exposé en vente
quarante six bouteilles et quatre demie bouteilles
[faisant l'art. 1ᵉʳ et deux du dit Inventaire] mise a
prix a dix livres adjugées et delivrées apres diverses
encheres au Cᵉⁿ thanier employé à l'hopital militaire
de Jean Jacques Rousseau pour la somme de quinze
livres, cy...   15   ╫ (1)
2. *Item.* — Vingt une caraffe de verre blanc. mise
                                       A reporter…

(1) En marge : *Payé*. Cette mention se répétant en marge de chacun des articles,
on la signale une fois pour toutes.

a prix a six livres adjugée et delivrée audit C^{en} Thanier pour la somme de neuf livres un sol, (art. 3
dudit Inv.) cy.. 9 ₶ 1 s.

3. *Item.*—Huit salladiers tant grands que petits,
neuf assiettes, un huillier de verre et son porte hui-
lier en fayance, deux saussoirs, une petite soupierre,
quatre verres, dix huit sous couppes et deux petits
entonnoirs de fer blanc faisant les art. 4. 5. 6. 7. 8.
9. 10 et 18 de l'Inventaire.

Adjugés et delivrés apres divers encheres au C^{en}
Marchand apoticaire dud. hopital pour la somme de
dix livres dix sols, cy............................ 10 ₶ 10 s.

4. *Item.* — Sept pots a l'eau de fayance faisans
l'article 11 dud. Inv^{re} mis a prix à trente sols adjugés et delivrés apres divers encheres à la C^{ne} Bazin
pour la somme de quarante huit sols, cy.......... 2 8 s.

5. *Item.* — Quatre petites cruches de grais cinq
plats de terre faisant l'article douze et partie de l'art.
13 dud. Inv^{re}. Adjugé à la C^{ne} Vuarnier pour la
somme de cinquante un sols, cy................. 2 11

6. — *Item.* — Trois pots de chambre dont deux
de fayance et un de grais quatre autres plats de terre
jaune, trois clisses d'ozier, trois passereles de fer blanc
faisant les articles 14. 21. 22 et le restant de l'art. 13
dud. Inv^{re} adjugé a lad. C^{ne} Vuarnier pour la somme de quatre livres deux sols, cy................ 4 ₶ 2

                           A reporter... 43 ₶ 12

7. *Item.* — Quatre petits rideaux de siamoise
flambée faisant l'article 15 dud. Inv[entai]re adjugé à la C[itoyen]ne Bazin pour la somme de sept
livres dix sols cy................................. 7 ₶ 10 s.

8. *Item.* — Huit tables de bois blanc et leur trai-
taux faisant l'art. seize dudit Inventaire adjugés et
delivrés au C^{en} Cardon fils pour la somme de vingt
cinq livres cy.................................... 25 ₶

9. *Item.* — Un bas de buffet de bois de chesne à
deux battans faisans l'art. 17 dudit Inv^{re} adjugé à la
C^{ne} Bazin pour la somme de quatorze livres cinq
sols cy.. 14 5

10. *Item.* — Une armoire a quatre battans de
bois de chesne très vieilles faisant l'art. 19 dud. Inventaire mise à prix à dix livres adjugée et delivrée

apres divers encheres à lad. C^ne Bazin pour la somme de vingt quatre livres cy..................... 24

11. *Item*. — Quatre bancs faisant l'Art. vingt dud. Inv^re adjugé et delivré co[mme] dessus au C^en Cardon pour la somme de trois livres quinze sols cy.. 3   15

12. *Item*. — Un petit bas d'armoire faisant l'article vingt trois dud. Inv^re adjugé comme dessus à la C^ne Camus pour la somme de seize livres quinze sols. cy.. 16.   15

13. *Item*. — Un petit garde manger de bois blanc sans fond faisant l'art. 24 dudit Inv^re adjugé au C^en Cheron menuisier pour la somme de trois livres sept sols cy..................................... 3.   7

14. *Item*. — Un bas d'armoire de bois de chene a deux battans faisant partie de l'art. 25 dudit Inv^re adjugé au C^en De frennes pour la somme de vingt livres cy.................................... 20

Report..... 158 ₶ 4^s

15. *Item*. — Un autre vieux bas d'armoire de bois de chesne aussi à deux battans faisant aussi partie dud. art. 25 de l'Inv^re mis à prix à douze livres, adjugé et delivré comme dessus à la C^ne Lefranc pour la somme de dix huit livres, cy........ 18

16. *Item*. — Autre mauvais bas d'armoire de bois de chesne a deux battans faisant aussi partie dudit art. 25 de l'Inventaire adjugé et delivré après divers encheres à la C^ne Camus pour la somme de huit livres, cy.................................. 8

17. *Item*. — Un autre bas d'armoire de bois niellé faisant le restant de l'art. 25 dud. Inventaire mis à prix à six livres adjugés et delivrés apres divers encheres au C^en Cheron menuisier pour la somme de douze livres, cy............................. 12

196 ₶ 4^s

PIERRES & MOELONS

Et ne s'etant plus rien trouvé à vendre en laditte maison, nous par la requisition desdits citoyens Quinquet president et Le Breton officier municipal, sommes transportés sur la place du cy devant marché au foin en face du portail Antoine où etants avons procedé conformément audit arreté susdatté à la vente des pierres provenantes de la demolition d'une partie du portail de la cydevant Eglise Antoine, ainsi qu'il suit :

1ᵣ *Premier*. — Avons mis et exposé un tas de pierre ou moellons de differentes grosseurs que nous avons mis à prix a six livres adjugés et delivrés apres divers encheres au C.ᵉⁿ Cardon fils pour la somme de onze livres, lesdits moellons non compris audit Inventaire susdatté cy.................... 11 ₶ 10 ˢ

2. *Item*. — Un autre lot de pareils moëllons de differentes grosseurs mis à prix à quinze livres adjugés et delivrés apres diverses encheres au Cᵉⁿ pierre Bemuzin (?) Mᵈ Boucher au fauxbourg de la Montagne pour la somme de vingt cinq livres, cy.. 25 ₶

Et attendu qu'il ne s'est plus rien trouvé à vendre ni comprendre au present proces verbal, nous avons icelui clos et arreté apres avoir vacqué à ce que dessus depuis laditte heure de neuf heures du matin jusqu'à celle de une heure de relevée, et ont lesdits Cᵉⁿˢ Quinquet et Le Breton signés avec moi lesd.

jour et an................................. 36 ₶ 18

LE BRETON   QUINQUET
pdent
DUPRÉ

Le present proces verbal de vente se monte en totalité à la somme de deux cent trente deux livres quatorze sols, scavoir

Pour les objets dependants de la cy devant Liste civile a celle de cent quatre vingt seize livres quatre sols cy.................................... 196 ₶ 4

Et pour les objets dependants des Eglises supprimées a trente six livres dix sols............... 36   10

vû bon   Lev f. Correbize

(En marge).

Enregistré à Compiegne le 7 Thermidor l'an deux de la Rep. ᶠᵃⁱˢᵉ (Coût) trois livres.

GERBET.

La question de la dilapidation des biens d'Eglise a été maintes fois traitée. On trouve des preuves saisissantes de cette vérité que, du fait de l'acquisition inique qu'on en voulait faire, « *ils ne profitent à personne* », dans les pièces d'inventaire qui remplissent les Archives.

V

Objets du culte laissés au Carmélites.

L'état des « effets laissés » en usage aux Carmelites prouve qu'on y avait été avec parcimonie. Le dossier des Visitandines est plein de la paperasserie qu'il fallut remuer lorsque, pour changer « leur calice trop faible », elles sollicitèrent l'autorisation de le remplacer par un autre de ceux qu'on avait mis sous sequestre. Voir *Archives du départ. de l'Oise. Qh. Affaires diverses.*

Etat des effets laissés entre les mains des D^{es} Carmélites.

Une plaque d'argent.
Une paire de burettes d'argent.
Un calice et sa pateine.
Un petit ciboire.
Une chasuble, une aube et ses dependances.
3 napes d'autel.

VI

NOTE DU CORDONNIER DU CARMEL.

J'ai inséré à titre de *document* pris parmi les autres papiers analogues la note du cordonnier du couvent, surtout, je l'avoue, à cause du nom de ce brave homme. On y voit aussi que la sœur converse, sœur Marthe, usa, comme il est naturel, plus de chaussures que les autres dans ses courses durant la dispersion.

FF. 6, n° 12.

Du 9 8bre 1794 vieux stille l'an 2me de la République Française.

Le recu est au bas

Mémoire des si devant Religieuses des si devant Carmélites pour chaussure neuve et racomodage livré par moy Antoine Griselle, cordonnier à Compiegne.

Savoir :

	£	s
Avoir racomodé une paire de souillers à la sœur Marte.	1	10
Du 10. une paire racomodé à la sœur si devant L'Incarnation.	1	5
Le 22. avoir racomodé une paire à la sœur Constance..	3	10
Le 7 9bre avoir racomodé une paire à la sœur Marte....	3	10
Le 15, avoir racomodé une paire de s. a la sœur Crucifier.	2	10
Le 26, avoir racomodé une paire de s. a la sœur de la Resurection.	2	10

Le premier de juin avoir racomodé une paire de s. a la sœur Marte. 2   10

1793 Du courant janvier vieux stille, avoir racomodé 3 paires de chaussure a la superrieure. 4   0

Le 10 fevrier avoir livré une paire de souïllers neuf à la sœur Marte. 10   0

Du courant d'avril. avoir fait une paire de souïller de drap noir dont le drap m'a été livré a Madame l'Incarnation 7   10

Le 20 avoir fourni et livré une paire de s. neuf a la maire superrieure. 10   0

                                                     50 ₶ 5 ˢ

                  Suite de l'autre part. . . . . 50 ₶ 5 ˢ

Du même jour plus une paire de soüilliers racomodé a la maire superrieure. 1   0

                                                     51 ₶ 5 ˢ

Je reconet avoir recu du gardinier la somme de 5o ₶. Je suis votre serviteur GRISEL.

APPENDICE L

—

BIBLIOGRAPHIE

I. MANUSCRITS

MANUSCRITS DE SENS

« Je les ai vus au Carmel de Compiègne, le mardi 25 juillet 1904 (1),
au parloir. Ils étaient enfermés dans un carton ou boîte de couleur

(1) Dès le 11 juillet 1904, le P. Chérot décrivait ainsi les impressions de son voyage
d'exploration en quête de documents originaux : « *Visite au Carmel de Compiègne,
Lundi, 11 juillet 1904*. Reçu au parloir par la Rde Mère Prieure : Pauvre parloir,
au rez-de-chaussée, à gauche. Tous bâtiments disparates. Déjà il y a quelques jours
(mardi, 5 juillet), j'avais visité la chapelle. Elle est en l'air : on y accède par un
bizarre escalier en bois. Chaque chose a l'air d'avoir été commencée et pas achevée.

Donc, dans ce parloir aux murs nus (plâtre et çà et là chaînages de pierre de
taillé) quelques tableaux ou gravures; la *Vierge à la chaise*, l'apothéose des 16
Carmélites martyrisées le 17 juillet 1904, une Ste Thérèse. On y vend la brochure
de la Ctsse de Courson (un groupe de Carmélites victimes de la Terreur, Extrait de
la *Quinzaine* du 16 juillet 1903) ; la *Sœur Charlotte de la Résurrection* par l'abbé
Blond. La Prieure m'apprend comment ont été renouées les relations entre elles et
Stanbrook. En 1894, quand on célébra le premier centenaire des 16 martyres, la
la relation d'une *Semaine religieuse* étant parvenue là-bas, d'elles-mêmes les Bénédictines anglaises écrivirent aux Carmélites de Compiègne, pour leur dire qu'elles
possédaient des reliques. — Elles leur envoyèrent alors le coffret noir que la prieure
me passe par le tiroir de la grille et qui contient, avec une authentique sur parche-
min, une moitié d'alpargate et non une *tunique*, comme on le lit dans l'abbé Blond,
mais une *camisole*, me dit la prieure, pliée et entourée d'un ruban rouge scellé à la
cire rouge, comme l'alpargate en sorte qu'on ne peut rien déplier. L'étoffe est fond
blanc avec des ramages violets (style Louis XVI) absolument pareils à ceux que j'ai
vus dans mon enfance sur certains couvre-pieds. — Il paraît (tradition) qu'en quittant la prison de Compiègne une Carmélite jeta par la fenêtre son alpargate à une
bénédictine anglaise qu'elle aperçut.

La prieure pense, — quant aux manteaux blancs qu'elles portaient lors de leur
martyre, que dans la prison, d'après le *fait de la camisole*, elles portaient des
vêtements *civils*, et qu'elles avaient préparé leur habit religieux pour le reprendre
au dernier moment. Quant à la statuette (remise sur l'échafaud) elle a été envoyée
à l'étranger par mesure de sûreté. — Elle me surprend agréablement en me montrant les *Ms* de la Sœur de l'Incarnation (donnés au Carmel de Compiègne par
celui de Sens). Ils forment deux volumes.— L'écriture, fine et difficile, est bien du
temps.

— Elle me montre aussi une circulaire imprimée (1788), œuvre de la dernière
prieure et retrouvée par un curé du pays tout récemment.

— Enfin elle me dit que les documents ayant été envoyés trop tard à Rome,
Janv. 1904 au lieu de déc. 1903, la béatification n'aura pas lieu cette année, mais
peut-être l'an prochain. Il n'y aura rien pour le cinquantenaire de l'Immaculée Conception,— cette année, le 8 décembre. »

mordorée aux arêtes bordées de noir avec l'inscription « Manuscrits » par devant.

Au-dessous du couvercle, à l'intérieur, était collée une grande étiquette sur laquelle était inscrit cet *inventaire* :

MANUSCRITS QUI SE TROUVENT DANS CETTE BOÎTE

Fac-similé des déclarations des Carmélites de Compiègne devant le Président du Directoire du district de Compiègne (5 août 1790).

1er *Manuscrit* : Relation de l'arrêt de mort de 14 de nos sœurs, (copie dont l'original est au Carmel de Sens) Sr Marie de l'Incarnation.

2o   *id.*   Quelques notices sur la vie de nos Sœurs, etc., par la Sr Marie de l'Incarnation.

3o   *id.*   2 Cantiques — Le Serment — Notices sur des Sœurs par la Sr Marie de l'I.

4o   *id.*   Supplément. Anecdotes diverses par la Sr Marie de l'Incarnation.

5o   *id.*   Papier d'Exaction de nos Mères.

6o   *id.*   Petit Discours de récréation fait par une Carmélite de Compiègne.

7o   *id.*   Fac-similé de l'écriture de la Sr Julie.

8o   *id.*   Circulaire faite par la Rde Mere Th. de Saint-Augustin (en 1788).

9o   *id.*   Manuscrit où se trouve de l'écriture de la Mere Th. de St Augustin.

10o   *id.*   Feuille écrite par la Sr Julie.

1er Manuscrit. No 1

Copie du 1er Manuscrit de la Sr M. de l'Incarnation dont l'original est au Carmel de Sens.

Ce manuscrit fut donné à notre Comté par le Carmel de Sens, le 6 juillet 1899.

Ce manuscrit est à très peu de chose près pareil au 2e.

40 pages paginées à l'encre et deux feuillets non paginés contenant quelques additions.

Broché.

C'est une copie moderne faite au Carmel de Sens, pour le Carmel de Compiègne. Il m'a paru présenter plus de différences que n'en ferait croire la note précédente. Il est intitulé : Relation de l'Arrêt de la mort de 14 de nos sœurs dudit Monastère de Compiègne, et commence par :

« Le décret de la destruction des couvens et monasteres.... »

Manuscrit (non numéroté) 1 bis.

Extraits du 1er Manuscrit de la sœur M. de l'Incarnation, contenants quelques faits omis dans le 2e manuscrit.

Grands détails sur les manteaux des rois mages et détails sur la crèche.

Broché. — Copie.

EXTRAIT.

Voir plus haut, p. 75[4].

Dans le paragraphe où l'on parle de mère Henriette.« Le fatal décret ayant eu son exécution, il fut résolu d'un commun accord que ne pouvant avoir la consolation de se réunir sous le même toit que l'on conserverait les tourières du dehors, afin qu'elles servissent à remplir les différents messages, acheter les provisions et qu'elles portassent dans les trois maisons les vivres qui s'apprêtaient au domicile de la mère Prieure, qui avait à cet effet retenu une des deux tourières Thérèse Soiron, et avait pris avec elle les quatre plus anciennes des sœurs dont une du voile : Jésus-Crucifié, Résurrection, Euphrasie, et ma sœur Marthe.

La mère Henriette était partagée de son noviciat, composé de trois professes du chœur, d'une novice et d'une jeune sœur professe du voile blanc :

> Henriette
> Aimée de Jésus
> Marie de Jésus (morte 2 mois après la sortie de nos maisons).
> Sr Constance, novice
> Sr François, du voile blanc.

Le bel accord qui régnait entre toutes les sœurs faisait qu'aucune ne déviait de ses devoirs et on pourrait dire que l'obéissance se pratiquait avec toute l'exactitude du cloître, en quoi la mère Henriette ne le cédait pas à la dernière de toutes les sœurs à qui elle servait en tout du plus parfait modèle. »

Voir plus haut, p. 99[3].

Après ces mots : « la religieuse voulant le détourner de ce spectacle... »

« Ma chère Mère, ma bonne Mère, au nom de Dieu rebroussons chemin, je ne me sens pas le courage de rester, mais la mère l'ayant pressée, conjurée de demeurer pour voir comment les saints allaient à la mort, la sœur céda moyennant que la mère s'engageait à lui donner l'intention de plusieurs communions et autres pratiques de piété. »

2° Manuscrit de la Sœur M. de l'Incarnation.

Titre de la couverture mobile de papier qui recouvre la reliure.

Ce manuscrit a été donné à notre communauté (sans être relié) par le Carmel de Sens en 1891.

Reliure en veau fauve, ou basane, avec dentelle en or sur les plats et une fleur de lys aux 4 coins, faite par Baurain à Compiègne, avec ce titre au dos sur peau noire : « Marie de l'Incarnation.

Les Carmélites de Compiègne, 17 juillet 1794. »

60 pages paginées récemment au carmin. Pas de titre (format in-8°)

La 1ʳᵉ commence par : « d'arrets et les prisons se trouvoient littéralement encombrées de victimes... »

Après quelques lignes, on lit ce titre : « Relation de la mort des Carmélites de Compiègne ».

« Si je voulois rapporter en detail les actions de vertus que pendant l'espace de 7 ans et 1/2 que j'ai eu le bonheur de vivre en sa société.

(L'écriture est très fine, menue, pointue et cursive, un peu tremblée, jaunie comme le papier.)

Après le petit préambule, sur cette même page 1, on lit :

1ʳᵉ. — La Rᵈᵉ Mère Thérèse de St-Augustin dite dans le monde Marie, Charlotte Lidoine, était née à Paris.....

... avaient faits pour donner à leur fille une education la mieux soignée; la providence y suppléat... »

J'ai collationné avec la copie de la Sʳ Agnès de Jesus Maria. Elle n'a point transcrit ligne pour ligne, mais c'est merveilleux comme elle a su déchiffrer les lignes effacées.

Ce Ms se termine par deux pages sur la Dauphine et la reine au Carmel de Compiègne et par ces mots : « mort, entourée d'un double rang de diamants. » Ce qui se trouve reporté dans la copie Agnès à la page + XVI.

3ᵉ Manuscrit de la Sœur de l'Incarnation.

(Autographe de Marie de l'Incarnation.)

Sur la couverture mobile en papier, on lit ensuite :

« Ce Manuscrit a été donné à Notre Comᵗᵉ (sans être relié) par le Carmel de Sens en 1891. »

Même reliure que le 2ᵉ et même titre au dos. Format 1 cent. plus grand. Gardes en papier noir.

Commence par le cantique :

« Composé par la Rᵈᵉ Mère Thérèse de St-Augustin, Prieure des Carmélites de Compiègne, guillotinée à Paris le 17 juillet 1794.

> Ici bas notre partage
> Sont les croix, l'adversité
> Mais elles nous sont le gage
> De l'heureuse éternité.

On lit au dos d'une autre écriture :

A Madame
Madame Philippe
religieuse Carmélite à Sens.

C'est ce qu'on appelle évidemment le grand cahier. On y retrouve pages 1 et suiv. la Notice de la Mère Thérèse de St-Augustin, mais mise au net.

Je l'ai vérifié par les tables des matières dues à la Sœur Agnès.

Dans le petit cahier, la Sr Marie de l'Iion écrit : « ait » pour les verbes, et dans le grand cahier : « oit ».

4e Manuscrit de la Sr M. de l'Incarnation

(Autographe de Marie de l'Incarnation)

Supplément. — Diverses anecdotes

Donné notre Comm^té par le Carmel de Sens en 1891.

La dernière feuille de ce manuscrit se trouve être la 1re du 2e manuscrit ; elle en avait été séparée par la Sr M. de l'Incarnation.

Broché.

24 pages paginées au crayon.

Le dernier feuillet en question est intitulé : « Relation de la mort de 14 (*sic*) de mes sœurs de ma Communauté des Carmélites de Compiègne et de nos deux S^rs tourières du dehors ce qui fait le nombre de seize.

La Convention nationale ayant décrété, etc. »

(Format plus grand d'un cent. que le grand cahier). Ce cahier contient :

A. Anecdote concernant une Mere et ses deux filles entrées le même jour en notre monastère de Compiègne pour se faire religieuse... (*sic*).

B. L'histoire de la prieure et de Marie Leczinska voulant coucher subrepticement au Carmel (1), et autres anecdoctes sur la reine, la dauphine et la Ctesse de Toulouse.

5e Manuscrit

Le papier d'exaction à l'usage du Carmel, — ayant appartenu à nos mères martyres.

Donné par nos Mères de Sens, en 1891, qui l'avaient reçu de la Sr M. de l'Incarnation. In-4° — Couverture en papier gris de fer.

(1) Une gracieuse communication du Carmel de Compiègne me permettra d'insérer ces détails dans la *Chronique du Carmel de Compiègne* qui suivra, au t. II, la *Correspondance* des Carmélites (E. G.).

Il commence par ces mots :

« Les ames que Dieu appelle à le servir dans notre St Ordre...

Au verso de la couverture, on lit ces mots, écrits de la main de la Sr Marie de l'Incarnation :

« Ce papier d'exaction n'est point de cette maison, etc. (cité plus haut, p. 4) ».

6e Manuscrit

Discours prononcé devant la très reverende Mère Henriette de Jésus, prieure des Carmélites de Compiègne pour le jour de sa reélection. Composé (*sic*) par les plus célebres théologiens de l'Université de Paris, année 1783.

Provenance : On lit au revers de la couverture d'une écriture moderne :

« Ce cahier nous a été donné par Monsieur l'abbé Blond, Vicaire Général de Beauvais, notre vénéré supérieur. Il provient de Monsieur l'abbé Sauvage, ancien curé de Verberie, ancien doyen de Songeons, décédé à Domfront. »

C'est un sermon facétieux : Texte : *Hoec dies piam fecit Dominum...* (sic). A la fin il y a un couplet :

> Vous chanter une chanson
> Qui puisse vous plaire
> C'est je crois avec raison
> Chose aisée à faire
> Un expédient certain
> C'est d'y mêler pour refrain
> Le nom d'Henriette
> Au gué
> Le nom d'Henriette (1).

Broché.

Couverture en papier ancien.

Non paginé.

Ecriture ancienne.

Rapprocher le sermon facétieux du pastel offert à H^{ette} de J. pr montrer combien on aimait à la fêter.

Fin du dialogue entre la mère Henriette de Jésus et une de ses novices le jour de sa fête :

« Mais, ma chère Mère, dans l'état de débilité où vous êtes, croiriez-vous que vous auriez la force pour supporter la renfermerie d'un cachot et l'effrayant spectacle d'un échafaud ? » — « Comme

(1) Voir plus haut, n. 77, n° 1. On lira au tome II la pièce entière extraite du recueil ayant appartenu au Carmel de Compiègne, et tout entier de la main de la B^{se} Thérèse de Saint-Augustin (E. G.) (*Communication du Carmel de Sens*).

ma confiance, répondit-elle, repose toute entière sur les promesses de N.-S. J.-C. et qu'étant aidée par un si puissant bras je ne pourrai faillir. Le jour de son martyre parut être en effet pour elle un jour de triomphe et de gloire; c'est ce que des témoins oculaires m'ont assuré. »

Le petit discours :

On y parle des « 4 ans écoulés trop rapidement, hélas, sous son délicieux gouvernement ».

On y parle des ecclésiastiques qui avaient droit de pénétrer dans la maison : « Messeigneurs de Seez et de Glandêve, Rigaud et Courouble et M. le Doyen. »

On leur prête entre eux ces discours sur la Mère Henriette. (Voir plus haut, p. 41.)

7e Manuscrit

Fac-similé de l'écriture de la sœur Julie Louise de Jesus l'une de v^{ées} Mères Martyres.

Devotion en l'honneur du Verbe incarné. L'original se conserve religieusement au Carmel de Sens.

Format in-32,

Non paginé.

« Association en l'honneur du Verbe incarné (1). L'intention principale de cette Association est d'honorer l'adorable cœur de Jesus et celui de Marie. Pour obtenir la cessation des maux qui affligent l'Eglise Catholique la religion, ainsi que la conservation de la Foi dans les Etats attachés à l'Eglise catholique et romaine et obtenir que l'éducation de la jeunesse se rétablisse dans sa pureté. »

Suit la traduction d'un Bref du pape Pie 6 du 16 février 1789 en faveur d'une Société de personnes pieuses formée à Paris et dans d'autres villes pour honorer l'enfance de N. S. J. C.

Le permis de publier du g^d vicaire de l'archevêque de Paris est du 16 mars 1789. Il a signé : Malvaux.

Suit la table des Mystères à honorer pour les 12 mois de l'année et vertus à pratiquer enfin une grande prière intitulée :

Adoration à J.-C. dans les douze mystères de sa divine Enfance.

L'écriture est ronde, distinguée, élégante.

8e Manuscrit

Circulaire faite par la Rde Mère M. Thérèse de S. Augustin en 1788, et retrouvée en 1888 par Monsieur l'abbé Gordière, curé de St Antoine de Compiègne, dans les archives de sa paroisse. Ce

(1) Voir plus haut, p. 79, n. 1.

digne prêtre voulut bien l'offrir à notre communauté qui lui en garde une profonde reconnaissance.

P. S. (au carmin). Cette circulaire se trouve écrite au registre copié sur celui de l'avenue de Saxe. — P. 451 (Circulaires de la maison de Compiègne.)

Extrait de la circulaire du 18 août 1788, sur la mère Marie-Anne-Françoise-Victoire Saint-François de Paule de la Providence. Née à Compiègne.

« Mr l'abbé de Savalette, pour lors visiteur de notre saint ordre, en remplissait ici les fonctions.

Dès ses premiers pas en religion, l'humilité fut sa vertu dominante ; un trait qu'elle en donna à son Altesse Sérénissime Madame la Comtesse de Toulouse, notre auguste Bienfaitrice qui lui fit l'honneur de lui donner un de ses noms en la revêtant de notre saint habit, fut par cette vertueuse princesse relevé et admiré à la Cour ; (la prudence nous oblige à le taire). »

Style simple grave, noble, distingué, soutenu, marquant un esprit très religieux et une réelle pénétration de la psychologie religieuse.

9° Manuscrit

Vu le 28 juillet 1904.

Donné par les Mères de Sens en 1891.

« A la page 111 il se trouve de l'écriture de la Rde Mère T^{ᵉˢᵉ} de S. Augustin. »

C'est intitulé : J. M. J. T.

Précis de ce que nous avons pu retenir du chapitre de la visite de notre digne et respectable visiteur Monsieur l'abbé Rigaud.

C'est avec bien de la consolation, mes filles, etc.

(Voir ce discours dans l'*Hist.* par Marie de l'Incarnation, pp. 174-193).

En marge on lit de l'écriture de la Mère Marie de l'Incarnation :

« Monastère de Compiègne, écrit par la Sœur Thérèse de S. Augustin qui au mois de X^{bre} 86 fut élue Prieure et en conserva le titre jusqu'au 17 juillet 1794 qu'elle fut ainsi que ses chères filles moissonnée par la faulx révolutionnaire à Paris. Leurs précieuses cendres reposent au couvent des dames religieuses de Picpus, frg St Antoine. »

Voir plus haut, p. 28.

« Sur cent mille âmes dans Paris, il n'y en a pas douze mille qui fassent leurs Pasques ».

Il parle des progrès de l'incrédulité même dans les campagnes : « (le croiriés-vous mes filles ?) dans les campagnes il se débite des « catéchismes d'incrédulité ! oui des catéchismes d'incrédulité. »

Il parle des missionnaires qui travaillent avec succès « dans la grande Tartarie, l'empire de la Russie ».

10ᵉ Manuscrit

Petite feuille écrite par la Sœur Julie.

C'est un double feuillet sur lequel la Sœur Julie avait écrit l'office de « la fête de N. P. S. J. de la Croix ». Il faisait partie de son Diurnal, lequel diurnal appartenait à la Sœur Marie de l'Incarnation et est aujourd'hui la propriété du Carmel de Sens.

Extraits d'un manuscrit rémois

Dans le cahier Ms. intitulé : Liste des Ouvrages où on peut puiser.

Copie de la *Relation de la fin glorieuse des Religieuses Carmélites de Compiègne condamnées (1) à mort le 17 juillet 1794.* Extrait d'un *Ms. de la Mère Thérèse* du Carmel de Reims, 1826. (Appartient au Carmel de Reims).

Page 164. « De retour à la Conciergerie, et dans l'intervalle qui « se passe depuis leur jugement jusqu'à son exécution, la Mère « Prieure exhorta ses filles à la mort avec une foi pleine d'onction « et d'amour divin, et c'est ce que l'on tient d'un vigneron d'Orléans, « prisonnier à la Conciergerie qui remplissait à l'égard des détenus « l'office d'infirmier et qui se servit du prétexte d'en exercer les fonc- « tions pour avoir le moyen de faire ses adieux aux religieuses Car- « mélites de Compiègne (2). »

Ce bon vigneron ajouta qu'il ne saurait rendre l'impression de respect que commandait le dévoûment de ces généreuses victimes. Elles avaient, disait-il, l'air d'aller à leur noce : toutes soupiraient après le moment de leur sacrifice ; toutes s'invitaient les unes les

(1) Cette inexactitude doit mettre en défiance (H. C.).

(2) « Ce prisonnier s'appelait Blot, c'est un des plus riches vignerons d'Orléans ; il est connu dans ce pays par son zèle pour la religion. Après avoir été renfermé deux mois dans la maison d'arrêt des Minimes d'Orléans, comme responsable de la fuite d'un vertueux ecclésiastique, des gendarmes eurent ordre de le conduire à la conciergerie du Palais où sa détention fut de 2 mois. Il attribua à son office d'infirmier qui lui avait valu la bienveillance du concierge, d'être sorti sain et sauf de cette prison, un mois après la mort de Robespierre.

Ce fervent disciple de Jésus-Christ s'approcha d'elles. Vous touchez, leur dit-il, à votre dernière heure, Mesdames, et peut-être ne suis-je pas bien loin de la mienne ; je viens me recommander à vos prières. — Eh ! quoi, répondirent les religieuses, vous êtes donc aussi détenu dans ces lieux et pour quelle cause ? — Comme fanatique et fauteur de la fuite de M. Pocher, curé de Fadouville. — Priez donc vous-même pour nous, mon ami, dans le cours de cette journée, nous en avons grand besoin ; mais nous espérons prier pour vous ce soir dans le ciel. »

autres à se montrer fermes et courageuses dans ce dernier combat.

Cependant ces vierges héroïques étaient encore à jeun et l'heure du supplice pouvait tarder. Il était à craindre que des corps trop épuisés finissent par succomber de fatigue. Leur vénérable Mère ne voulut pas les exposer à cette apparence de faiblesse, et, pour l'honneur de la religion, elle crut devoir prévenir cet inconvénient. La sous-prieure la seconda dans ses vues : la vente d'une pelisse lui avait donné le moyen de procurer à toute la communauté un déjeuner qui pût la soutenir et la fortifier. Ces religieuses bénirent la divine Providence de ce dernier repas, déjeunèrent avec une tranquillité d'esprit admirable et ne songèrent plus ensuite qu'à se préparer à la mort.

[Page 768.] C'est dans la récitation de l'office des morts que toutes ces saintes victimes achevèrent de se fortifier contre les terreurs de l'échafaud pour lequel on vint enfin les appeler. Elles montèrent sur la charrette qui devait les y traîner, ayant le visage calme, serein et recueilli, signe non équivoque de la paix dont jouissait leur âme. On a remarqué qu'elles étaient toutes vêtues de blanc, ce qui semblait être le symbole de leurs vertus pleines de candeur. Le plus profond silence régnait sur leur passage malgré la foule immense qui les environnait. Elles récitèrent dans la traversée de la prison à l'échafaud les prières des agonisants.

Plusieurs prêtres en divers costumes étaient dans l'usage d'accompagner la charrette de victimes ou de se placer sur la route ou de les attendre sur le lieu même de l'exécution pour les bénir au nom de Jésus-Christ, et pour répandre secrètement sur elles toutes les grâces qu'il est au pouvoir du sacerdoce d'accorder à l'homme mourant qui va paraître devant Dieu. Ce genre de secours ne manqua pas aux religieuses de Compiègne. Les prêtres qui se dévouaient à ce pénible ministère *durent* le remplir cette fois pour leur propre consolation et suivre ces généreuses folies de leurs bénédictions et de leurs vœux.

Arrivées à la place de la barrière du Trône, lieu de leur supplice, elles chantèrent le *Te Deum* et au pied même de l'échafaud elles récitèrent le *Veni Creator* qu'on leur laissa achever. Puis à haute et intelligible voix elles prononcèrent toutes ensemble la formule de leurs vœux de religion. Une d'entre elles ajouta : « Mon Dieu, trop heureuse si ce léger sacrifice peut apaiser votre colère et diminuer le nombre de vos victimes. »

La généreuse Prieure fut immolée la dernière, elle alla se joindre à ses filles pour recevoir avec elles des mains du divin époux la palme du martyre et la couronne de la Virginité.

Rapprochons de cette fin glorieuse deux circonstances remarquables. La première est que, depuis un an, la vénérable Prieure faisait faire chaque jour à sa communauté une prière pour les détenus, dans laquelle les religieuses Carmélites de Compiègne s'offraient à Dieu comme victimes d'expiation, pour obtenir la délivrance de tous les opprimés. La seconde est que peu de jours après celui de leur mort, Dieu paraissait avoir égard à leurs prières, fit cesser le règne de la Terreur et ouvrit ainsi les portes des maisons d'arrêts (*sic*) à beaucoup de proscrits qu'une plus longue détention eut conduit au supplice, Paris offrant seul à l'univers le cruel spectacle de soixante ou soixante-dix victimes traînées chaque jour à l'échafaud.

Nous avons cru devoir, à l'exemple des premiers chrétiens, terminer cette relation par l'honorable liste des religieuses dont nous venons de rapporter le martyre.

Mère Marie Thérèse de S. Augustin prieure, etc....... »

II. IMPRIMÉS

Avant de donner selon l'ordre alphabétique, le plus commode bien que moins logique, la liste des ouvrages relatifs aux Carmélites de Compiègne, j'insérerai ici deux notes du P. Chérot.

La première est un essai de chronologie des documents, établi antérieurement à la lecture de la Préface de Victor Pierre. Deux additions au crayon, imprimées dans ce texte entre parenthèses, prouvent qu'il y trouva la réponse à des questions qu'il s'était posées.

Elle est intitulée :

Ordre de publication des Sources relatives aux Carmélites de Compiègne.

GUILLON. — *Martyrs de la foi*, 1821. D'où a-t-il tiré ses Notices? (De Marie de l'Incarnation). Dans quelle mesure ont-elles servi aux ouvrages suivants? (Voir la préface du volume de Victor Pierre).

Son erreur de 100 ans répétée 3 fois, sur la date de fondation du Carmel de Cgne, erreur relevée par Blond et par moi, à propos de la prophétie. (Voir plus haut, p. 15, n. 2).

AUGER. — Notice. 1835.

VILLECOURT. — 1836. A connu Auger et y a puisé. Il le déclare dès les 1res lignes de sa Préface, et p. 37, note.

Chroniques. — Villecourt y renvoie, au début de sa Préface; mais étaient-elles imprimées déjà, et n'en parle-t-il pas simplement d'après Auger?

HERTZOG, *Articles* [1895].

Le *Summarium* paru après les articles, puisqu'on y relève des erreurs des articles.

Peut-être à cette chronologie faudrait-il ajouter les documents anglais contemporains : Relation Partington, *Laitys directory*, et même Jauffret.

La seconde note nous fournit la liste exacte des ouvrages et documents consultés par l'auteur, et obtenus en communication d'un Carmel exilé.

Liste des Documents sur Compiègne

confiés à M. l'Abbé Chérot, par les Carmélites d'Anderlecht et retournés par lui, le samedi 28 février 1905.

Summarium.

Les *Articles* du dernier procès, 1903.

     Id.   du premier.

Un cahier contenant le fac-similé des déclarations des Carmélites.

Histoire des Carmélites de Compiègne, par la Sʳ Marie de l'Incarnation (livre imprimé).

Les Carmélites de Compiègne, par M. Sorel.

Brochures. — Sʳ Charlotte de la Résurrection, par l'Abbé Blond.

— Les Carmélites de Compiègne, par l'Abbé Auger.

—   *Id.*   par l'Abbé Odon.

— Un groupe de Victimes de la Terreur, par la Cᵗᵉˢˢᵉ R. de Courson.

— Le Centenaire des Carmélites de Compiègne, par l'Abbé Moreau.

— Souvenir du Centenaire. Discours prononcés au Carmel de Compiègne.

Paquet 1. — Notes mises en ordre pour une histoire du Carmel de Compiègne et de ses martyres.

Paquet 2. — Copies retouchées et pas tout-à-fait correctes de diverses pièces ajoutées à la déposition ou y ayant servi.

Paquet 3. — Documents historiques sur la ville de Compiègne et sur les martyres.

Paquet 4. — Copie des manuscrits de la Sʳ Marie de l'Incarnation, professe de Compiègne parlant de ses compagnes martyres.

— Calque de la page du registre sur laquelle nos Mères de Compiègne apposèrent leurs signatures, et sur lequel Marie de l'Incarnation signa sa rétractation du serment (1).

Paquet 5. — Copies de divers auteurs sur les Carmélites de Compiègne.

Dictionnaire de l'Abbé Guérin. — Wallon. — L'Abbé Caron. — M. de Châteauneuf. — L'Abbé Lecot. — Extraits des Archives Nationales.

Paquet 6. — 8 Circulaires sur la cause des Martyres de Compiègne.

— 1 Décret.

— 1 Brochure sur la bénédiction du Monastère en 1874.

(1) Voir plus haut, p. 89.

— 1 Lettre copiée des Archives Nationales.

— 1 Photographie de l'ordre donné pour conduire les Martyres de Compiègne à Senlis.

— 1 Photographie de la Sr de la Résurrection.

Aux documents imprimés se rapportent les extraits copieux faits par le P. Chérot dans les pièces du procès.

Voici ceux de la relation anglaise :

Pièces justificatives

P. 1220. — « A bref Narrative of the Seizure of the Benedictine of Cambray, of their sufferings while in the hands of the Franch Republicans, and of their arrival in England. By one of the Religious, who was an eye witness tho the events she relates.

(*Signé*) Anna Teresa Partington.

(Moniale et cellerière du même monastère de l'ordre de S. Benoît, de la Cong. Aug., p. 47 à 53), 1793-1795.

Vers la mi-juin 1794, seize carmélites furent amenées à la prison, dans une chambre vis-à-vis de la nôtre, où elle furent gardées très sévèrement. Peu de temps après, sans aucun avertissement préalable on les amena à la hâte, à Paris, sous la seule accusation qu'un prêtre émigré, leur ancien confesseur, avait écrit à l'une d'entre d'elles...

Ce vénérable vieillard (Mulot) fut donc conduit à Paris avec les religieuses. Son fidèle domestique parut prêt à mourir de chagrin, et le bon vieux monsieur pleurait en se séparant de lui.

Les Carmélites quittèrent la prison de Compiègne comme des saintes : nous les vîmes s'embrasser mutuellement avant de partir, et elles nous firent leurs adieux affectueux par des signes des mains et autres marques d'amitié. Pendant le trajet, et sur l'échafaud même (comme nous le racontait un témoin oculaire digne de foi (Monsieur Douai) elles montrèrent une fermeté et une douce gaîté qu'une conscience sans tache et une joyeuse espérance pouvaient seules inspirer. On dit qu'elles chantaient ou récitaient à haute voix les Litanies de la Sainte Vierge, jusqu'à ce que le couteau fatal eut brisé la dernière voix, en la fête de leur patronne, Notre-Dame du Carmel, le 16 juillet 1794.

Au moment où cette sainte communauté était conduite ainsi à la hâte à Paris une des religieuses se trouvait à l'écart. Après cela, elle se cacha en différents endroits jusqu'à la mort de Robespierre arrivée le 28 juillet 1794. Lorsque le monstre eut disparu, elle revint à Compiègne où elle vint souvent nous visiter en prison. Elle nous donna les noms avec l'âge de ses sœurs mises à mort ainsi qu'il suit...

P. 1222. — Deux ou trois jours après le départ des Carmélites pour Paris, le Maire et deux membres du District de Compiègne nous visitèrent en prison. Nous portions toujours notre habit religieux que le Maire nous avait cependant souvent priées de changer, etc...

Assuré de nouveau que nous n'avions pas d'argent pour acheter d'autres habits, il alla dans la chambre qui avait servi de prison aux bonnes Carmélites, et il en rapporta quelques pauvres vêtements qu'elles y avaient laissés. Il nous les donna avec ordre de nous en revêtir le plus tôt possible.

P. 1123. — Le lendemain la nouvelle se répandit que les Carmélites avaient toutes été guillotinées. Les vieux vêtements qui la veille encore paraissaient de si peu de valeur devinrent si précieux à nos yeux que dès ce moment nous nous jugions indignes de les porter. Cependant forcées par la nécessité, il fallut bien les mettre et ils formaient la plus grande partie des tristes hardes, etc. »

On trouve les mêmes faits rapportés presque dans les mêmes termes sur un papier, espèce d'authentique joint à l'alpargate dont la moitié est maintenant à Compiègne au Carmel. (H. C.).

P. 1124. — En quittant leur chambre dans la prison de Compiègne, nous les vîmes s'embrasser mutuellement, et de leurs fenêtres par des signes des mains et autres marques d'amitié, elles nous firent des adieux affectueux.

P. 1128. — *The Laity's Directory* (1796) (Le Directoire des Laïques). Pendant l'été de 1793.

... Cette ville étant plus à la portée des assassins qui alors délugeaient (*sic*) les rues de Paris avec du sang humain. Leur prison (aux Bénédictines) était l'infirmerie du couvent appartenant jadis aux Visitandines, tandis qu'une pièce voisine était occupée par une illustre bande d'héroïnes chrétiennes dignes d'avoir vécu dans les premiers âges de l'Eglise.

P. 1228. — ... En chemin pour l'échafaud et sur l'échafaud même elles montraient une fermeté et un maintien joyeux que ceux qui affrontent la mort à la bouche du canon ont rarement témoigné... Elles invoquaient la Reine des martyrs à les aider dans le combat, chantaient les litanies de la Vierge dans leur procession au martyre, jusqu'à ce que la hache fatale en eût interrompu la dernière voix.

P. 1225. — Lettre écrite par Madame Mary Blyde, Abbesse des Bénédictines de Cambrai au Carmel de St-Helens, Aukland.

Superscription des Moniales de Cambrai.

A la Révérende Mere
Prieure Houseman
St Helens.

Honorée Madame.

J'ai reçu votre bonne faveur...

Je vous ai envoyé quelques petites choses qui ont appartenu aux Carmélites. Je regrette que je n'ai rien de meilleur, vraiment je les ai presque toutes données ci et là...

Elles étaient dans une chambre vis-à-vis de nous et nous les avons vues conduites à la porte par des gardes pour partir pour Paris. J'ai eu le plaisir de causer avec elles, quoique avec grande crainte.

> *Signé :* MARY BLYDE,
> abbesse indigne.
> « Abbess Unworthy »

Suivraient ici de l'extrait intégral du livre de Mgr Jauffret « Copie faite, disent les notes de P. Chérot, en novembre 1904 sur exemplaire prêté par Mgr de Teil. »

Le livre étant relativement facile à rencontrer (Voir plus bas, p. 297) il est superflu de reproduire cette relation.

LISTE ALPHABÉTIQUE DES OUVRAGES CONSULTÉS

Cette liste alphabétique ne comprend que les ouvrages directement relatifs à l'histoire des Carmélites de Compiègne. On a marqué d'un astérisque ceux que le P. Chérot n'avait pu consulter pour son travail, parus depuis la date de la première publication. Pour les ouvrages sur les martyrs de la Révolution, analysés plus haut, p. 123 à 176, voir la liste, p. 123, n. 1.

* ANONYME dans : *Questions actuelles*, 19 mai 1906, pp. 242-263, et 26 mai, pp. 302-29. *Les Bienheureuses Carmélites de Compiègne, martyres sous la Terreur.*
Cf. plus haut, p. 23, n. 1, et p. 24, n. 1.
Annales religieuses du diocèse d'Orléans, cf. Cochard.
ARTICLES. Cf. Hertzog.
AUGER (l'abbé). *Notice sur les Carmélites de Compiègne*. Paris, 1835, in-6.
Cf. plus haut, p. 12, n. 3, et p. 287.

Je n'ai pu rencontrer cette brochure à la Bibliothèque nationale, et bien qu'elle n'ait été qu'un simple opuscule de piété, sans prétention historique et critique, ayant pour seul but d'attirer l'attention et la générosité des fidèles pour le rétablissement du Carmel de Compiègne, elle avait du moins l'avantage de puiser aux meilleurs sources et d'être documentée directement par Mme de Soyecourt. (E. G.)

BLOND. *Sœur Charlotte de la Résurrection. Notice sur Anne-Marie-Madeleine Thouret, l'une des seize carmélites de Compiègne envoyées à l'échafaud par le tribunal révolutionnaire de Paris, le 17 juillet 1894,* par l'abbé H. Blond, vicaire général

de Beauvais, Société de Saint-Augustin, Desclée, de Brouwer et Cie. Paris, Lille, 1898, in-8, 159 pages. (B.N. Ln^{27} 45211).
Cf. plus haut, p. 31, n. 1, et 209, n. 1.

En tête de l'exemplaire du P. Chérot se lit cette note de sa main :

La Prieure du Carmel de Compiègne m'a dit, le 25 juillet 1904, qu'il avait eu l'intention de composer une histoire complète des seize martyres. La mort l'en a empêché. Il avait pu consulter à l'avenue de Saxe les papiers de l'ancien Carmel (celui d'avant la Révolution) que le deuxième Carmel (celui de Mme de Soyecourt) avait sans doute recueillis sur place à Compiègne en 1825 et années suivantes. Les sœurs du troisième Carmel de Compiègne n'ont pas pu en obtenir communication. Les sœurs de l'avenue de Saxe sont maintenant à Natoye (Belgique).(*Renseignements oraux recueillis le 25 juillet 1904.*)

De la p. 75, on peut conclure que l'abbé Blond a eu entre les mains seulement un recueil de circulaires, et encore incomplet, mais non un registre matricule contenant tous les noms du personnel, avec dates principales. »

Bulletin du diocèse de Reims, cf. Cerf.

Bulletin de la Société historique de Compiègne, cf. Sorel.

* *Bulletin religieux (le) du diocèse de Beauvais* (7 avril 1906, pp. 238-252). *Les Carmélites de Compiègne, martyrisées en 1794. Extraits des actes de leur baptême.*
Voir plus haut, p. 24, n. 6, pp. 203-213.

On a vu plus haut (p. 210, n. 2) comment le P. Chérot fut en réalité l'inspirateur de la découverte faite par moi le 2 mars 1906. Bien qu'elle arrivât trop tard pour qu'il en pût profiter, il convient de ne lui point trop opposer, comme l'ont fait certains comptes-rendus de son ouvrage. Cf. plus bas, *Revue Augustinienne.* De vrai, l'honneur lui en peut revenir, et sans sa demande d'un supplément d'information, les actes de baptême demeuraient probablement ensevelis dans les Archives de l'Oise.

* *Ibid.* 31 mars 1906, pp. 226-9. *Décret super tuto,* du 29 déc. 1906.
Voir plus haut, p. 35, n. 2.
* *Ibid.,* 26 mai 1906, pp. 362-373. *Seize Carmélites de Compiègne, martyrisées, le 17 juillet 1794, béatifiées le 29 mai 1906* (signé : Ch. P.). Cf. Pistorius.
* *Ibid.,* 3 juin 1906, pp. 380-88. *La Béatification des seize Carmélites de Compiègne, martyres.*

Récit authentique de l'audience pontificale du 25 mai, texte de l'adresse de Mgr de Beauvais au Saint-Père, de la réponse du Pape ; relation des fêtes de la béatification à Saint-Pierre et du triduum à Saint-Louis des Français.

* *Ibid.,* 29 juin 1906, pp. 452-63. *Les Bienheureuses Carmélites*

de Compiègne. Panégyrique prononcé par Mgr l'Evêque, le 11 juin 1906 à Saint-Sulpice de Paris, paroisse de la prieure du Monastère.

* *Ibid.*, 7 juillet 1906, pp. 470-86. *Triduum des Bienheureuses Carmélites de Compiègne. Les Fêtes à Beauvais* (Ch. P.) (Pistorius).

* *Ibid.*, 6 oct. 1906, pp. 705-17. *Le service de Dieu, ou la B^{se} Charlotte de la Résurrection. Panégyrique prêché par Mgr l'Evêque dans l'église de Mouy, paroisse de la bienheureuse, le 30 sept. 1906.*

* *Ibid.*, 20 oct. 1906, pp. 751-50. *Vérité et humilité ou la Bienheureuse Thérèse du Cœur de Marie, carmélite de Compiègne, 1742-1794. Panégyrique prêché par Mgr l'évêque de Beauvais dans la cathédrale de Reims, patrie de la Bienheureuse, le 14 oct. 1906.*

CARRON. *Les Confesseurs de la foi dans l'Eglise Gallicane, à la fin du XVIIIe siècle, ouvrage rédigé sur des mémoires authentiques* par l'abbé G. M. T. Carron. Paris, Leclère, 1820, 4 vol. in-8, xvi-531, 561, 617, 780 pp. (B. N. Ln³ 6). (Voir plus haut, p. 2). T. II, pp. 63-81.

CERF. *Glorieux souvenir. Marie-Anne Hannisset, née à Reims, le 18 janvier 1742, carmélite à Compiègne, martyrisée avec ses compagnes à Paris, le 17 juillet 1794,* par le chanoine Cerf, Reims, 1897, in-8, 8 pages, signé : Ch. Cerf. (Extrait, un peu modifié, du *Bulletin du diocèse de Reims,* du 12 juin 1897.)

Cf. plus haut, p. 57, n. 3, et 211, n. 2.

CHÉROT. *Un bloc de martyres sous la Révolution. Les seize Carmélites de Compiègne, d'après les documents originaux.* Dans *Etudes* 1904, 5 nov. pp. 311-30, 20 nov., pp. 526-59; 20 déc., pp. 832-55; 1905, 5 février, pp. 347-76. (B. N. Lk⁷ 35380).

— *Ibid.*, 1905. *Bulletin d'histoire. Quelques martyrs de la foi au temps de la Révolution d'après les publications récentes,* 5 mai, pp. 427-49, et 5 nov., pp. 391-413.

Voir plus haut, pp. 123-76.

— *Ibid.*, 5 juillet 1905. *Les trois bienheureux martyrs de Hongrie (7 septembre 1619-15 janvier 1905),* pp. 5-27.

Voir plus haut, pp. 177-201.

— Dans *Le Mois littéraire et pittoresque,* juin 1906, pp. 653-68. *Les seize Carmélites de Compiègne au temps de la Terreur.*

Cf. plus haut, p. 210, n. 1, et 255, n. 3.

Chroniques de l'Ordre des Carmélites de la réforme de sainte Thérèse depuis leur introduction en France. Troyes, 1864, in-8, t. V. (B. N. Ld⁸² 3).

Voir plus haut, pp. 13, 16-18.

Chroniques, etc. *Deuxième série.* Poitiers, t. I, 1887, in-8 de
626 pages. (B. N. Ld^{82} 3).
> Voir plus haut, p. 234, n. 2.
Id., t. II, 1887, 651 p. Cf. plus haut, p. 266, n. 3.
Id., t. III, 1888, 674 p. Cf. plus haut, p. 265, n. 1 et 2.

Le R. P. Chérot a donné des quatre premiers volumes de cette seconde
série, dans les *Etudes* du 5 décembre 1898 (pp. 711-12), une analyse où on
lit :

Le Carmel de Poitiers a poursuivi le travail (de celui de Troyes) et
fait paraître une nouvelle série de Chroniques, toutes relatives à
l'histoire des monastères durant la Révolution. C'est dire l'intérêt de
ces volumes, aujourd'hui surtout que la grande époque qui fut longtemps le champ de bataille des passions politiques et sociales, est
enfin entrée dans le domaine de l'histoire et ne relève plus, après la
banqueroute des principes de 89, que de la critique et de la science.
Toute contribution à la peinture de ce formidable mouvement, qui
emporta les vieilles institutions religieuses et nationales, est un service rendu à la cause de la vérité sur une époque moins connue
qu'exaltée ou dénigrée. Naguère encore, un de nos meilleurs historiens déclarait, en son âme et conscience, que c'est un problème inso-
luble pour lui de savoir s'il eût été en ce temps-là du côté des victimes ou du côté des bourreaux.
Tout le monde, pensons-nous, eût été du côté des seize Carmélites
de Compiègne, contre le tribunal révolutionnaire de Paris, qui les
envoya à l'échafaud, où leurs têtes tombèrent, le 17 juillet 1794.
Chaque couvent n'a pas à offrir d'aussi dramatiques épisodes,
mais tous furent persécutés et dispersés; ils étaient pauvres et fer-
vents; leur austérité contrastait avec la dissolution de la société
contemporaine, et, parmi les religieuses qui venaient d'y passer,
figurait une fille de roi, « Mme Louise de France ».

CocHARD. *Un vigneron de Saint-Paterne d'Orléans sous la Terreur*, dans *Annales religieuses du diocèse d'Orléans*, 1905,
21 janvier, pp. 44-47 ; 28 janv., pp. 59-62; 4 février, pp. 72-75;
18 février, pp. 106-110.
> Voir plus haut, pp. 114 et 149.

Correspondant (Le). Cf. Teil (de).

Courson (Comtesse Roger de). *Un groupe de victimes de la Terreur. Les Carmélites de Compiègne* (Extrait de *la Quinzaine*
du 16 juillet 1903). La Chapelle-Montligeon, 1903, in-8, 27 pages.
(B. N. Ld^{82} 57).
— Dans *les Contemporains*, janvier 1906. *Les seize Carmélites*

de Compiègne, martyres sous la Révolution, in-4, 16 pages.

DAVID. *Les seize Carmélites de Compiègne. Leur martyre et leur béatification, 17 juillet 1794-27 mai 1906*, par le R. P. Dom Louis David, Moine bénédictin de l'abbaye de Ligugé. H. Oudin, libr. Paris, Poitiers, 1906, in-12 de 163 pages.

DOUAIS (Mgr). Cf. *Bulletin religieux du diocèse de Beauvais*, 29 juin, 6 et 20 oct. 1906.

Etudes. Cf. Chérot et *Chroniques*.

GEOFFROY DE GRANDMAISON. *L'holocauste des Carmélites de Compiègne*. Feuilleton de *l'Univers* du 7 février 1905 (sur le livre de V. Pierre).

— *Les Bienheureuses Carmélites de Compiègne, martyres (17 juillet 1794)*, par Geoffroy de Grandmaison. Paris, Bloud, s. d. (1906), in-16 de 95 pages.

GUÉRY. Dans *Semaine religieuse du diocèse d'Evreux*. 17 mars 1906, pp. 113-115 : *Lettre de M. l'abbé Guéry, aumônier du Lycée d'Evreux, à Mgr Meunier*. Evreux, ce 9 mars 1906.

Annonce la découverte de l'acte de baptême de la Bienheureuse Rose Crétien, que « la divine Providence vient de faire retrouver ». Dès le 3 mars en effet, j'avais eu l'honneur d'envoyer à Mgr d'Evreux copie de l'extrait baptistaire découvert la veille. M. Geoffroy de Grandmaison a eu l'obligeance de rétablir les faits que la teneur de cette lettre était exposée à fausser. Voir son livre, p. 19, n. 1.

Cf. plus haut, p. 205, n. 1 et 3.

GUILLON. *Les martyrs de la foi pendant la Révolution française ou Martyrologe des Pontifes, prêtres, religieux, religieuses, laïcs de l'un et l'autre sexe, qui périrent alors pour la foi ;* par M. l'abbé Aimé Guillon, docteur en théologie depuis 1780, prédicateur jusqu'à la fin de 1790, etc. Paris, chez Germain Mathiot, etc. MDCCCXXI, 4 vol. in-8, de XLVIII-552, 603, 609 et 746 p. (B. N. Ld³ 177). Voir plus haut, p. 15², 23, 24, etc.

HERTZOG (Mgr François-Xavier) postulateur.

Parisien[sis] seu Bellovacen[sis] Beatificationis seu declarationis Martyrii Servarum Dei Mariae Theresiae a S. Augustino et Sociarum ejus Monialium e Monasterio Compendiensi Ordinis Carmelitarum Excalceatarum, in odium fidei interfectarum

Positiones et Articulos infrascriptos dat, exhibet atque producit R. P. Francisus Xaverius Hertzog, Postulator specialiter constitutus, vi procurationis mandati, ad promovendam causam super martyrio, causa martyrii, signis seu miraculis Servarum Dei Ordinis Carmelitarum Compendii, nempe, etc.

« Cahier autographié de 44 pages in-8, s. l. n. d. (Autographie Blanc, 4, rue Malebranche, Paris, 1895), d'après la description bibliographique qu'en donne l'abbé Blond, dans sa « sœur Charlotte de la Résurrection », p. 10.

Aucune critique. La première liste ne concorde pas avec la dernière. Sœur Charlotte de la Résurrection, p. 3, née à *Meaux;* p. 27, née à *Mouy*. Sœur Julie-Louise de Jésus, p. 4, nommée Anne *Perbras;* p. 36, *Pelras*, p. 36. On fait embrasser la carrière ecclésiastique à « ses frères » : Il n'y en a eu que 3 sur 4. Le plus grand tort est que tous les renseignements biographiques paraissent empruntés à l'histoire de la Sœur de l'Incarnation et non à ses *Mss.*, ainsi qu'on peut en juger par les Notices des Sœurs Rousselle (s^r S. Esprit) *Ms.*, p. 50, et *Hist.*, p. 110), Hanisset (Hertzog, p. 41 ; petit cahier 25, grand cahier + 25, *Hist.*, p. 83), Vérolo, (30, grand cahier Hertzog, p. 53). Dans Hertzog, Mme Lidoine (Mère Thérèse de S. Augustin) est appelée p. 3 « Magdelcine Claudie » et p. 25 « Marie-Charlotte ».

Voir mon deuxième article des *Etudes*, où j'ai relevé nombre de variantes et d'erreurs analogues.

— *Articles pour la cause des Vénérables Carmélites de Compiègne, martyrisées le 17 juillet 1794*. Rome, 1903, gr. in-8, p. 89.

C'est très bien fait pour la partie juridique et historique avec bonnes références, mais fourmille d'erreurs de détails.»

* HESMIVY (d'AURIBEAU). *Mémoires pour servir à l'histoire de la persecution françoise, recueillis par les ordres de Notre Très Saint Père le Pape Pie VI, et dédiés à Sa Sainteté*, par l'abbé d'Hesmivy d'Auribeau, vicaire général de Digne. Rome, MDCCXCV, 2 vol. in-8 de LXXIX-432 et XLI-1152-LI. (La pagination du second tome prend à la p. 433. (B. N. Ld^3 165). La dédicace est datée du 10 août 1794.

Cet ouvrage, que le P. Chérot n'a invoqué nulle part, peut-être faute de l'avoir rencontré, est cité par l'abbé Blond, parmi les sources consultées. Il n'y est du reste point question des Carmélites de Compiègne. Voici le seul passage qui intéresse notre sujet : « Nous aurons occasion de citer les réponses de plusieurs religieuses à leurs interrogatoires en face des tyrans... Nous parlerons aussi de leur édifiante conduite dans leurs maisons respectives; l'on sera frappé de leur fidélité à toute épreuve, de la sainte joye même avec laquelle plusieurs ont sacrifié leur vie à leur divin époux. Les Carmélites surtout ranimèrent les fidèles par la plus courageuse constance. Cet ordre austère qui eut la gloire dans ces derniers temps de compter au nombre de ses sœurs, Madame Louise de France, étoit très-étendu : mais parmi plus de dix-neuf cents, à peine en est-il cinq à six d'infidèles; et l'on peut dire dans la plus exacte vérité, que sur environ quarante deux mille religieuses en France, il n'en est pas deux-cens qui ne soient demeurées fermement attachées à leur vrai Pasteur. Que de miracles de la grâce dans le plus foible des sexes : Ah ! n'en doutons pas : les prières de ces vierges sages qui édifient leurs pieuses compagnes dans l'exil, attireront encore un regard de la miséricorde divine sur l'Eglise Gallicane; et nous devrons peut-être à leurs suffrages l'inestimable faveur de notre retour dans la patrie » (t. II, p. 537.)

JAUFFRET. *Mémoires pour servir à l'histoire de la religion à la fin du XVIII° siècle.* A Paris, chez Le Clerc, Imprimeur de S. E. M. le Cardinal Archevêque de Paris, quai des Augustins, n° 39, an XI-1803. 2 vol. in-8 de VIII-547 et 552 pp. (non signé). Une note manuscrite indiquée « par Jean-André-Joseph de Jauffret, évêque de Metz ». Le volume, relié, porte au dos : « Jauffret, Mémoires sur la religion. » (B. N. Ld³. 440).

Voir plus haut, p. 113, n. 1, pp. 287 et 289.

Laity's directory.

Le 15ᵉ témoin (*Positio, catalogus testium*, p. 10) la R. Mère Bénédicte Fernande Anstey, O. S. B. (cf. p. 7, fol. 384, v° des procès), a dit de ce recueil : «...Le L'aity's directory, organe des catholiques de ce temps-là publié sous la protection du Vicaire apostolique du district de Londres, et dans lequel les Vicaires apostoliques d'Angleterre publiaient leurs Mandements épiscopaux. L'imprimeur et éditeur de ce périodique, J. P. Coghlan, était un fervent catholique : il a rendu les plus éminents services à toutes les communautés exilées et il jouit à ce titre d'une grande autorité. »

* MILNER (Mgr).

Brochure datée de 1795, mentionnée au procès. (Voir *Positio*, pp. 329, 322-5). Cf. *ibid.*, un long extrait de sa relation, avec les corrections et notes de A..Th. Partington). Le docteur Milner, appelé par le même témoin (*ibid.*, p. 10), « l'Athanase de l'époque », jouissait à Rome, dit-elle encore (*ibid.*, p. 319), d'une si grande autorité qu'on n'y « examinait plus que pour la forme les questions qu'il avait déjà jugées ».

* MOREAU (P. G.). *Le Centenaire du martyre des Carmélites de Compiègne. Discours prononcé au Carmel de Compiègne, le 17 juillet 1894* par P. G. Moreau, vicaire général de Langres. Poitiers, 1894 (B. N. in-8 pièce 36 p. Ld⁸² 52).

— 1794-1894. *Le Centenaire du martyre des Carmélites de Compiègne, 17 juillet 1794*. Compiègne, 1894, in-16 de 58 p. (B.N. Ld⁸² 51).

ODON (1). *Les Carmélites de Compiègne mortes pour la foi sur l'échafaud révolutionnaire*, par l'abbé A. Odon, curé de Tilloloy (Somme). Société Saint-Augustin, Desclée, de Brouwer et Cⁱᵉ, Lille, Paris, 1897, in-12 de 95 p. (B. N. Lk⁷ 30520).

____

(1) Son travail sur le Carmel d'Amiens, dont les pages 145 à 160 furent envoyées au P. Chérot, contient, pages 150 et suiv., des détails sur la fondation de Compiègne, et notamment, p. 159, des renseignements, dont plusieurs inexacts, sur les non martyres : « La Sœur Pierre de Jésus, née d'Hangest... était originaire de Rosières-en-Santerre, diocèse d'Amiens, de même que la Sœur Stanislas de la Providence (Le Gros)... La Sœur Thérèse de Jésus, Marie Elisabeth Jourdain, qui, d'après d'anciens mémoires, était native de Soyecourt, canton de Chaulnes, l'avait

Voir plus haut, p. 9, n. 2.

* Ory, S. J., dans *Positio*.

Ses dépositions (pp. 17-29 et 197-295), lumineux exposé historique de la question, auraient pu et dû former un volume de propagande, qui l'eût emporté peut-être sur plusieurs des publications parues à l'occasion des fêtes de la béatification. On lui reprocherait seulement une certaine animosité contre les travaux historiques de M. Sorel qui l'aurait facilement rendu injuste, par son désir de « plaider » avant tout la cause de ses « clientes », notamment sur la question du serment, ce qui était inutile. Voir plus haut, p. 239. (E. G.).

Pierre (Victor). *Les Seize Carmélites de Compiègne*, par Victor Pierre, dans la collection « *Les Saints* ». Victor Lecoffre. Paris, 1905, in-12 de 188 p. (B. N. 8° H 6227).

* Pistorius (Abbé Ch.) *Les seize Bienheureuses Carmélites de Compiègne, martyrisées en 1794, béatifiées en 1906*. Beauvais, 1906, in-8° de 15 p. Extrait du *Bulletin religieux du 20 mai 1906*.

* Positio... *Sacra Rituum Congregatione Emo et Rmo Dño Card. Vincentio Vannutelli relatore Parisien.seu Bellovacen. Beatificationis seu declarationis martyrii VV. Servarum Dei Theresiæ a S. Augustino et sociarum eius Monialum e Monasterio Compendiensi Ordinis Carmelitarum Excalceatarum Positio super martyrio et signis.* Romae ex typographia polyglotta S. C. de Propaganda Fide, 1905, in-4° de 505 p. plus 100 d'*Animadversiones* et en tête 40 pages, de *résumé*.

Quinzaine (La) du 16 juillet 1903. Cf. Courson (de).

* *Revue Augustinienne*, juin 1906, pp. 740-742.

Sous la rubrique : Histoire, publie, avant d'entamer les comptes-rendus d'ouvrages sur la matière, une liste « rectifiée des martyres », en remarquant que « la liste dressée dans les articles du postulateur de la cause... citée par H. Chérot (Etudes, 5 novembre 1904) est, grâce à de récentes découvertes, susceptible de quelques rectifications de noms propres et de dates. » Il faut ajouter que ces découvertes lui sont dues à un certain égard. (E. G.)

Rohaut (Chanoine F.). *Les Carmélites de Compiègne mortes pour la foi sur l'échafaud révolutionnaire.* (Extrait du *Dimanche*, Semaine religieuse du diocèse d'Amiens, numéro du 2 mai 1897, in-8°, 4 p., signé F. R.

Compte-rendu de l'ouvrage de l'abbé Odon.

Semaine religieuse d'Evreux. Cf. Guéry.

accompagnée dans ce voyage. » Si, pour Mme d'Hangest, dont l'acte de baptême manque encore, l'information n'est pas plus sûre que pour Mme Jourdain, née, on l'a vu (p. 206) à Paris, on ne peut faire beaucoup de fond sur ce passage. (E. G.)

Semaine religieuse de Nantes, 19 nov. 1898 (*Récit du martyre*) ;
14 oct. 1899. *Une nouvelle faveur obtenue par l'intercession
des Carmélites de Compiègne*, cf. 1ᵉʳ avril 1899 (récit d'une
guérison miraculeuse).

Semaine religieuse de Paris, 18 décembre 1897. *Faveur obtenue
par l'intercession des Carmélites de Compiègne.*

Ibid., 31 mars 1906, p. 517. *Acte de baptême de la Prieure des
Carmélites des martyres de Compiègne.*

Semaine religieuse de Sens et Auxerre, 23 sept. 1905, pp. 615-19 ;
7 oct., pp. 648-652 ; 21 oct., pp. 681-84, et 18 novembre, pp. 743-
47. *Les Martyres à Compiègne.*

Sorel (Alexandre). *Les Carmélites de Compiègne devant le tribunal révolutionnaire (17 juillet 1794). Notice sur leur arrestation, leur procès et leur condamnation à mort d'après les
documents authentiques et entièrement inédits avec fac-similé*
par Alexandre Sorel, membre de la Société historique de Compiègne, in-8 de 111 p. Compiègne, 1878.

Extrait du tome IV du *Bulletin de la Société historique de
Compiègne* (tiré à 154 exemplaires), 1878, p. 133-239.

On lit dans *Alexandre Sorel*, 1826-1901, Compiègne, 1901.
Brochure in-8º (par Bonnault d'Houët) :

« Revenu à Compiègne, disait M. le Baron de Bonnault dans le
discours reproduit (avec d'autres) dans cette brochure, il reprit ses
études favorites sur les choses et les hommes de la révolution,
en se limitant à notre ville et à notre département. Victimes, bourreaux, ou simples fantoches boursouflés, il les a tous interrogés sur
preuves authentiques et jugés sans parti pris, comme sans indul-
gente faiblesse, en honnête homme, en libéral sincère, en lettré
délicat, crevant d'un mot tant de discours ampoulés... *Semper et
ubique veritas* n'était pas seulement une devise d'*ex-libris.* »

* *Souvenir du triduum en l'honneur des seize bienheureuses Carmélites Martyres célébré à Compiègne les 15, 16 et 17 juillet
1906*. Compiègne, 1906, in-16 de 15 pages.

Teil (Mgr de) *Circulaires* au Carmel pour la cause des Carmélites,
2 juillet 1897, 19 mars, 29 février 1904, signées R. de Teil, Vice-
Postulateur (1).

— Dans *le Correspondant*, 25 mai 1906. *Autour d'une cause de
béatification. Les seize Carmélites de Compiègne*, p. 670-715.

Trésor (Le) du Carmel, *contenant les avis, exhortations, rè-*

---

(1) Notre prétention n'est pas d'être complet dans la désignation des imprimés
de cette sorte, mais de donner l'état de la bibliographie telle que se l'était consti-
tuée le P. Chérot, et qu'il essayait sans cesse d'enrichir sur tout sujet touché par
sa plume.

*glements de MM. les Visiteurs; l'explication des Constitutions
et les usages transmis par les anciennes Mères.* Tours, Mame,
1842, in-8° de v111-584 p. (B. N. Inv. H. 19025.) Voir plus haut,
p. 4 et 263-67.

VAUDRICOURT (Mgr de). *Histoire des religieuses Carmélites de
Compiègne, conduites à l'échafaud le 17 juillet 1794. Ouvrage
posthume de la Sœur Marie de l'Incarnation, Carmélite du
même monastère*, Sens, chez Thomas Malvin, imprimeur-libraire,
1836, in-12 de 228 p.

L'ouvrage ne portait aucun autre nom que celui de la sœur de l'Incarnation. Demeuré en feuilles, il a été pourvu d'une nouvelle couverture portant
ce titre : « Mgr de Vaudricourt. Les Carmélites de Compiègne. Se trouve
à Sens, chez Duchemin, Imprimeur-Editeur. »

VIE *de la Révérende Mère Camille de l'Enfant-Jésus née de Soyecourt, religieuse Carmélite*, avec Préface de Mgr d'Hulst. Paris,
Poussielgue, 1897, in-8° de 584 p.

Voir plus haut, p. 226, n. 2.

VILLECOURT (card.) cf. de Vaudricourt; cf. plus haut, p. 3, n. 2; 5,
n. 4 et 362.

APPENDICE M

—

DEUX LETTRES INÉDITES DE LA B^se^ CHARLOTTE
DE LA RÉSURRECTION (Madeleine-Anne-Marie THOURET)

Cette bienheureuse martyre, la doyenne d'âge et presque la plus ancienne du couvent de l'Annonciation, après la B^se^ sœur de Jésus Crucifié, Marie Anne Piedcourt, née deux mois plus tard, mais entrée au monastère de Compiègne dix-huit mois plus tôt, est une des plus connues, grâce à la savante monographie de M. l'abbé Blond (1).

Il restait néanmoins bien des points obscurs dans cette vie si pleine. Ainsi, à propos de la charge de sous-prieure qu'elle exerça par deux fois (Blond, ch. XXII, p. 86), on n'avait pu signaler que des dates approximatives, 1764 et 1779. La circulaire qu'elle avait écrite le 6 février 1779, sur la Mère Marie-Elisabeth Catherine de la Miséricorde, avait même fait conjecturer qu'elle avait eu la charge de prieure (Chérot, 1ere édit., pp. 30 et 31). Cette supposition a été depuis déclarée erronée (plus haut, p. 32, n. 3), mais c'est peut-être à tort. Si, en 1779, la circulaire fut écrite par elle en qualité de sous-prieure, il reste à interpréter la signature d'une des deux lettres qu'on va lire, qui peut-être insinuerait qu'au mois d'août 1767 elle eut proprement le titre, comme elle semble, en tout cas, exercer les fonctions de prieure.

Ces deux lettres autographes, conservées aux Archives nationales (T. 1262), sont adressées à la mère de la Sœur Henriette de Jésus, Marie Françoise de Croissy, professe dans le monastère depuis le 29 février 1764. Elles n'ont besoin d'aucun commentaire; mais, la première, destinée à rassurer la mère de la religieuse sur le silence imposé à sa correspondance par le carême, comme la seconde, qui réclame instamment une réponse calmant les inquiétudes filiales de la sœur Henriette, justifie le jugement porté déjà sur « son âme profondément affectueuse et bonne » et la « tendresse » que signalait une lettre de la Mère de Saint-Augustin citée par la première historienne du Carmel (2).

(1) Voir plus haut, p. 31-35.
(2) *Ibid.*, p. 35 et note 1.

✝

J. M. J.

Je suis en verité Madame bien peu en état d'écrire cependant je ne puis refuser a mon cœur d'avoir l'honneur de vous dire que je prend une part infinie à la douleur que vous cause la maladie de Monsieur de Croissi vôtre fils je prie de tout mon cœur Madame le Seigneur pour votre consolation et pour sa conservation, ma chere sœur henriette l'ignore absolument, elle prie si assidument Madame pour vous et pour lui qu'elle ne pourroit le faire davantage quand elle seroit instruitte de cette triste nouvelle et sa foible santé pourroit en souffrir considerablement, elle ne lui permet pas Madame les austerités que vous craignés, M^r n$\bar{\text{r}}$e Medecin lui a permis uniquement l'abstinence A peine voudra t'il qu'elle juene (*sic*) le jour du vendredi saint du reste elle a tous les soulagements que son état l'exgige (*sic*), elle n'est pas plus incomodée que lors qu'elle avoit le bonheur et la douceur de vous posseder ici vous pouves compter sur mon cœur et qu'elle est fort chere a n$\bar{\text{r}}$e com^{té}, vous ne me faites pas l'honneur Madame de me dire un mot de vôtre santé personne cependant ne s'i intéresse plus vivement que moi, faites moi l'honneur Madame de me donner de vos cheres nouvelles et de me croire tendrement invariablement et respectueusement

Madame

vôtre tres humble et
tres obeissante servante

des Carmelites de
Comp^{ne} ce 3 avril 1767

S^r De la Resurrection
R. C p^r ind.

il est d'usage Madame, dans nôtre St Ordre, de ne pas ecrire le Carême et c'est ce qui a imposé silence a votre aimable fille vis a vis de sa tendre et respectable mere, qu'elle aime plus qu'elle même.

DE COMPIÈGNE.

A Madame
Madame DE CROISSI Ruë
Du four S^t honoré près S^t
eustache a l'hotel du S^t
Esprit.

A paris

(cachet noir brisé)

†

J. M. J.

Je ne scaurois plus tenir ma Respectable et tres chere Dame contre l'inquietude extreme ou je suis de né pas recevoir depuis long tems de vos cheres nouvelles, au nom de Dieu si vous êtes malade comme j'ai tout lieu de le craindre faites nous en donner par qui il⁵ vous plaira pourvû que je sois instruitte du sujet de vôtre meurtrier silence il ne m'importe, ma chere henriette est livrée aux plus vives allarmes vous connoissés ma tres chere Madame les justes et sinceres sentimens de sa parfaitte tendresse et ses allarmes ne permettront pas à la vôtre de lui laisser ignorer votre position, Les miennes egalent les siennes. Mais Madame je ne les lui laisse pas appercevoir je la rassure même tout de mon mieux, je n'est (*sic*) pas l'honneur de vous dire quelque chose de sa part elle n'est pas instruitte de celle ci.

ie suis au reste Ma respectable et tres chere amie si peu en etat d'ecrire depuis sur tout quatre ou cinq jours que je ne vous ennuirée pas d'une plus longue Lettre recevés y ie vous en conjure les tres sinceres assurances de mon zele pour tout ce qui vous interesse de mon tendre devouement et du respect avec lequel j'ai l'honneur d'être de tout mon cœur

Madame

Vôtre tres humble et
tres obeissante servante
Sʳ De la Resurrection
R. C. j.

Des Carmelites de Compⁿᵉ
    ce 13ᵉ oct. 1767

Nous redoublerons de vœux pour vous Madame le 15 de ce mois fête de notre seraphique mere Sᵗᵉ Therese.

                                              port païer

en diligence

A Madame
Madame DE CROISSY
a l'hotel du Sᵗ Esprit Ruë
du four Sᵗ honoré prés Sᵗ
eustache   a paris

APPENDICE N

—

·ÉTAT DE LA COMPAGNIE DE JÉSUS EN HONGRIE (1)
(1561-1619)

Après la défaite des Hongrois près de Mohatch (1516), en même temps que les Turcs, Luthériens et Calvinistes envahirent le royaume.

Contre les hérétiques qui chaque jour faisaient des progrès de plus en plus considérables, l'Empereur Ferdinand Ier résolut de faire appel au concours de la Compagnie de Jésus.

Enfin, l'an 1561, l'archevêque de Strigonie (Gran) appela les jésuites à Tyrnau et leur construisit une maison.

Le premier recteur du collège fut le P. Hurtado Perez.

Sept ans après, le collège fut la proie d'un incendie avec cent cinquante maisons particulières. Les biens fonds attribués à la Compagnie ne rapportaient rien à cause des incursions des Turcs et des hérétiques. Et l'Empereur et l'archevêque manquaient d'argent. En conséquence, les jésuites abandonnèrent la ville dans l'attente de temps meilleurs.

Grâce à la bienveillante sollicitude du Cardinal Drachkovitch, les Pères, après un intervalle de vingt-et-un ans, rentrent de nouveau en Hongrie, où ils élèvent deux collèges. De nouveau aussi ils ont beaucoup à souffrir de la part des hérétiques, dans leurs biens et leurs possessions, mais l'évêque de Veszprinn (ou Weibrunn), nommé Forgatch, se montra leur ami aussi puissant que constant.

Dans l'insurrection de Botchkay, les nôtres sont chassés de Transsylvanie ; en Hongrie leurs biens sont occupés. Lorsque la paix fut négociée entre l'empereur et Botchkay, les insurgés demandèrent que les Jésuites fussent chassés de leur pays. Mais l'empereur répondit que selon l'article VIII de la paix de Vienne (23 juin 1606) l'expulsion des Jésuites faisait partie de ses prérogatives royales.

Dans les comices tenus à Presbourg où se discutaient les articles

---

(1) Voir plus haut, p. 186, n° 1. Les notes ci-dessus avaient été communiquées en latin par le Collège de Travnick. Le P. Chérot les a utilisées et en a fait en outre la traduction que nous publions ici.

de la paix, les hérétiques proposèrent de nouveau l'expulsion de la Société de Jésus. Cependant Forgatch, devenu archevêque de Gran, avec tout son clergé et la plupart des nobles catholiques, pressaient de leurs suppliques l'empereur Rodolphe (Rodolphe II, 1575-1612) de ne pas céder aux hérétiques.

Non content de ce succès, l'archevêque demanda le P. Pazman, S. J., afin qu'il les défendît publiquement dans les comices, ce qu'il fit en effet avec succès.

Les nobles catholiques qui prenaient part à l'Assemblée prièrent l'empereur Mathias (élu le 13 juin 1612) de prendre la Compagnie de Jésus sous sa royale protection.

Le même archevêque pria le Souverain Pontife lui-même, Paul V, de se porter auprès de l'empereur Mathias, avocat de la Compagnie. L'empereur ordonna de rendre les biens des Jésuites qui avaient passé dans le trésor public, mais de telle manière que l'archevêque fût possesseur et que la Compagnie de Jésus perçût les bénéfices, afin de ne pas froisser les hérétiques.

Forgatch construisit de nouveau un collège à Tyrnau.

Après sa mort, Pazman fut nommé archevêque de Gran.

En 1618, le collège de Tyrnau comptait plus de 700 élèves venus de toutes les parties de la Hongrie.

Dans l'Assemblée qui suivit le couronnement de Ferdinand II (9 sept. 1619) les hérétiques s'efforcèrent de tout leur pouvoir de faire exiler du royaume les Pères qu'ils regardaient comme le grand obstacle à leur victoire sur la foi catholique.

L'archevêque Pazman et la noblesse catholique, dont la majorité, grâce à ses soins et à ceux de la Compagnie, avait été amenée à la vraie religion, résistèrent fortement. Mais déjà la révolution de Bethlen fait retentir toute la Hongrie de clameurs guerrières et rend courage aux hérétiques...

JEAN KUJUNDZIÉ.

ÉTAT POLITICO-RELIGIEUX DE LA HONGRIE AU TEMPS DE NOS MARTYRS.

Déjà depuis longtemps les hérétiques préparaient des guerres intestines et des discordes, prétendant qu'ils voulaient défendre le libre exercice de la religion, mais en réalité dans le but d'opprimer les catholiques et d'arracher par la force pour leur secte l'hégémonie absolue. Cette guerre à mort avait été entreprise pour venger les injures du nouvel évangile, au dire des hérétiques ; c'était le temps où ceux-ci, à travers la Hongrie et la Transsylvanie, s'efforçaient de faire éclater au grand jour les droits des religions ou confessions religieu-

ses. L'incendie qui venait d'être allumé par les défenseurs de cette
cause, George Rakotzi avec son fils Sigismond, George Setchi, Eme-
ric Thurzo, François Peréni, l'augmentèrent à plaisir ; leurs voisins,
les Bohèmes jetèrent de l'huile sur le feu. En effet, après que, pour
venger eux aussi les injures de leur secte, Guillaume Slavata, trésorier *(œrarii prœfectus)* et ses compagnons eurent été défenestrés,
des édits furent dressés contre les Jésuites qui reçurent l'ordre de sortir de tout le royaume. Des alliances furent conclues avec la Silésie,
l'Autriche supérieure et les princes non-catholiques, — et les hérétiques se livrant à leur fureur, — ils se mirent à bouleverser la Hongrie
et à organiser de nouveaux troubles pour répandre leur erreur (1).

C'est pourquoi, en 1619, ils sollicitèrent Bethlen avec instances et
l'armèrent pour la défense de leur secte.

Bethlen était hérétique lui-même et ne rêvait que de nouveaux
soulèvements. De plus il aspirait avidement à la couronne de Hongrie
pour lui et pour sa famille. Il n'avait donc pas besoin d'être encou-
ragé par Jaroslaus Zmeskal, le porte-parole des hérétiques de Hongrie qui l'appelaient au secours. Celui-ci poussa Bethlen à précipiter
la Transsylvanie sur la Hongrie, lui promettant qu'il s'avancerait
librement et sans obstacle à travers une contrée qui en majeure partie lui était favorable.

Le 24 août, 40.000 Transylvains étaient sous les armes, reçus par
les hérétiques hongrois qui fraternisaient avec eux. Le Sénat de Kaschau, alors qu'il était encore fort éloigné, l'invita même avec beaucoup de courtoisie à venir dans cette ville.

Durant ce temps, voici le cadeau de joyeux avènement que Setchi
préparait à Rakotxy, chef des troupes de Bethlen. A la tête d'une
bande imposante de nobles calvinistes, il envahit, au milieu des
ténèbres de la nuit, Jassoviam Erlau, qui était alors le refuge des
chanoines d'Agria. Il met la ville à sac, porte une main sacrilège sur
les chanoines, massacre les uns et jette les autres en prison, les
retient dans les fers avec une barbarie cruelle et les prépare ainsi à
des traitements pires encore.

Pierre Hevintzi, dévoué à Calvin et de beaucoup le premier des
généraux de la Hongrie, était pris de la même fureur, poussée jusqu'à
la folie, à Kaschau.

Ayant communiqué son plan à Reiner, personnage sénatorial, très
hostile à la religion catholique, il n'avait qu'un but, exterminer sans
exception tous ceux qui dans la ville pratiquaient le culte catholique, voulant, disait-il, les débarrasser de cette vermine. Reiner, ayant
porté l'affaire devant le sénat, obtint finalement qu'on lui livrât

____

(1) *Histoire de l'Université de la Cie de J. à Tyrnau,* par François Kaxy, S.J.
(1758) Sommervogel, art. Kazy *(sic)*, t. IV, col. 954, n° 11.

trois prêtres, Marc Crisin, chanoine de Gran et archiacre de Kormo-
ru, délégué par le vénérable chapitre à l'administration de l'abbaye
de Seplat dans la province d'Aba-Ujarpossla, mais qui s'occupait
surtout de gagner des âmes ; Etienne Pongratz et Melchior Grodecz,
tous deux jésuites, qui se dévouaient activement aux catholiques de
Kaschau. Tous trois avaient déjà été mis en arrestation par Rakotzy.
On accordait à celui-ci de leur enlever la vie, si bon lui semblait (1).

(1) *Ibid.*, p. 47.

TABLE DES MATIÈRES

LISTE DES PRINCIPAUX *ERRATA*

P. 23, au nᵒ 7, ligne 2, *lire :* née à Reims le 18 janvier 1742 (et non 1752).

P. 56, nᵒ 3, avant-dernière ligne, *lire :* Voir appendice G (et non appendice C).

P. 60, note, ligne 3, *lire :* le 18 septembre 1792 (et non le 10 sept.).

P. 74, ligne 12, *lire :* les objets *décrits* (et non les objets *écrits.*)

P. 180, ligne 7, *lire:* entre catholiques, luthériens, etc.

POITIERS. — IMPRIMERIE BLAIS ET ROY, 7 rue Victor-Hugo.

www.ingramcontent.com/pod-product-compliance
Lightning Source LLC
LaVergne TN
LVHW020626060726
842526LV00003B/884